四柱學演義

사주학연의

淵海子平書를 중심으로 한

韓重洙 著

서문

'우리의 만남은 운명'이라느니 '어쩔 수 없는 운명이다'라는 등 주위에서 흔히 운명이라는 말을 자주 듣는다. 숙명(宿命)이나 운명(運命)이라는 말은 그 정의나 개념의 해석에 있어 다소 다른 의미를 갖지만 일반적으로는 둘을 구분하지 않고 그저 막연히 인생살이에서 어떤 거역할 수 없는 조건이나 상황을 나타내는 말로 쓰이고 있다.

오랜 기간 역리(易理)에 천착(穿鑿)해 온 저자는 운명이라는 말보다 명운(命運)이라는 표현을 써 오고 있다. 운명과 명운이 단지 글자의 순서만 바꿔 쓴 것에 지나지 않는 것처럼 보일지 모르겠지만 저자의 의중(意中)과 소견(所見)은 다르다.

명운에서의 명(命)은 사람마다 각기 타고 나는 천부적인 숙명을 의미한다고 볼 수 있다. 생각해 보자. 누구라도 각자가 태어나는 시대나 지역을 자신의 의지대로 선택하지 못한다. 어떤 부모를 만나는가 하는 것도 마찬가지다. 다시 말하면, 명(命)은 개인의 의지나 선택이 전혀 개입할 수 없는 불변의 영역인 것이다.

이에 반해 운(運)은 세상을 살아가면서 자신의 의지에 따라 선택하고 결정하는 삶의 과정이다. 우리는 운전이나 운행이라는 말에서 운의 뜻을 쉽게 헤아려 볼 수 있다. 어떤 배우자를 만나 결혼을 하고 어떠한 직업을 가질 것인가 등은 개인의 의지와 선택에 달려 있다. 오늘 당장 누구를 만나고 무슨 일을 도모할 것인가는 누가 미리 정해 놓은 일도 아니요, 강제하는 것도 아니다.

따라서 이 세상에 태어날 때 타고 나는 명(命)은 사람의 의지로 바꿀 수 없지만, 운(運)은 살아 나가는 과정에서 자신의 의사에 따라 얼마든지 바꾸어 나갈 수 있는 것이다.

이러한 의미를 깊이 이해한다면, 자신의 의지로 선택하고 결정할 수 있는 운의 영역까지도 운명이라는 말로 돌리는 것은 삶에 대한 통찰이 부족하거나 자신의 행동이나 처신을 합리화하고 회피하기 위한 구실에 지나지 않는다고 볼 수 있다.

역학(易學)에서 구명(究明)하고자 하는 것은 바로 이 사람이 천부적으로 타고 난 명(命)이다. 인간의 명(命)을 궁구하고 추단(推斷)하는 소위 역술분야는 사주명리를 위시하여 육효, 육임, 매화역수, 태을수 등 여러 가지가 있다. 그 가운데서 일반적으로 널리 통용되고 있는 것이 '사주명리'이다. '사주'는 누구나 상식적으로 알고 있는 것처럼 한 사람이 출생하는 연월일시를 말한다. 이 출생 연월일시를 갑자, 을축 하는 육십갑자의 간지로 나타낸 것이 여덟 글자라서 팔자(八字)라고 부른다.

그러니까 사주(四柱)는 연월일시 네 개의 기둥이란 뜻이고, 팔자(八字)라는 말은 글자로 여덟 글자라는 말이다. 결국 사주나 팔자는 같은 말이다.

그런데 도대체 이 여덟 자에 불과한 글자를 가지고 어떻게 천차만별한 사람의 명을 추단한단 말인가. 시시비비를 논하기 좋아하는 이들은 당장 이런 의문을 제기한다.

같은 시간대, 동일한 지역에서 출생하여 사주팔자가 똑같은 사람은 그림 하나 같이 같은 인생을 살겠네! 비행기 추락 사고나 일순간에 돌발하는 천재지변, 각종 대형사고 등으로 일시에 사망하는 사람들은 그럼 같은 팔자를 타고난 거냐? 등등.

이런 저런 의구와 반문에 대해 언설(言說)로 먹고 사는 화려한 수사와 화술에 능한 역술인들이 구변이 모자라서 이에 대응할 말이 없겠는가!

그렇다고 뭐 사주가 60프로, 이름이 20프로, 그 밖에 부모나 성장 환경, 교육 따위가 몇 프로 하며 들먹이는 역술인들의 얘기는 참으로 어설프고 구차하기 짝이 없는 변명과 호도(糊塗)에 지나지 않는다.

명(命)에는 정명(定命)과 비명(非命)이 있다. 돌발사고나 천재지변으로 당하는 변고는 비명이다. 왜 비명횡사라는 말도 있지 않은가. 명리학에서 추구하는 사람의 명(命)은 비명이 아니라 정명(定命)이다.

물론 명리학도 여러 가지 모순과 한계를 지니고 있는 것이 사실이다.

오랜 기간 사학(斯學)에 매진해 온 저자 역시 그 한계를 부정하지 못한다.

　대형 서점 역학 코너에 가면 사주명리 분야만 해도 수십 권의 책이 진열되어 있다. 지금까지 출판되어 시중에 나돌았다가 사라져 간 도서는 또 얼마나 허다하겠는가.

　역학자와 역술인에 따라서 서로 다른 견해와 주장이 있고 학파와 문파에 따라서도 각기 상이(相異)한 학설과 지견(知見)들이 있다. 물론 사주명리의 근간이 되는 음양오행론이나 간지의 작용 등 기초 부분에 있어서는 크게 다르지 않지만 격국과 용신법을 비롯하여 실제 간명(看命) 등 조금만 들어가면 서로 상이한 주장과 학설이 난무한다. 관련 서책의 내용 또한 마찬가지이다.

　사주학을 처음 접하는 초학자들이나 어느 정도 공부가 된 학인들이 가장 힘들어 하고 혼란스러워 하는 부분도 바로 이런 점이다.

　그러나 우리가 보다 넓은 안목으로 보면 세상사 어느 분야를 막론하고 각기 다른 학설과 다양한 주장들이 있기 마련이다. 긍정적으로 생각하면 그러하기에 학술이 더욱 발전하고 진화한다고 할 수도 있지 않겠는가.

　사주명리는 그 연원을 가장 가까이 잡아도 천년을 훨씬 뛰어 넘는다. 이 장구한 세월동안 수 없이 많은 현인(賢人) 달사(達士)들이 이 학문을 궁구, 발전시켜왔다.

이런 저런 시비와 비판 속에서도 살아남아 현재에 이르기까지 그 명맥을 면면히 유지해 온 것이다. 사주명리의 이론적 바탕이 되는 음양오행학은 우리의 전통문화와 사상, 의식과 일상 속에 깊이 자리 잡고 있다. 분명 공부해 볼 만한 가치가 있고 또 일단 배워서 익혀 두면 그에 따른 실익(實益)도 있다.

사주학에 관해서 아무리 잘 쓴다고 해도 역시 한계가 있기 마련이다. 그리고 방대한 이론과 실제를 한 권의 책에 담아낸다는 것 자체가 무리임을 안다.

이번에 본인이 저술하여 펴내는 『四柱學演義』 또한 그로부터 자유롭지 못할 것이다. 다만 사주명리에 처음 입문하는 초학자들로 부터 어느 정도 공부에 이른 역학도들에 이르기까지 정통명리학에 대한 이해와 식견을 넓히는데 본서가 일조가 되기를 기원하는 바이다.

癸巳年 孟春

韓 重 洙

발간사

　이 책의 저자이신 한중수 선생께서 본 〈사주학연의〉의 집필을 완료하고 교정을 보시던 도중인 2014년 3월 돌연 작고(作故)하셨습니다. 결국 이 책은 선생의 마지막 유고집이 된 셈입니다.
　발행인인 본인과는 지난 50여 성상이 넘는 오랜 기간 동안 도타운 우의(友誼)를 나누어 온 막역한 지기(知己)였음을 상기할 때, 노령의 와병중임에도 불구하고 혼신을 다해 집필한 이 책의 출간도 보지 못하고 갑자기 세상을 떠나시게 되니 참으로 안타깝고 허망한 심정을 가늠 길이 없습니다.
　이제 고인이 되신 선생께서는 한학과 의술에 명망이 높았던 선대의 가풍을 이어 받아 평생을 학문연구에 매진해 오셨으며 그 출중한 학문과 경륜, 겸허하신 인품과 지행일치의 덕행(德行)으로 주위의 신망과 추앙을 받아오신 우리 시대의 선비이자 학자이셨습니다.
　선생은 일찍이 청년시절부터 도서출판 명문당(明文堂)을 세우신 저희 선고(先考)를 보필하며 동서의 고전과 사서들을 섭렵하고 〈당사주요람〉, 〈자미두수〉, 〈역점육효전서〉 등 다수의 역학 관련 서적을 집필, 출간하였고 말년에는 후학의 지도에도 열성을 다하셨습니다.

저자의 갑작스런 유고(有故)로 인해 본 〈사주학연의〉의 출간이 지연되어 오다가 뒤늦게나마 당사 편집위원의 재 교정 작업으로 이제 간행에 이르게 되었습니다. 이 저술이 선생의 마지막 유작(遺作)이 된 것임을 감안하여 교정은 독자들의 이해를 돕기 위한 난해한 개념어의 한자 병기와 오자와 탈자를 바로 잡는 등의 최소한에 그쳤습니다.

따라서 내용면에 있어서 다소간의 착오나 이견(異見)이 있을 수 있겠습니다만 본 책자의 발간에 따른 저간의 사정에 비추어 독자 여러분께서 너그러이 양해해 주시리라 믿습니다.

이승에서의 선생의 탁월하신 업적과 고아(高雅)하신 모습을 기리며 삼가 고인의 영전에 이 책을 헌정(獻呈)합니다.

2015년 3월

도서출판 明文堂 發行人 金東求

[차 례]

- 서문 ▶ 3
- 발간사 ▶ 8

제1편 입문(入門)

제1장 서설(緖說) ▶ 30

1. 기초(基礎)의 중요성 ▶ 30
2. 운명론 ▶ 32
3. 운(運)과 운명 ▶ 33
4. 숙명(宿命) ▶ 37
5. 대세와 돌연변 ▶ 39
   (1) 대세(大勢)란? ▶ 39
   (2) 돌연변(突然變)이란? ▶ 40
      ① 비명(非命)의 액(厄) ▶ 41
      ② 일장성공백골고(一將成功百骨枯) ▶ 41
      ③ 지장(智將)이 불여덕장(不如德將) ▶ 43

제2장 역(易)의 원류(源流) ▶ 46

1. 태극(太極)에 대한 상식 ▶ 46
   ① 태극 진행도 ▶ 46
   ② 태극 그림에 대하여 ▶ 47
   ③ 음양둔(陰陽遁) 분리표 ▶ 48
2. 역(易)을 발전시킨 인물들 ▶ 49
   (1) 삼황(三皇) ▶ 49
      ① 삼황(三皇)1 ▶ 49
      ② 삼황(三皇)2 ▶ 50

3. 역(易)의 여러 가지 ▶ 51
　　(1) 간이역(簡易易) ▶ 51
　　(2) 변역(變易) ▶ 52
　　(3) 불역(不易) ▶ 52
　　(4) 고대삼역(古代三易) ▶ 52
　　　① 연산역(連山易) ▶ 52
　　　② 귀장역(歸藏易) ▶ 52
　　　③ 주역(周易) ▶ 53

4. 주역을 발전시킨 인물들 ▶ 53
　　(1) 주문왕(周文王) ▶ 53
　　(2) 주공(周公) ▶ 53
　　(3) 공자(孔子) ▶ 53

5. 팔괘(八卦) 구성의 원칙 ▶ 54
　　① 팔괘 구성도 ▶ 55
　　② 팔괘와 자연 명칭 ▶ 56
　　③ 팔괘 모양 기억하기 ▶ 56
　　④ 팔괘의 음양오행 인간관계 ▶ 57

6. 하도 · 낙서 ▶ 57
　　(1) 용마하도(龍馬河圖) ▶ 57
　　(2) 신구낙서(神龜洛書) ▶ 59

7. 선후천 팔괘 ▶ 61
　　(1) 선천팔괘 ▶ 61
　　(2) 후천팔괘 ▶ 61

제3장 육갑법 ▶ 64

1. 간지(干支)의 기본글자 ▶ 65
　　(1) 십간(十干) ▶ 65
　　(2) 십이지(十二支) ▶ 65
　　(3) 육십갑자 ▶ 66

2. 음양(陰陽)에 대하여 ▶ 67
   (1) 음양이란? ▶ 67
   (2) 음양의 예시 ▶ 68
   (3) 육갑법의 음양 적용 ▶ 69
     ① 십간 음양 ▶ 70
     ② 십이지 음양 ▶ 70

3. 오행(五行) ▶ 72
   (1) 오행이란 무엇인가 ▶ 72
   (2) 오행소속 ▶ 72
     ① 간지오행(干支五行) ▶ 72
     ② 수오행(數五行) ▶ 73
     ③ 방위오행(方位五行) ▶ 74
     ④ 색오행(色五行) ▶ 74
     ⑤ 사시오행(四時五行) ▶ 74
     ⑥ 간지합오행(干支合五行) ▶ 75
     ⑦ 납음오행(納音五行) ▶ 75
   (3) 오행생극(生克) 비화(比和) ▶ 78
     ① 상생(相生) ▶ 78
     ② 상극(相克) ▶ 78
     ③ 오행비화(五行比和) ▶ 79
   (4) 오행성쇠(五行盛衰) ▶ 79

제4장 역법(曆法)

1. 역(曆)이란 무엇인가 ▶ 81
2. 태양력과 태음력 ▶ 83
   (1) 태양(太陽) ▶ 83
   (2) 태양계(太陽系) 상식 ▶ 84
   (3) 태양력(太陽曆) ▶ 85
     ① 그레고리력 ▶ 85
     ② 율리우스력 ▶ 86

(4) 지구에 대한 상식 ▶ 88
(5) 달(月)에 대한 지식 ▶ 89
(6) 음력 윤법(閏法) ▶ 91
(7) 썸머타임 ▶ 96

제2편 사주 간지의 작용과 신살

제5장 사주 기록법

1. 사주 기록하는 원칙 ▶ 102
    (1) 연주(年柱) 세우는 법 ▶ 103
    (2) 월주(月柱) 세우는 법 ▶ 104
        ① 월건(月建)에 소속된 절기표 ▶ 105
        ② 월건법 ▶ 106
        ③ 둔월법(遁月法) ▶ 106
    (3) 일주(日柱) 세우는 법 ▶ 107
    (4) 시주(時柱) ▶ 109
        ① 둔시법(遁時法) ▶ 110
        ② 日·時柱의 干支 일람표 ▶ 111

2. 대운간지(大運干支)와 대운수 ▶ 112
    (1) 대운(大運)간지 기록하는 원칙 ▶ 112
        ① 대운이란 무엇인가 ▶ 112
        ② 대운간지(大運干支) 기록하는 요령 ▶ 113
    (2) 대운수(大運數) ▶ 116

3. 사주 구성 총례(복습) ▶ 117
    (1) 음력 12월에 출생한 예 ▶ 117
        ① 서기 1944년(甲申) 음 12월 25일 午시 출생한 남자 ▶ 118
        ② 서기 1944년 12월 22일 辰時 출생한 여자 ▶ 120

(2) 음력 正月에 出生한 예 ▶ 121
(3) 대운간지(大運干支) 기록하는 요령 ▶ 121
(4) 대운수(大運數) 계산법 ▶ 122
(5) 사주 정(定)하는 연습 ▶ 123
① 서기 2007년 음력 6월 11일 낮 11시 40분 출생한 여자 ▶ 123
② 서기 2010년 음 9월 21일 새벽 0시 43분 출생한 남자 ▶ 125
4. 사주 정(定)하는 원칙 재습득 ▶ 126
(1) 윤월(閏月)에 출생한 경우 ▶ 126
① 서기 2012년 음력 윤3월 초8일 오전 0시(밤12시) 20분에 출생한 남자 ▶ 126
② 서기 2012년 음력 윤3월 21일 낮 12시에 출생한 남자와 여자 ▶ 127
(2) 사주 정(定)하는 법 재설명 다시 연구 습득해 보자. ▶ 128
① 연주(年柱) ▶ 128
② 월주(月柱) ▶ 129
③ 일주(日柱) ▶ 129
④ 시주(時柱) ▶ 130
⑤ 대운과 대운수 ▶ 130

제6장 간지 합충(合冲)

1. 십간합충(十干合冲) ▶ 131
   (1) 간합(干合)의 작용 ▶ 131
   (2) 간충(干冲)의 작용 ▶ 134
2. 지지(地支) 작용 ▶ 135
   (1) 지지의 삼합과 육합 ▶ 135
   ① 삼합(三合)의 작용 ▶ 135
   ② 방합(方合)의 작용 ▶ 136

③ 육합(六合)의 작용 ▶ 136
(2) 형 · 충 · 파 · 해 · 원진 작용 ▶ 137
① 형(刑)의 작용 ▶ 137
② 충(沖)의 작용 ▶ 139
③ 파(破)의 작용 ▶ 140
④ 해(害)의 작용 ▶ 141
⑤ 원진(怨嗔) ▶ 142

제7장 신살(神殺)

1. 십이살과 포태법 ▶ 143
   (1) 십이살(十二殺) ▶ 144
   (2) 포태십이신(胞胎十二神) ▶ 145

2. 십이운성(十二運星) ▶ 148

3. 신살 정국과 작용 ▶ 149
   (1) 중요신살1 ▶ 149
   ① 천을귀인(天乙貴人) ▶ 149
   ② 건록(建祿) ▶ 153
   ③ 암록(暗祿) ▶ 154
   ④ 금여(金輿) ▶ 155
   ⑤ 문창성(文昌星) ▶ 155
   ⑥ 학당귀인(學堂貴人) ▶ 156
   ⑦ 복성귀인(福星貴人) ▶ 156
   ⑧ 양인(羊刃) ▶ 157
   ⑨ 홍염살(紅艶殺) ▶ 159
   ⑩ 천월덕귀인(天月德貴人) ▶ 160
   ⑪ 급각살(急脚殺) ▶ 161
   ⑫ 익수살(溺水殺) ▶ 161
   ⑬ 고신(孤辰) · 과수살(寡宿殺) ▶ 162
   (2) 중요 신살2 ▶ 162
   ① 육수일(六秀日) ▶ 162

② 일록격(日祿格) ▶ 163
③ 일덕격(日德格) ▶ 163
④ 괴강격(魁罡格) ▶ 164
⑤ 음욕살(淫慾殺) ▶ 165
⑥ 천혁(天赫) ▶ 165
⑦ 단교살(斷橋殺) ▶ 165
⑧ 혈인(血刃) ▶ 166
⑨ 삼구오묘살(三丘五墓殺) ▶ 166
⑩ 신살 일람표 ▶ 167
⑪ 신살작용 간이 해석 ▶ 170
(3) 삼간(三干)・삼지(三支) ▶ 174
① 삼간(三干)의 작용 ▶ 174
② 삼지(三支)의 작용 ▶ 175
③ 육십갑자(六十甲子) 납음오행 생왕사절 ▶ 176
④ 육십갑자별 신살 ▶ 177

제8장 십간 십이지

1. 십간론(十干論) ▶ 181
   (1) 총론(總論) ▶ 181
   (2) 각론(各論) ▶ 187
   ① 甲木 ▶ 187
   ② 乙木 ▶ 190
   ③ 丙火 ▶ 194
   ④ 丁火 ▶ 197
   ⑤ 戊土 ▶ 201
   ⑥ 己土 ▶ 205
   ⑦ 庚金 ▶ 208
   ⑧ 辛金 ▶ 211
   ⑨ 壬水 ▶ 214
   ⑩ 癸水 ▶ 218
2. 지지(地支) ▶ 222

(1) 총론(總論) ▶ 222
　① 사시(四時) ▶ 221
　② 지지의 합(合), 충(沖)의 관계 ▶ 224
(2) 십이지 각론(各論) ▶ 226
　① 子水 ▶ 226
　② 丑土 ▶ 227
　③ 寅木 ▶ 229
　④ 卯木 ▶ 230
　⑤ 辰土 ▶ 231
　⑥ 巳火 ▶ 232
　⑦ 午火 ▶ 233
　⑧ 未土 ▶ 234
　⑨ 申金 ▶ 235
　⑩ 酉金 ▶ 236
　⑪ 戌土 ▶ 237
　⑫ 亥水 ▶ 238

제3편 육친상식

제9장 육친정법(六親定法)과 작용

1. 육친(六親)이란? ▶ 242
2. 육친 정(定)하는 법 ▶ 244
　① 육친법(六親法) 1 ▶ 244
　② 육친법(六親法) 2 ▶ 244
　③ 육친법(六親法) 3 ▶ 245
　④ 육친표출법(六親表出法) ▶ 245
　⑤ 육친 생극도 ▶ 246
　⑥ 육친 생극관계도 ▶ 246

3. 육친 정하는 예 ▶ 247
　① 예시 1 ▶ 247
　② 예시 2 ▶ 248
　③ 예시 3 ▶ 248
　④ 지장간(支藏干) ▶ 249
　⑤ 사주의 예 ▶ 251
4. 육친 생극(生克)관계와 명칭의 의의 ▶ 258
　(1) 비겁(比劫) ▶ 258
　(2) 식상(食傷) ▶ 262
　(3) 재성(財星) ▶ 266
　(4) 관살(官殺) ▶ 270
　(5) 인수(印綬) ▶ 274

제10장 신강 · 신약

1. 신강 · 신약의 이해 ▶ 279
　(1) 신강(身强) ▶ 280
　　① 득령하여 신강이 된 예 ▶ 282
　　② 인수월(印綬月)에 生하여 신강 ▶ 283
　　③ 실령하고도 신강 ▶ 284
　(2) 신약(身弱) ▶ 286
　　① 실령하여 신약이 된 예 ▶ 287
　　② 득령하고도 신약된 예 ▶ 288
　　③ 인수월에 生하고도 신약된 예 ▶ 289

제11장 격(格)

1. 격(格)이란 무엇인가? ▶ 302
　(1) 격의 여러 가지 ▶ 302
　(2) 내외(內外)격의 분류 ▶ 303

2. 내격 정(定)하는 요령 ▶ 304
　① 格은 月支에 암장(暗藏)된 干을 기준한다. ▶ 304
　② 월률분야(月律分野) 지지장간표(地支藏干表) ▶ 305
3. 내격 정하는 예 ▶ 306
　① 첫째의 예 ▶ 306
　② 둘째의 예 ▶ 306
　③ 셋째의 예 ▶ 307
　④ 넷째의 예 ▶ 307
4. 내격의 명칭과 예시 ▶ 308
　(1) 내격의 명칭 ▶ 308
　(2) 내격의 예시 ▶ 309
　　① 정관격의 예시 ▶ 309
　　② 편관격의 예시 ▶ 312
　　③ 정재격의 예시 ▶ 314
　　④ 편재격의 예시 ▶ 317
　　⑤ 식신격의 예시 ▶ 319
　　⑥ 상관격의 예시 ▶ 321
　　⑦ 정인격의 예시 ▶ 323
　　⑧ 편인격(偏印格)의 예시 ▶ 326
　　⑨ 비겁에 대하여 ▶ 327

제12장 용신법

1. 총론 ▶ 328
　(1) 용신(用神)이란? ▶ 328
　(2) 용신법의 여러 가지 ▶ 330
　　① 억부법(抑扶法) ▶ 330
　　② 종(從) ▶ 333
　　③ 통관(通關) ▶ 334
　　④ 조후(調候) ▶ 334
　　⑤ 병약(病藥) ▶ 335

(3) 용신법의 우선순위 ▶ 335
2. 신강·신약 비중에 따른 용신 적용 ▶ 336
3. 육친별 용신법 ▶ 338
　(1) 어떤 경우에 재(財)를 용하는가? ▶ 338
　　① 신왕용재(身旺用財) ▶ 338
　　② 재자약살(財滋弱殺) ▶ 339
　　③ 인수용재(印綬用財) ▶ 340
　　④ 관살용재(官殺用財) ▶ 342
　　⑤ 종재(從財) ▶ 343
　(2) 어떤 경우에 관살(官殺)을 용(用)하는가? ▶ 343
　　① 신왕관왕 ▶ 343
　　② 일주(日主) 태왕하여 관살로 용신 ▶ 344
　　③ 재인통관(財印通關) ▶ 345
　　④ 종살(從殺) ▶ 346
　(3) 어떤 경우에 식상(食傷)을 용하는가? ▶ 346
　　① 식상제살(食傷制殺) ▶ 347
　　② 식상생재(食傷生財) ▶ 348
　　③ 식상설기(食傷泄氣) ▶ 349
　　④ 종아(從兒) ▶ 350
　(4) 어떤 경우에 인수(印綬)를 용신하나 ▶ 350
　　① 신약용인(身弱用印) ▶ 350
　　② 상관용인(傷官用印) ▶ 351
　　③ 살중용인(殺重用印) ▶ 352
　　④ 정관용인(正官用印) ▶ 353
　　⑤ 종인(從印) ▶ 354
　(5) 어떤 경우에 비겁(比劫)을 용신하는가 ▶ 354
　　① 재용겁(財用劫) ▶ 354
　　② 상관용겁(傷官用劫) ▶ 355
　　③ 관살용겁(官殺用劫) ▶ 356
　　④ 인수용겁(印綬用劫) ▶ 357
　　⑤ 종비(從比) ▶ 358

제13장 외격(外格)

1. 日干오행에 종(從)함 ▶ 359
   - (1) 곡직격(曲直格) ▶ 360
   - (2) 염상격(炎上格) ▶ 362
   - (3) 가색격(稼穡格) ▶ 364
   - (4) 종혁격(從革格) ▶ 367
   - (5) 윤하격(潤下格) ▶ 369

2. 타의 육친에 종함 ▶ 371
   - (1) 종살(從殺) ▶ 372
   - (2) 종재(從財) ▶ 374
   - (3) 종아(從兒) ▶ 377
   - (4) 종인(從印) ▶ 379

3. 종화(從化) ▶ 382
   - (1) 甲己化土格의 예시 ▶ 383
   - (2) 乙庚化金格의 예시 ▶ 385
   - (3) 丙辛化水格의 예시 ▶ 387
   - (4) 丁壬化木格의 예시 ▶ 389
   - (5) 戊癸化火格의 예시 ▶ 390

제14장 기격 · 별격

1. 기격(奇格) ▶ 393
   - (1) 사주 전체로 이루어지는 기격 ▶ 393
     - ① 일행득기격(一行得氣格) ▶ 393
     - ② 양신성상격(兩神成象格) ▶ 395
     - ③ 삼기성상(三氣成象) ▶ 396
     - ④ 천원일기(天元一氣) ▶ 397
     - ⑤ 지신일기격(地辰一氣格) ▶ 398
     - ⑥ 천간순식격(天干順食格) ▶ 399
     - ⑦ 사위순전격(四位純全格) ▶ 399

⑧ 사주동일격(四柱同一格) ▸ 401
⑨ 순환상생(循環相生) ▸ 401
⑩ 양간부잡(兩干不雜) ▸ 402
⑪ 오행구족격(五行具足格) ▸ 403
⑫ 십간구족격(十干具足格) ▸ 404
⑬ 공격(拱格) ▸ 405
⑭ 감리(坎離) ▸ 408
⑮ 교록(交祿) ▸ 410

2. 별격(別格) ▸ 410
　(1) 월지(月支)로 이루어지는 별격 ▸ 411
　　① 건록격(建祿格) ▸ 411
　　② 양인격(羊刃格) ▸ 411
　(2) 日支로 이루어지는 별격 ▸ 412
　　① 전록격(專祿格) ▸ 412
　　② 일인격(日刃格) ▸ 412
　(3) 시로 이루어지는 별격 ▸ 413
　　① 귀록격(歸祿格) ▸ 413
　　② 전재격(專財格) ▸ 413
　　③ 시마격(時馬格) ▸ 414
　(4) 일의 干支로만 이루어지는 별격 ▸ 414
　　① 복덕수기(福德秀氣) ▸ 414
　　② 삼기(三奇) ▸ 415
　　③ 육수(六秀) ▸ 415
　　④ 일덕격(日德格) ▸ 416
　　⑤ 괴강격(魁罡格) ▸ 416
　(5) 재 · 살로 이루어지는 별격 ▸ 417
　　① 세덕부살격(歲德扶殺格) ▸ 417
　　② 세덕부재격(歲德扶財格) ▸ 418
　　③ 월상편재격(月上偏財格) ▸ 419
　　④ 시상편관격(時上偏官格) ▸ 420
　　⑤ 시상일위귀격(時上一位貴格) ▸ 421

3. 특수기격(特殊奇格) ▶ 422
   ① 비천록마격(飛天祿馬格) ▶ 422
   ② 육갑추건격(六甲趨乾格) ▶ 424
   ③ 육을서귀격(六乙鼠貴格) ▶ 424
   ④ 육임추간격(六壬趨艮格) ▶ 425
   ⑤ 육음조양격(六陰朝陽格) ▶ 425
   ⑥ 형합격(刑合格) ▶ 426
   ⑦ 자요사격(子遙巳格) ▶ 427
   ⑧ 축요사격(丑遙巳格) ▶ 428
   ⑨ 합록격(合祿格) ▶ 428
   ⑩ 구진득위격(句陳得位格) ▶ 430
   ⑪ 임기룡배격(壬騎龍背格) ▶ 431
   ⑫ 현무당권격(玄武當權格) ▶ 432
   ⑬ 정란차격(井欄叉格) ▶ 432
   ⑭ 잡기재관인수격(雜氣財官印綬格) ▶ 433

제15장 사주 구성형태의 특별 명칭

1. 사주 구성의 특징 ▶ 434
   (1) 사주 전체로 나타나는 특징 ▶ 434
      ① 순환상생(循環相生) ▶ 434
      ② 거류서배(去留舒配) ▶ 435
      ③ 살인상정(殺刃相停) ▶ 436
      ④ 탐재괴인(貪財壞印) ▶ 437
      ⑤ 길신태로(吉神太露) ▶ 439
      ⑥ 군비쟁재(群比爭財) ▶ 439
      ⑦ 부성입묘(夫星入墓) ▶ 440
      ⑧ 제살태과(制殺太過) ▶ 442
      ⑨ 제살부족(制殺不足) ▶ 443
      ⑩ 살인상생과 관인상생 ▶ 444
      ⑪ 등라계갑(藤蘿繫甲) ▶ 445
      ⑫ 목화통명(木火通明) ▶ 445

⑬ 추수통원(秋水通源) ▶ 446
⑭ 적수오건(滴水熬乾) ▶ 446
⑮ 아우생아(兒又生兒) ▶ 447
⑯ 병(病)과 약(藥) ▶ 448
⑰ 병중무약(病重無藥) ▶ 450
⑱ 유정무정(有情無情) ▶ 450
⑲ 체(體)와 용(用) ▶ 451
⑳ 한신(閑神) ▶ 452
㉑ 배록축마(背祿逐馬) ▶ 452
㉒ 기반(羈絆) ▶ 453
㉓ 진실(塡實) ▶ 453
㉔ 진가상관(眞假傷官) ▶ 454
(2) 日柱만으로 구성되는 술어 ▶ 455
① 지생천(地生天) ▶ 455
② 천합지(天合地) ▶ 455
③ 살인상생(殺印相生)과 관인상생(官印相生) ▶ 456
④ 절처봉생(絕處逢生) ▶ 457
⑤ 천지덕합(天地德合) ▶ 457
(3) 신취팔법(神聚八法) ▶ 457
① 유상(類象) ▶ 458
② 속상(屬象) ▶ 458
③ 종상(從象) ▶ 458
④ 화상(化象) ▶ 459
⑤ 조상(照象) ▶ 459
⑥ 반상(返象) ▶ 460
⑦ 귀상(鬼象) ▶ 460
⑧ 복상(伏象) ▶ 461

제16장 통관과 조후

1. 통관(通關) ▶ 462
2. 조후(調候) ▶ 466

제4편 종합추명(綜合推命)

1. 성격 ▶ 470
   (1) 음양관계 ▶ 470
   (2) 육친관계 ▶ 472
      ① 비겁의 성격 ▶ 472
      ② 식상의 성격 ▶ 473
      ③ 재성의 성격 ▶ 473
      ④ 관살의 성격 ▶ 473
      ⑤ 인수의 성격 ▶ 474
   (3) 十干별로 통계한 남녀 성격 ▶ 474
      ① 甲日生(甲子, 甲戌, 甲申, 甲午, 甲辰, 甲寅日生) ▶ 474
      ② 乙日生(乙丑, 乙亥, 乙酉, 乙未, 乙巳, 乙卯日生) ▶ 475
      ③ 丙日生(丙寅, 丙子, 丙戌, 丙申, 丙午, 丙辰日生) ▶ 477
      ④ 丁日生(丁卯, 丁丑, 丁亥, 丁酉, 丁未, 丁巳日生) ▶ 478
      ⑤ 戊日生(戊辰, 戊寅, 戊子, 戊戌, 戊申, 戊午日生) ▶ 481
      ⑥ 己日生(己巳, 己卯, 己丑, 己亥, 己酉, 己未日生) ▶ 483
      ⑦ 庚日生(庚午, 庚辰, 庚寅, 庚子, 庚戌, 庚申日生) ▶ 485
      ⑧ 辛日生(辛未, 辛巳, 辛卯, 辛丑, 辛亥, 辛酉日生) ▶ 487
      ⑨ 壬日生(壬申, 壬午, 壬辰, 壬寅, 壬子, 壬戌日生) ▶ 490
      ⑩ 癸日生(癸酉, 癸未, 癸巳, 癸卯, 癸丑, 癸亥日生) ▶ 491

2. 육친론(六親論) ▶ 494
   (1) 선조 부모 형제 ▶ 495
   (2) 처첩궁 ▶ 498
   (3) 자손 ▶ 500

3. 부귀빈천 ▶ 502
   (1) 부격(富格) ▶ 502
   (2) 귀격 ▶ 503
   (3) 빈천격 ▶ 505
   (4) 흉격(凶格) ▶ 507

　　　　(5) 질병 · 불구 ▶ 508
　　4. 직업 ▶ 510
　　　　(1) 격과 직업 ▶ 510
　　　　(2) 직업각론 ▶ 512
　　　　　　① 사무직(事務職) ▶ 512
　　　　　　② 외직(外職) ▶ 513
　　　　　　③ 행정(行政) · 재정직(財政職) ▶ 513
　　　　　　④ 군인, 경찰, 법관 ▶ 514
　　　　　　⑤ 문학, 교육자의 명(命) ▶ 515
　　　　　　⑥ 의약계 ▶ 516
　　　　　　⑦ 공업인(工業人) ▶ 517
　　　　(3) 사업(事業) 기타 ▶ 517
　　　　　　① 상업(商業) ▶ 518
　　　　　　② 농업, 목축 ▶ 519
　　　　　　③ 요식업 ▶ 520
　　　　　　④ 예능 ▶ 520
　　　　　　⑤ 신앙인 ▶ 521
　　　　　　⑥ 역술가 ▶ 522
　　5. 여자의 사주 ▶ 523
　　　　(1) 총론 ▶ 523
　　　　(2) 각론 ▶ 527
　　　　　　① 남편궁 ▶ 527
　　　　　　② 자녀(子女) ▶ 529

제17장 수한(壽限)

　　총론 ▶ 531

제18장 대운과 세운

　　1. 대운(大運) ▶ 536

(1) 대운에 해당하는 오행 ▶ 540
(2) 대운 간지에 해당하는 오행 ▶ 541
(3) 살중용인도 ▶ 543
(4) 식상설기도 ▶ 543

2. 세운(歲運) ▶ 547
(1) 역마·지살 ▶ 550
(2) 복음·반음표 ▶ 551
(3) 대운·세운 용신 길흉 일람표 ▶ 552

제19장 실존인물의 사주평

1. 현대인의 사주 ▶ 554
(1) 戊辰년(1928) 음 12월 4일 戌시 건명 ▶ 555
(2) 丁未년(1967) 음 5월 초4일 未시 건명 ▶ 556
(3) 丁丑年(1937) 음 4月 24日 酉時 곤명 ▶ 558
(4) 甲寅年(1914) 음 5월 초9일 戌시 건명 ▶ 559
(5) 癸巳년(1953) 음 4월 15일 巳시 곤명 ▶ 561
(6) 辛卯년(1951) 음 3월 14일 午시 곤명 ▶ 562
(7) 戊戌(1958) 음 10월 21일 亥시 곤명 ▶ 563
(8) 丙子(1936)년 음 5월 초하루 亥시 곤명 ▶ 564
(9) 壬寅(1962)년 음 4월 초5일 辰時 건명 ▶ 565
(10) 乙卯(1915)년 음 정월 28일 卯시 건명 ▶ 566
(11) 庚午(1930) 음 5월 초5일 午시 곤명 ▶ 567
(12) 癸巳년(1953) 음 12월 초8일 午時 건명 ▶ 568
(13) 戊午(1925) 음 12월 6일 丑시 건명 ▶ 569
(14) 辛丑년(1961) 음 12월 15일 건명 ▶ 570
(15) 丁酉(1957)년 음 2월 3일 丑시 건명 ▶ 570
(16) 戊午년(1978) 음 6월 12일 午시 건명 ▶ 572
(17) 己未년(1979) 음 4월 초4일 子시 곤명 ▶ 572
(18) 乙卯년(1975) 음 9월 23일 申시 건명 ▶ 573

⑲ 戊午년(1978) 음 5월 초4일 申시 곤명 ▶ 574
⑳ 甲辰년(1964) 음 9월 26일 辰시 건명 ▶ 574
㉑ 戊申(1968) 음 正月 초3일 丑시 건명 ▶ 575
㉒ 己未년(1979) 음 4월 8일 子시 건명 ▶ 575
㉓ 丁卯(1927)년 음 10월 28일 丑시 건명 ▶ 576
㉔ 戊子(1948)년 음 8월 5일 辰시 곤명 ▶ 577
㉕ 壬寅년(1962) 음 10월 26일 진시 건명 ▶ 577
㉖ 丙申년(1956) 음 7월 9일 申시 건명 ▶ 578
㉗ 己未(1979)년 음 윤6월 22일 건명 ▶ 579
㉘ 癸亥년(1983) 음 12월 1일 진시 건명 ▶ 580
㉙ 戊戌(1958)년 음 9월 18일 戌시 곤명 ▶ 580
㉚ 甲辰년(1964) 음 9월 26일 辰시 곤명 ▶ 581
㉛ 癸未년(1943) 음 9월 13일 亥시 건명 ▶ 581

2. 근대 역사 인물의 명조(命造) ▶ 582
   (1) 壬子년(1912) 음 2월 28일 午시 건명 ▶ 583
   (2) 丙申년(1896) 음 12월 20일 辰시 건명 ▶ 584
   (3) 丁巳(1917)년 음 9월 30일 寅時 건명 ▶ 585
   (4) 己亥년(1899) 음 7월 23일 巳시 건명 ▶ 586
   (5) 己未년(1919) 음 4월 18일 午시 건명 ▶ 586
   (6) 辛未년(1931) 음 12월 6일 午시 건명 ▶ 587

제 1 편 입문 入門

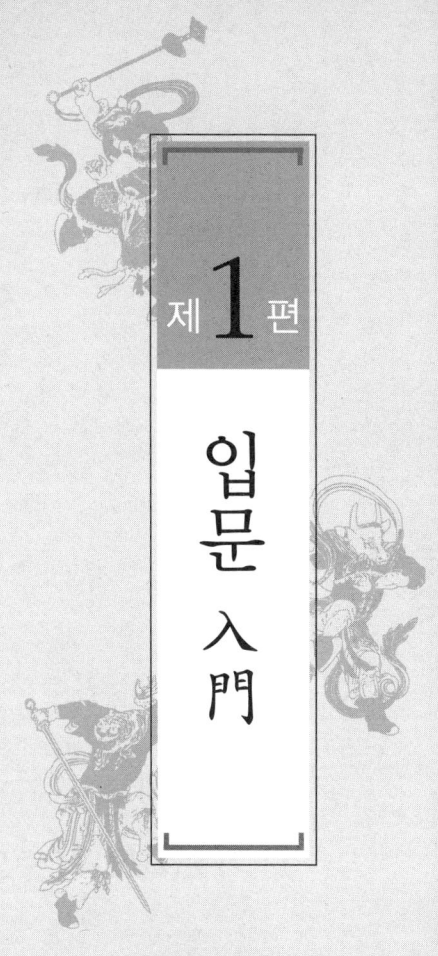

제1장 서설(緒說)

제2장 역(易)의 원류(源流)

제3장 육갑법

제4장 역법(曆法)

제1장
서설(緒說)

1. 기초(基礎)의 중요성

집을 지으려면 맨 먼저 터를 다지고 주춧돌을 놓게 되는데 이러한 일을 하는 과정을 기초(基礎)라 한다. 터를 단단히 다지지 않고 주춧돌을 놓으면 그 건물은 얼마 못가서 붕괴 되고 만다. 이를 비유 세상만사가 근본이 있고 처음 시작하는 기초가 있다. 즉 기초란 만물 만사가 시작되는 최초의 과정이다. 생이지지(生而知之-배움이 없이 스스로 깨달음)하였다는 성인(聖人)이면 몰라도 우리네 보통 인간은 모든 일에 처음부터 배우지 아니하고는 스스로 깨달아 진행할 수 없다.

세상만사 어느 것이 배우기가 어렵고 어느 것이 익히기가 쉬운 것은 없다. 나는 쉬운 일인데 남은 어렵다 하고, 나는 어려운데 남은 쉽다 하는 예가 많다. 우선은 어떤 일에 대한 난이도(難易度)가 있는 것은 사실이지만 일반적으로 누구나 다 해낼 수 있는 일인데도 어려워 못하는 사람이 있고 쉽게 터득하는 사람이 있는 것은 첫째, 그 일에 대한 소질을 타고 났느냐 아니냐에 따라서이고, 둘째는 본인의 취미 여하에 달려 있다.

본 사주학(四柱學)도 마찬가지다. 이 학문을 터득하는 데는 일반적 보통 수준의 머리면 독학으로서도 충분히 익힐 수 있다. 단, 문제는 기초지식이 충분한가 아닌가의 여하에 달려 있다. 어느 일을 배우거나, 어느 분야, 어느 학문에 들어서든지 처음 입문(入門)해서 기초지식이 없이 뛰어 넘으면 그 일을 배우고 익힐 수가 없다. 필자는 이 학문을 처음 배우는 초보자들에게 입버릇처럼 하는 말이 기초의 숙달을 강조해 왔다. 신동(神童)이라면 몰라도 수재(秀才) 수준의 두뇌일지라도 초등학교, 중학교, 고등학교의 계단을 건너 뛰어 바로 대학에 입학할 수가 없고, 입학하더라도 대학 수준의 학업을 이해할 수가 없다. 예를 들어, 한글의 기본 글자는 자모음(子母音) 합해서 24자이고, 영문(英文)의 기본 글자는 26자뿐이지만 이 기본 글자로서 몇천만 가지 형태의 말을 대신할 수 있다.

본 사주학도 마찬가지, 기본 글자 십간십이지(十干十二支) 22자가 바로 기본 글자. 이 22자에는 음양과 오행과 오행의 생극비화(生克比和)에 의한 성쇠(盛衰)가 매어져 있다. 매우 간이(簡易)하면서도 어렵고 현묘(玄妙)하다.

이 십간십이지 기본 글자는 비록 사주학에서만 적용되는게 아니고 음양택(陰陽宅)과 점술(占術) 등 기타 화복(禍福)을 추명(推命)하는 학문의 기초도 된다.

2. 운명론

국어사전에 보면, 운명(運命)이란 간단히 "화복과 길흉"이라 기록되어 있다. 물론 틀린 말이 아니지만 운명이란 단어를 "화복과 길흉"으로 간단히 풀이된 것은 매우 싱거운 생각이 든다.

운명이란 어쩌면 불가항력(不可抗力-도저히 저항하거나 피할 수 없는 상태, 또는 어떤 일이 주인공의 의지와는 관계없이 이르는 현상)이라 하겠다.

그런데 운명에 대해서 긍정적(肯定的)으로 받아들이는 이와 부정적(否定的)으로 보는 두 가지 상반된 주장을 하고 있는 실정인데, 이는 자신이 처해 있는 환경에 따라 긍정 또는 부정을 하고 있는 것이라 하겠다.

운명이라는게 있다고 생각하는 사람의 말을 한 가지만 예를 든다면, 원하지 않은 불행한 일이 닥치는 것은 운명 때문이라 하고 운명을 부정하는 사람의 말을 빌린다면 "운명이란 게 있다고 하는 것은 실패자의 핑계이다. 열심히 노력하면 반드시 그만한 댓가가 돌아온다."고 해서 운명론자를 비웃는 경향이 있다.

필자는 운명이 있음을 긍적적으로 받아들이는 사람의 손을 들어 주고 싶다. 어찌 굳센 의지와 노력만으로 모두 성공할 수 있겠는가. 모든 일의 결과가 인과관계(因果關係)로만 나타난다면 불행이나 박복함을 한탄할 것이 아니라 자신의 부족함을 후회할 일이지만 속담에 재수 없는 사람은 뒤로 넘어져도 코가 깨진다는 말과 같이 어떤 일이 잘 진행되어가는 도중에 의외의 일이 발생, 실패하는 예가 수 없이 많기 때문이다.

물론 현대문명에서는 능력과 노력은 절대적이다. 아무리 좋은 운명을 타고 났다 할지라도 능력이 없고 난관을 뚫고 나가는 굳센 의지와 노력이 없으면 운이 도와주어도 소용이 없는 일이다. 그러나 똑같은 노력에 똑같은 능력을 지녔더라도 운이 따라주는 사람과 운이 따라주지 않는 사람이 있다. 노력과 능력만으로 일백프로 성공과 실패가 결정되는 게 아니므로 자신의 복분을 깨달아서 순리를 따르라는 교훈이다. 때문에 진인사대천명(盡人事待天命－최선을 다하고 하늘이 주는 운명을 기다리라) 할 뿐 성패에 지나치게 집착하지 말라는 뜻이다.

3. 운(運)과 운명

운이란 단어를 넓혀서 말한다면 운수(運數)의 준말이 되고 운명(運命)의 준말도 된다. 그런데 길흉화복과 부귀빈천 간에 운이라 지칭할 수 있는 비중은 가볍고, 운명이라 지칭할 수 있는 비중은 무겁다.

운이 일생의 복분을 작용하는 것은 가벼워도 운명이라 칭할 수 있는 것이라면 길흉 간에 그 작용의 의의가 무겁다. 왜냐하면 운이란 시효(時效)에 따라 성패 득실 간에 영향을 주었다가 그 시기가 지나면 해소되는 것이지만 운명이라 칭할 수 있는 것은 일생동안의 행불행이 매여 있기 때문이다.

운과 운명의 차이점을 아래에서 이해해 보자.

"오늘은 운이 좋아서(재수가 좋아서) 돈을 많이 벌었다."
"오늘 시합에 지는 줄 알았는데 운 덕을 보아 이기게 되었다."
"상대 팀이 숫한 볼이 볼 대를 맞고 노골이 된 것은 운이 좋았기 때문이다."
"오늘 추첨에 운이 좋아서 당첨되었다."
"오늘 운수가 좋았기에 잃을뻔한 목숨이 살아났다."
"오늘 운수가 사나와 크게 다쳤다."
"며칠 전에 운이 나빠서 실패했다."

운명에 대해서는

"나는 참모노릇 밖에 지휘관은 못해 볼 운명이었던가 보다."
"나는 평생 빈궁을 면치 못할 운명인가 보다."
"자식을 못 두는 것도 내 운명이 아니겠는가."
"두 번 세 번 시집가는 것도 운명이다."

그러나 운이 운명과 연결되는 예도 적지 않다. 하루 동안의 운이 일생의 행불행이나 살아가는 방향을 180도 바꿔 놓는 예도 적지 않다. 필자는 어릴적 몇 푼 안되는 용돈을 벌기 위해 화투를 만들어 어른들에게 팔았던 것이 오늘의 내 처지의 연결고리가 되었으니 인연이란 끈은 쇠가죽보다 질긴 것인가 보다.

　동서고금(東西古今)을 통하여 사람끼리 똑같은 복분을 타고 났으면 공평해서 좋을는지 모르지만 가령 그렇게 된다면 생존경쟁을 할 필요가 없어 살아가는 재미도 없으리라. 오늘의 첨단문명에 이르기까지는 바로 불공평한 복분 때문에 자극을 받아 문명 발상의 원인이 된 것이므로 하느님의 섭리는 지극히 위대하다.

　사람의 운명을 나그네길, 또는 현해탄(玄海灘)을 건너는 선박(船舶)에 비유한다. 물은 깊어야 하고 가는 도중 순풍을 만나야 사고 없이 목적지에 순항(順航)한다. 그러나 항해하는 도중 폭풍우를 만나거나 물이 깊지 아니하면 아무리 성능이 좋은 배라 할지라도 전진이 불가능하다. 바다에 떠 항해하는 배는 가장 영향력이 큰 것은 바람이다. 요는 순풍이 불어야 안전하고 거슬러 부는 바람(逆風)이 아니라야 제 속력을 낼 수 있다. 뒷바람(後風)은 가장 즐거운 바람이고 옆에서 부는 바람은 득(得)도 실(失)도 아니오. 앞바람(逆風)은 전진이 더디다. 그렇더라도 가장 두려운 바람은 태풍이라 인생항로에 태풍을 만나면 비록 영웅의 자질을 지녔다 해도 뜻을 못 이루고 좌절하게 된다.

　복(福)이란 인품(人品)과는 무관한 것이라 잘났다 해서 복을 누리는 게 아니오, 못났다 해서 박복한 게 아니다. 때문에 어찌 생각해 보면 천지신명의 섭리가 무엇인지 알기 어려우나 어쩌면 지극히 공평한 것인지도 모른다.

　내가 짐승으로 태어나지 않고 사람으로 태어난 게 요행이며 고마운 일이다 생각하고 있는 사람이 얼마나 될까? 자신은 당연히 사람으로 태어나도록 되어 시람이므로 고맙고 뭐고 생각할 필요가 없다 한다. 부귀가문에 태어나 호강하든, 빈궁한 집 자녀로 태어나 어릴 적부터 고생하든 자신의 의지와는 관계없는 일이다. 그저 태어나 보니 부잣집이고, 태어나고 보니 가난한 집이다. 이것이 운명이 아니고 무엇인가. 어떤 사람은 부모 조상으로부터 좋은 유전자를 타고나 90이 넘도록 건강 장수하고, 어떤 사람은 나쁜 유전자를 이어 받아 중년도 넘지 못하고 세상을 하직하게 되는가. 이러한 불공평도 제 잘해서 장수하고 제 잘못해서 불행을 당하는가. 답은 간단하니 독자 여러분의 현명한 판단에 맡긴다.

성인(聖人) 공자(孔子)는 다음과 같이 말씀하셨다.

死生이 有命이오 富貴는 在天이라 萬事分已定이어늘
浮生은 空自忙하라.

[해설] 죽고 사는 것은 매어진 운명에 있고, 부귀는 하늘에 있다. 그러므로 만 가지 일이 이미 정해져 있거늘 뜬구름 같은 인생은 헛되이 바쁘게 설치지 마라.

명심보감(明心寶鑑)에는 이런 글이 수록되어 있다.

列子曰 痴聾痼瘂도 家豪富요 智慧聰明도 却受貧이라.
年月日時－該載定하니 算來有命不由人이니라.

[해설] 열자는 말하기를 어리석고, 귀먹고, 말 못하고 병든 자도 부자로 사는 수가 있고, 지혜롭고 총명한 사람도 가난을 떨구지 못한다. 연월일시에 이미 정해져 있으니 헤아려 보건대 이 모든 것은 타고난 운명에 있는 것이지 사람 잘나고 못난 것에 있지 않다.

4. 숙명(宿命)

숙명(宿命)이란 무엇인가?

국어사전에는 숙명이란 "회피 불가능한 운명"이라 하였다.

인간의 삶에 대한 철학(哲學) 가운데 가장 의문이 깊은 것이 숙명(宿命)이다. 숙명이란 과연 불가(佛家)의 인과응보설(因果應報說)인가, 아니면 운명의 신이 미리 써 놓은 시나리오대로 배역하며 살아갈 수밖에 없는 게 바로 인생이란 말인가. 알 듯 하면서도 가장 어려운 문제가 숙명이다. 지난날 경호실장 차지철을 총격 살해한 김재규는 차지철과 그렇게 될 숙명이 있기 때문인가, 아니면 아무 의미도 없이 그렇게 된 것인가. 남을 살려놓고 자신은 희생당한 의인(義人)은 지난날(과거)에 진 빚을 갚기 위함인가 아니면 무엇일까?

아무리 곰곰이 생각해도 풀리지 않는 게 숙명이며 일의 발생되는 인과(因果)다. 내 잘못 부주의로 당하는 액이라 해도 불행한 일인데 왜 남 때문에 내가 해를 입어야 하는지 영혼이 있다면 통탄할 일이다. 명계(冥界)에 가서도 억울함을 잊지 못할 일이다. 이에 대해서는 풀지 못할 수수께끼이므로 이만해 두고 숙명관계라 할 수 있는 것 몇 가지만 예를 든다.

- 고양이와 쥐
- 뜻이 맞지 않아 원수같이 살아가면서도 헤어지지 않는 부부관계.
- 까닭 없이 미운 사람, 까닭 없이 좋은 사람.
- 교통사고를 낸 운전기사와 교통사고를 당한 피해자 관계.
- 번번히 0.05초 차이로 금메달을 따지 못하는 100m 달리기 선수.

• 대세(大勢)와 돌연변(突然變)에 의해 사망.

• 평생 악연의 라이벌 관계.

이 밖에도 숙명이라고 생각되는 일들이 헤아릴 수 없이 많다.
처참한 사건 하나만 소개해 보자.
기억에 생생한 사건이다. 적당한 선에서 간단히 말하겠다.(참화를 당한 가족에게 죄송한 마음이 있어서이다.)
서기 2009년에 일어난 사건으로 온 세상(우리나라에 한함) 사람들에게 경악과 불안, 소름이 끼칠 정도의 흉악 살인범의 사건이다.
피해자는 집으로 가기 위해 버스를 기다리고 있었다. 주택지가 아니므로 이 부근에는 행인이 별로 없었다. 범인은 어떤 방법으로 여대생을 유인했는지 확실치 않으나(아마도 목적지가 같으니 태워다 주겠다) 범인의 생김새, 고급스러운 승용차, 그리고 낮 시간, 이러한 배경 때문에 고마워하며 승용차에 올랐다. 여대생 납치살인사건이 CC카메라에 나타났다. 범인의 입장에서 보면 더럽게 나쁜 재수에 걸렸다. 범인의 집도 멀지 않았다. 딸의 실종을 신고 받은 경찰은 의심가는 데가 있어 CC카메라에 찍힌 내용을 세밀히 분석 전과범인 강○○이란 것에 심증이 갔다. 그래서 범인이 여대생을 성폭행 후 살인하여 시체를 묻은 곳까지 확인, 범인이 강○○임을 알았다. 여죄가 있을 법한 일이라 범인을 체포하기 이전의 범죄를 추궁, 노래방 도우미 등 7~8인의 여성 목숨을 잔인한 수법으로 살해, 암매장한 사실이 밝혀져 온 나라 사람들의 치를 떨게 했다. 죄 없이 참변을 당한 학생의 희생에 형언하기 어려울만큼 딱한 마음이 드는 것을 솔직히 말하는 바다. 그런데 이 여대생의 죽음은 결코 헛된 희생만은 아니다. 물론 단 한 사람도 범인을 탐색 체포하기 위한 희생양이 되어서는 안 된다. 피해자의 유족으로서는 남의 목숨 100명보다 딸의 목숨 하나가 소중한 것이며 이것이 인지상정이다. 이왕 발생한 사건이지만 범인을 잡지 못하고 미궁 속으로 감춰지고 말았다면 더욱 안타까운 일이다. 하지만 그나마 객관적으로 논할 때 만분지 일이나마 다행한 것은 범인을 잡을 수 있었다는 점이다. 필자는 하느님이 계심을 믿는다. 모르거니와 하느님이 여대생까지 희생시킨 흉악범의 잔인한, 도저히 사람이라 볼 수 없는 범인, 즉 천인공로(天人共怒)할 범인 강이 수사진에 의해 잡히도록 유인하였다고 생각된다. 결국 여대생의 죽음은 살신성인(殺身成仁)을 뜻했던 바는 아니지만 결과적으로는 살신성인이 된 것이다.

5. 대세와 돌연변

(1) 대세(大勢)란?

대세란 사람의 지혜와 노력으로 도저히 막아낼 수 없는 것을 말한다. 예를 들어 6.25사변이 발발한 그 난리 때문에 집이 파괴되고 누구를 막론하고 전쟁을 피해 피난을 가면서 풍찬노숙(風餐露宿 – 한데에서 바람과 이슬을 피하지 못하고 몹시 고생하는 것. 이루

헤아릴 수 없이 고생하는 것)하게 되는데 피난민 중에는 복(福)을 많이 타고난 사람도 있고 박복한 사람도 있겠지만 박복한 사람과 다복(多福)한 사람 가리지 않고 난리라는 대세에서는 누군 운명을 좋게 타고 났으므로 살고, 누구는 복이 박해서 살아나지 않는다. 대세와 돌연변(突然變)은 의미가 같을 수도 있고 다를 수도 있다. 또 한 가지 예를 들면 천재지변(天災地變)이다. 오랜 가뭄, 오랜 장마로 인해 피해되는 것도 대세요, 특히 갑작스레 발생하는 지진과 해일로 인해 건물들이 모두 붕괴되고 소중한 생명을 잃게 되는 것, 수만 명이 목숨을 잃게 되는 경우, 어찌 사주가 나쁜 사람만 살아나지 못하고 사주가 좋다해서 그 사람(사주가 좋은)만 가려 살려주게 되겠는가 말도 안되는 일이다. 대형사고를 들자면 성수대교의 절단, 삼풍 백화점의 붕괴, 사할린 상공에서 소련에서 쏘아 승객 전원이 돌연사하게 된 비행기 피격사고, 2011년 3월 발생한 일본 후쿠시마(福島)의 원전사고, 세계사 이래로 가장 끔직스럽고 비참했던 미국의 세계무역센터 자살 테러 사고 등에 의해 갑작스런 참변을 당한 것은 사주를 잘못 타고 나거나 박복한 사람만을 가려 당하는 액이 아니다.

(2) 돌연변(突然變)이란?

갑작스럽게, 전혀 예상치 못한 일이 발생, 방어 불가능한 현상이 발생, 참변을 당하는 사고인바 이러한 사고에 있어서는 복 있는 사람, 복 없는 사람 가리지 않고 으앗 비명을 지를 겨를도 없이 액을 당하는 변괴다. 개인적인 돌연변은 급체, 심장마비, 뇌

출혈, 교통사고 등에 의해 변사하는 일인바 이 모두 피할 겨를도 없이 순식간에 일어나는 급변에 생명을 잃게 되는 사람은 반드시 불운(不運)한 사주 때문이 아니다. 인간만사는 참으로 추측하기 어렵도록 묘한 일들이 발생하여 종잡을 수 없다. 하기야 이러한 묘(妙)들이 조물주는 인간이 잘 알지 못하도록 비밀을 지키고 있는 천기누설(天機漏泄) 까닭인지 모른다.

이상에서 말한 돌연변에 생명을 잃게 된 사람도 흉액을 당하도록 흉신악살(凶神惡殺)이 명조(命造)에 있기 때문만은 아니다.

① 비명(非命)의 액(厄)

돌연변과 거의 같은 뜻이 있다. 대세(大勢)에 휩쓸려 죄 없이 생명을 잃거나 폭력배, 정신 착란자, 술에 대취하여 분간을 모르는 자, 원한에 의한 피살 등 가지가지의 형태로 공격당하여 목숨을 빼앗기는 등의 사건도 역시 돌연변이며 비명횡사다. 중병으로 앓다가 사망하거나 숙환(宿患-오래전부터 앓아오던 환자), 노환(老患-나이가 많아 하늘의 부름을 받고 이승을 하직하는 것) 등은 비명횡사에 해당하지는 않는다.

② 일장성공백골고(一將成功百骨枯)

무예(武藝)와 용맹(勇猛)과 지략이 풍부한 무장(武將)은 평화시 때보다 전쟁이 일어나야 "때를 얻었다"고 기뻐한다. 아무리 훌륭한 사람도 세운 공(功)이 없으면 세상에 알려지지 않는다. 무관(武官)을 발탁하는 까닭은 침입해 오는 적을 물리치기 위함인데 전쟁이 없는 나라에 전쟁의 근심이 없으면 하는 것 없이 나라에서 주는 녹(祿)만 축내고 만다. 그리고 싸움을 일으켜 남의 나라 땅을 야금야금 떼어 갖는 재미로 나라 안 최고의 위치요, 최고의 권력자인 제왕(帝王)은 국력이 강하다 생각되면 남의 나라 땅을 뺏기 위해 싸움을 건다. 한 나라의 임금이나 장수는 이길 자신이 있기에 거는 싸움이지만 그 전쟁이 끝나고 나면 내 나라 군사나 남의 나라 군사를 막론하고 숱한 생명의 희생이 따른다. 이긴 자보다 진 자의 희생이 더 많은 것은 당연하다. 한 가지만 예를 들어보자.

세계 1차전, 2차전을 일으킨 자도 싸움판에 들어서면 애꿎은 백성과 군대만 피해를 당한다. 최고 권력자는 불만 질러 놓고 자신은 안전한 곳으로 물러서면 된다.

우리나라 임금인 선조(宣祖) 때에 일본 풍신수길(豊信秀吉)이란 괴물이 이 세상 밖으로 나오면서부터 이미 일본이나 우리나라에 전쟁이란 숙명적 과제를 지니고 태어났다. 본시 가난하고 신분도 미천하였는데 그의 가슴속에는 세상을 손아귀에 넣고 흔들어 보겠다는 야망을 품고는 세상 사람들의 멸시와 천대를 참으며 뒷날 이 나라(日本) 최고의 권력자가 되기를 결심하였다. 역사란 세상 일을 치른 뒤에 생기는 것이지만 풍신수길은 자신이 역사를 만들어 보겠다는 야망을 지니고 있었는지 모른다. 여하튼 갖은 수모를 참으면서 세력가의 몸종이 되어 섬겨오다가 주인이 죽자 조롱에 갇힌 새가 조롱 속에서 풀려나 하늘을 높이 날으듯이 승승장구 세력이 점점 커지면서 일본 천하를 손아귀에 넣고 갖은 만행을 저질러 왔는데 그것도 모자라 우리나라 전체를 단번에 삼켜 보겠다는 노망이 들어 소서행장, 가등청정, 흑전

장전 등 용장에게 명하여 선조 임진년(1572)에 15만이 넘는 군졸을 끌고 조선 방방곡곡을 설치며 살인 약탈, 부녀자 성폭력 등 이루다 말할 수 없는 만행을 일삼는데도 거칠 것이 없었다 한다. 하늘이 무심치 않음인지 이순신 같은 전무후무의 성장(聖將)을 포함해서 권율, 서산대사, 사명당, 곽재우 등 유관무관(有官無官)의 영웅적 용장과 승병(僧兵)들이 일어나 왜적과 싸워 왔으므로 숱하게 흘린 피의 대가로 간신히 나라는 지켰으나 싸움 뒤의 나라 형편은 말이 아니었다.

요는 일본 풍신수길 한 사람의 야망에 의해 두 나라 군사들과 백성들이 흘린 피가 얼마만큼인지 짐작도 못한다. 참으면 너도 편하고 나도 편한데 현재 우리나라 사람들의 동태를 보면 "못 참겠다."로 끝맺음을 하는데 철이 든 국민들은 노파심 같은 걱정이 된다.

③ 지장(智將)이 불여덕장(不如德將)

앞서 간단히 기술(記述)한 일장성공백골고(一將成功百骨枯)란 글귀와 본문(本文)과 거리가 있는 게 아닌가 하고 마땅치 않게 생각할 독자가 있을지 몰라 그 이유를 밝히겠다. 원래 술(術)이란 글자로서 단어를 구성함에는 잡술(雜術), 마술(魔術), 기만술(欺瞞術) 등 모두 사람들을 속이는(거짓) 술법이다. 그러나 술법에도 좋은 명칭으로 구성되는 단어가 있다. 그것은 다름 아닌 의술(醫術), 역술(易術), 기술(技術)이다. 중국 역사하면 육국(六國)을 통일했다는 진시황(秦始皇)의 고사(故事)를 빼놓을 수 없다. 삼천궁녀를 거느린 아방궁이며 방사(方士)에게 속아 삼신산(三

神山)의 장생불사 한다는 불로초 구하는 일, 방사들의 최면술(催眠術)에 속아 헛된 욕망을 채우려 했던 일 등은 거론할 필요가 없다. 단, 진시황의 정치 중에서 한 가지 칭찬할 것이 있다면 역술(易術)을 존중했다는 점이다. 진시황이 분시서갱유생(焚詩書坑儒生)이란 시전·서전 등 글공부에 도움되는 책은 모조리 거두어 불태우고 걸핏하면 "아니 되옵니다" 하고 자신이 하고자 하는 일을 못하도록 직간(直諫)하거나 상소문을 올려 성가시게 굴기 때문에 선비들을 생매장(生埋葬)하였는데 단, 의술과 역술에 대한 책만은 불태우지 말고 보존토록 영을 내렸다 한다. 선비들이 얼마만큼 진시황을 괴롭혔는지 모르겠으나 고지식하고 융통성 없는 선비들을 목구멍에 가시처럼 여겼음은 논하지 않고도 알만하다. 다행히 의서(醫書)와 역서(易書)만은 인민(人民)의 화복(禍福)과 건강생명을 지키는 글이라 해서 불태우지 말고 보관하라 명을 내렸다 하니 그나마 다행이라 하겠다.

적과 싸움에 있어서는 군사를 거느린 장수의 지혜가 절대적이다. 지혜가 없이는 적을 섬멸하기는 고사하고 실패하여 달아나기가 바쁘다. 그런데 어찌하여 "지혜가 덕(德)만 못하다" 하였는가.

그 대답은 간단하다. 병법에 하늘의 도움(運)과 지리의 이로움과 인물의 지혜, 이 세 가지가 구비된 뒤에야 싸움에 이길 수 있다 하였다. 덕(德)이 없이 머리와 무예만 믿고 싸우는 장수는 싸움에 이겨 공(功)을 세우는 것 뿐이지 덕이 없는 장수는 싸움에 이기더라도 희생자가 많이 생긴다. 그러나 덕이 있는 장수는 천지신명(天地神明)이 도와줄 뿐 아니라 사람의 목숨을 소중히 여겨 희생자가 많게 되면 싸우지 않고 기다렸다가 필승의 조건이 갖추어진 뒤에야 싸움에 나아가고 아울러 인명피해를 적게 내는 것이다. 즉 전공(戰功)보다 군졸의 생명을 소중히 여기는 것이다.

제2장
역(易)의 원류(源流)

1. 태극(太極)에 대한 상식

　모든 사물(事物)에는 근원(根源)이 있다. 맨 먼저 우주가 창시(創始)되고 점점 세월이 누적되면서 천가지 만가지 형태와 위치가 정해졌겠지만 아직 천지개벽(天地開闢) 이전은 아무것도 보이지 않고 아무것도 잡히지 않는 태허공간이오 암흑세계라 하겠다.

　① 태극 진행도

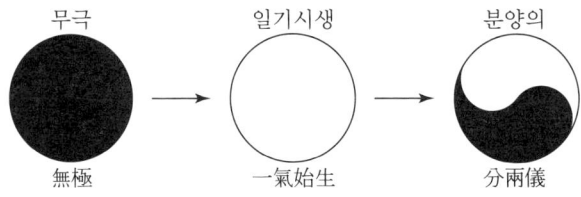

　태초(太初), 즉 아득한 옛날을 무극시대(無極時代)라 한다. 즉 아득한 옛날이란 셈법으로 따질 수 없는 옛날이다. 무극시대에서 또 숱한 세월이 비로소 일기로 변했으니 이때를 일기시대(一氣時代)라 한다.

이 일기시대에서 또 수많은 세월이 지나 음(陰)과 양(陽) 이기(二氣)로 분류되었으니, 이를 양의시대(兩儀時代)라 한다.

이를 정리하면, 무극(無極)에서 일기시생(一氣始生)하고 일기에서 양의로 분리되었으며 양의에서 태양(太陽) 소음(少陰) 소양(少陽) 태음(太陰)의 사상(四象)이 생하고 사상에서 건(乾) 태(兌) 이(離) 진(震) 손(巽) 감(坎) 간(艮) 곤(坤)의 팔괘(八卦)가 생하고 팔괘가 거듭하여 육십사괘(六十四卦)가 이루어졌다.

② 태극 그림에 대하여

어느 책자 속에서 또는 어느 태극 그림에서 태극이 잘못 그려진 것을 자주 보게 된다. 다름 아닌 반(反) S자 형이다. 왼쪽 태극 그림은 반 S자 형이다. 이렇게 그린 까닭은 동지에 일양(一陽)이 시생(始生)하여 하지에 육양(六陽)이 극(極)하고, 하지에 일음(一陰)이 생하여 동지에 육음(六陰)이 극(極)한 모습이다. 그럴듯한 주장이다. 그러나 이는 전쟁의 모습이다. 이와 반대로 오른쪽 그림 S형은 얼핏 생각하기에 잘못 그려진 것 같아 왼쪽 그림이 맞는 것같이 생각될 수도 있다. 하지만 왼쪽 그림은 세력을 밀어붙여 상대방의 자리를 뺏는 형상이다. 아랫사람이 윗사람을 떠밀고 그 자리를 차지하는 모습이다. 그러기 위해서는 싸움이 필요하다. 태극 오른쪽의 모습은 윗사람이 먼저 한걸음 물러서면 그 빈자리를 아랫사람이 채우는 의(儀: 모습)다. 예를 들면, 아버지가 노쇠하여 더 이상 사업의 경영을 하기 힘들면 한걸음씩 물러나 자식에게 양보하면 자식은 순리대로 아버지가 물러나 비어 있는 자리를 차지, 아버지의 업을 계승하는 의(儀)다. 왼편 태극 그림은 동지에 일양(一陽)이 생(生)하여 계속 전진하는 상이고, 오른쪽 태극 그림은 동지에 음기(陰氣)가 극(極)했다가 하지까지 완전히 자리를 비켜줌으로써 순리로 양(陽)이 진(進)하고 하지에 양(陽)이 극(極)했다가 차츰 자리를 내줌으로써 그 빈자리를 음(陰)이 채워지는 형상이다.

③ 음양둔(陰陽遁) 분리표

세상 사람 모두는 아래에서 밀고 오기 전에 자신의 나이, 정신력, 체력, 지혜의 한계를 깨달아 먼저 아랫사람에게 양보해서 이제까지 지키고 있던 자리를 내주기 위해 스스로 물러나면 이것

이 순리요, 자신의 안위를 지키는 정도(正道)다.

　그렇지 아니하고 나이가 많아 정력이 감소되고 판단력이 흐려진데도 불구하고 자리 지키기에 고집한다면 십중팔구 아랫사람에게 떠밀려 물러나게 되는 참극을 당할 것이다.

　순리를 따르지 않고 피로 얻은 권력이나 피로 지키는 자리는 반드시 피를 흘리는 사태를 불러오리니 경계하고 경계할 일이다.

　생년월일시 사주(四柱)로서 길흉화복을 추리하는 추명학(推命學)은 비단 미래에 있을 성패와 화복을 알기 위해서 뿐이 아니라 자신의 복분과 순리가 무엇인지 알아 순리로 살아가는데 참된 도(道)가 있다. 타고난 복의 한계를 안다면 무리하지 않을 것이며 성공을 위해 도전해 보는 것도 후회되지 않는 일이다. 사람이 살아가는 슬기와 바른 도(道)는 가까운 곳에 있는데도 몰라서 행하지 못하고 알고 있어서 행동에 옮기기는 쉽지 않은 일이다.

2. 역(易)을 발전시킨 인물들

(1) 삼황(三皇)

삼황(三皇)은 두 가지 설이 있다.

① 삼황(三皇) 1

천황씨(天皇氏), 지황씨(地皇氏), 인황씨(人皇氏)

즉 천(天) 지(地) 인(人)의 삼재(三才)다.

이 세 분은 신적존재(神的存在)로서 천황씨는 하늘을 열고(開天), 지황씨는 땅을 열고(開地), 인황씨는 사람을 만들었다(創人) 한다.

이 설은 따지고 보면 자연(自然)이라 할 수 있다. 예부터 인류는 신(神)의 존재를 믿어왔다. 세상만사를 신이 지배하므로 신의 명령은 절대적이라 생각해 왔다. 따지고 보면 자연(自然) 그 자체가 신이오 조물주(造物主)이지만 신의 존재는 신령(神靈)이라 믿고 있는 무소불위(無所不爲)의 신(神)을 칭한다.

② 삼황(三皇) 2

이 삼황설은 역시 신적 존재로 생각되나 신이라 믿기보다는 전설적으로서의 존재로되 인간과 매우 접근된(신(神)이 아닌 실제 인물) 인물로 믿어오고 있다.

태호복희씨(太昊伏羲氏), 염제신농씨(炎帝神農氏), 황제헌원씨(皇帝軒轅氏).

복희씨의 성은 풍씨(風氏)인데 포희씨(庖羲氏)라고도 한다. 진(陳) 하남성(河南省-지금의 회양현(淮陽縣))에 도읍하여 재위 150년 15대(9360년간)를 이어왔다고 한다.

복희씨는 역(易)의 원조로서 사상(四象) 팔괘(八卦)의 괘상(卦象)과 문자를 만들어 낸 분이라 한다. 설에 의하면, 복희씨가 하도(河圖)의 원리로서 선천팔괘와 육갑법(六甲法)을 만들어 만물이 생성(生成)하는 원리, 그리고 인간의 길흉화복에 이르기까지 역(易)의 기본적 이치를 연구해 낸 인물이라 한다.

신농씨는 중국 열산〈烈山 - 호북현(湖北縣)〉에서 출생하여 진(陳) 하남성(河南省)에 도읍하였다가 뒤에 산동성 곡부(山東省 曲阜)로 도읍을 옮겼다. 화식(火食)을 위주로 하는 농사짓는 방법이며 약초를 캐어 병을 고치는 방법을 최초로 가르쳤다. 신농씨는 팔괘법(八卦法)과 음양오행의 원리를 복희씨로부터 계승한 후계자라고도 한다.

헌원씨(軒轅氏)는 한족(漢族)의 시조로 칭하는 인물이다. 성은 공손(公孫)이라 하며 수구(壽丘 - 산동성 곡부현 동북지방) 땅에 출생하여 희수(姬水)에서 자랐으며 유태(有態)에서 나라를 세웠다. 지금으로부터 4290년 전 중국의 중앙부를 점령하여 다스렸던 최초의 황제로서 복희씨보다 2천 년 뒤의 인물이다. 황제 헌원씨는 신농씨의 업을 계승, 발전시킨 인물로 의약(醫藥)과 복서(卜筮)를 제작하고 의상(衣裳)을 만들었다고 한다.

3. 역(易)의 여러 가지

역(易)은 주나라 때 발상된 주역(周易)이 생기기 이전에 여러 가지 역(易)이 있었는데 다음과 같다.

(1) 간이역(簡易易)

이 역은 평이(平易)하다는 뜻으로, 천체(天體)는 간이(簡易)하다고 주장함.

(2) 변역(變易)

"역(易)은 변하고 바뀐다."고 주장하는 역법이다.

(3) 불역(不易)

이 역법은 만상(萬象)은 변치 않는다는 뜻. 즉 천지의 위치는 불변(不變)이라는 역법이다.

(4) 고대삼역(古代三易)

고대삼역에는 연산역과 귀장역과 주역이 있다.

① 연산역(連山易)

연산역의 창시자는 염제신농씨(炎帝神農氏)라 한다. 연산(連山)이란 구름이 산에서 솟아나듯 연면불절(連綿不絕)하다는 것을 가리키는 말이다. 이 연산역은 간괘(艮卦)를 수위(首位)로 한다.

② 귀장역(歸藏易)

황제헌원씨(黃帝軒轅氏) 때 쓰이던 역괘(易卦)로서 곤괘(坤卦)를 수위(首位)로 하였다. 귀장이란 만물이 모두 땅(大地)에서 생겨나 다시 땅으로 돌아가 갈무리 된다는 뜻에서 이름 지어진 역법이다.

③ 주역(周易)

주역은 본래 역(易)에서 비롯된 명칭이다. 대개 역(易)과 주역은 같은 뜻의 단어로 쓰이지만 엄밀히 구분한다면 다르다. 역(易)이란 외자는 주역 이전에 쓰인 명칭의 통합이고, 주역(周易)이란 주(周)의 문왕(文王) 때부터 붙여진 이름이다.

4. 주역을 발전시킨 인물들

(1) 주문왕(周文王)

은(殷)나라 주왕(紂王)을 멸하고 주(周)나라를 세운 임금이다. 주문왕은 후천팔괘(後天八卦)를 창안해 그렸다.

(2) 주공(周公)

이름은 단(旦), 주문왕의 아들이며 주무왕(周武王)의 형(兄)이다(B.C. 110). 주공은 육십사괘의 효사(爻辭)를 지었다.

(3) 공자(孔子)

이름은 구(丘), 춘추시대 노(魯)나라에서 탄생하였다(B.C. 551). 공자는 생이지지(生而知之)한 성인(聖人)으로 주역을 찬(贊)하여 십익(十翼)을 해설한 분이다.

5. 팔괘(八卦) 구성의 원칙

주역팔괘(周易八卦)가 구성된 원리는 다음과 같다.
태초(太初)에 우주가 창조되기 이전은 ●모양으로 온 세상이 칠흑처럼 어두워 암흑(暗黑)이었다. 이러한 시대를 무극시대(無極時代)라 한다.

불설(佛說)에 십이지진법이 있는데 역(易)에서의 무극을 불가(佛家)에서는 무명(無明)에 비유된다.

●의 무극시대에서 숱한 세월이 지나 진전된 상태가 ○의 모습으로 상징하는바 ○는 음양이기(陰陽二氣)가 함께 섞인 것을 형상하니, 이를 일기시대(一氣時代)라 한다.

○의 일기시대에서 또 오랜 세월이 지난 뒤 음과 양 2로 나뉘었으니(分陰陽), 이를 ☯모양으로 상징한다.

이를 또 부호로 나타내어 양(陽)은 ━로, 음(陰)은 ━ ━로 표시하여 ━를 일양(一陽), ━ ━를 일음(一陰)이라 한다. 또 이 두 가지 모습을 양의(兩儀)라 한다.

초보자를 위해 다시 정리해 본다.
●의 무극에서 일기(一氣)가 생(生)한 것이 일기시대(一氣時代)요, ○의 일기시대(一氣時代)에서 ☯모양으로 나뉜 시대가 양의시대(兩儀時代)라 한다.

이 음과 양을 부호로 나타냈으니 ━는 양(陽)의 부호로 일양(一陽)이라 하고, ━ ━는 음(陰)의 부호로 일음(一陰)이라 한다.

다음은 양의에서 사상(四象), 사상에서 팔괘(八卦)까지 진전되는 원리다.

사상(四象) : 사상이란 태양(太陽), 소음(少陰), 소양(少陽), 태음(太陰)의 네 가지를 칭한다.

일양인 ━ 위에 일양인 ━가 생하면 ⚌가 되니, 이를 태양(太陽)이라 한다.

일양인 ━ 위에 일음인 ━ ━가 생하면 ⚎가 되니, 이를 소음(少陰)이라 한다.

다음에는 일음인 ━ ━ 위에 일양인 ━가 생하면 ⚍가 되니, 이를 소양(少陽)이라 한다.

일음인 ━ ━ 위에 일음인 ━ ━가 생하면 ⚏가 되니, 이를 태음(太陰)이라 한다.

태양(⚌), 소음(⚎), 소양(⚍), 태음(⚏)의 4가지를 사상(四象)이라 한다.

① 팔괘 구성도

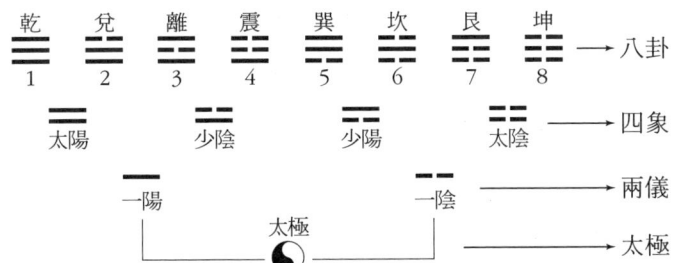

② 팔괘와 자연 명칭

一乾天 二兌澤 三離火 四震雷 五巽風 六坎水
일건천 이태택 삼리화 사진뢰 오손풍 육감수

七艮山 八坤地
칠간산 팔곤지

숫자 1은 건괘(乾卦)요, 하늘이다.
숫자 2는 태괘(兌卦)요, 못이다.
숫자 3은 이괘(離卦)요, 불이다.
숫자 4는 진괘(震卦)요, 우레다.
숫자 5는 손괘(巽卦)요, 바람이다.
숫자 6은 감괘(坎卦)요, 물이다.
숫자 7은 간괘(艮卦)요, 산이다.
숫자 8은 곤괘(坤卦)요, 땅이다.

③ 팔괘 모양 기억하기

건삼련(乾三連) - 건괘 ☰ 는 삼획이 다 이어졌다.
태상절(兌上絶) - 태괘 ☱ 는 상획이 끊겼다.
이허중(離虛中) - 이괘 ☲ 는 중획이 끊겼다.
진하련(震下連) - 진괘 ☳ 는 하획이 이어졌다.
손하절(巽下絶) - 손괘 ☴ 는 하획이 끊겼다.
감중련(坎中連) - 감괘 ☵ 는 중획이 이어졌다.
간상련(艮上連) - 간괘 ☶ 는 상획이 이어졌다.
곤삼절(坤三絶) - 곤괘 ☷ 는 삼획이 다 끊겼다.

④ 팔괘의 음양오행 인간관계

팔괘에도 음양의 구분과 오행이 매여 있다. 아래와 같다.

건괘(乾卦)는 양금(陽金)이며 노부(老父) 또는 노양(老陽)이라 한다.

태괘(兌卦)는 음금(陰金)이며 소녀(少女)라 한다.

이괘(離卦)는 음화(陰火)이며 중녀(中女)라 한다.

진괘(震卦)는 양목(陽木)이며 장남(長男)라 한다.

손괘(巽卦)는 음목(陰木)이며 장녀(長女)라 한다.

감괘(坎卦)는 양수(陽水)이며 중남(中男)라 한다.

간괘(艮卦)는 양토(陽土)이며 소남(少男)라 한다.

곤괘(坤卦)는 음토(陰土)이며 노모(老母) 또는 노음(老陰)라 한다.

6. 하도 · 낙서

(1) 용마하도(龍馬河圖)

복희씨(伏羲氏 – 三皇의 한 분)때에 용마(龍馬 – 예사말이 아님)가 아래와 같은 그림을 지고 하(河 – 黃河인 듯)에서 나왔다. 하(河 – 물이름)에서 나왔다 하여 이 그림의 명칭을 하도(河圖)라 하고, 용마가 지고 나왔다 하여 용마하도(龍馬河圖)라 명칭하였다. 이 그림의 의(儀)는 이러하다.

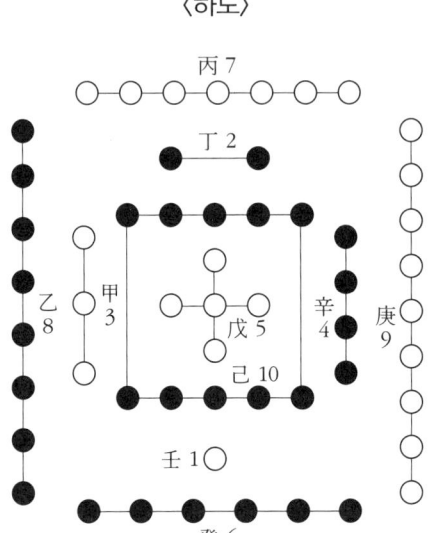

〈하도〉

　○는 양(陽)의 부호로 天이 되고, ●는 음(陰)의 부호로 地라 칭함.

　天一이 壬 陽水를 生하여 北에 거하니 地六 癸 陰水를 生하여 북방위를 이루었다.

　다음 天三이 甲 陽木을 生하여 먼저 東에 거하니 地八 乙陰木이 같이 따라가고, 天五가 戊 陽土를 生하여 중앙에 거하니 地十 己 陰土가 같이 따라가고, 天七이 丙 陽火를 生하여 남방에 거하니 地二 丁 陰火가 같이 따라가 자리잡고, 天九가 庚 陽金을 生하여 서쪽에 거하니 地四 辛 陰金이 같이 거한다.

　一三五七九 천양수(天陽數)는 합이 55이고, 二四六八十 지음수(地陰數)는 합이 50이다. 양이 먼저 자리 잡으면 음이 양을 따라가 같은 곳(방위)에 거하게 된다.

복희씨가 이 하도의 의를 깨달아 팔괘의 위치를 정하였고, 황제(黃帝)가 이 법칙을 이어받아 육십갑자(六十甲子)를 만들었다 한다.

(2) 신구낙서(神龜洛書)

중국 하(夏)나라 우왕(禹王) 때에 신구(神龜)가 아래와 같은 그림을 등에 지고 낙(洛)이란 물에서 나왔다 한다. 이 그림의 의(儀)는 다음과 같다.

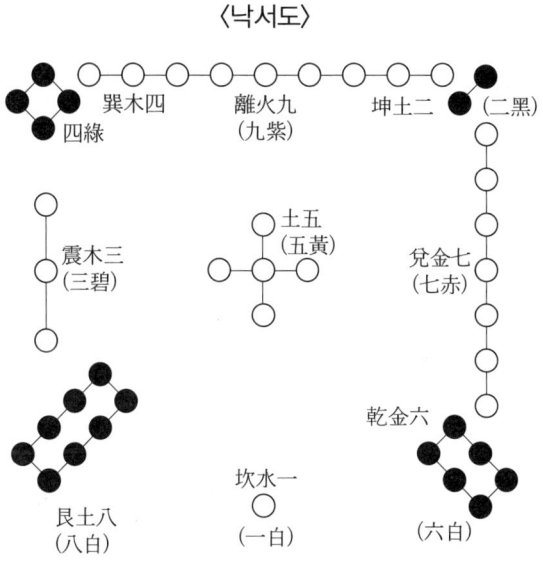

〈낙서도〉

이화구(離火九)를 이고(戴), 감수일(坎水一)을 밟고(履), 왼편은 진목삼(震木三)이오, 오른편은 태금칠(兌金七)이다.

건금육(乾金六)과 간토팔(艮土八)은 양쪽 발 위치에 그려져 있고 오황토(五黃土)는 중앙에 거하였다.

그리하여 一, 三, 五, 七, 九의 양수(陽數-홀수)는 坎, 離, 震, 兌 네 곳 정방위에 거하고 二, 四, 六, 八, 十의 음수(陰數-짝수)는 네 곳 간방(間方-모퉁이)에 위치하였다. 그 원칙은 이러하다.

일백(一白)이 子(坎宮), 이흑(二黑)이 未申(坤宮), 삼벽(三碧)이 卯(震宮), 사록(四綠)이 辰巳(巽宮), 오황(五黃)이 중궁(中宮), 육백(六白)이 戌亥(乾宮), 칠적(七赤)이 酉宮(兌), 팔백(八白)이 丑寅(艮), 구자(九紫)가 午에 거하였다.

〈구궁 기본도〉

四綠 (巽) 辰巳	九紫 (離) 午	二黑 (坤) 未申
三碧 (震) 卯	五黃 (中)	七赤 (兌) 酉
八白 (艮) 丑寅	一白 (坎) 子	六白 (乾) 戌亥

동지 후 甲子日부터 하지 전까지는 양둔(陽遁)에 속하고, 하지 후 甲子日부터 동지 전까지는 음둔(陰遁)이라 한다. 양둔에는 一白, 二黑, 三碧, 四綠, 五黃, 六白, 七赤, 八白, 九紫의 순서로 계속 이어져 나가고, 음둔에는 甲子日에 九紫를 시작 八白, 七赤, 六白, 五黃, 四綠, 三碧, 二黑, 一白으로 거꾸로 짚어 나간다.

하우씨(夏禹氏)는 이 구궁법을 터득 물난리를 평정했다고 한다.

7. 선후천 팔괘

팔괘도(八卦圖)에는 복희씨의 선천팔괘도와 문왕의 후천팔괘도가 있다.

(1) 선천팔괘

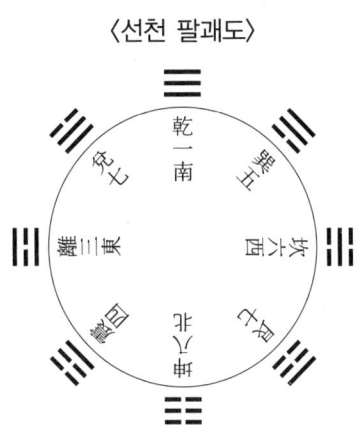

〈선천 팔괘도〉

이 팔괘도는 복희씨가 하도(河圖)의 원리를 깨우쳐 왼쪽 그림과 같은 팔괘도를 그렸다 한다. 즉 팔괘(八卦)의 위치는 다음과 같다.

건남(乾南), 곤북(坤北), 이동(離東), 감서(坎西), 진동북(震東北), 간서북(艮西北), 태동남(兌東南), 손서남(巽西南)으로 되어있다.

즉 건괘 ☰는 남쪽에, 곤괘 ☷는 북쪽에, 이괘 ☲는 동쪽에, 감괘 ☵는 서쪽에, 진괘 ☳는 동북에, 간괘 ☶는 서북에, 태괘 ☱는 동남에, 손괘 ☴는 서남에 위치하였다.

(2) 후천팔괘

이는 주(周)의 문왕(文王)이 그렸다는 후천팔괘(後天八卦)다.

선천팔괘는 체(體)가 되고 후천팔괘는 용(用)이다. 체보다 용

〈후천 팔괘도〉

(用)이 많이 활용된다.(우리나라 태극기는 선천팔괘도의 건(乾), 곤(坤), 감(坎), 리(離)의 위치가 동일하다.)

문왕(文王)의 성은 희씨(姬氏)이고, 이름은 창(昌)이다. 왕계(王季)의 차자로 은(殷)나라 주왕(紂王-B.C.1200년) 때 인물이다. 문왕은 복희씨가 창안해 낸 팔괘도를 연성(演成)하여 육십갑자(六十甲子)를 만들었으며 하우씨 때 출현한 낙서(洛書)의 의를 터득 후천팔괘(後天八卦)를 그렸다 한다. 문왕은 당시 주왕(紂王)의 학정으로 백성들이 도탄에 빠지자 온 천하 제후들이 반기를 들고 일어났으나 문왕은 신하로서의 도리를 지켰다. 때가 이르자 더 이상 그대로 두고 볼 수 없는지라 2백제후의 우두머리가 되어(때문에 문왕(文王)의 별명이 서백(西伯)으로 불렸다) 바야흐로 문왕(文王)은 주왕(紂王)을 폐하고 기산(岐山)에 도읍하여 어진 정치를 베풀었으므로 백성들은 안락하게 살았다.

문왕이 후천팔괘를 창안해서 그린 것만 보아도 역(易)을 깨달은 때문이다. 이때 역법이 거의 완성에 이르렀으므로 주역(周易)이라 명칭한 것이다.

참고 주문왕(周文王)이 창안한 후천팔괘도의 위치에 대한 의(儀)를 다음과 같이 풀이하였다.

$\overset{\text{제출호진}}{\text{帝出乎震}}, \overset{\text{제호손}}{\text{齊乎巽}}, \overset{\text{상견호리}}{\text{相見乎離}}, \overset{\text{치역호곤}}{\text{致役乎坤}}, \overset{\text{열언호태}}{\text{說言乎兌}}$
$\overset{\text{전호건}}{\text{戰乎乾}}, \overset{\text{노호감}}{\text{勞乎坎}}, \overset{\text{성언호간}}{\text{成言乎艮}}$

만유(萬有)를 창조하고 지배자이신 하느님은 동쪽 진방(震方)에서 나와(帝出乎震) 봄과 여름이 교체되는 때 동남간 손방에서 이미 생성된 것이 잘 자랄 수 있도록 보살펴 모자란 것이 있으면 특별히 보살펴 타와 가지런히 하고(齊乎巽), 만물이 한창 성장하는 여름에는 이방(離方)인 남쪽에서 고루 살펴 완성되었는가 아닌가를 살펴보고(相見乎離), 여름에서 가을로 교체되는 때 서남간방인 곤방(坤方)에서 만물이 완성되었는가를 검토, 하자가 있으면 보수작업에 노력하여 고치고(致役乎坤), 만물이 이미 성숙된 가을에 서쪽 태방(兌方)에서 완성된 만물의 수확을 기뻐한다(說言乎兌). 가을과 겨울이 교체되는 서북간 건방(乾方)에서 간사하고 잡된 것(음양이 부딪힘으로)과 싸워 이기고(戰乎乾), 음기가 가장 왕성하는 북쪽 감방(坎方)이오 일 년 중 가장 추운 것을 참느라 수고하고(勞乎坎), 겨울과 봄이 교체되는 때 이미 사멸(死滅)되어 없어진 줄 알았던 상태에서 다시 생명의 싹이 날이 지남에 따라 조금씩 트인다(成言乎艮).

제3장

육갑법

육갑법(六甲法)이란 무엇인가?

본 항목에서는 오직 초보자가 이 학문에 입문(入門)하고자 하는 분들을 위해 수록하므로 이미 육갑법 상식을 알고 계시는 분이라면 제1편의 내용을 그냥 넘기고 제2편부터 탐독하고 이해해 나가면 좋겠다.

육갑법은 단순하다. 그러나 초보에서 이 항목을 그냥 넘어가면 제2편부터의 내용을 이해할 수 없다. 그러므로 기초학문이 매우 중요하다는 점을 거듭 강조하는 바다. 예를 들어, 가감승제(加減乘除)를 모르고 미적분(微積分)같은 고등수학을 이해하려 한다면 어불성설(語不成說)이다. 이 사주학도 마찬가지다. 수학의 기본 숫자는 1에서 10이란 숫자이고 음양오행학(陰陽五行學)의 기본재료는 십간십이지(十干十二支)다. 이 십간십이지 22글자에는 음양과 오행과 생극관계, 그리고 형, 충, 파, 해, 원진 등의 관계가 형성되어 있다. 글자는 비록 22자뿐이지만, 22자 서로 간의 관계는 매우 복잡하다. 한 가지씩 숙달되도록 습득한 뒤 기록된 순서대로 공부해 나가야 한다.

1. 간지(干支)의 기본글자

간(干)은 천간(天干)의 준말이고, 지(支)는 지지(地支)의 준말이다.

(1) 십간(十干)

천간(天干)은 10개의 글자로 되어 십간(十干)이라 한다. 십간의 글자와 순서는 다음과 같다.

1	2	3	4	5	6	7	8	9	10
甲	乙	丙	丁	戊	己	庚	辛	壬	癸
갑	을	병	정	무	기	경	신	임	계

(2) 십이지(十二支)

지지(地支)는 12개의 글자로 되어 십이지(十二支)라 한다. 십이지 글자와 순서는 다음과 같다.

1	2	3	4	5	6	7	8	9	10	11	12
子	丑	寅	卯	辰	巳	午	未	申	酉	戌	亥
자	축	인	묘	진	사	오	미	신	유	술	해

(3) 육십갑자

천간(天干)은 위에 지지(地支)는 아래에 구성하게 되는데 위에 놓이는 간(干)은 하늘을 상징 천간(天干)이라 하고, 아래에 놓이는 지(支)는 땅을 상징 지지(地支)라 한다.

이 천간(天干)은 천간 순서로, 지지(地支)는 지지 순서로 위아래로 짝을 지으면 60개의 명칭이 다른 간지(干支)로 구성되므로, 이를 육십갑자(六十甲子)라 한다.

> [참고] 약 20년 전까지만 해도 글씨를 우(右)에서 좌(左)로, 위에서 아래로 썼으므로 육십갑자(六十甲子) 구성에 간(干)은 위에, 지(支)는 아래에 배합되었다. 현재는 모든 글이 좌(左)에서 우(右)로 표시되어 있으므로 간지(干支)가 위아래로 배합되었다 하는 말이 적절치 않다. 그래서 독자는 단 육십갑자(六十甲子), 좌(左)를 위(上)로 우(右)를 아래(下)로 필기하는 것이 편리하리라 생각하기 바란다.

육십갑자(六十甲子)

甲子	乙丑	丙寅	丁卯	戊辰	己巳	庚午	辛未	壬申	癸酉
甲戌	乙亥	丙子	丁丑	戊寅	己卯	庚辰	辛巳	壬午	癸未
甲申	乙酉	丙戌	丁亥	戊子	己丑	庚寅	辛卯	壬辰	癸巳
甲午	乙未	丙申	丁酉	戊戌	己亥	庚子	辛丑	壬寅	癸卯
甲辰	乙巳	丙午	丁未	戊申	己酉	庚戌	辛亥	壬子	癸丑
甲寅	乙卯	丙辰	丁巳	戊午	己未	庚申	辛酉	壬戌	癸亥

2. 음양(陰陽)에 대하여

(1) 음양이란?

이 세상의 모든 것은 생명이 있거나 없거나를 막론하고 음양으로 분류되지 않은 것이 없다. 하늘에 있어 온 세상에 열과 빛을 발사하는 태양은 양(陽)의 극(極)에 이른 천체(天體)다. 음양에 대해서는 태양과의 배합을 태음(달)으로 하여 음양의 기본으로 하였다. 즉 태양의 파트너가 태음(달)이고, 태음의 파트너가 태양이다. 즉 해와 달은 남녀부부의 상에 비유한다. 만상(萬象)이 형태를 이루고 생성(生成)하는 기본은 무엇보다도 요철(凹凸)의 배합원리를 인용(引用)하기 때문이다.

〈양극생음, 음극생양도〉

참고 양극생음(陽極生陰)이요, 음극생양(陰極生陽)이라, 음이건 양이건 그 기(氣)가 더할 나위 없이 팽창하면 반대현상이 일어난다.

이는 천지자연(天地自然)의 법칙이다. 동지에 일양(一陽)이 진(進)하기 시작, 대한에 이양생(二陽生), 우수에 삼양생(三陽生), 춘분에 사양생(四陽生), 곡우에 오양생(五陽生), 소만에 육양생(六陽生), 하지에 양(陽)이 극(極)했다가 일음(一陰)이 생(生)한다. 대서에 이음(二陰)이 생(生), 처서에 삼음(三陰)이 생(生), 추분에 사음(四陰)이 생(生), 상강에 오음(五陰)이 생(生), 소설에 육음(六陰)이 생(生), 동지에 음(陰)이 극(極)했다가 일양시생(一陽始生)한다.

(2) 음양의 예시

양(陽)은 밝고, 난조(暖燥)하고, 더웁고, 매마르고, 강하고, 굳세고, 거칠고, 급하고, 뾰족하고, 드러나고, 단순하고, 껄끄럽다. 반면에 음(陰)은 어둡고, 한냉(寒冷)하고, 춥고, 습하고, 약하고, 부드럽고, 매끄럽고, 오목하고, 숨어있고, 복잡하고, 미끄럽다.

음양의 상대성은 다음과 같다.

음양(陰陽) : 그늘과 볕인바 그늘 음자와 볕 양자인 때문이다.
천지(天地) : 하늘은 위에 있으니 양이고, 땅은 아래에 있으니 음이다.
명암(明暗) : 밝은 곳은 양이고, 어두운 곳은 음이다.
일월(日月) : 해는 양이고, 달은 음이다.
주야(晝夜) : 낮은 밝으니 양이 되고, 밤은 어두우니 음이 된다.
표리(表裏) : 겉은 양이고, 속은 음이다.

내외(內外) : 안은 음이고, 밖은 양이다.

요철(凹凸) : 오목하게 패인 것(凹)은 음이고, 뾰족하게 내민 것(凸)은 양이다.

자웅(雌雄) : 암컷은 음이고, 수컷은 양이다.

강약(强弱) : 강한 것은 양이고, 약한 것은 음이다.

강유(剛柔) : 굳센 것은 양이고, 부드러운 것은 음이다.

노장(露藏) : 겉으로 드러난 것은 양이고, 속으로 감춰진 것은 음이다.

유명(幽明) : 사후의 세계는 유계(幽界)라 하고, 인간계를 명계(明界)라 한다.

인귀(人鬼) : 살아있는 사람은 양이고, 죽은 사람은 음이다.

한난(寒暖) : 추운 것은 음이고, 더운 것은 양이다.

간지(干支) : 천간은 양이고, 지지는 음이다. 또는 천간 甲 丙 戊 庚 壬은 양이고, 乙 丁 己 辛 癸는 음이다. 지지 子 寅 辰 午 申 戌은 양이고, 丑 卯 巳 未 酉 亥는 음이다.

팔괘(八卦) : 건(乾) 감(坎) 간(艮) 진(震)은 양괘이고, 손(巽) 이(離) 곤(坤) 태괘(兌卦)는 음이다.

(3) 육갑법의 음양 적용

바로 앞에서 간지(干支)에 분류된 음양을 기술하였으나 간지(干支)에 매인 음양은 매우 중요하므로 구체적으로 다시 수록한다.

① 십간 음양

십간(十干)에 매인 음양은 다음과 같다.

　양간(陽干) : 甲, 丙, 戊, 庚, 壬
　음간(陰干) : 乙, 丁, 己, 辛, 癸

② 십이지 음양

십이지(十二支)에 매인 음양은 다음과 같다.

　양지(陽支) : 子, 寅, 辰, 午, 申, 戌
　음지(陰支) : 丑, 卯, 巳, 未, 酉, 亥

십간 십이지에 매인 음양을 이해하고 기억하기 좋도록 다음과 같이 나타낸다.

甲	乙	丙	丁	戊	己	庚	辛	壬	癸
1	2	3	4	5	6	7	8	9	10
○	●	○	●	○	●	○	●	○	●
양	음	양	음	양	음	양	음	양	음

子	丑	寅	卯	辰	巳	午	未	申	酉	戌	亥
1	2	3	4	5	6	7	8	9	10	11	12
○	●	○	●	○	●	○	●	○	●	○	●
양	음	양	음	양	음	양	음	양	음	양	음

십간 십이지의 순서로 1, 3, 5, 7, 9, 11의 홀수에 해당하면 양이 되고, 2, 4, 6, 8, 10, 12의 짝수에 해당하면 음이 된다.

[참고] 음양둔(陰陽遁)과 삼원(三元)에 대하여

구성법(九星法)에는 음양이둔(陰陽二遁)과 삼원법(三元法)이 있다. 최초 시작된 첫 甲子年부터 시작, 첫 번째 甲子年이 양둔상원(陽遁上元), 두 번째 甲子年이 양둔중원(陽遁中元), 세 번째 甲子年이 양둔하원(陽遁下元)이다.

양둔 상중하 삼원(三元), 즉 180년이 끝나면 다음 甲子年은 음둔상원(陰遁上元)이오, 다음 甲子年이 음둔중원(陰遁中元)이고, 세 번째 甲子年이 음둔하원(陰遁下元)이다. 이렇게 음양둔 삼원(三元)이 끝나는 기간은 360년이 소요된다. 이와 같은 법식으로 이어져 온 것이 1983년 癸亥年에서 음둔중원(陰遁中元)이 끝나고 1984년에 음둔하원(陰遁下元)이 시작, 2043년 癸亥年에 음둔시대 360년이 끝나고, 2044년 甲子에 다시 양둔상원(陽遁上元)이 시작된다. 양둔시대에는 현재까지 구궁순서를 역(逆)으로 짚어나가던 것이 음둔상원(陰遁上元)부터는 순(順)으로 돌려나가야 한다.

〈음양둔〉

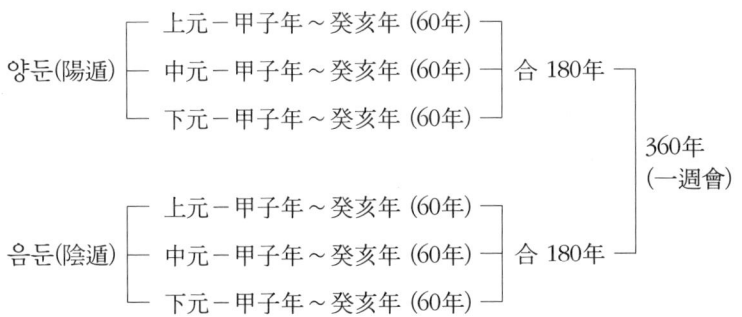

※ 2044 甲子年에 陽遁上元이 시작된다.

3. 오행(五行)

(1) 오행이란 무엇인가

오행이란 우주자연이 함유(含有)하고 있는 5가지 기(氣)를 칭한다. 오행의 명칭은 다음과 같다.

木　火　土　金　水

木은 나무, 火는 불, 土는 흙, 金은 쇠, 水는 물에 비유된다.

이 오행은 절기(節氣)에 따라 성쇠생멸(盛衰生滅)하게 되므로 태양년도에 따라 변하는 춘하추동의 영향을 직접 받는다.

오행은 득령(得令)하는 때와 실령(失令)하는 때가 있고 서로 만나면 생극비화(生克比和) 관계가 이루어진다.

(2) 오행소속

이 세상에 존재하는 모든 것은 木火土金水 오행에 소속되지 않은 것이 하나도 없다. 그러므로 모든 것에 일일이 오행소속을 기록할 수는 없다. 단, 사주학을 포함 오행작용의 영향력이 있는 것에 한해서 오행을 소속시킬 수밖에 없다.

① 간지오행(干支五行)

天干과 지지(地支)는 각각 오행이 있다. 다음과 같다.

○천간오행(天干五行)
甲乙-木, 丙丁-火, 戊己-土, 庚辛-金, 壬癸-水

天干 甲과 乙은 木이오, 丙과 丁은 火요, 戊과 己는 土요, 庚과 辛은 金이오, 壬과 癸는 水다.

○지지오행(地支五行)

十二支에 매인 오행은 다음과 같다.

寅卯-木, 巳午-火, 辰戌丑未-土, 申酉-金, 亥子-水

十二支의 寅과 卯는 木이오, 巳와 午는 火요, 辰과 戌과 丑과 未는 土요, 申과 酉는 金이오, 亥와 子는 水다.

○간지오행도(干支五行圖)

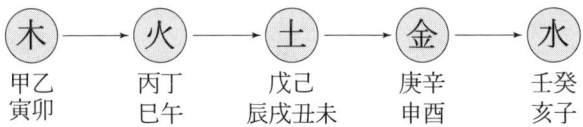

② 수오행(數五行)

一, 二, 三, 四, 五 등 수(數)에도 각각 매인 오행이 있다. 다음과 같다.

三八-木, 二七-火, 五十-土, 四九-金, 一六-水

숫자 三과 八은 木이오, 二와 七은 火요, 五와 十은 土요, 四와 九는 金이오, 一과 六은 水이다.

참고 〈선후천수(先後天數)〉

수(數)에는 선천수와 후천수가 있다. 다음과 같다.
- 선천수 : 甲己子午-9, 乙庚丑未-8, 丙辛寅申-7, 丁壬卯酉-6, 戊癸辰戌-5, 巳亥-4
- 후천수 : 이는 정오행수(正五行數)다.
  3 8-木, 2 7-火, 5 10-土, 4 9-金, 1 6-水

③ 방위오행(方位五行)

방위는 동·서·남·북 사정방(四正方)과 중앙을 포함한 오방(五方)이 있고, 그 오방(五方)에 소속된 오행이 있다.

東-木   南-火   中-土   西-金   北-水

동방은 木이오, 남방은 火요, 서방은 金이오, 북방은 水요, 중앙은 土다.

④ 색오행(色五行)

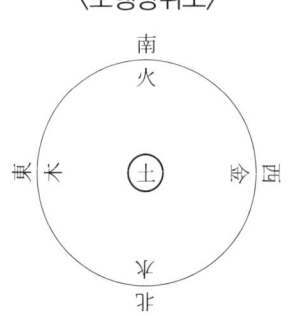
〈오행방위도〉

청, 황, 적, 백, 흑 색(色)에도 오행이 있다. 다음과 같다.

청색-木, 적색-火, 황색-土, 백색-金, 흑색-水

청색(靑色)은 木이오, 황색(黃色)은 土요, 적색(赤色)은 火요, 백색(白色)은 金이오, 흑색(黑色)은 水다.

⑤ 사시오행(四時五行)

사시(四時)란 춘(春), 하(夏), 추(秋), 동(冬) 즉 봄, 여름, 가을, 겨울이다. 이에 소속된 오행은 다음과 같다.

봄(寅卯月)-木   여름(巳午月)-火   가을(辛酉月)-金
겨울(亥子月)-水   사계월(四季月-辰戌丑未月)-土

[참고] 오행을 다음과 같이 묶어 외우면 편리하다.
　　　甲乙寅卯 三八 동방 청색 木,　丙丁巳午 二七 남방 적색 火
　　　戊己辰戌丑未 五十 중앙 황색 土,　庚辛申酉 四九 서방 백색 金

壬癸亥子 一六 북방 흑색 水

⑥ 간지합오행(干支合五行)

천간(天干)과 지지(地支)가 합(合)을 이루어 다른 오행으로 변하기도 한다.

○간합오행(干合五行)

甲己合-土, 乙庚合-金, 丙辛合-水, 丁壬合-木, 戊癸合-火

○삼합오행(三合五行)

申子辰合-水, 巳酉丑合-金, 寅午戌合-火, 亥卯未合-木

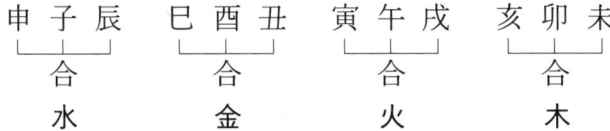

○육합오행(六合五行)

이를 지합(支合)이라고도 한다.

子丑合-土, 寅亥合-木, 卯戌合-火, 辰酉合-金, 巳申合-水

子丑	寅亥	卯戌	辰酉	巳申	午未
合	合	合	合	合	合
土	木	火	金	水	불변

⑦ 납음오행(納音五行)

납음오행(納音五行)을 육십갑자병납음(六十甲子幷納音)이라 칭한다.

이 오행은 두 개의 간지(干支)가 합성(合成)된 오행으로 남녀 나이를 맞춰보는 띠 궁합으로도 참고하고 음양택(陰陽宅)에도 많이 쓰인다.

甲子 해중금 乙丑 (海中金)	丙寅 노중화 丁卯 (爐中火)	戊辰 대림목 己巳 (大林木)	庚午 노방토 辛未 (路傍土)	壬申 검봉금 癸酉 (劍鋒金)
甲戌 산두화 乙亥 (山頭火)	丙子 간하수 丁丑 (澗下水)	戊寅 성두토 己卯 (城頭土)	庚辰 백랍금 辛巳 (白鑞金)	壬午 양류목 癸未 (楊柳木)
甲申 천중수 乙酉 (泉中水)	丙戌 옥상토 丁亥 (屋上土)	戊子 벽력화 己丑 (霹靂火)	庚寅 송백목 辛卯 (松柏木)	壬辰 장류수 癸巳 (長流水)
甲午 사중금 乙未 (沙中金)	丙申 산하화 丁酉 (山下火)	戊戌 평지목 己亥 (平地木)	庚子 벽상토 辛丑 (壁上土)	壬寅 금박금 癸卯 (金箔金)
甲辰 복등화 乙巳 (覆燈火)	丙午 천하수 丁未 (天河水)	戊申 대역토 己酉 (大驛土)	庚戌 차천금 辛亥 (釵釧金)	壬子 상자목 癸丑 (桑柘木)
甲寅 대계수 乙卯 (大溪水)	丙辰 사중토 丁巳 (沙中土)	戊午 천상화 己未 (天上火)	庚申 석류목 辛酉 (柘榴木)	壬戌 대해수 癸亥 (大海水)

○납음 상극 중 상생지명

어떤 형태의 오행을 막론하고 오행은 상생비화를 기뻐하고 상극됨을 꺼린다. 그러나 납음오행의 경우는 상생보다 상극을 더 기뻐하는 관계가 있다. 어떤 납음끼리가 그러한지 알아보자.

- 金은 火의 克을 꺼린다. 그러나 단, 甲午 乙未 사중금(沙中金)과 壬申 癸酉 검봉금(劍鋒金)은 火를 만나야 형체를 이룬다(훌륭한 그릇이 됨).
- 火는 水의 克을 꺼린다. 단, 戊子 己丑 벽력화(霹靂火)와 戊午 己未 천상화(天上火)와 丙申 丁酉 산하화(山下火)는 水를 얻어야 복록을 누린다.
- 木은 金의 克을 꺼린다. 그러나 戊戌 己亥 평지목(平地木)에

한해서는 金이 없으면 영화를 누리지 못한다.
- 水는 土의 克을 꺼린다. 단, 丙午 丁未 천하수(天河水)와 壬戌 癸亥 대해수(大海水)는 토(土)를 만나야 자연히 형통한다.
- 土는 木의 克을 꺼린다. 단, 庚午 辛未 노방토(路傍土)와 戊申 己酉 대역토(大驛土)와 丙辰 丁巳 사중토(沙中土)는 木을 만나지 못하면 평생을 그르친다.

〈오행 소속 일람표〉

명칭＼오행	木	火	土	金	水
천간(天干)	甲乙	丙丁	戊己	庚辛	壬癸
지지(地支)	寅卯	巳午	辰戌丑未	申酉	亥子
수(數)	三八	二七	五十	四九	一六
간합(干合)	(丁壬)	(戊癸)	(甲己)	(乙庚)	(丙辛)
삼합(三合)	(亥卯未)	(寅午戌)	(申子辰)	(巳酉丑)	(申子辰)
육합(六合)	(寅亥)	(卯戌)	(子丑)	(辰酉)	(巳申)
방위(方位)	동	남	중앙	서	북
오색(五色)	청색	적색	황색	백색	흑색
팔괘(八卦)	震巽卦	離卦	坤艮卦	乾兌卦	坎卦
오성(五性)	곡직	염상	가색	종혁	윤하
오성(五性)	인(仁)	예(禮)	신(信)	의(義)	지(智)
오기(五氣)	바람(風)	열(熱)	습(濕)	조(燥)	한(寒)
오지(五志)	喜(기쁨)	怒(성냄)	思(생각)	恐(두려움)	憂(근심)
오미(五味)	신맛	쓴맛	단맛	매운맛	짠맛
오성(五星)	歲星	熒星	塡星	太白星	辰星
오성(五聲)	呼	笑	歌	哭	呻
오장(五臟)	肝	心	脾	肺	腎
오음(五音)	가카(牙音) 어금니소리	나다라타(舌音) 혓소리	아하(牙喉音) 목구멍소리	사자차(齒音) 잇소리	마바파(脣音) 입술소리

(3) 오행생극(生克) 비화(比和)

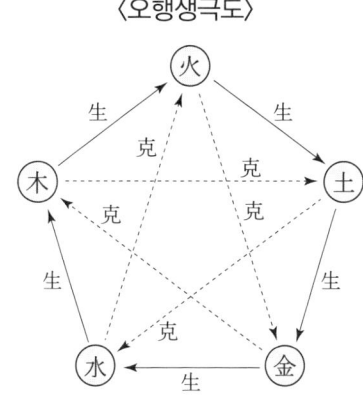

〈오행생극도〉

오행(五行)은 서로 생(生)하는 것(相生)과, 서로 극(克)하는 것(相克)과, 서로 비화(比和) 관계되는 것이 있다.

① 상생(相生)

오행(五行)이 생(生)하는 관계는 다음과 같다.

木生火　火生土　土生金　金生水　水生木

木은 火를 生하고, 火는 土를 生하고, 土는 金을 生하고, 金은 水를 生하고, 水는 木을 生한다.

② 상극(相克)

오행(五行)의 상극(相克)이 되는 관계는 다음과 같다.

木克土　土克水　水克火　火克金　金克木

木과 土가 상극이오, 土와 水가 상극이오, 水와 火가 상극이오, 火와 金이 상극이오, 金과 木이 상극이다.

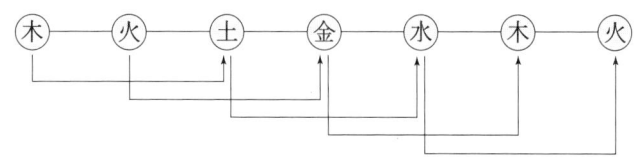

③ 오행비화(五行比和)

비화(比和)란, 오행(五行)이 같은 것끼리다.

木-木, 火-火, 土-土, 金-金, 水-水.

木과 木이 비화요, 火와 火가 비화요, 土와 土가 비화요, 金과 金이 비화요, 水와 水가 비화다.

(4) 오행성쇠(五行盛衰)

木火土金水 오행(五行)은 왕성해지는 때와 쇠약해지는 때가 있다.

오행(五行)이 득령(得令)하면 기(氣)가 강해지고 실령(失令)하면 기(氣)가 약해진다. 득령과 실령은 다음과 같다.

甲乙寅卯-木　　寅卯辰月
丙丁巳午-火　　巳午未月
戊己辰戌丑未 土　辰戌丑未月
庚辛申酉-金　　申酉戌月
壬癸亥子-水　　亥子丑月

이상은 오행(五行)이 득령(得令)하여 기(氣)가 왕성한 경우고 이하는 오행이 실령하여 기운이 쇠약한 것이다.

甲乙寅卯木-巳午未申酉戌丑月
丙丁巳午火-申酉戌亥子丑辰月
戊己辰戌丑未土-寅卯申酉亥子月
庚辛申酉金-寅卯辰巳午未亥子月

壬癸亥子水 - 寅卯辰巳午未戌月

이상은 실령(失令)으로 오행(五行)이 극(克)을 받거나 설기(泄氣)되는 달을 만난 것이다.

〈왕상사휴수〉

오행\구분	왕(旺)	상(相)	사(死)	휴(休)	수(囚)
木(甲乙)	寅卯月	亥子月	申酉月	巳午月	辰戌丑未月
火(丙丁)	巳午月	寅卯月	亥子月	辰戌丑未月	申酉月
土(戊己)	辰戌丑未月	巳午月	寅卯月	申酉月	亥子月
金(庚辛)	申酉月	辰戌丑未月	巳午月	亥子月	寅卯月
水(壬癸)	亥子月	申酉月	辰戌丑未月	寅卯月	巳午月

※ 왕(旺)은 월지(月支)와 비화(比和)되는 달
　상(相)은 오행(五行)이 월지(月支)의 생(生)을 받는 달
　사(死)는 오행(五行)이 극(克)을 받는 달
　휴(休)는 오행(五行)이 타를 생(生)하므로 기(氣)가 새어나가는 달
　수(囚)는 오행(五行)이 타를 극(克)하되 기(氣)가 소모되는 달

제4장

역법(曆法)

1. 역(曆)이란 무엇인가?

　태허공간(太虛空間)에 수없이 많은 별들은 단 하나라도 우주의 운행법칙을 어기는 것이 없이 각각 그(별들)가 맡은 자리 또는 궤도(軌道)를 이탈하지 않고 질서 정연하게 운행하거나 제자리를 지킴으로써 모든 천체(天體)가 순환하는데 어긋나지 않는다. 사람은 나라마다 정해진 영역(領役)이 있고, 그 영역 안에서 최고 권력자가 있어 법도에 의해 다스려 나가므로서 평화로운 삶을 누리게 되듯이 하늘에 수없이 나열(羅列)된 별들도 각각 그가 맡은 자리에 고정되어 있거나 또는 그가 맡은 궤도(軌道)를 시간과 위치의 변동이 없음으로 인해 억만 년의 세월이 지나도록 천체(天體)는 멸하지 않는다. 천문학자(天文學者)의 말에 의하면 지구를 포함한 모든 별들은 각각 그에 주어진 인력(引力)으로 인해 제자리를 지킬 수 있다 하는데 필자의 생각에도 지당한 논리인 것 같다. 만약 별들 가운데 서로 끌고 끌려가는 힘의 균형이 없다면 별과 별끼리 부딪혀 별들은 파괴되고 하늘의 공간에는 아무것도 없는 암흑(暗黑)만이 영원히 이어질 것이다.

사람은 왜 사람으로 태어나고, 태어나 살다가 왜 죽어 시체조차 남아있지 않는지 생(生)과 사(死)의 이치도 모르는데 하물며 우주 대자연의 법칙을 논할 수 있겠는가. 우주학 운운하는 사람이 있다면 마치 자벌레가 높이 떠 있는 태양의 거리를 재보려는 어리석음과 같다.

만사 만물은 각각 맡은 법칙과 질서가 있는 법, 하나도 이 법칙과 질서를 지키지 않는다면 자멸(自滅)하고 만다.

역학(曆學)은 천문학(天文學)의 원리에 의해 알게 되는 것이지만 연구하는 범위가 작다. 천문학은 우주자연의 이치를 합리적인 방향으로 연구하고 깨우치는 것으로 인간의 머리로는 한계에 이르러 대자연의 한 모서리도 알기 어려우나 이 책자 이 항목(項目)에서 논하는 역(曆)의 한계는 태양계 內이다. 태양과 지구와의 관계, 달(月)과 지구와의 관계를 논하는데 불과하지만 이 세 가지(해와 달과 지구)에 대한 상식을 알아두는 것도 매우 중요한 일이다. 예를 들어 봄·여름·가을·겨울은 누가 불러서 오는게 아니고 자연적으로 돌아가는 순환법칙에 의해 사시(四時)가 교체되며 지구의 공전·자전에 의해 해(年)가 바뀌고, 밤과 낮이 연속으로 바뀌는 형태를 천문학자가 1년은 날수로 며칠에 해당하고, 시간의 빠르고 느린 것 등등 인류의 생활권에 접근해서 음양의 성쇠와 오행의 생극비화 등을 밝혀낸 것이 바로 역(曆)이다.

사시(四時)가 순환함에 따라 해(年)가 바뀌고 달이 바뀌며 낮과 밤이 바뀌는데 해와 지구, 지구와 달 관계는 그냥 내버려 두어도 합삭(合朔)에서 상현(上弦), 망(望), 하현(下弦)의 모습을 거쳐 다시 합삭이 이루어지며 합삭이 되는 날이 음력 초하루가 된다.

2. 태양력과 태음력

(1) 태양(太陽)

태양이란 해의 한자 명칭이다. 구름 없이 맑은 날 낮에 하늘을 바라보면 해의 모습이 이글이글 타고 있는 불덩이와 같은데 그 빛이 너무나 강렬하여 오래 바라볼 수 없다.

우리말로 해를 태양이라 하고 달을 태음(太陰)이라 명칭하여 음양의 근본으로 삼은 것은 태양을 부도(父道), 태음을 모도(母道)로 상징함이다.

해와 달을 부부의 상으로 보는 것은 과학적으로 온당치 않으나 이는 상징적 비유로 생각해야 한다. 해와 달뿐 아니라 木火土金水 오행이 다 그러하다. 木火土金水는 실체로 있는 물체이지만 유형(有形), 유색(有色), 유질(有質)의 것을 칭하는게 아니라 기

(氣)를 칭하는 것이다. 木火土金水 다섯 가지를 실체적인 나무, 불, 흙, 쇠, 물로 여기지 마라. 이 다섯 가지 기체, 액체, 고체는 오기(五氣)를 상징하는데 불과한 것이다.

본 사주학의 근본은 태양력(太陽曆)을 기본으로 한 것이므로 우선 태양에 대한 상식을 알아보자.

① 태양의 크기 : 지름 1백 39만 2천km 지구의 1,200배
② 태양 중심부의 온도 : 섭씨 1천 600만도
③ 지구에서 태양까지의 평균거리 : 1억 4천 9백 6십만km

• 지구에서 태양까지 이르려면 시속 200km 빠르기의 차를 타고 가게 될 경우 85년이란 긴 세월이 소요된다.

(2) 태양계(太陽系) 상식

태양은 지구를 포함해서 9개의 행성(行星-또는 衛星)을 거느리고 있는 제왕성(帝王星)이다.

태양은 9개의 위성(호위하는 별)을 거느린 임금인만큼 따로 섬기는 별이 없고 제자리에서 항시 고정되어 있는 항성(恒星)이다.

[참고] 태양계에 소속된 별들의 명칭과 순서 등은 다음과 같다.
수성(水星), 금성(金星), 지구(地球), 화성(火星), 목성(木星), 토성(土星), 천왕성(天王星), 해왕성(海王星), 명왕성(冥王星)의 차례다.

〈태양계 일람표〉

별이름	크기	거리	주기
수성(水星)	4,840km	5,791만km	88일
금성(金星)	12,228km	10,821만km	225일
지구(地球)	12,750km	14,960만km	365일
화성(火星)	6,770km	22,794만km	687일
목성(木星)	143,650km	77,834만km	1187일
토성(土星)	120,670km	142,701만km	29.7년
천왕성(天王星)	4,700km	286,967만km	84년
해왕성(海王星)	50,000km	449,694만km	169년
명왕성(冥王星)	60,000km	694,660만km	248.3년

(3) 태양력(太陽曆)

① 그레고리력

역은 1년 주기(一年 周期)를 수정해 나가는 원칙이다.

세계 여러 나라가 함께 쓰고 있는 역법(曆法)은 〔그레고리력〕이다. 이 그레고리 역법은 다음과 같은 원리를 적용 오랜 세월이 지나도 1년 365일 5시간 49분 12초로 하고 남는 시간 5시간 49분 12초는 윤법(閏法)을 적용 바로잡았다. 그레고리력의 윤법은 아래와 같다.

태양년(太陽年)은 365일 5시간 49분 12초

로 하고 남는 것 5시간 49분 12초는 4년에 한 차례씩 윤일(閏日)을 두어 태양년 도수를 바르게 하였다. 치윤법은 아래와 같다.

- 서기 연도 숫자를 4씩 덜어내어 0이 되는 해는 윤일을 두되, 단 2월 28일을 보다 하루 더 29일로 하루만 늘린다.
- 서기 연도 끝자리 수가 1, 3, 5, 7, 9의 홀수가 되면 무조건 평년이다.
- 서기 연도 숫자를 4씩 덜어내어 0답이 되는 해는 윤년이다. 그러나 서기 연도 숫자가 4로 나누어 0답이 나올지라도 100으로 나누어 0이 되는 해(1000년, 3000년, 5000년, 1700년 등의 예)는 윤년이 아닌 평년(2월 28일 그대로)이다.
- 서기 연도 숫자에서 4씩 덜어내어 0이 되고, 100으로 덜어내어도 0답이며, 400으로 나누어지는 해는 윤년이라 2월 29일이다. 일 년 날수는 366일이 된다.(서기 2000년, 400년, 800년, 1200년, 1600년)
- 평년은 2월 28일이고, 윤년은 2월 29일로 한다.

② 율리우스력

이 역법을 쥴리우스력이라고도 칭하는데 어떤 이름이 맞는지 그레고리역을 사용하기 전에는 가장 합리적인 역법이었다.

율리우스 케사르는 알렉산드리아의 천문학자 소시제네스의 권함〈이리 이리 하라는 것〉에 의하여 로마력을 개정한 바 다음과 같은 원칙을 적용하였다. 이 원칙은 평년을 365일로 하고 4년에 한 차례씩 윤일(閏日)을 두어 날수를 366일로 정하였다.

이 역법이 B.C. 46년 1월 1일에 실시키로 공포한 태양력으로서 태양력의 시초인 율리우스력이다. 애초 규정은 1, 3, 5, 7, 9, 11월은 31일까지 있는 대월(大月)로 하고 2월에 한해서 평년에는 29일 윤년의 경우 30으로 하였다. 그랬는데 율리우스 케사르의 생질 아우구스투스 케사르가 황제로 등극하여 역법을 살펴보게 되었다. 그런데 의숙되는 율리우스의 생월인 7월은 31일까지 있는 대월로 하고 황제인 자신의 生은 30일까지 있는 小月로 하였다는 점이 못마땅하게 여기는 눈치를 알아차린 소시제네스가 역법을 일부 수정하도록 권유함을 받아 다음과 같이 개정하게 되었다. 즉 그리하여 1월부터 7월까지는 전에 정한 대로 그냥 두고 황제의 생월을 30일에서 대월인 31일로 고치고, 8, 10, 12월은 모두 대월인 31일로 바꾸고, 9, 11월은 30일까지 있는 소월로 바꾸었다. 그리고는 평년이면 2월은 28일, 윤년이면 29일로 정하였다.

이와 같이 하고 보니 율리우스력의 평균 1년은 365.25일이 되었다. 그런데 지구 자전의 정확한 소요기간은 365.2422일이므로 결국 율리우스력 평균 1년 365.25일과는 0.0078일 차가 나는데, 이를 시간으로 환산하면 0.0078일=11분 14초로 되어 128년이 지나면 1일의 오차가 생긴다. 이 오차는 해가 거듭할수록 사이가 뜨게 되므로 1582년 로마 교황인 그레고리 13세의 시대가 춘분이 3월 11일에 해당하였다.

〈율리우스력과 그레고리법의 차이〉

월별	1	2	3	4	5	6	7	8	9	10	11	12
율리우스 1차	大 31	平 29	大 31	小 30	大 31	小 30	大 31	小 30	大 31	小 30	大 31	小 30
율리우스 2차	大 31	平 29	大 31	小 30	大 31	小 30	大 31	大 31	小 30	大 31	小 30	大 31
그레고리 (최종)	大 31	平 28	大 31	小 30	大 31	小 30	大 31	大 31	小 30	大 31	小 30	大 31

※ 율리우스력 1차 366일, 2월은 평년 29일, 윤년 30일
  율리우스력 2차 365.25일-365.2422=0.0078일 11분 14초
  그레고리력의 윤법은 위에서 설명하였다.

(4) 지구에 대한 상식

지구(地球)는 우리가 살고 있는 땅이다. 태양계의 3번째 별에 해당하며 태양계에 소속된 별 가운데 사람을 포함하여 동식물 등 생명체가 있는 별은 오직 지구뿐이라 한다.

- 지구의 크기는 지름 12,756km
- 지구의 위치는 태양계의 3번째(水星, 金星 다음)
- 지구와 태양과의 거리는 14,960만(1억 4천 9백 60만km)
- 지구의 공전주기(公轉週期)는 365일 5시간 49분 12초
  1년 동안 태양의 궤도를 돌고(출발지점에 이르는 시간)로서 지구에서 태양까지 14,960만km
- 지구는 1개의 달이 있는데 달이 지구의 궤도를 한바퀴 도는 시간을 한달이라 한다. 약 27.3일 된다.
- 지구에서 달까지의 거리는 궤도가 타원형 비슷해서 40만km ~50만km로 추정된다. 달의 크기는 지름 3187.5km

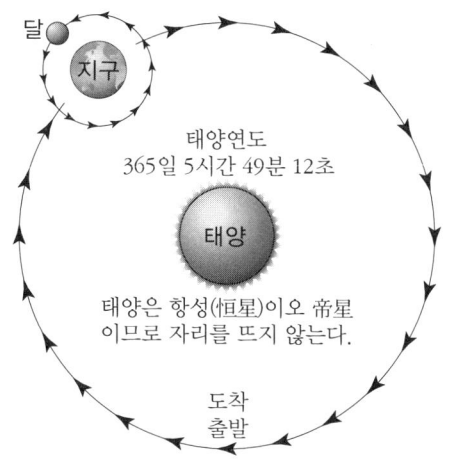

(5) 달(月)에 대한 지식

태음(太陰)이란 우리말로 달이다. 태양(해)과 태음(달)은 실제상 비교가 되지 않으나 태양의 파트너는 태음인 달이 될 수밖에 없다. 이 세상의 모든 것은 거의 상대성원리에서 벗어나는 것은 없다. 바닷물이 쓰고 들어오는 까닭은 달의 인력(引力) 때문이다.

태음인 달은 밤낮을 가리지 않고 뜨는 것이지만 태양은 밝은 낮을 지키고, 태음은 밤의 사령신(司領神)으로도 본다.

달(태음)은 또 합삭(合朔), 상현(上弦), 망(望), 하현(下弦)의 4가지 변화가 있다.

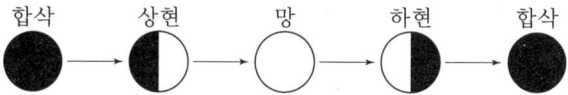

【 합삭(合朔)이란 】

●는 달의 모습이 전혀 없는 상태다. 육안(肉眼)으로는 보이지 않으나 관측기로 보면 실낱처럼 가는 달의 모습이 보이다가 합삭되는 찰나(민력에 음 매월 초하루를 합삭이라 하였고) 민력에 기록된 합삭일시가 되면 관측기로도 한 30분 동안 보이지 않다가 손톱모양 ☽의 모습이 나타나기 시작한다.

역법(曆法)에 달의 모습이 전혀 보이지 않는 날을 음력 초하루에 정한다. 서기 2011년 양력 11월 25일 오후 3시 10분이 합삭일시이며, 이 합삭은 음력 11월 초하루가 된다. 음력 초하루에 합삭의 형상이 이루어지면서 날이 갈수록 달의 모습이 점차 커진다. 음력 초사흘(初三日) 저녁에 서쪽하늘을 보면 가늘고 단정한 미인(美人)의 눈썹 모양의 초승달을 볼 수 있을 것이다. 그 달은 90분 정도 서쪽하늘에 떠있다가 서쪽하늘 밑 산 너머로 넘어간다.

◐ 옆의 부호는 상현(上弦)의 모습이다. 음력 초하루 합삭에서 점점 모습이 크게 보이면서 음력 7, 8일 경에는 반달(半月形) 모습의 상현달이 동서 중간쯤에 떠 있는 것을 보게 될 것이다.

망(望)이란 상현달(반달)에서 점점 더 커지면서 (음력 14일경) 더 이상 둥글어질 수 없는 모양(半月)이 이루어지면 바닷물이 한껏 들어왔다가 되돌아 가는 것처럼 하루하루 지남에 따라 달의 모습 반달형(半月形)이 되는바 한껏 둥글다가 반달로 줄어든 것을 하현(下弦)이라 한다.(하현은 음력 22일, 23일, 24일 경에 이루어진다.)

하현(반달 ◐의 모양)에서 줄기 시작하여 아무것도 보이지 않는 ● 암흑의 모양이 이루어지면 이날은 음력 초하루가 된다.

서기 2011년의 민력(民曆)에서 예를 들었으니 이해하라.

2011년 10월 17일 오전 4시 56분에 합삭이 되므로 음 10월 초하루가 된다.

다음 양 10월 3일〈음 10월 초팔일 새벽 1시 38분부터 상현(上弦)이다.〉

11월 19일〈음력 10월 24일 오전 0시 9분에 하현 형상이 이루어진다.〉

양 11월 25일은 합삭일인바 음력은 11월 초하루가 된다.

(6) 음력 윤법(閏法)

　윤(閏)이란 태양력 태음력법을 막론하고 태양년 365일 5시간 49분 12초에 미달하면 그 모자란 날수를 채우는 역법칙이다.
　양·음력으로 양력이 365일 5시간 42분 12초라면 음력은 대략 양력보다 약 10일정도 모자란다.
　태양력의 윤법(閏法)은 평년 2월 28일까지 있는데 비해 단 하루만 늘리는 2월 28일을 29일로 하면 되지만, 태음력의 윤법은 윤달이 小月이면 29일 대월에 해당하면 30일을 더 거듭한다.
　태음력은 20년에 약 7차례의 윤달을 쓰게 되는데 음력 正月과 11, 12월에는 윤을 두지 않고 二月부터 十月까지 윤달을 정할 수 있다. 윤달을 정하는 원칙은 수학적으로 분석하면 되지만 필자로서는 고등수학을 풀지 못하므로 다른 각도, 즉 만세력(천세력이라고도 칭한다)에 의하여 어느 해, 어느 달에 윤달이 되는지를 알게 된다. 관측기가 없었던 옛적에 셈법으로 어떻게 태양이 365일이란 것과 태음(太陰)의 형태, 즉 달이 없는 합삭(合朔)이 드는 날을 음력 초하루로 정할 수 있었는지 참으로 놀라운 일이며, 그 분들의 두뇌를 따르지 못하는 점이 아쉽다.
　아래에 기록하는 내용은 음력 윤달을 정하는 법이 아니고 만세력에 수록된 윤월이 되는 달이 어떤 형태인가를 맞추어 보려는데 있다. 경우에 따라 약간 차질(만세력 기록이)도 생길 수 있다는 것을 미리 알려둔다.

〈음력 12월에 소속될 절기표〉

월별	正	二	三	四	五	六	七	八	九	十	十一	十二
음력 月의 시작	입춘	경칩	청명	입하	망종	소서	입추	백로	한로	입동	대설	소한
해당월의 중기	우수	춘분	곡우	소만	하지	대서	처서	추분	상강	소설	동지	대한

※ 正二三四 등은 음력 달에 매인 숫자이고, 입춘, 경칩 등은 음력 달(月支)이 시작되는 절기(이를 立節)이다.
절기는 24절이지만 각 달(月支)이 배분하면 한 달(1月)에 절(節)과 후(候 : 中氣) 둘 씩 들게 되지만 셈법상 한 달(一月) 내에 입절(立節)과 중기(中氣) 중 하나만 드는 수가 있다.

태음력의 윤달은 음력 1月과 11, 12월을 제외하고 입절(立節) 청명, 입하, 망종, 소서, 입추, 백로, 한로, 입동이 음력 당월 15일에 하나만 들게 되는 해가 윤년이다. 그러나 필자의 설명도 어렵고 독자의 이해도 쉽지 않으므로 아래에 윤달(음력)이 있는(윤년) 해만 서기 1922년(庚申年) 이후 2020년까지 아래에만 수록한다.

〈근래 윤년이 드는 해와 윤이 드는 달〉

서기연도	간지	윤월	입절	서기연도	간지	윤월	입절
1922	壬戌	윤 5.15	소서	1987	丁卯	윤 6.14	입추
1925	乙丑	윤 4.15	망종	1990	庚午	윤 5.15	소서
1928	戊辰	윤 2.16	청명	1993	癸酉	윤 3.14	입하
1930	庚午	윤 6.15	입추	1995	乙亥	윤 8.15	한로
1933	癸酉	윤 5.15	소서	1998	戊寅	윤 5.14	소서
1936	丙子	윤 3.16	입하	2001	辛巳	윤 4.14	망종
1938	戊寅	윤 7.15	백로	2004	甲申	윤 7.15	청명

서기연도	간지	윤월	입절	서기연도	간지	윤월	입절
1941	辛巳	윤 6.16	입추	2006	丙戌	윤 7.16	백로
1944	甲申	윤 4.16	망종	2009	己丑	윤 5.15	소서
1947	丁亥	윤 2.15	청명	2012	壬辰	윤 3.15	입하
1949	己丑	윤 7.16	백로	2014	甲午	윤 9.15	입동
1952	壬辰	윤 5.16	소서	2017	丁酉	윤 5.14	소서
1955	乙未	윤 3.15	입하	2020	庚子	윤 4.14	망종
1957	丁酉	윤 8.15	한로	2023	癸卯	윤 2.15	청명
1960	庚子	윤 6.15	입추	2025	乙巳	윤 6.14	입추
1963	癸卯	윤 4.15	망종	2028	戊申	윤 5.14	소서
1966	丙午	윤 3.16	입하	2031	辛亥	윤 3.15	입하
1968	戊申	윤 7.15	백로	2033	癸丑	윤 7.14	백로
1971	辛亥	윤 5.16	소서	2036	丙辰	윤 6.16	입추
1974	甲寅	윤 4.16	망종	2039	己未	윤 5.16	소서
1976	丙辰	윤 8.15	한로	2042	壬戌	윤 2.15	청명
1976	己未	윤 6.16	입추	2044	甲子	윤 7.16	백로
1982	壬戌	윤 4.16	망종	2047	丁卯	윤 5.15	소서
1984	甲子	윤 10.15	대설	2050	庚午	윤 3.15	입하

【 쌍춘년에 대하여 】

가끔씩 연말연초가 되면 이상한 유언비어가 나도는데 이 유언비어에 대하여 방송국까지 곁들어주는 것 같은 생각이 든다. 방송이란 말을 전하는 기관이지만 때로는 방송하지 않았으면 하는 생각이 드는 때가 있다. 서기 2006 丙戌年이었는지 지난 일이라서 연대(年代)까지는 분명히 모르나 丙戌年이 쌍춘년(雙春年)이라서 이 해(丙戌)를 두고 말한 것 같다. 필자가 거론하는 뜻은 연말연시에 나도는 소문은 터무니 없는 소문 같아서 이를 바로잡고자 하는 노파심이다. 유언비어가 전국에 퍼진 매개체는 방송국의 영향이 크다. 방송은 온 나라 국민 모두가 신뢰하는 공신력이 있는 기관이기 때문이다.

  쌍춘년이라 칭하는 근거는 이렇다. 태양력(양력)법에 양력은 1년의 길이가 365일(5시간 49분 12초)이 1년 주기이고, 음력은 약 355일이므로 음력이 1년에 10일이 모자란다. 때문에 음력 12월 하고도 윤달까지 두어야 양력 날수를 따라간다. 양력 윤년은 366일인데(단 1일이므로) 음력은 13개월이 된다. 때문에 음력 正月에 입춘이 들고 12월에도 입춘이 든다. 왜냐하면 입춘에서 다음 돌아오는 입춘은 365일이 되기 때문이다. 때문에 몇백 년이 지나야 있게 되는 쌍춘년이 아니라 음력 기준으로 20년에 7차례의 윤년이 든다. 그래서 한 해 걸러 쌍춘년이 되는 수가 있고 두 해 걸러 쌍춘년이 되는 수가 있다. 물론 방송국은 정식 뉴스로 방송하는게 아니라 각 분야에서 상식이 있는 인물을 초빙 대담식으로 국민들에게 알려주는 형식이다. 요는 몇백 년 만에 드는 쌍춘년의 행운을 이용하라는 말은 터무니 없는 말이다. 앞으로도 미래에 대한 예언만은 삼가했으면 좋지 않을까 하는 마음이다. 서기 2007년 丁亥년의 〈황금돼지〉라는 유언비어도 비슷한 예다.

  어느 해가 쌍춘년인지 아래에 기록하겠다.

〈쌍춘년(雙春年) 표〉

서기	간지	서기	간지	서기	간지	서기	간지	서기	간지
1890	庚寅	1892	壬辰	1895	乙未	1898	戊戌	1900	庚子
1903	癸卯	1906	丙午	1909	己酉	1911	辛亥	1914	甲寅
1917	丁巳	1919	己未	1922	壬戌	1925	乙丑	1918	戊辰
1930	庚午	1933	癸酉	1936	丙子	1938	戊寅	1941	辛巳
1944	甲申	1947	丁亥	1949	己丑	1952	壬辰	1955	乙未
1957	丁酉	1960	庚子	1963	癸卯	1966	丙午	1968	戊申
1971	辛亥	1974	甲寅	1976	丙辰	1979	己未	1982	壬戌
1984	甲子	1987	丁卯	1990	庚午	1993	癸酉	1995	乙亥
1998	戊寅	2001	辛巳	2004	甲申	2006	丙戌	2009	己丑
2012	壬辰	2014	甲午	2017	丁酉	2020	庚子	2023	癸卯
2025	乙巳	2028	戊申	2031	辛亥	2033	癸丑	2036	丙辰

무춘년(無春年)도 있다. 아래에 기록한다.

〈무춘년(無春年)〉

서기	간지	서기	간지	서기	간지	서기	간지	서기	간지
1891	辛卯	1894	甲午	1896	丙申	1999	己亥	1902	壬辰
1904	甲辰	1907	丁未	1910	庚戌	1915	乙卯	1918	戊午
1921	辛酉	1933	癸亥	1926	丙寅	1929	己巳	1932	壬申
1934	甲戌	1937	丁丑	1940	庚辰	1942	壬午	1945	乙酉
1951	辛卯	1956	丙申	1959	己亥	1962	壬寅	1964	甲辰
1967	丁未	1970	庚戌	1972	壬子	1975	乙卯	1978	戊午
1981	辛酉	1983	癸亥	1986	丙寅	1989	己巳	1992	辛未
1994	甲戌	1997	丁丑	2000	庚辰	2002	壬午	2005	乙酉
2008	戊子	2010	庚寅	2013	癸巳	2016	丙申	2019	己亥
2021	乙卯	2024	甲辰	2027	丁未	2029	己酉	2032	壬子

(7) 썸머타임

썸머타임이란 여름철 낮이 긴 때를 유용하게 쓸 수 있도록 정부에서 규정한 임시 법칙인데 시작하는 날과 끝나는 날이 연도에 따라 다르다. 아래에 이에 대한 기록이 있다.

〈썸머타임 실시연도와 기간〉

서기연도	시 작	종 료	내 용
1948년	5월 31일	9월 12일까지	새벽 0시를 1시로 1시간 앞당김
1949년	4월 1일	9월 23일까지	새벽 0시를 1시로 1시간 앞당김
1950년	4월 1일	9월 23일까지	새벽 0시를 1시로 1시간 앞당김
1951년	5월 6일	9월 8일까지	새벽 0시를 1시로 1시간 앞당김
1954년	3월 21일		이날 낮 12시 30분을 12시 0분으로 30분 줄임
1955년	4월 6일	9월 21일까지	새벽 0시를 1시로 1시간 앞당김
1956년	5월 20일	9월 29일까지	새벽 0시를 1시로 1시간 앞당김
1957년	5월 5일	9월 21일까지	새벽 0시를 1시로 1시간 앞당김
1958년	5월 4일	9월 21일까지	새벽 0시를 1시로 1시간 앞당김
1959년	5월 4일	9월 19일까지	새벽 0시를 1시로 1시간 앞당김
1960년	5월 1일	9월 7일까지	새벽 0시를 1시로 1시간 앞당김
1961년	8월 10일에		낮 12시를 12시 30분으로 30분 앞당김
1987년	5월 10일	10월 11일까지	새벽 1시를 2시로 1시간 앞당김
1988년	5월 8일부터	10월 9일까지	새벽 1시를 2시로 1시간 앞당김

【子時의 시간 적용에 대하여】

날짜가 바뀌는 시점이 어느 때인가를 두고 야자(夜子)시, 조자(朝子)시에 대하여 명리가들 사이에 서로 다른 주장이 있다. 서양의 하루 24시간 개념이 들어오기 전까지 동양에서는 하루를 12등분하여 子시부터 亥시까지로 정하였다. 따라서 하루 24시간 개념으로 보면 子시, 丑시 등은 각각 2시간인 셈이다.

사주의 時를 정함에 있어서 문제가 되는 것은 밤 11시부터 다음날 새벽 01시(공한시)까지의 子시이다. 예전에는 자초(子初), 즉 밤 11시부터 다음날 하루가 바뀌게 되는 것이니 밤 11시 이후 출생자는 자연히 다음날의 일진과 당일의 子시가 적용되어 별다른 문제가 없었는데, 시계가 보급되고 서양의 시간개념이 들어온 이후 하루의 날짜변경 시점이 밤 12시가 되니 이렇게 되면 전날 밤 11시부터 자정 사이에 태어난 사람의 일진과 시가 문제가 된 것이다.

다음 예시를 통해 소위 야자시와 조자시의 관점을 본다.

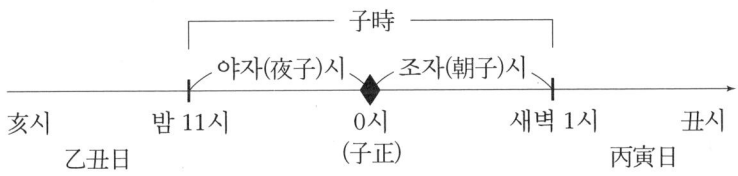

위에서 보는 바와 같이 밤 11시부터 子正인 0시까지는 야자시, 자정부터 새벽 1시까지를 조자시로 구분한다. 야자시, 조자시를 구분하여 적용한다면 이 날 밤 11시~0시 사이 출

생자는 일진은 전날 乙丑이 되고 時는 乙丑일 亥시 다음에 이어오는 子시(戊子시)가 되며, 0시~새벽 1시 출생자는 다음날 丙寅 일진과 당일 子시(戊子시)가 적용된다.

학자와 술사들에 따라서 옛부터 전래해온 대로의 방식을 고수하는 이들도 있고 야자시, 조자시 개념을 적용하는 이들도 있다. 필자는 밤 11시~자정 출생자의 경우 위 두 방식을 함께 고려하고 있다.

참고 〈일진의 교체〉

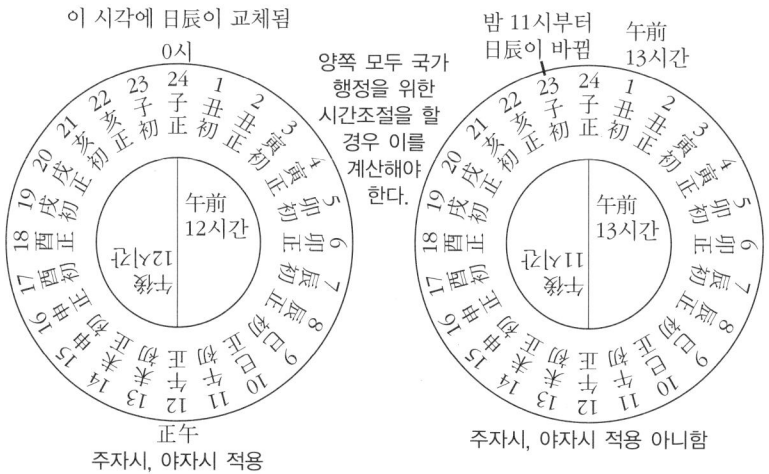

正午란 낮 12시 0분을 칭함이고, 子正이란 밤 0시 0분을 칭한다. 새벽 0시 0분부터 낮 12시 0분에 태양이 수직상(동서 중간)에 위치해야 올바른 子正이오 正午다.

지난날 썸머타임제를 실시할 때 시침(時針)을 1시간 앞당겨(빠

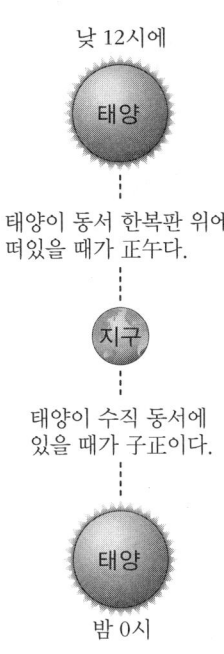

르게) 사용하는 기간 중에는 밤 1시에(실은 12시) 子正이 되고, 낮에는 오후 1시〔앞당긴 시침으로 인해 오후 1시(13시)〕에 정오가 된다.

　음양오행을 원리로 하는 명리(命理)는 행정상의 시간은 쓰지 말고 사실상의 時支를 적용해야 한다.

【 표준시 적용에 대하여 】

　지구상의 경도(經度)는 영국의 그리니치 천문대를 중심으로 東·西로 각 180도, 1시간에 15도로 구분하여 표준시로 정하도록 한 국제간의 협약에 따른다. 현재 우리나라의 표준시는 동경(東經) 135도이다. 그런데 이 동경 135도는 일본지역상의 위치이고 실제 우리나라 서울지역의 경도는 동경 127도이다. 그러니까 우리나라는 일본지역을 지나는 표준시가 적용되고 있는 것이며 실제상으로 일본과 우리나라는 8도의 경도 차이가 난다.

　지구는 西에서 東으로 자전하고 있으며 한 바퀴 도는 시간이 24시간이므로 이를 원형인 지구둘레 360도로 나누면 결국 1시간에 15도씩 회전하는 셈이다. 이를 다시 1시간(60분)÷15도하면 4가 된다. 즉 지구가 경도 1도 회전하는데 4분이라는 계산이 나온다.

일본과 우리나라 서울지역의 경도차가 8도이므로 시간으로 계산하면 8도×4분 = 32분이다. 지구가 동쪽 방향으로 회전하므로 일본이 우리나라보다 32분 앞서 해가 뜬다.

따라서 일본이 낮 12시라면 우리나라는 12시 32분이 되므로 우리의 午시는 11시 32분~13시 32분이 적용되어야 하는 것이다.

또한 우리나라 내에서도 동·서의 경도상의 차에 따라 지역별로 시간을 차등 적용하는 것이 더욱 정확할 것이다.

○우리나라 지역별 경도

126°	126°5	127°	127°5	128°	129°
대적도	인천	서울	의정부	양구	강릉
기의도	강화도	김포	하남	홍천	태백
연도	영정도	부천	용인	횡성	청송
부남군도	서산	광명	진천	원주	영천
하의도	대부도	안산	청주	충주	삼랑진
	연도	예산	대전	대구	김해
	무안	온양	임실	김천	장승포
	일로	청양	남원	합천	포항
	목포	군산	순천	진주	경주
	제주	장성	고흥	광양	부산
		나주		남해도	
		해남		통영	
		광주			

제 2 편 사주 간지의 작용과 신살

제5장 사주 기록법

제6장 간지 합충(合冲)

제7장 신살(神殺)

제8장 십간 십이지

제5장 사주 기록법

1. 사주 기록하는 원칙

앞서 입문편(入門篇)에서 무엇을 사주라 하는가에 대해 간단히 설명한바 있거니와 이해를 위해 거듭 말한다. 사주(四柱)를 한자(漢字)로 기록하면 네 기둥[四柱]인바 건물을 세우려면 최소한도 네 군데 기둥을 세워야 한다. 네 곳에서 건물을 받히고 있는 기둥은 가장 무게를 받게 되는 것이므로 이와 정비례하여 튼튼해야 한다. 이에 미루어 사람이 태어난 사주도 강건(强建)함을 요한다. 사주가 강건함이란 주인공이 태어난 날의 天干이 제 절(節)을 만나거나 좌우에서 협력해 주는 것(이

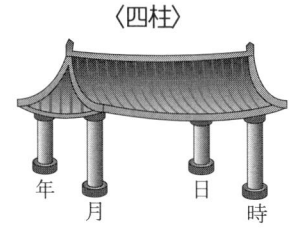

〈四柱〉
年 月 日 時

렇게 되면 강건한 사주라 한다)이다. 사주가 미약(日干五行이 약함)하여 튼튼치 못하면 不利라, 이런 경우는 운(대운과 세운)에서 도와주면 좋은 사주(튼튼함)가 된다. 사주학(四柱學)은 본 책자의 추명법(推命法)뿐 아니라 다른 방법으로도 부귀빈천과 길흉화복을 추리할 수 있다. 어떤 원리를 적용하거나를 막론하고 四柱, 즉 年月日時 모두 干支로 나타내야 한다. 초보자는 쉽지 않으니 四柱 정하는 법의 설명을 잘 이해하고 난뒤 다른 편 목차 제목으로 넘어가야 한다.

(1) 연주(年柱) 세우는 법

연주(年柱)란 그 해에 해당하는 干支(즉 태세)로 세군(歲君)이라고도 칭한다. 예를 들어 서기 2012년은 壬辰이 태세요 연주(年柱)이고, 2013년은 癸巳가 태세이고 연주다.

【 입춘(立春)에 대하여 】

신구세(新舊歲)가 교체되는 기준은 입춘(立春)이다.

입춘(立春)은 세말(歲末)에서 태세가 바뀌는 기준뿐 아니라 1년의 마지막 달인 丑月에서 寅月로 바뀌는 기준도 된다. 주인공의 생일이 정월 중에 출생하였더라도 음력 正月 초하루가 지났다 해서 신년 태세(즉 바뀐 새해)의 干支를 적용하는게 아니고 반드시 새해와 寅月이 시작되는 기준인 입춘이 단 몇 분이라도 지나야 한다. 또는 새해로 바뀌지 않은데도 음력 12월 중에 입춘이 단 몇 분이라도 같은 날 지나면 이 경우 신년 태세와 신년 寅

月의 월건을 적용해야 한다.

초 5일 출생 입춘이 신년　　입춘은 12월 22일 이 경
正月 초 6일 출생 전년 태　　우 전년 태세와 전년 12
세와 전년 12月의 월건 적용　월의 월건 적용

※ 입춘은 빨리 들면 음력 12월 16일에도 들고, 늦은 경우는 날짜상으로 음력 正月 14日경에도 드는 수가 있다.
(단, 입춘은 언제나 양력 2월 3일~4일에 든다.)

○ 서기 2002년(壬午) 음 12월 23일 오전 9시 23분에 입춘일시인 경우, 입춘시간 이전에 출생이면 전년(묵은해) 태세와 전년 丑月의 월건을 적용하고, 입춘시간 이후에 출생이라면 새해 태세와 寅月의 월건을 적용한다. 까닭은 그래야만 태양년 365일 만에 일정한 입춘이 되기 때문이다.

(2) 월주(月柱) 세우는 법

월주(月柱)란 주인공이 태어난 달의 干支이다.
월주도 年柱(태세)처럼 절(節)을 기준해야 한다.
음력 날짜가 입춘절입일 전인가 뒤인가로 月이 교체되는바 이 月柱도 태세처럼 出生이 입춘절입일보다 빠르면 지난 절기의 소속 절기에 해당하는 월건을 쓰고 입춘절입일보다 늦으면 새해의 태세와 정월건(正月建)을 적용한다.

① 월건(月建)에 소속된 절기표

입춘(立春)	前은 前年 태세와 전년 丑月의 月建을 적용하고 입춘이 지나야 신년 年月 적용.
경칩(驚蟄)	前은 寅月의 月建을 쓰고 지난 뒤라야 卯月의 月建으로 정한다.
청명(淸明)	前은 卯月의 月建을 쓰고 後라야 辰月의 月建을 적용한다.
입하(立夏)	前은 辰月의 月建을 쓰고 後라야 巳月의 月建을 적용한다.
망종(芒種)	前은 巳月의 月建을 쓰고 後라야 午月의 月建을 적용한다.
소서(小暑)	前은 午月의 月建을 쓰고 後라야 未月의 月建을 적용한다.
입추(立秋)	前은 未月의 月建을 쓰고 後라야 申月의 月建을 적용한다.
백로(白露)	前은 申月의 月建을 쓰고 後라야 酉月의 月建을 적용한다.
한로(寒露)	前은 酉月의 月建을 쓰고 後라야 戌月의 月建을 적용한다.
입동(立冬)	前은 戌月의 月建을 쓰고 後라야 亥月의 月建을 적용한다.
대설(大雪)	前은 亥月의 月建을 쓰고 後라야 子月의 月建을 적용한다.
소한(小寒)	前은 子月의 月建을 쓰고 後라야 丑月의 月建을 적용한다.

※ 入節日과 生日이 同一하면 節入時까지 대조, 前後를 定한다.

② 월건법

天干은 5年이면 六十甲子가 다시 시작되는데 음력과 양력이 月에 소속된 十二支는 다음과 같다.

〈월주 소속표〉

음력		양력 소속달과 드는 날짜(대략)		비고
寅月	음력 正月의 月建	2月에 해당	2月 3, 4일경부터	입춘, 우수
卯月	음력 二月의 月建	3月에 해당	3月 5, 6일경부터	경칩, 춘분
辰月	음력 三月의 月建	4月에 해당	4月 4, 5일경부터	청명, 곡우
巳月	음력 四月의 月建	5月에 해당	5月 5, 6일경부터	입하, 소만
午月	음력 五月의 月建	6月에 해당	6月 5, 6일경부터	망종, 하지
未月	음력 六月의 月建	7月에 해당	7月 6, 7일경부터	소서, 대서
申月	음력 七月의 月建	8月에 해당	8月 7, 8일경부터	입추, 처서
酉月	음력 八月의 月建	9月에 해당	9月 8, 9일경부터	백로, 추분
戌月	음력 九月의 月建	10月에 해당	10月 8, 9일경부터	한로, 상강
亥月	음력 十月의 月建	11月에 해당	11月 7, 8일경부터	입동, 소설
子月	음력 十一月의 月建	12月에 해당	12月 6, 7일경부터	대설, 동지
丑月	음력 十二月의 月建	1月에 해당	1月 5, 6일경부터	소한, 대한

③ 둔월법(遁月法)

月支는 음력 正月인데 地支로는 寅月이다. 그리하여 음력으로 따지면 正月寅, 二月卯, 三月辰, 四月巳, 五月午, 六月未, 七月申, 八月酉, 九月戌, 十月亥, 十一月子, 十二月丑이 되는데 一年 十二月에 매인 地支는 千年이 가도 변함없이 계속된다. 그러나 地支 위에 있는 天干은 5年에 한차례 같은 干支로 돌아오므로

天干은 五年 단위로 甲乙丙丁戊 등의 天干이 교체된다. 그 공식은 다음과 같다.

甲·己年 丙寅頭	태세의 干이 甲이나 己가 되는 해는 寅月에 丙寅부터 시작한다.
乙·庚年 戊寅頭	태세의 干이 乙이나 庚이 되는 해는 寅月에 戊寅부터 시작한다.
丙·辛年 庚寅頭	태세의 干이 丙이나 辛이 되는 해는 寅月에 庚寅부터 시작한다.
丁·壬年 壬寅頭	태세의 干이 丁이나 壬이 되는 해는 寅月에 壬寅부터 시작한다.
戊·癸年 甲寅頭	태세의 干이 戊이나 癸가 되는 해는 寅月에 甲寅부터 시작한다.

하나만 예를 들자. 매년 干支가 六十甲子 순서로 바뀌는 干支를 태세(太歲)라 칭한다. 태세가 甲(甲子 甲戌 甲申 甲午 甲辰 甲寅年)이나 己年이 되는 해는 寅月을 丙寅부터 시작하여 丁卯, 戊辰, 己巳식으로 六十甲子 순을 돌려 나간다. 예를 들어 서기 2011년은 辛卯年인데 丙辛年 庚寅頭라 寅月이 庚寅이오, 卯月은 辛卯요, 辰月은 壬辰, 巳月은 癸巳, 午月은 甲午, 未月은 乙未, 申月은 丙申, 酉月은 丁酉, 戌月은 戊戌, 亥月은 己亥, 子月은 庚子, 丑月은 辛丑月이 되는 것이다.

(3) 일주(日柱) 세우는 법

일주는 만세력에서 출생 당일의 일진을 찾아 적는다.

【썸머타임 실시기간의 時적용에 대하여】

子正(밤 12시 0분 – 오후 12시 0분)에 오늘에서 내일, 또는 어제에서 오늘로 날짜가 바뀌게 되고, 이에 따라서 하루하루 돌아가는 六十甲子 干支도 한 甲子씩 교체된다. 이상의 원칙이 바뀌지 않고 지금까지 지속해 왔더라면 日柱(또는 날짜)가 교체되는 시각을 가지고 논란이 될 필요는 없겠지만 지난날에 시행되었던 썸머타임, 즉 일광절약제(日光節約制)라는 국가 방침에 의하여 낮시간 긴 늦봄에서 초가을까지는 제시간(예를 들어 태양이 正南方에 위치할 때 낮 12시 0분이라야 바른 시간임)에서 시계바늘을 1시간 앞당겨(11시를 12시로) 사용해 오다가 어느 해인가는 썸머타임 제도를 사용치 않기도 하다가, 따지기만 복잡하게 되었다. 특히 역학계에서 엉뚱한 주장을 내세우는 수도 있었다. 필자의 견해로는 시침(時針)만 빨리 돌렸다 해서 시간이 빠르게 가는게 아니고, 시침만 늦게 돌렸다 해서 세월이 느리게 가는 것이 아니다. 분명한 것은 어느 나라를 막론하고 올바른 시각이 되려면 태양이 동과 서 한복판에 있을 때 우리가 차고 있는 손목시계는 낮 12시 0분이라야 한다.

낮 12시 0분
東經 127° 0분
서울지방기준

그런데 썸머타임이 실시된 해 시계바늘은 이미 1시간 더 빠르게 돌려 놓았는데도 이를 계산하지 않고 그대로 사용한다면, 예를 들어 태양은 아직 동서 한복판에 이르지 않았는데도 시침은 12시 정각을 가리키고 있는 것이 된다. 命理원칙상으로는 가장 정확해야 할 것이 日柱(日의 干支)로서, 이 日柱는 命의 길흉을 추리하는 절대적 기본자료가 되기 때문이다.

썸머타임이 어느 해 어느 날부터 시행되었는가를 확인한 후 十二支 日時를 바르게 정해야 한다.

(4) 시주(時柱)

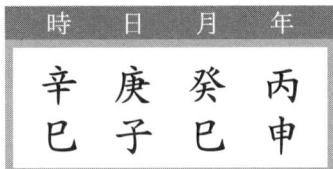

〈오행생극도〉

시주(時柱)란 출생시간을 干支법으로 정확히 적는 요령이다.

이 시주와 日柱는 밀접한 관계가 있다. 日辰은 그날의 출생시각에 의해서 정해지는 예가 많다. 오늘에서 (日辰에서) 내일로 日柱가 교체되려면 出生한 시각을 알아야하기 때문이다. 썸머타임 등 1961년 8월 11일에 낮 12시를 12시 30분으로 30분 앞당겨 사용하였으므로 매 기수시각(奇數時刻)에는 32분을 덜어낸 시침에 의해 日柱와 時柱를 정해야 한다. 예를 들어, 밤 12시 20분 출생의 경우 日辰은 다음날 같고 시간도 子時 같으나 그렇지 않다. 日辰은 아직 바뀌지 않았으며 시간도 亥時로 정해진다.

우리나라는 日本과 같은 시간을 사용하고 있다. 우리나라 서울은 경선(經線) 127°이다. 일본이 135°이므로 135°-127°=8°, 즉, 8°의 경도차가 난다. 경선 1도에 4分이 소요되므로 우리나라와 일본의 시차는 32分이 소요된다. 때문에 우리나라는 경도(127)의 위치에 맞는(十二支 원칙)시간을 사용한다면, 서울지방 거주는 32분이나 차이가 난다. 이 점을 적용하여 32분을 빼고 바르게 시주를 정해야 한다.

참고
- 지구의 公轉週期 : 365일 5시간 49분 12초
- 지구의 自轉週期 : 24시간
- 지구의 둘레 : 360度
- 經線一度 자전시간 : 1도에 4분

① 둔시법(遁時法)

둔시법이란, 時支 위에 時干을 붙이는 법식을 칭한다. 아래와 같다.

> 甲己日-甲子, 乙庚日-丙子, 丙辛日-戊子,
> 丁壬日-庚子, 戊癸日-壬子時

○ 生日의 天干(日干이라 함)이 甲(甲子, 甲戌, 甲申, 甲午, 甲辰, 甲寅日)과 己日(己巳, 己卯, 己丑, 己亥, 己酉, 己未日)에는 甲子시부터 시작하여 六十甲子 순서로 출생한 時支까지 짚어나간다.

○ 乙日(乙丑, 乙亥, 乙酉, 乙未, 乙巳, 乙卯日)과 庚日(庚午, 庚辰, 庚寅, 庚子, 庚戌, 庚申日)이 되는 날은 丙子시부터 시작하여 六十甲子 순서로 해당하는 時支까지 짚어나간다.

○ 丙日(丙寅, 丙子, 丙戌, 丙申, 丙午, 丙辰日)과 辛日(辛未, 辛巳, 辛卯, 辛丑, 辛亥, 辛酉日)이 되는 날은 戊子부터 시작하여 六十甲子 순서로 해당하는 時까지 짚어나간다.

○ 丁日(丁卯, 丁丑, 丁亥, 丁酉, 丁未, 丁巳日)이나 壬日(壬申, 壬午, 壬辰, 壬寅, 壬子, 壬戌日)에 해당하면 庚子부터 시작하여 출생시까지 六十甲子 순서로 짚어나간다.

○ 戊日(戊辰, 戊寅, 戊子, 戊戌, 戊申, 戊午日)이나 癸日(癸酉, 癸未, 癸巳, 癸卯, 癸丑, 癸亥日)에 해당하면 壬子時부터 시작하여 주인공의 출생시각까지 六十甲子 순서로 짚어나간다.

② 日·時柱의 干支 일람표

			生日干支				
정확한 시간을 알려면 우리나라 표준시간 127°(서울)를 기준 동으로 1°에 +4分씩하고 서쪽으로 1°에 -4分씩 계산해야 한다.			甲己日	乙庚日	丙辛日	丁壬日	戊癸日
			甲子日	乙丑日	丙寅日	丁卯日	戊辰日
			己巳日	庚午日	辛未日	壬申日	癸酉日
• 서기 1961년 8월 10일에 낮 12시를 12시 30분으로 分針을 빠르게 맞추어 현재까지 사용해옴으로써 이를 수정하고, 1987년과 88년은 여기에다 또 썸머타임을 두어 썸머타임 기간중에는 1시간 30분 떼내고 시지를 정한다.			甲戌日	乙亥日	丙子日	丁丑日	戊寅日
			己卯日	庚辰日	辛巳日	壬午日	癸未日
			甲申日	乙酉日	丙戌日	丁亥日	戊子日
			己丑日	庚寅日	辛卯日	壬辰日	癸巳日
			甲午日	乙未日	丙申日	丁酉日	戊戌日
			己亥日	庚子日	辛丑日	壬寅日	癸卯日
			甲辰日	乙巳日	丙午日	丁未日	戊申日
			己酉日	庚戌日	辛亥日	壬子日	癸丑日
時支	1961년 8월 10일 이전 출생자	1961년 8월 10일 12시 이후 출생자	甲寅日	乙卯日	丙辰日	丁巳日	戊午日
			己未日	庚申日	辛酉日	壬戌日	癸亥日
子時 조자시	오전 0시~ 0시 말 1시 전	0시 30분~1시 30분 새벽 1시 말	甲子時	丙子時	戊子時	庚子時	壬子時
丑時	오전 1시~ 2시 말	오전 1시 30분~ 2시 말	乙丑時	丁丑時	己丑時	辛丑時	癸丑時
寅時	오전 3시~ 4시 말	오전 3시 30분~ 4시 말	丙寅時	戊寅時	庚寅時	壬寅時	甲寅時
卯時	오전 5시~ 6시 말	오전 5시 30분~ 6시 말	丁卯時	己卯時	辛卯時	癸卯時	乙卯時
辰時	오전 7시 ~8시 말	오전 7시 30분~ 8시 말	戊辰時	庚辰時	壬辰時	甲辰時	丙辰時
巳時	오전 9시 ~10시 말	오전 9시 30분~ 10시 말	己巳時	辛巳時	癸巳時	乙巳時	丁巳時
午時	낮 11시 ~12시 말	낮 11시 30분~ 오후 1시 30분	庚午時	壬午時	甲午時	丙午時	戊午時
未時	오후 1시 ~2시 말	오후 1시 30분~ 3시 30분	辛未時	癸未時	乙未時	丁未時	己未時
申時	오후 3시 ~4시 말	오후 3시 30분~ 5시 30분	壬申時	甲申時	丙申時	戊申時	庚申時
酉時	오후 5시 ~6시 말	오후 5시 30분~ 7시 30분	癸酉時	乙酉時	丁酉時	己酉時	辛酉時
戌時	오후 7시 ~8시 말	오후 7시 30분~ 9시 30분	甲戌時	丙戌時	戊戌時	庚戌時	壬戌時
亥時	오후 9시 ~10시 말	오후 9시 30분~ 11시 30분	乙亥時	丁亥時	己亥時	辛亥時	癸亥時
子時 야자시	오후 11시 ~12시 말	오후 11시 30분~ 0시 30분	丙子時	戊子時	庚子時	壬子時	甲子時

2. 대운간지(大運干支)와 대운수

(1) 대운(大運)간지 기록하는 원칙

① 대운이란 무엇인가

이 항목에서 칭하는 대운이란 "운이 크게 이른다" 또는 "큰 운이다"가 아니다. 이 학문(學問)의 이치를 잘 모르는 사람이 말하기는 "사람은 일생중에 3차례 좋은 운이 돌아오는 법이다. 그러므로 3차례 이르는 길운의 기회를 놓치지 말고 잘 이용해야 한다"고 주장하거나 믿고 있다. 그러나 이 학문에서는 대운에 대한 의의가 다르다. 대운이란 크게 발복한다는 뜻이 아니고 길흉간에 십년씩 운이 작용한다는 뜻이다. 그리고 이 학문의 원칙을 따른다면 사람에게는 4가지 형태로 운이 작용하게 된다.

- 첫째의 경우, 어릴적부터 늙어 세상을 떠날 때까지 계속 길운이 이어지는 사람
- 둘째의 경우, 첫째와 정반대로 어릴적부터 일생동안 나쁜 운으로만 이어지는 사람
- 셋째의 경우, 일생을 둘로 나눌 경우 초년과 중년 전반까지의 운은 좋았으나 중년 하반기부터 말년까지 운이 나쁜 사람
- 넷째의 경우, 어릴적부터 말년까지 고생을 면치 못하는 사람 등으로 구분된다.

다음편은 주인공의 복분(福分)과 운(運)의 길흉관계를 추리하기 위해 구성한 원명(四柱)과 대운간지(大運干支) 그리고 운이 교체되는 나이 숫자를 干支 밑에 기록한 예다.

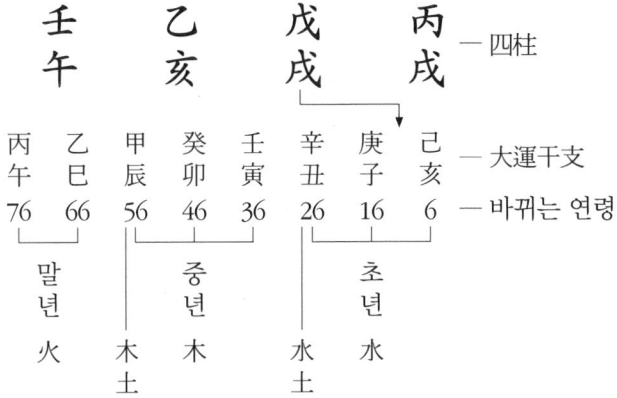

위편 대운이 교체되는 干支와 연령숫자는 대운干支마다 10년씩 운이 지배하므로 6세, 16세, 26세, 36세, 46세, 56세, 66세 단위로 운이 교체된다.

大運干支가 구성된 사주를 生克간에 어떻게 하느냐로 복(福)이 이르거나 화(禍)가 이른다.

❀ 사주로 대운간지 정하는 법 ❀

② 대운간지(大運干支) 기록하는 요령

> 양남음녀(陽男陰女) - 순행(順行)
> 음남양녀(陰男陽女) - 역행(逆行)

여기에서부터 초보자와 맨 처음 입문(入門)하시는 분은 무슨 뜻인지 쉽게 이해되지 않을 것이다. 위 먼저 쓴 글에서 음양간(陰陽干)과 六十甲子를 순서대로 기록하였지만 본 항목에서 처음 보는 내용이라 생각될 것이다.

- 양남(陽男)이란   甲 丙 戊 庚 壬 生의 남자다.
- 음녀(陰女)란   乙 丁 己 辛 癸 生의 여자다.
- 양녀(陽女)란   甲 丙 戊 庚 壬 年生의 여자다.
- 음남(陰男)이란   乙 丁 己 辛 癸 年生의 남자다.

순행(順行)이란 六十甲子 차례대로 月柱 다음 干支부터 시작 시계방향으로 기록해 나가는 것이고, 역행이란 月支를 기준 六十甲子를 거꾸로 기록해 나가는 것이다.

- 丙辰年 음 閏八月 初二日 午時 乾命
- 丁巳年 三月 初四日 申時 坤命

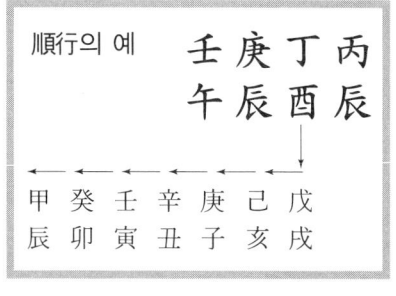
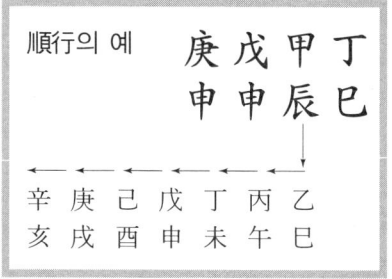

• 서기 1957년 양 10月 8日　　　• 1972年 양 8月 12日
　(음閏 8月 15日 男) 午시 乾命　　(음7月 初4일) 辰시 坤命

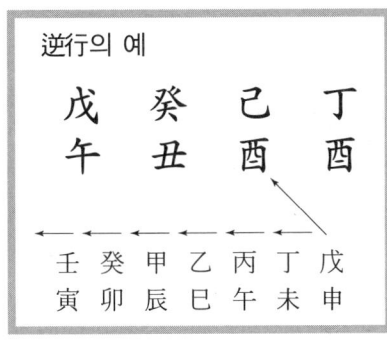 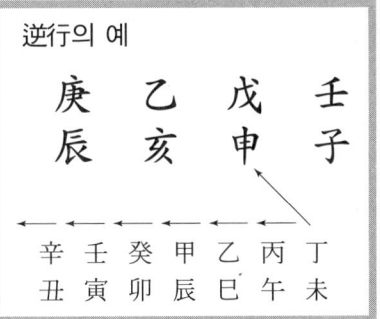

이상을 다시 정리해서 설명한다면 다음과 같다.

　○주인공이 태어난 해(太歲)가 甲 丙 戊 庚 壬의 양간년(陽干年)인 남자와 乙 丁 己 辛 癸의 陰干年에 출생한 여자에 한해서는 다음번째 六十甲子 순서로 月柱(月의 干支) 앞의 보기처럼 기록해 나가되 대운 干支는 7·8위 정도만 기록하면 무방하다.

　○주인공이 태어난 해가 乙 丁 己 辛 癸의 음간년(陰干年)에 해당하는 남자와 甲 丙 戊 庚 壬 양간년(陽干年)에 출생한 여자에 한해서는 月柱(月의 干支)에서 六十甲子 순서를 거꾸로 기록해 나가되 역시 7·8위 정도만 기록하면 된다.

甲 丙 戊 庚 壬 年生 남자　　　
乙 丁 己 辛 癸 年生 여자　}는 月柱 다음 차례대로 順行

乙 丁 己 辛 癸 年生 남자　　　
甲 丙 戊 庚 壬 年生 여자　}는 月柱(生月干支)에서 六十甲子 순서를 거꾸로 기록해 나간다.

(2) 대운수(大運數)

대운수(大運數)란 대운간지(大運干支) 밑에 숫자를 다는 것으로 계산해서 얻은 숫자가 1이면 11운, 2면 22운, 3이면 33운 등으로 기록한다. 예를 들어 계산된 숫자가 6이라면 月柱 前이나 다음 干支 밑에 6이라 쓰고 순차로 6, 16, 26, 36, 46, 56, 66, 76으로 기록해 나간다. 대운 숫자가 6으로 계산 되었다면(生日干支를 기준) 주인공은 대운간지가 작용(효과)되는 연령은 6세부터 15세, 16세부터 25세, 26세부터 35세, 36세부터 45세까지 대운수가 길흉의 작용을 하게 된다는 뜻이다.

○ 대운수 계산법

대운수는 대운간지(大運干支)에 다는 숫자로, 예를 들어 甲子운에서 乙丑운으로, 乙丑운에서 丙寅운으로 운이 옮겨가는 나이 숫자다. 우선 대운수 계산하는 법식부터 설명한다.

【양남음녀(陽男陰女) 미래절, 음남양녀(陰男陽女) 과거절】

甲丙戊庚壬生(양남)의 남자와 乙丁己辛癸生(음녀)의 여자는 生日을 기준 앞으로 돌아오는 절기일까지 날짜 수를 셈하고, 乙丁己辛癸年生(음남)의 남자와 甲丙戊癸寅壬生(양녀)의 여자는 출생한 날에서 가장 가까운 과거절이 드는 날짜와의 날수를 얻어 낸다.

이상의 방법으로 계산해 낸 숫자를 3으로 나누어 얻은 답수가 바로 대운 숫자다.

이와같이 또는 미래절, 과거절의 날수를 3으로 나누어 0으로 떨어지지 않고 1이 남으면 1은 버리고, 2가 남으면 답수에 1을 보탠다. 사사오입(四捨五入) 방법을 적용함이다.

生日과 절기까지 계산된 날수가

> 1, 2, 3, 4면 1운, 5, 6, 7이면 2운, 8, 9, 10이면 3운, 11, 12, 13이면 4운, 14, 15, 16이면 5운, 17, 18, 19면 6운, 20, 21, 22면 7운, 23, 24, 25면 8운, 26, 27, 28이면 9운, 29, 30, 31이면 11운이 된다.

```
   과거                                              미래
   절기  ←── 거꾸로 날수(과거) ── 生日 ── 순으로(미래) ──→ 절기
              陰男陽女 적용              陽男陰女 적용
```

3. 사주 구성 총례(복습)

본 항에서는 사주 세우고, 대운干支와 대운수 계산법까지 총괄 설명하는 바라 입문(入門)하시는 분과 미숙한 초보수준에 해당하시는 분이면 참고하시기 바란다.

(1) 음력 12월에 출생한 예

사주는 음력을 위주하거나 양력을 위주하거나 마찬가지다. 그러나 命理學을 연구하는 분이거나 현재 상담을 하고 계시는 분

들이 거의가 음력 위주로 사주를 정해왔으므로 하루아침에 습관을 고치기 어렵다 생각되어 비록 양력 날짜만 알더라도 음력 위주로 四柱 정하는 법식과 아울러 남녀 구분 대운간지(大運干支)를 정하는 요령과 대운수(大運數) 계산하는 법식을 설명하겠다. 사주, 즉 生年月日時 干支를 알려면 만세력(천세력이라고도 함)이란 책자가 반드시 필요한데, 요즈음은 만세력(책명)이 필요없이 컴퓨터에서 정확한 사주와 대운간지, 대운수, 이어지는 세운간지(歲運干支), 그리고 길흉신살(吉凶神殺), 용신(用神) 등이 화면에 나타나므로 참고서(만세력)가 필요치 않을지 모르겠으나 아무리 쉽고 정확할지라도 책자를 이용한 四柱 정하는 법식을 바르게 알아야만 뒷날 누구를 가르치게 되거나 교수, 강사가 된 경우 四柱 定하는 원칙을 강의할 수 있다. 때문에 본 항목에서는 컴퓨터에 의하지 않고 사주 정하는 법식에 대하여 예를 들면서 설명한다.

① 서기 1944년(甲申) 음 12월 25일 午시 출생한 남자

〈사주(四柱)〉

時	日	月	年
丙	丁	戊	乙
午	未	寅	酉
壬	癸	甲	乙	丙	丁
申	酉	戌	亥	子	丑
51	41	31	21	11	1

원편 사주의 주인공은 음력 날짜상으로는 당년 섣달 25일(양력은 1945, 1, 7 낮 12시 5분)이다. 누구를 막론하고 음력 12월 15일 이후와 신년 정월 15일 이전에 태어난 경우 반드시 입춘이 언제인가를 살펴야 한다. 본 예는 날짜상으로 새해가 되려면 아직 5일 남는 十二月 二十五日生이라 신년

이 아니지만 해가 바뀌는 기준인 입춘이 12월 22일에 들어 이미 3일이 지났다. 때문에 태세는 구세가 신년으로 바뀌어 신년태세인 乙酉年이고 月運도 丑月이 아닌 戊寅月로 결정된다.(乙庚年-戊寅月로 시작)

날짜(生日)의 日柱는 生日이 甲申年 12月 25日이므로 丁未日이고 時柱는 午時라 時頭法에 丁壬日 庚子時라 丙午時로 四柱가 결정된다.

甲申年이 乙酉年 태세를 적용(입춘은 12月 22일이오, 生日은 12月 25일) 보기와 같이 四柱 干支가 정해진다. 본래 甲申年이라 陽男 같으나 乙酉年 태세를 적용 陰男이니 月柱 戊寅月에서 六十甲子 순서를 거꾸로 기록하게 된다. 戊寅月 → 丁丑 丙子 乙亥 甲戌 癸酉 壬申 辛未 정도로 보기와 같이 기록한다.

陰男陽女 과거절이라 生日에서 거꾸로 절기까지의 날수는 3일이므로 대운수는 1이 된다.

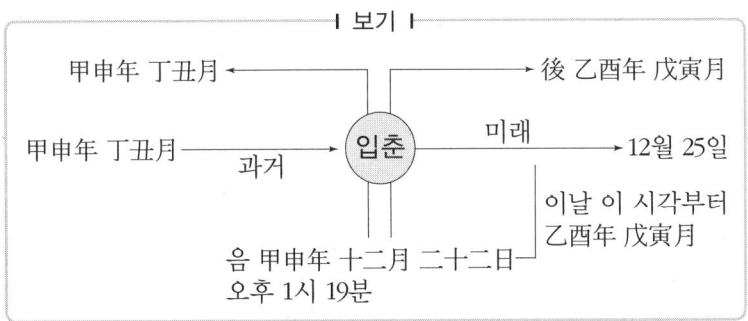

生日이 12月 15日 이후이거나 신년 正月 15日 이전이면 반드시 입춘이 드는 日·時를 찾아본다. 그리하여 신구태세로 바뀌는 입춘일이 지나 출생이면 신년태세와 신년 寅月의 月運을 적

용하고 단 1분이라도 입춘 전 출생이면 구년태세와 구년 12월의 월건을 적용한다.

② 서기 1944년 음력 12월 22일 辰時 출생한 여자

〈사주(四柱)〉

時	日	月	年
戊辰	甲辰	丁丑	甲申

庚午	辛未	壬申	癸酉	甲戌	乙亥	丙子
70	60	50	40	30	20	10

이 예는 女命이다. 음 12월생이므로 입춘을 찾아보니 공교롭게도 주인공의 사주는 입춘과 같은 날이다. 生日과 절기가 同一하면 주인공의 出生時와 입춘이 드는 시간을 대조하여 입춘 전 출생인가, 입춘 후 출생인가로 태세와 월건 교체여부를 적용한다. 같은 날 입춘이 드는 시각은 오후 1시 19분이고, 주인공이 출생한 시각은 辰時(오전 8시경)이므로 입춘이 아직 지나지 않았으므로 당년태세와 월건이 바뀌지 않는다.

대운간지(大運干支)는 陽女이므로 生月인 丁丑에서 거꾸로 기록해 나가면 대운干支는 丙子 乙亥 甲戌 癸酉 壬申 辛未로 六十甲子를 거슬러 干支를 기록한다. 다음으로 대운수를 계산해 보자. 음남양녀 과거절이므로 생일인 12월 22일부터 소한(11월 23일)까지 거슬러 날짜 수를 헤아려보니 29일간이다. 이 29일을 3으로 나누면 9가 나오고 2가 남는다. 2입1사의 원칙을 적용하면 9+1이 되어 결국 이 사람의 대운수는 10이다.

(2) 음력 正月에 出生한 예

【서기 1993년 음력 정월 11일 새벽 0시 14분에 출생한 여자】

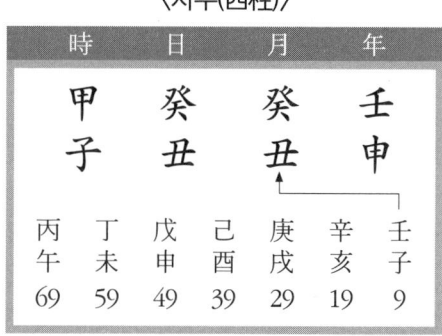

〈사주(四柱)〉

이 예의 경우 음력 정월생이므로 입춘이 지나 출생하였는지, 아니면 입춘이 지나지 않은 날짜에 출생하였는지부터 우선 살펴보아야 한다. 예의 생일은 음력 정월 11일이고 태세와 월건이 교체되는 입춘은 음력 정월 13일에 들었으니 반드시 전년 태세인 壬申年과 전년 12월의 월건인 癸丑月로 정해야 한다. 그리고 현재 사용(1961년 8월 10일 이후)하고 있는 시간은 원칙에서 30분이 빠르므로 11일 새벽 0시 14분에서 30분을 제(除)하면 정월 10일 밤 11시 44분에 해당하므로 아직 날이 바뀌지 않았다. 따라서 日柱는 甲寅日이 아닌 癸丑日로 日柱를 정해야 한다. 時柱로는 夜子時를 적용, 癸日 壬子時부터 시작하니 당일 밤 子時는 甲子時가 된다.

(3) 대운간지(大運干支) 기록하는 요령

● 陽男陰女 順行, 陰男陽女 逆行

위와 같은 법식에 의하여 사주 네 기둥이 세워졌으면 月柱를 기준 대운간지(大運干支)를 기록한다. 위 명(命)은 壬申生 陽女이므로 月柱 癸丑에서 六十甲子를 거꾸로 기록해 나간다. 즉 月柱가 癸丑이므로 癸丑 앞의 干支인 壬子 辛亥 庚戌 己酉 戊申 丁未 丙午 식으로 거슬러 기입한다.

(4) 대운수(大運數) 계산법

● 陽男陰女 未來節, 陰男陽女 過去節

본명(本命-즉 四柱)은 陽女이므로 生日인 정월 11일에서 뒤(과거절)의 절기(소한)까지 날수를 헤아리면 28일이라 이를 3으로 나누면 9하고 1이 남음으로 1은 버리고 9만 취하여 九九운이라 한다. 그래서 壬子부터 9, 19, 29, 39, 49, 59, 69 식으로 위 보기와 같이 기록해 나간다.

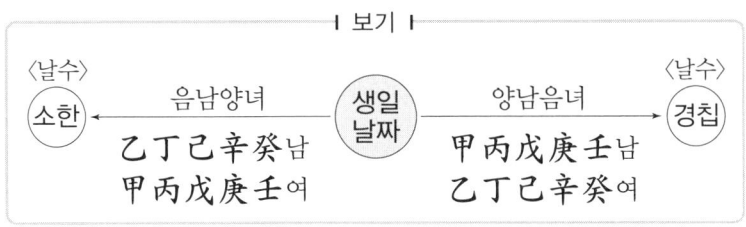

【 서기 2009년 음력 정월 초이레 오후 9시 20분 출생의 남자 】

이 사주는 날짜상으로 음력 새해(설날)를 맞이하고도 일주일이나 지났다. 하지만 입춘이 정월 초십일에야 들어 입춘 전에 출생하였으므로 전년 태세인 戊子가 생년간지이고 이에 따라 월건도

正月 丙寅이 아니라 乙丑月이다. 시주(時柱)는 戌時가 되니 그 까닭은 밤 9시 20분에서 30분 제하고 보니 8시 40분이 되는 셈이라 亥時가 아닌 戌時로 정해진다.

○ 대운간지(大運干支)

예의 命은 戊子年 陽男이므로 月柱(乙丑) 다음 丙寅부터 순행으로 기록 丁卯 戊辰 己巳 庚午 辛未 壬申의 예로 사주 글씨 밑에 기록한다.

○ 대운수(大運數)

陽男이므로 미래절(앞으로 이르는 절기)에 해당이라 生日인 정월 초이레부터 앞으로 나아가니 바로 2일 뒤에 입춘절이 들었으므로 덜어낼(3으로) 필요가 없이 1이 운으로 보기와 같이 대운간지 밑에 숫자를 기록해 나간다.

(5) 사주 정(定)하는 연습

① 서기 2007년 음력 6월 11일 낮 11시 40분 출생한 여자

○ 사주(四柱)의 예

태세(太歲)는 서기 2007년 丁亥年이다. 소서(小暑)는 유월절(六月節)인데 5월 23일 戌時에 든다. 生日이 절기(소서)보다 늦은 六

月生이므로 丁未月이다. 그리고 태어난 날이 己未日이고 甲己日 甲子時의 원칙을 적용 庚午時가 된다.

> 양남음녀(陽男陰女) – 순행(順行)
> 음남양녀(陰男陽女) – 역행(逆行)

○대운간지(大運干支)

이 예(例)의 사주에 月建은 丁未月이다. 순행(順行)이므로 월건 丁未 다음부터 六十甲子 순서로 기록해 나가면 戊申 己酉 庚戌 辛亥 壬子 癸丑 甲寅이 된다.

○대운수(大運數) 공식

● 陽男陰女 未來節, 陰男陽女 過去節

이 사주는 陰女이므로 生日인 6월 11일에서 미래절 입추(立秋)까지의 날수가 15일이다. 이 15를 3으로 나누면 답이 5에 0으로 떨어진다. 때문에 戊申부터 5, 15, 25, 35, 45, 55, 65 식으로 대운수를 기록한다.

❀ **출생일이 절(節)보다 늦은 경우** ❀

② 서기 2010년 음 9월 21일 새벽 0시 43분 출생한 남자

○ 사주(四柱)의 예

음력 12월 15일 이후 신년 정월 15일 사이에 입춘절이 있다면 태세의 교체원칙에 따르지만, 본 예는 태세가 아닌 월건과 일진 시주(時柱)만 바르게 정하여 기록하면 된다. 서기 2010년은 태세가 庚寅이라 年에 庚寅을 쓰고, 본 연도 出生이 음력 9월 21일이라 9월의 월건인 丙戌을 쓴다. 일주(日柱)는 9월 21일의 干支가 辛亥요, 출생시가 0시 43분으로 30분을 빼주면 0시 13분이므로 辛亥日의 朝子時이다. 따라서 時柱는 戊子가 된다.

○ 대운간지(大運干支)

대운수라는 법식에(양남음녀 순행) 의하면 순행(順行)이라 月柱 丙戌 다음 干支부터 육십갑자 순서대로 기록해 나가면 보기와 같이 丁亥 戊子 己丑 庚寅 辛卯 壬辰 癸巳를 기록한다.

○ 대운수(大運數)

예의 사주는 陽干年인 庚寅年生이라 순국(順局)인 미래절(未來節)이므로 생일에서 앞으로 나아가며 첫 번째 닿는 입절(立節)과의 날수를 따져야 한다. 生日인 9월 21일에서 첫 번째 만나는 입동일(立冬日)이 11일이므로 11을 3씩 제(除)하니 답이 3이고 2가

남아 2를 1로 더하여 4로 대운수를 정해지는 것이다. 干支 밑에 맨 오른쪽에서부터 4, 14, 24, 34, 44, 54, 64란 숫자를 달아 10년 대운이 몇 살 기준으로 교체되는가를 추리하기 위함이다.

4. 사주 정(定)하는 원칙 재습득

(1) 윤월(閏月)에 출생한 경우

① 서기 2012년 음력 윤3월 초8일 오전 0시(밤 12시) 20분에 출생한 남자

○ 사주(四柱)의 예

時	日	月	年
甲	戊	甲	壬
子	午	辰	辰
庚戌 53	己酉 43	戊申 33	丁未 23	丙午 13	乙巳 3

서기 2012년 壬辰년 태세는 음력 정월 13일 酉時(입춘 일시)부터 壬辰년 태세로 정해진다. 월건은 윤3월 초8일이 청명절 이후에 해당 甲辰월로 정해진다. 음력 윤3월 8일 오전 0시 20분에 출생인데 이 시각에서 30분을 덜면 윤3월 7일 밤 11시 50분에 해당 日柱는 戊午日이 정답이오, 時는 야자시로 甲子시가 되고 생일 초이레부터 미래절인 입하일시까지의 날짜 수는 8일이므로 이 사주의 대운수는 (8÷3=2~2) 사사오입(四捨五入) 법식에 의하여 三三운이라 칭한다.

② 서기 2012년 음력 윤3월 21일 낮 12시에 출생한 남자와 여자

○사주(四柱)의 예

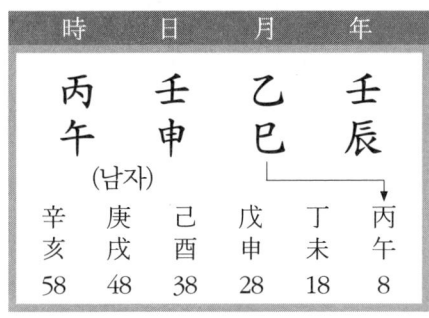

生日인 윤3월 21일은 사월절(巳月節), 年柱 즉 태세는 壬辰年에 속한다. 입하가 윤3월 15일 오전 11시 19분이라 이날(입하)부터 巳月로 보는 법식에 의하여 월건은 乙巳月로 정한다. 음 윤3월 21일은 壬申日이고 壬日 午時면 丙午時에 해당한다. 양남(陽男)이므로 대운간지는 순행(順行)이고 미래절로 짚어보면 대운수는 8이 된다.

태세와 월건과 일주와 시주는 남자와 동일하고 대운간지(大運干支)와 대운수는 남자와 다르다.

예의 명조(命造)는 양녀(陽女)이므로 月의 干支(月柱)인 乙巳에서 六十甲子 순서를 거슬러(逆) 기입해 나간다. 生日인 윤3월 21일(壬申日)에서 과거절(過去節), 즉 입하일까지의 날수는 6일이므로 (6÷3=2) 22운으로 대운수가 계산된다.

(2) 사주 정(定)하는 법 재설명 다시 연구 습득해 보자.

본 책자의 앞부분은 모두 명리학(命理學)에 입문(入門)하려는 분들을 위한 글(기초학)이다. 초보수준을 통과한 분이면 능히 年·月·日·時의 干支(즉 사주)를 쉽게 이해하거나 이미 통과하였겠지만 초보자의 입장으로는 완전 이해가 어렵겠기에 중복인 것을 알면서도 중복된 해설을 아니할 수 없으므로 초보수준을 넘은 분들은 중복된 내용이 많더라도 이해해주기 바란다.

① 연주(年柱)

연주(年柱) 또는 태세(太歲) 또는 세군(歲君)이라고도 한다.

단, 生日이 음력 12월 15일 이후나 신년 정월 15일 이전에 출생한 경우는 반드시 입춘(立春)이 어느 날짜에 들었는가부터 살펴야 한다.

- ○生日이 입춘보다 빠르면 해가 바뀌지 않은 묵은해의 干支로 年柱를 정하고, 입춘 뒤의 출생이면 신년태세의 干支로 年柱를 정한다.
- ○태세뿐 아니라 월건도 입춘 전 출생이면 12월과 정월생에 관계없이 묵은해 전년 12월인 丑月의 월건을 적용하고, 12월이나 신년 正月의 출생을 막론하고 입춘이 지난 뒤 출생이면 신년 寅月에 월건을 적용한다.

※ 生日과 입춘이 같은 날이면 입춘이 드는 시각과 출생한 시각으로 전후를 따진다.

② 월주(月柱)

월지(月支)는 매월의 절입일을 기준으로 전해지고 월의 干은 월두법으로 정한다.

○ 월두법(月頭法)
12월의 天干을 붙이는 법이다.

甲己年 丙寅頭, 乙庚年 戊寅頭, 丙辛年 庚寅頭, 丁壬年 壬寅頭, 戊癸年 甲寅頭

예를 들어 辛卯年이라면 寅月의 干을 庚寅부터 시작 辛卯 壬辰 癸巳의 순서로 나간다.

③ 일주(日柱)

일주(日柱)란 주인공이 출생한 날의 간지(干支)다. 그러므로 간단한 것 같으나 밤 12시 전후에 출생하면 약간 복잡하다.

하루의 날짜가 바뀌는 시점을 子初인 밤 11시를 기준으로 하는 관점과 子正인 밤 12시(0시)로 보는 관점 두 가지가 있다. 후자(자정에 날이 바뀜)를 적용하면, 子時를 夜子時(밤 11시~0시)와 朝子時(0시~새벽 1시)로 구분하고 夜子時 출생자는 전날의 일진을, 朝子時 출생자는 새날의 일진을 쓴다. 夜子時·朝子時를 구분하지 않고 전래해온 방식대로 子初(밤 11시)에 일진이 바뀌는 것으로 보는 명리가들도 있다. 필자는 夜子時·朝子時를 구분하는 것을 원칙으로 하고 있다.

④ 시주(時柱)

현재 우리가 사용하는 시간은 十二支 법으로 30분이 빠르다. 매 홀수시(1, 3, 5, 7, 9, 11시)에서 30분을 떼어내고 十二支時를 따져야 한다. 시에도 干支 붙이는 법식이 있다.

甲己日 甲子時, 乙庚日 丙子時, 丙辛日 戊子時, 丁壬日 庚子時, 戊癸日 壬子時부터 시작된다.

⑤ 대운과 대운수

○ 대운간지

양남음녀(陽男陰女 - 甲丙戊庚壬生 남자와 乙丁己辛癸生 여자)는 月의 干支에서 六十甲子 순서로 기록해 나가고 음남양녀(陰男陽女 - 甲丙戊庚壬生 여자와 乙丁己辛生 남자)는 月柱干支에서 六十甲子 순서를 거꾸로 기록해 나간다.

○ 대운수(大運數)

양남음녀는 미래절, 음남양녀는 과거절

甲丙戊庚壬生 남자와 乙丁己辛癸生 여자는 생일에서 첫 번째 다가오는 절기(中氣가 아님)의 날짜 수를 세고, 甲丙戊庚壬生 여자와 乙丁己辛癸生 남자는 생일에서 거꾸로 돌아오는 절기까지의 날수를 세어 모두 3으로 덜어낸 답수가 대운수다.

경칩 ←── 과거절 / 음남양녀 / 날수 ── 생일 ── 미래절 / 양남음녀 / 날수 ──→ 청명

제6장
간지 합충(合冲)

• 참고 : 사주를 위 원칙에 의해 기록하기 전과 사주 네 기둥을 세울 줄 아는 수준이라도 다시 한 번 더 살펴 숙달이 되도록 몇 번이고 되풀이 알아두어야 다음 설명하는 내용을 쉽게 이해하겠기에 중복된 부분이 있지만 초보자를 위함이니 잘 아시는 분은 후편 응용(격과 용신)에서 실력을 발휘하시기 바랍니다.

1. 십간합충(十干合冲)

(1) 간합(干合)의 작용

● 甲己合, 乙庚合, 丙辛合, 丁壬合, 戊癸合이다.

사주의 천간에 合이 있으면 그 합을 만난 干은 合에 유혹받아 생극작용을 아니한다.

간합(干合)해서 이루어진 오행은 생극작용이 미약하다.

간에 甲己己, 甲己甲, 己甲己 등으로 구성된 경우 1대 1의 合이 아닌 2대 1의 合이므로 쟁합(爭合-合을 다툼)되어 진합(眞合)이 못되고 가합(假合)이다.

【 간합(干合)의 별칭 】

甲己合을 중정지합(中正之合)이라 한다. 사주의 天干에 이 合이 있으면 어느 한쪽에 치우치지 않고 중립적이므로 인격의 존중을 받게 된다.

甲日生 己의 합을 만나면 신의와 설득력이 있어 중간 역할을 잘 하게 된다. 그런데 혹 지능이 모자란 사람도 있다.

己日主가 甲의 합을 만나면 이기적인 경향이 있어 상대를 본인 쪽으로 끌어 들이며 신의가 없고 잔꾀가 능하다.

乙庚合을 인의지합(仁義之合)이라 한다. 乙木은 인(仁)의 상징이오, 庚金은 의(義)이므로 붙인 명칭이다.

合이 日干 외로 있으면 인정과 의리와 과단성이 뛰어나 일의 진행이 시원스럽다.

乙日이 庚의 합을 만나면 남의 꼬임수에 빠지기 쉽고(여성은 남성의 유혹에 잘 넘어간다) 세력이 이끌면 잘 넘어간다.

여자는 순종적이고 본분을 지킨다. 남자는 답답한 면이 있다.

庚日이 乙의 합을 만나면 흡인력이 있어 사람을 잘 사귀고 여러 면으로 능력이 있어 남을 자신에게 유리하도록 이끈다.

丙辛合을 위엄지합(威嚴之合)이라 한다.

日干 이외 年月時干에 丙辛의 干合이 있으면 냉혹하고 편협하며 박정하나 사람을 잘다루는 수단이 뛰어나다.

辛日生이 丙의 합을 만나면 사람의 마음을 끄는데 수단이 뛰어나다. 특히 여성이 남성의 마음을 끄는 매력이 있다. 남성은 줏대가 없고 귀가 엷어 남의 말에 잘 넘어간다. 여성은 성가시도록 남성의 유혹을 많이 받는다. 남녀 모두 의리보다는 유리한 쪽으로 줄 서기 한다.

丁壬合을 인수지합(仁壽之合)이라 한다. 合五行이 木이오, 木은 인수(仁壽)를 상징하기 때문이다. 日干 이외에 丁壬合이 이루어지면 자기도취에 빠져 어디를 가나 자신이 그 자리의 주인공 같이 착각을 한다. 음란하여 미추를 가리지 않고 섹스에 잘 빠진다.

丁日이 壬의 합을 만나면 속으로는 열등의식이 있으면서도 지기를 싫어하고 잘 토라진다. 싹싹한 면이 있고 사람을 잘 따르며 기분파다. 여자는 남성의 유혹에 잘 넘어가고 색정에 빠지는 면이 있다.

壬日이 丁의 합을 만나면 마음이 약해서 인정에 구애받아 손해보는 경우가 많다. 한편 사람을 잘 다루면서도 박정하고 편협된 면도 있다.

사주의 干에 戊癸合이 있으면 이를 무정지합(無情之合)이라 한다. 어떤 형태로 이루어지거나를 막론하고 이 合이 있으면 남에게 진심을 주지 않는다. 단 처세의 방법으로 술자리 등을 자주 마련해서 환심을 산다.

戊日이 癸의 합을 만나면 독선적인 면이 농후하다. 단 이성이나 자기를 추종하는 사람에게는 후하게 대접하는 수도 있다.

癸日이 戊의 合을 만나면 독립심이 없어 혼자서 해낼 만한 일도 남의 손을 빌린다. 남에게 의지하기를 좋아한다. 여성은 남편에게 순종하는 경우가 많고 남성은 보수적이면서도 꾀만 발달해서 남에게 미루거나 의지하기를 좋아한다.

(2) 간충(干冲)의 작용

간충이란 사주 天干끼리 충돌되는 것인데 허충(虛冲) 아닌 실충(實冲)을 칭한다.

甲↔庚   乙↔辛   丙↔壬   丁↔癸   戊↔己
 \冲/   \冲/   \冲/   \冲/   \冲/

天干끼리의 冲은 戊己冲만 제외하고 양과 양, 음과 음이 상극관계를 이룬 것인데 干冲이 되려면 干끼리 상극관계를 이루더라도 반드시 十干의 위치(戊己는 제외)가 마주 보고 있어야 한다. 음과 음, 양과 양이 상극관계가 되더라도 마주 보는 위치가 아니면 干冲이 아니다. 아래는 干冲이 아니다.

甲과 戊, 乙과 己, 丙과 庚, 丁과 辛, 壬과 戊

어느 책자를 보면 위에 쓴 天干끼리도 干冲이라 하였는데 잘못이다.

사주의 天干에 冲이 있더라도 日干과의 冲이 아니면 크게 영향력이 없다.

日干이 冲을 만나면 가만히 있지를 못하고 활동하게 된다. 그리고 성패 간에 무슨 일이든지 빠르게 결정된다. 그런데 日干이 冲을 받더라도 칠살과의 冲은 두려워도 편재와의 冲은 두렵지 않다.

신약(身弱)에는 칠살과의 冲이 두려우나 신강인 경우는 칠살이 干에 있음을 기뻐하는 수가 있으니 칠살의 유무로서 길하다 흉하다 속단하지 말아야 한다. 신약(日干의 氣가 미약한 것)에 칠살이 月이나 時干에 있으면 관재와 질병, 부상 등의 액이 있다.

甲日이 庚, 乙日이 辛, 丙日이 壬, 丁日이 癸, 戊日이 甲, 己日이 乙, 庚日이 丙, 辛日이 丁, 壬日이 戊, 癸日이 己를 月干이나 時干에서 만나면 日主 태강인 경우를 제외하고는 성패가 자주 반복되고 투쟁적으로 살아간다. 戊己는 비겁관계라 라이벌이 많고 피해의식이 있으므로 항시 불안하게 살아간다.

2. 지지(地支) 작용

(1) 지지의 삼합과 육합

① 삼합(三合)의 작용

十二支 가운데 3개의 支가 合을 이룬 것으로 다음과 같다. 이 合되는 支끼리 모두 사주 내에 모이면 그 合化한 오행의 힘이 매우 강력해진다.

申子辰이 合水 - 申中壬水 子中癸水 辰中癸水로 水의 합이다.(셋중 2만 있으면 水반합이다)

巳酉丑이 合金 - 巳中庚金 酉中辛金 丑中辛金으로 金의 합이다.(셋중 2만 있으면 金半合이다)

寅午戌이 合火 - 寅中丙火 午中丁火 戌中丁火로 火의 합이다.(셋중 2만 있으면 半合火다)

亥卯未가 合木 – 亥中甲木 卯中乙木 未中乙木으로 木의 合이다.(셋중 2만 있으면 半合이다)

오행이 三合全局을 만나면 그 氣가 강성하여 어떤 세력과 맞서도 두렵지 않다. 2개의 支가 合을 이루면 삼합전국의 절반으로 보면 된다.

※ 三合에 대한 선악은 다음 용신 항목에서 다루기로 한다.

② 방합(方合)의 작용

방합(方合)도 三合과 같이 3개의 支가 合을 이루는 것이다.

亥子丑이 水方合 : 亥中壬水 子中癸水 丑中癸水로 水方의 合이다.
寅卯辰이 木方合 : 寅中甲木 卯中乙木 辰中乙木으로 木의 合이다.
巳午未가 火方合 : 巳中丙火 午中丁火 未中丁火로 火의 合이다.
申酉戌이 金方合 : 申中庚金 酉中辛金 戌中辛金으로 金의 合이다.

비유하건대, 三合은 당성(黨性)이 같은 당합이고, 방합은 주거환경이 같은 이웃과의 이해관계에 의한 合이므로 모두 뭉치면 그 힘이 대단하다.

사주 내에 合이 있으면 좋다는 생각은 갖지 말아야 한다. 三合에 대해서는 다음편 신강신약과 용신(用神)에서 깨닫게 된다.

③ 육합(六合)의 작용

육합은 삼합과 방합과 성격이 다른 합이다. 삼합과 방합은 같은 성분의 오행끼리 모여서 힘을 뭉쳐 日主(日干)을 돕거나 타의 세력에 대항하는 것이지만 육합은 싸움을 돕거나 어떤 특정한 오행을 도와주기 위한 合이 아니라 그저 좋아해서 친구나 지기(知己)를 삼는 合이라 할 수 있다. 하는 일이 별로 없는 것 같이 생각되지만 그렇지 않다. 日干을 괴롭히는 흉신을 合해서 日干을 괴롭히지 못하도록 하는 수가 있고, 또는 日干이 필요로 하는 지지를 合해서 日干을 돕지 못하도록 훼방하는 경우가 있기 때문이다.

日支가 년지(年支)와 合을 이루면 조상 숭배자요 무언가 조상의 소중한 것을 얻게 된다.

日支가 月支와 지합(支合)을 이루면 부모의 유산이 있거나 부모·자식 간의 정이 도타운 것으로 추리한다.

日支가 時支와 六合을 이루면 자식과의 정이 두텁다.

(2) 형·충·파·해·원진 작용

① 형(刑)의 작용

형의 작용은 冲과 비슷하지만 그 위력은 충(冲)보다 세다. 충은 서로 마주보고 싸우는 형상이므로 주의하면 상대방의 공격을 피할수도 있지만 형은 옆에서 느닷없이 공격하는 형태라 그 공격을 막을 수가 없기 때문이다.

형(刑)에는 삼형(三刑)과 상형(相刑)과 자형(自刑)의 세 가지 형태가 있다.

• 삼형에 寅巳申이니 寅은 巳를, 巳는 申을, 申은 寅을 형한다.

寅巳申의 형(刑)을 지세지형(持勢之刑)이라 한다.

사주의 구성이 나쁘지 않고 위의 형(刑)이 있으며 신강(日干의 氣가 왕성한 것)하면 권세를 얻는다. 그러나 권세만 믿고 무모한 짓을 하게 되면 곤액을 당하기 쉽다.

丑戌未의 형(刑)을 무은지형(無恩之刑)이라 한다.

이 형(刑)이 있는 사람은 남에게 잘해 주어도 배은망덕을 당한다. 아니면 주인공 자신이 남에게 은혜를 입고도 배은망덕한다.

여자로서 丑戌未의 형(無恩之刑)이 있으면 임신 중 특별히 조심하여야 낙태(落胎)를 면한다.

子와 卯가 서로 형(刑)하는데 이 형(刑)을 상형(相刑)이라 한다.

사주 가운데 이 형(刑)이 있는 사람은 잔인하고 냉정하다. 그리고 한번 성질이 나면 예의 불구하고 포악성을 부린다. 여자는 남편 복과 자식 복이 없다.

辰과 辰, 午와 午, 酉와 酉, 亥와 亥는 같은 지지끼리 형(刑)하게 되므로 자형(自刑)이라 한다. 이 형이 있는 사람은 마음이 좁아서 발끈발끈 성질을 잘 낸다.

이 형이 있고 日干이 日支에 사절(死·絕-甲午, 甲申, 庚寅 등의 예)이 놓이면 생각이 모자라고 천박할 수가 있다.

日과 시(時)가 자형(辰日辰時, 午日午時, 酉日酉時, 亥日亥時)이 되면 자식이 악질에 걸리거나 처자의 근심이 있다.

② 충(冲)의 작용

충(冲)은 마주 있는 상대방과 못마땅한 일이 있어 충돌되는 형상이다. 좋아하지 않는 사람과 마주 있게 되면 충돌되어 싸움이 일어나지만 좋아하는 사람이 정면에 있으면 기분이 상쾌한 것이므로 충(冲)을 나쁘게만 여길 수 없다.

子午冲 : 사주에 子午冲이 있으면 순조롭게 진행되던 일이 중도에서 깨지는 수가 있다.
丑未冲 : 이 충이 있으면 가만히 있는 사람을 충동시켜 손해를 당하도록 한다.
寅申冲 : 이 충이 있으면 부지런하여 오래 쉬어 있지 못하고 활동하는 사람이며 부지런하다.
卯酉冲 : 이 충이 있으면 남한테 배은망덕을 당하며 바람기가 심하다.
辰戌冲 : 이 冲이 있으면 풍파가 따르고 한때 크게 실패한다. 여자는 고독하고 가정운이 나쁘다.

巳亥冲 : 이 충이 있으면 항시 바쁘고 이사를 자주하며 교통사고를 당하는 수가 있으니 주의해야 한다.

年月冲 : 年支는 고향이오 윗대 조상에 해당하므로 年月支가 相冲되면 조상이 살던 옛터를 일찍 떠나거나 조상한테 물려 받는 것이 없는 것으로 추리할 수 있다.

이 경우 주인공이 조상한테 불경(不敬)스러운 수도 있다.

月日冲 : 月支와 日支가 冲하면 부모와 별거하거나 부모 곁을 멀리 떠나거나 부모에게 물려 받을 유산이 없는 것으로 본다.

日時冲 : 日支와 時支가 冲하면 자녀궁이 불리한데 時支가 日支의 冲克을 당하면 자식이 불효하거나 문제가 있는 자식을 두는 수가 있다.

時	日	月	年
辛卯	丙申	戊寅	庚子
자식	자기	부모	조상

③ 파(破)의 작용

파(破)란, 서로 상대를 깨뜨려 망가뜨린다는 뜻이지만 형과 충보다는 작용력이 미약하다.

파(破)의 관계는 다음과 같다.

子↔酉　丑↔辰　寅↔亥　卯↔午　巳↔申　戌↔未

예를 들어 子는 酉를 깨뜨리고, 酉는 子를 깨뜨린다는 뜻이다.

파(破)도 충(冲)의 작용과 비슷하다.

年日破 : 年日와 日支가 파(破)되면 부모 조상의 덕이 없다. 즉 가정의 배경이 좋지못해서 받을 유산도 없다. 아니면 생장지를 멀리 떠나가 산다.

月日破 : 月支는 부모궁이라 月支와 日支가 파(破) 관계이면 부모덕이 없어 가난한 집에서 생장하게 되거나 부모의 유산이 있더라도 지키지 못하고 다 없앤 뒤 자수성가 한다.

日時破 : 日支와 時支가 파(破)되면 자식 때문에 많은 재물을 쓰게 되거나 자식이 부모의 뜻을 따라주지 않는다. 아니면 자식의 안위(安危)문제로 근심이 떠나지 않는다. 어느 곳에 있거나 日支가 破되면 고독하고 육친과의 인연이 박하다.

④ 해(害)의 작용

해(害)란, 상대방에게 서로 손해를 끼친다는 뜻이다.

子↔未   丑↔午   寅↔巳   卯↔辰   申↔亥   酉↔戌

月日害 : 月과 日支가 해(害)되면 고독하고 박복하다. 여자가 더 그러하다.

日時害 : 日支와 시지(時支)가 해(害)되면 자식 때문에 근심하는 수가 있다. 주인공 자신이 질병으로 고생하지 않으면 우울증 등 정신장애가 우려된다. 酉日에 戌時生이면 자식의 귀가 어둡거나 자신의 귀가 어둡다. 아니면

자신이 청각장애가 되는 수가 있다.

⑤ 원진(怨嗔)

원진을 대개 원진(元辰)으로 기록하는데 실은 怨嗔이라야 옳다. 동물이건 사람을 막론하고 상대가 자신을 먼저 미워하면 자신도 상대를 미워하는 것은 다를 바 없다.

子↔未 丑↔午 寅↔酉 卯↔申 辰↔亥 巳↔戌

子와 未가 원진인데 子는 쥐, 未는 양이라 쥐와 양이 서로 미워하는 원진이란 뜻이다.

鼠忌羊頭角 (쥐는 양의 뿔을 꺼린다) 子·未

牛憎馬不耕 (소는 말이 밭 갈지 않고 노는 것을 미워한다) 丑·午

虎憎鷄嘴短 (범은 닭의 부리가 짧은 것을 미워한다) 寅·酉

兎怨猴不平 (토끼는 원숭이 허리가 굽은 것을 혐오한다) 卯·申

龍嫌猪面黑 (용은 돼지의 머리가 검은 것을 혐오한다) 辰·亥

蛇驚犬吠聲 (뱀은 개 짖는 소리에 놀라 싫어한다) 己·戌

제7장

신살(神殺)

〈일러두기〉

신(神)이란 길신(吉神)과 흉신(凶神)이란 합칭이고, 신살은 길신과 흉살(凶殺)이란 뜻이다.

본 사주법의 주(主)된 추명(推命)은 내외격국(內外格局)과 억강부약(抑强扶弱)의 방법과 세력이 강한 자에게 從하는 것 등을 소위 용신(用神)이라 하여 고급스런 추명법이라 해서 역학 연구에 관심이 있거나 상담 역할을 하고 계시는 입장에서는 사주격국용신(四柱格局用神)까지 통달한 수준까지 터득하고 싶지만 쉬운 일이 아니므로 대개는 신살(神殺)을 참고할 줄 아는 수준에서 머물고 있다. 그런데 명리학(命理學)의 격국용신을 깨우쳤다고 자부하는 사람은 신살 보기가 쉽다 해서 신살을 무시하는 성향이 있는데 그렇지 않다. 물론 수백 가지가 되는 신살을 모두 참고할 필요는 없다. 신살은 운명에 영향을 주는 것이 있고 영향력이 미세한 것이 있으므로 신살 작용의 경중을 알아야 하니 사주 내에서 해당되는 신살 찾아내는 방법을 아는 정도로 만족해서는 안된다. 때문에 명학(命學)을 연구하는 분은 어느 신살이 작용력이 있고, 어느 신살이 작용력이 없거나 미세한지 연구 통계를 내기 바란다.

1. 십이살과 포태법

십이살(十二殺)과 포태법 명칭과 작용력 참고 분야가 다르지만 드는 정국(定局)은 같으므로 같이 다루기로 한다.

(1) 십이살(十二殺)

겁살(劫殺), 재살(災殺), 천살(天殺), 지살(地殺), 연살(年殺), 월살(月殺), 망신(亡神), 장성(將星), 반안(攀鞍), 역마(驛馬), 육해(六害), 화개(華蓋).

십이살(十二殺)은 대개 주인공의 生年支 혹은 日支를 기준하는데 그 누구에게나 십이살 가운데 빠지는 사람이 없으므로 작용력이 미약할 것으로 생각된다.

십이살의 작용력을 간단히 설명하지만 운명 추리상 참작하는 정도이니 살이 있다 해서 크게 근심할 필요는 없다.

겁살(劫殺) : 삼합오행의 절지(絕地-五行의 힘이 매우 미약함) 즉 액겁(厄劫).

재살(災殺) : 만물이 절지의 경지를 벗어나 태동함. 그러나 아직은 미약. 재난을 칭함.

천살(天殺) : 천재(天災)다. 하늘 기상의 악순환이므로 손해가 심함, 또는 부친의 상징이라 부친에게 어려움을 당하거나 부친과 이별 또는 부친의 덕이 없음.

지살(地殺) : 지리적 조건이 나쁨. 지살은 땅으로 인해 손해 보는 의미가 있고 한때 타향에 떠돌며 객지 풍상을 겪는다. 또 지살은 모친의 상징이라 모친과 이별할 가능성도 있다.

연살(年殺) : 이 살은 도화살(挑花殺)이라 이성의 마음에 들도록 세련되었다. 또는 패살(敗殺)이오 함지(咸池)라 풍류를 즐기기를 지나쳐서 패가망신한다.

월살(月殺) : 태음살이라 月柱는 소년에서 청년기에 해당, 이 기간에 약간의 어려움이 있겠다.

망신살(亡神殺) : 술어 그대로 망신인데 한때 잘못 판단함으로서 어려움을 겪는다.

장성(將星) : 포태법으로 왕궁(旺宮)이라 주관력이 뚜렷하고 고집이 지나쳐 주변 사람들과 화해를 못하니 이른바 독불장군격이다.

반안(攀鞍) : 포태법으로 쇠궁(衰宮)이라 당사주에서는 학문이 출중하여 과거에 급제, 말을 타고 장안을 거닌다 하였다. 단 건강이 나빠 몸이 쇠약하다는 우려가 있다.

역마(驛馬) : 다른 학문에서는 길신으로 여긴다. 그러나 십이살상의 역마는 타관을 떠돌며 객지 풍상을 겪게 되는 것으로 본다.

육해(六害) : 포태법으로 사궁(死宮)인데 오행기(五行氣)가 사궁(죽는 자리)에 들어 쇠약하므로 죽을 고비를 한두 번쯤 넘겨 볼 것이다.

화개(華蓋) : 포태법으로는 장궁(葬宮)인데 辰戌丑未는 묘고(墓庫)라 울에 갇힌 모습으로 보인다. 그러나 한량의 기질로 풍류를 즐긴다 하였다.

(2) 포태십이신(胞胎十二神)

포(胞 ; 겁살과 동), 태(胎 ; 재살과 동), 양(養 ; 천살과 동), 생

(生 ; 지살과 동), 욕(浴 ; 연살과 동), 대(帶 ; 월살과 동), 관(冠 ; 망신살과 동), 왕(旺 ; 장성과 동), 쇠(衰 ; 반안과 동), 병(病 ; 역마와 동), 사(死 ; 육해와 동), 장(葬 ; 화개와 동일)

포(胞) : 절궁(絕宮)이라 아무것도 없는 것같이 생각되지만 남녀가 合歡하기 바로 전의 상태요, 아무것도 없어 보이지만 이미 태생(胎生)이 된 시점이다.

태(胎) : 생명이 있는 모든 것은 포(胞)의 과정을 거쳐 분명하게 잉태(孕胎)되어 하나의 생물체가 태동되고 있는 상태에 비유된다.

양(養) : 잉태된 태아(胎兒)가 모(母)의 뱃속에서 완성이 될 때까지 자라고 있는 시기에 해당한다. 이때 임신부는 태교(胎敎)를 행한다.

생(生) : 양(養)이 잘되어 태아에게 이상이 없으면 세상 밖으로 나와야 한다. 태아는 모(母)의 뱃속에서 나오자마자 고고의 울음소리를 낸다.

욕(浴) : 어렸을때는 옷을 벗겨도 부끄러움을 모른다. 그리고 제 스스로 옷을 벗고 목욕을 못한다. 그러므로 모친에게 바쁜 일이 있으면 조모님이나 고모의 손을 빌려야 한다. 그러다가 십 세만 넘으면 부끄러워 잘 벗지 않는 것을 달래어 목욕시킨다.

대(帶) : 그렇게 자라다보니 어느새 성년(成年)이 되어 옷 입고 띠 매고 성년으로서의 책임감을 부여 받는다. 이때부터 부모의 보호에서 자유로워진다.

관(冠) : 이십이관(二十而冠)이라 하였다. 옛적에는 나이 20이

되면 상투 틀고 성인복 입고 전적으로 사회에 참여한
다.
왕(旺) : 정신적, 육체적으로 가장 왕성한 황금기, 즉 30대부터
40대 초반의 연령대가 된다.
쇠(衰) : 사십대 중반을 넘어서면 갑자기 몸이 무거워지고 구미
도 전만 못해서 깨달을 수 있을 만큼 쇠약증세가 온다.
병(病) : 쇠약하면 병들게 되고 병들어 오래가면 사망한다.
사·장(死葬) : 병들면 결국 죽게 되고 죽으면 장사지낸다.

세월은 봄·여름·가을·겨울 영원히 순환되지만 사람은 생로 병사(生老病死)의 과정을 한차례 지나면 그만이다. 어찌 세월가 는 것이 아깝지 않으랴.

〈십이살과 포태 일람표〉

十二殺 胞胎 年支	겁살 (劫殺) 포 (胞)	재살 (災殺) 태 (胎)	천살 (天殺) 양 (養)	지살 (地殺) 생 (生)	연살 (年殺) 욕 (浴)	월살 (月殺) 대 (帶)	망신 (亡神) 관 (冠)	장성 (將星) 왕 (旺)	반안 (攀安) 쇠 (衰)	역마 (驛馬) 병 (病)	육해 (六害) 사<(死)	화개 (華蓋) 장 (葬)
申子辰(水)	巳	午	未	申	酉	戌	亥	子	丑	寅	卯	辰
巳酉丑(金)	寅	卯	辰	巳	午	未	申	酉	戌	亥	子	丑
寅午戌(火)	亥	子	丑	寅	卯	辰	巳	午	未	申	酉	戌
亥卯未(木)	申	酉	戌	亥	子	丑	寅	卯	辰	巳	午	未

예를 들어 寅午戌年生은 月이나 日이나 時支 중에 亥가 겁살이 오, 子가 재살이오, 丑이 천살이오, 포태법으로는 亥가 포(胞)요, 子가 태(胎)요, 丑이 양(養)이다.

십이살과 포태법을 연지 기준으로 예를 든다.

辛亥 지살·생	壬辰 반안·쇠	庚子 연살·욕	甲申 겁살·포
戊子 장성·왕	丁巳 겁살·포	丁亥 망신·관	己亥 망신·관

甲午 장성·왕	乙亥 겁살·포	辛未 반안·쇠	壬辰 월살·대
丁亥 지살·생	乙巳 역마·병	丙申 겁살·포	甲午 육해·사

2. 십이운성(十二運星)

 이 십이운성(十二運星)은 포태법과 명칭이 비슷하다. 그러나 십이살과 포태십이신은 지지삼합(地支三合)한 합오행(合五行)을 기준하나 십이운성 정국은 日干기준이다. 십이운성은 신살(神殺)이라기보다는 일간의 성쇠(盛衰)를 참작하는데 적용된다.
 음양간을 구분한다면 양간은 甲-亥, 丙戊-寅, 庚-巳, 壬-申, 음간은 乙-午, 丁己-酉, 辛-子, 癸-卯가 장생인데 양간은 順行하고 음간은 逆行한다.

〈십이운성 일람표〉

日干	장생(長生)	목욕(沐浴)	관대(冠帶)	임관(臨官)	제왕(帝旺)	쇠(衰)	병(病)	사(死)	묘(墓)	절(絕)	태(胎)	양(養)
甲日	亥	子	丑	寅	卯	辰	巳	午	未	申	酉	戌
乙日	午	巳	辰	卯	寅	丑	子	亥	戌	酉	申	未
丙日	寅	卯	辰	巳	午	未	申	酉	戌	亥	子	丑
丁日	酉	申	未	午	巳	辰	卯	寅	丑	子	亥	戌
戊日	寅	卯	辰	巳	午	未	申	酉	戌	亥	子	丑
己日	酉	申	未	午	巳	辰	卯	寅	丑	子	亥	戌
庚日	巳	午	未	申	酉	戌	亥	子	丑	寅	卯	辰
辛日	子	亥	戌	酉	申	未	午	巳	辰	卯	寅	丑
壬日	申	酉	戌	亥	子	丑	寅	卯	辰	巳	午	未
癸日	卯	寅	丑	子	亥	戌	酉	申	未	午	巳	辰

3. 신살 정국과 작용

(1) 중요 신살 1

① 천을귀인(天乙貴人)

천을귀인(天乙貴人)은 길신 가운데서 최상의 길신으로 명(命)에 있으면 주인공을 도와주는 작용을 한다. 이 천을귀인은 年, 月, 日, 時支의 어디에 있어도 좋지만 日支에 있는 것이 더욱 좋다.

천을귀인은 다음과 같다. 우선 오언절구(五言節句)로 천을귀인 외우는 요령부터 수록한다.

甲戊庚牛羊, 乙己鼠猴鄕, 丙丁猪鷄位, 六辛逢
馬虎, 壬癸蛇兎藏

○천을귀인원리도(天乙貴人原理圖)

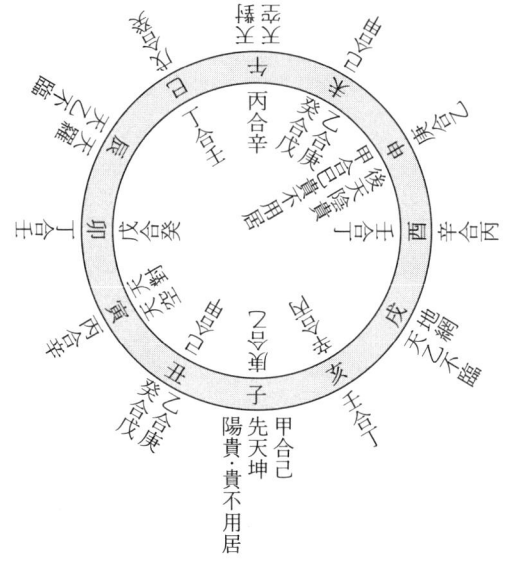

천을귀인(天乙貴人)의 법에 음귀와 양귀 두 가지로 분류된다.

양귀(陽貴)는 선천팔괘(先天八卦)의 곤괘(坤卦) 위치요 十二支로 子位에 甲을 起하여 順行하고, 陰貴는 後天坤卦요 未申官에 甲을 起하여 逆行한다.

天干 그 자체만으로는 德이 되지 않으나 支와 干이 合氣되어야 貴한 것이다.

예를 들어 陽貴의 경우 子(坎) 위에 甲이라, 이 甲이 甲己로 干合해서 己를 불러오면 己의 귀인은 子가 되고, 子 다음은 丑이오 乙이라 乙庚合해서 庚을 불러오니 庚의 양귀는 丑이 된다.

다음 寅자리는 丙이라 丙辛合해서 辛을 불러오니 辛의 귀인은 寅이 된다. 다음 丁火는 卯位에 해당하는바 丁壬合해서 壬의 귀인은 卯가 된다.

다음 후천 辰卦 위치는 卯宮인데 天干丁에 이르니 天合壬하여 壬의 천을귀인은 卯가 된다.

다음이 진궁(辰宮)인데 辰宮은 천강성(天罡星)이 되어 天乙귀인이 임하지 않는다. 그래서 辰을 넘어 巳에 天干戊가 이르니 戊合癸하여 癸의 天乙귀인이 巳가 된다.

다음은 午의 위치라 이곳(後天雄宮)은 천대(天對)와 천공궁(天空宮)이라 해서 天乙이 멈추지 않는다. 그래서 午를 넘어 未宮에 己土가 이르니 己合甲하여 甲의 귀인이 未가 된다.

다음 申에 天干庚이 닿으니 庚合乙하여 乙木의 귀인이 申이 된다.

다음은 天干辛이 酉에 이르니 辛合丙이라 丙의 天乙은 酉宮이 된다.

다음 차례는 戌宮이지만 이곳은 지망(地網)이라서 天乙이 임하지 않는다. 그래서 戌을 건너 天干壬이 亥宮에 이르니 壬合丁하여 丁의 天乙은 亥가 되니 이상은 모두 양귀(陽貴)에 속한다.

음귀(陰貴)는 後天 곤괘(坤卦)부터 天干을 거꾸로 돌려 짚으니 내선(內線)을 참고한다. 즉 申에 甲이라 甲合己하여 己의 天乙이 甲이 된다.

다음 未에 天干乙이 이르니 乙合庚하여 庚의 天乙이 未가 된다.

다음은 午宮이라 天干丙이 이르는 자리라 丙合辛하여 辛의 天乙이 午가 된다.

다음은 巳의 위치라 음귀 天干이 丁이오 丁合壬하여 壬의 天乙이 巳가 된다.

다음은 辰宮이라 역시 천라(天羅)라서 天乙이 멈추지 않는다. 辰宮을 건너 卯에 戊土가 이르니 戊合癸하여 癸의 天乙은 卯가 되는 것이다.

다음은 寅木자리이나 음귀의 대궁(對宮)이오 천공(天空)이라 해서 天乙이 임하지 않으니 寅을 넘어 丑에 己土요 己合甲하여 甲의 天乙이 丑이 된다.

다음 庚이 子에 이르니 庚合乙하여 乙의 天乙이 子가 된다.

다음 天干辛이 亥에 이르니 辛合丙하여 丙의 天乙은 亥가 된다.

다음은 戌宮이라 戌은 지망(地網)이 되어 天乙이 머물지 않는다. 그래서 戌을 넘어 酉자리에 壬이 이르니 壬合丁하여 丁火의 귀인은 酉가 된다.

다음은 申자리에 甲이 이르니 甲己合하여 己土의 天乙은 申金이 되는 것이다.

이상 역행(逆行)으로 닿는 天乙은 모두 陰貴라 한다.

○음 · 양 귀인 일람표

위치	陽貴人(順行)	위치	陰貴人(逆行)
子	甲合己, 己의 貴가 子	子	庚合乙, 乙의 天乙貴人이 子
丑	乙合庚, 庚의 貴가 丑	丑	己合甲, 甲의 天乙貴人이 丑
寅	丙合辛, 辛의 貴가 寅	寅	天對 · 天空
卯	丁合壬, 壬의 貴가 卯	卯	戊合癸, 癸의 天乙이 卯
辰	天羅(天乙不臨)	辰	天羅(天乙不臨)
巳	戊合癸, 癸의 貴가 巳	巳	丁合壬의 天乙이 巳
午	天對, 天空	午	丙合辛의 天乙이 午
未	巳合甲, 甲의 貴가 未	未	乙合庚, 庚의 天乙이 未
申	庚合乙, 乙의 貴가 申	申	甲合己, 己의 天乙이 申
酉	辛合丙, 丙의 貴가 酉	酉	丁壬合丁의 天乙이 酉
戌	地網(天乙不臨)	戌	地網
亥	壬合丁, 丁의 貴가 亥	亥	辛合丙, 丙의 天乙貴人이 亥

甲戊庚日 - 丑未, 乙己日 - 子申, 丙丁日 - 亥酉, 辛日 - 午寅, 壬癸日 - 巳卯

② 건록(建祿)

이 건록(建祿)은 정록(正祿) 또는 천록(天祿)이라고도 칭한다. 즉 천지신명(天地神明)이 내려주는 복록이란 뜻이다.

명리학에서는 건록이 비견(比肩)에 해당하여 日干의 기(氣)가 넘칠 때는 이 건록도 기신(忌神)에 속하는 수가 있다 하나 신살논리에 있어서는 건록이 있음을 기뻐한다. 건록은 국가기관에서는 일정하게 내려주는 녹봉(祿俸) 또는 고정수입으로 본다. 때문에 신살학으로 논할 때는 길신에 속한다. 건록의 정국은 아래와 같다.

甲日-寅, 乙日-卯, 丙戊日-巳, 丁己日-午
庚日-申, 辛日-酉, 壬日-亥, 癸日-子

명리학의 원리로 건록이 月支에 있으면 건록격(建祿格), 日支에 있으면 일록격, 時支에 있으면 귀록격(歸祿格)이라 한다.

어디에 녹(祿)이 있거나 길신이 되는데 몸이 건강하고 의식 걱정이 없는 것으로 추리된다.

③ 암록(暗祿)

암록이란 표면에 나타나지 않는 녹(祿)이 있음을 칭하는데, 암록의 정국(定局)은 정록(正祿)과 육합(六合·支合)이 되는 곳으로 아래와 같다.

甲日-亥, 乙日-戌, 丙戊日-申, 丁己日-未
庚日-巳, 辛日-辰, 壬日-寅, 癸日-丑

이 암록이 있으면 사람의 도움이나 신(神)의 도움을 막론하고 남이 알 수 있도록 도와주는게 아니라 주인공조차 깨닫지 못하도록 경제적 신분의 안전을 도와주는 것으로 알면 된다.

○건록·암록 일람표

신살 \ 日干	甲日	乙日	丙日	丁日	戊日	己日	庚日	辛日	壬日	癸日
건록(建祿)	寅	卯	巳	午	巳	午	申	酉	亥	子
암록(暗祿)	亥	戌	申	未	申	未	巳	辰	寅	丑

④ 금여(金輿)

금여는 황금으로 장식한 금상여다. 사람이 이 세상을 떠나 묘지로 가는 경우 금장식을 한 상여를 타고 갈 수 있는 신분이라면 잘 살았기도 하려니와 생애 중 좋은 일도 많이 하여 많은 사람들에게 존경받을 수 있는 처세를 해야 될 것이다. 금여는 다음과 같다.

甲日-辰, 乙日-巳, 丙日-未, 丁日-申, 戊日-未
己日-申, 庚日-戌, 辛日-亥, 壬日-丑, 癸日-寅

神殺＼日干	甲	乙	丙	丁	戊	己	庚	辛	壬	癸
금여(金輿)	辰	巳	未	申	未	申	戌	亥	丑	寅

사주에 위와 같은 금여(金輿)가 있으면 총명하고 재치가 있다. 용모단정에 예의가 바른 때문에 많은 사람들의 호감과 존경을 받게 된다. 그리고 남녀를 막론하고 좋은 배우자를 만나 행복하게 산다.

시지가 금여에 해당하면 일가 친척간에 서로 도우면서 의좋게 산다. 그리고 자녀 중에 크게 성공하는 인물이 나오는 수가 있다.

⑤ 문창성(文昌星)

문창성은 학문과 과시(科試)를 주장하는 문성(文星)이다. 이 문성이 사주 가운데 있으면 학운과 과시운이 좋다.

甲日-巳, 乙日-午, 丙日-申, 丁日-酉, 戊日-申
己日-酉, 庚日-亥, 辛日-子, 壬日-寅, 癸日-卯

甲日生으로서 연·월·일·시 중에 巳가 있으면 문창(文昌)이다.

문창은 공부하여 장차 자격고시나 국가고시 치르려는 사람에게 매우 좋은 별이다. 사주에 문창성이 있으면 글공부를 잘 한다고 한다. 문창은 다른 흉신악살의 횡포를 달래어 무마시키는 것을 잘 한다. 그러나 문창이 공망을 만나면 길한 효력이 상실된다.

⑥ 학당귀인(學堂貴人)

학당귀인도 문창귀인과 같이 학문과 과시를 맡은 문성(文星)이다. 다음과 같다.

甲日-亥, 乙日-午, 丙日-寅, 丁日-酉, 戊日-寅,
己日-酉, 庚日-巳, 辛日-子, 壬日-申, 癸日-卯

사주에 학당귀인이 있으면 학운(學運)과 스승복이 있다. 그리고 원하는 학교에 입학이 순조로우며 주인공 자신도 총명하다.

○문창·학당 정국표

구분 \ 日干	甲	乙	丙	丁	戊	己	庚	辛	壬	癸
문창(文昌)	巳	午	申	酉	申	酉	亥	子	寅	卯
학당(學堂)	亥	午	寅	酉	寅	酉	巳	子	申	卯

학당귀인이 공망되면 길신으로서의 효력이 없다.

⑦ 복성귀인(福星貴人)

복성귀인의 정국은 다음과 같다.

甲日-寅, 乙日-午, 丙日-子, 丁日-午, 戊日-申
己日-未, 庚日-午, 辛日-巳, 壬日-辰, 癸日-午

복성귀인(福星貴人)은 좋은 일을 가져다 주는 선신(善神)이다. 위와 같은 귀인성이 있는 주인공은 복을 불러다 주는데 이 귀인성도 공망에 들면 길성으로서의 효력이 상실된다.

甲日-寅, 乙日-午, 丙日-子, 丁日-午, 戊日-申
己日-未, 庚日-午, 辛日-巳, 壬日-辰, 癸日-午

길신 \ 日干	甲	乙	丙	丁	戊	己	庚	辛	壬	癸
복성귀인(福星貴人)	寅	午	子	午	申	未	午	巳	辰	午

예를 들어 丁日生이 年月時支에 午가 있으면 이 午를 복성귀인 이라 한다.

⑧ 양인(羊刃)

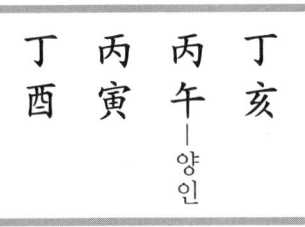

양인(羊刃)은 길신(吉神)이 아니므로 신살 명칭으로 양인살(羊刃殺)이라 한다. 양인의 정국(定局)은 녹전일위(祿前一位) 十二支 순서로 건록 다음에 해당하는 地支, 예를 들어 甲日의 건록은 寅이고 양인은 寅 다음 地支인 卯가 된다.

다음과 같다.

甲日-卯, 乙日-辰, 丙日-午, 丁日-未, 戊日-午
己日-未, 庚日-酉, 辛日-戌, 壬日-子, 癸日-丑

양인(羊刃)은 甲丙戊庚壬 陽干에 한해서 육친법(六親法-앞에 육친법이 있음)상 겁재(劫財)에 해당한다. 겁재는 성격이 포악하고 싸움을 즐기며 탈취, 살상 등의 작용력이 있으므로 양인을 매우 꺼리지만 이는 신살 성격으로 보아 그러하고 사주 구성에 따라 양인이 도리어 주인공을 위해 좋은 역할을 하는 수가 있다.

양인이 年支에 있으면 조상에게서 주인공에게 물려 받을 것이 없고 도리어 조상들을 받드느라 심려를 기울이게 된다. 양인이 月支에 있고 다른 正格이 없으면 양인격(羊刃格)이오, 日支에 있으면 日刃格(丙午 戊午 壬子日)이며 時支에 있는 경우는 격명(格名)을 붙이지 아니한다.

양인은 日干의 기(氣)가 모자랄 때는 회신 역할을 하고, 日干의 기가 강성할 때는 지독스런 경쟁자가 된다. 그래서 심한 경우는 살상의 재앙을 일으키기도 한다.

그러나 年月日時가 모두 羊刃이면 도리어 귀명(貴命)이 될 수도 있다.

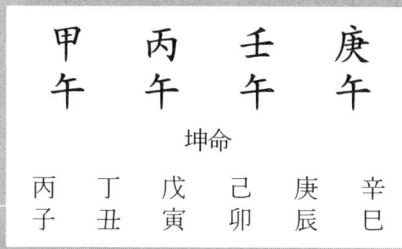

필자는 오래 전에 원편에 기록한 사주의 노인을 알게 된 일이 있다. 사주학을 연구하는 아마추어인데 신살 정도는 아는 정도였다. 그래서 부인은 丙子大運을 어떻게 넘기느냐고 근심하였다. 필자도 처음에는 맞는 말이라고 시인하였다가 문득 깨달아지는 점이 있었다. 그래서 "오-아닙니다. 일백세 가까이 사실 것입니다." 하였더니 그 까닭을 물었다. "왜냐하면 장군 넷이서 동서남북 사대문을 지키고 있으니 얼마나 든든하십니까" 양인을 훌륭한 무사(武士)로도 보기 때문이다. 물론 젊어 청춘에 남편을 사별(死別)한 일은 면하기 어려웠다.

○ 비인(飛刃)

양인과 충(冲)이 되는 地支를 비인(飛刃)이라 해서 작용력을 양인과 같이 본다고 하였으나 그렇지 아니하고 운에 미치는 영향력이 약한 것으로 생각된다.

甲日-酉, 乙日-戌, 丙日-子, 丁日-丑, 戊日-子
己日-丑, 庚日-卯, 辛日-辰, 壬日-午, 癸日-未

신살\日干	甲	乙	丙	丁	戊	己	庚	辛	壬	癸
양인(羊刃)	卯	辰	午	未	午	未	酉	戌	子	丑
비인(飛刃)	酉	戌	子	丑	子	丑	卯	辰	午	未
녹(祿)	(寅)	(卯)	(巳)	(午)	(巳)	(午)	(申)	(酉)	(亥)	(子)

⑨ 홍염살(紅艶殺)

이성이 주인공한테 매력을 느끼는 살이다. 도화살(桃花殺)의 매력보다 훨씬 더 강렬하다. 얼굴이야 어찌되었던 간에 육감적으로도 가까이 하고 싶은 살이다. 간단히 말해 이성이 따르고 이성의 유혹이 많은 살이다. 자칫하면 이성 때문에 패가망신하는 수도 있다.

홍염살은 다음과 같다.

甲日-午·申, 乙日-午·申, 丙日-寅, 丁日-未,
戊日-辰, 己日-辰, 庚日-申·戌, 辛日-酉,

壬日-子, 癸日-申

日干 명칭	甲	乙	丙	丁	戊	己	庚	辛	壬	癸
홍염살 (紅艶殺)	午·申	午·申	寅	未	辰	辰	申·戌	酉	子	申

예를 들어, 甲日干의 年月日時 가운데 午나 申이 있으면 이를 홍염살이라 한다.

⑩ 천월덕귀인(天月德貴人)

천월덕(天月德)은 모두 주인공을 도와주는 귀인성(貴人星)이다. 사주에 아래 정국에 해당하는 귀인이 있으면 생애가 순조롭고 인덕이 있어 큰 어려움은 겪지 않는다. 때문에 남과 같은 액을 당한다 할지라도 남보다 고생을 덜하게 될 것이다. 특히 日支나 時支에 천월덕이 있고 그 천월덕이 공망에 해당하거나 형·충·파·해 되지 않으면 일생 큰 재난을 당하지 않는다.

여자는 사주 내에 천월덕귀인을 만나면 현모양처의 품격을 지녀 온순하고 정절이 있으며 시집이 발복한다.

寅月-丁·丙, 卯月-申·甲, 辰月-壬·壬,
巳月-辛·庚, 午月-亥·丙, 未月-甲·甲,
申月-癸·壬, 酉月-寅·庚, 戌月-丙·丙,
亥月-乙·甲, 子月-巳·壬, 丑月-庚·庚

예를 들어, 寅月生(正月生)이고 天干의 丙이나 丁이 있으면 천월덕 귀인이다. 또 한 예로 辰月生(三月)인 경우 干에 壬이 천덕귀인도 되고 월덕귀인도 된다.

⑪ 급각살(急脚殺)

급각(急脚)이란 어릴 적에 다리를 크게 다치거나 소아마비에 걸릴 우려가 있다는 살이다. 아래와 같다.

甲日-申·酉, 乙日-申·酉, 丙日-亥·子,
丁日-亥·子, 戊日-寅·卯, 己日-寅·卯,
庚日-巳·午, 辛日-巳·午, 壬日-辰·戌,
癸日-丑·未

예를 들어, 日干이 甲木일 경우 申시나 酉시에 해당하면 급각살이다. 소아마비·다리 부상 등 장애인이 아닐지라도 다리의 무력증으로 불편을 느끼거나 다리 신경통으로 인해 고생한다.

⑫ 익수살(溺水殺)

이 살이 있는 사람은 여름철 휴가에 해수욕장을 가더라도 깊은 물에 들어가지 말아야 한다. 깊은 곳으로 들어가고 싶은 유혹이 간절하더라도 절대 주의해야 수액(水厄)을 면할 수 있다. 익수살은 다음과 같다.

甲·己日-巳, 乙·庚日-子, 丙·辛日-申,
丁·壬日-戌, 戊·癸日-卯

甲과 己日은 巳시, 乙과 庚日은 子시, 丙과 辛日은 申시, 丁과 壬日은 戌시, 戊와 癸日은 卯시가 된다.

살 \ 日干	甲·己日	乙·庚日	丙·辛日	丁·壬日	戊·癸日
익수살(溺水殺)	巳時	子時	申時	戌時	卯時

예를 들어, 日干이 甲이나 乙木일 경우 巳時 출생이라면 익수살(溺水殺)에 해당한다.

⑬ 고신(孤辰)·과수살(寡宿殺)

남자는 고과살(孤寡殺) 가운데 고신살만 해당하고, 여자는 과수살만 해당한다.

亥子丑生-寅·戌, 寅卯辰生-巳·丑,
巳午未生-申·辰, 申酉戌生-亥·未

예를 들어, 寅卯辰生 남자는 月·日·時 가운데 巳가 있으면 고신살이고, 여자는 丑이 있으면 과수살이라 한다. 이 고과살이 月支에 있으면 20대 전후에 고독하고, 日支에 있으면 30대, 40대 나이(中年)에 고독하며, 時支에 있으면 말년에 고독하다.

(2) 중요 신살 2

① 육수일(六秀日)

육수는 주인공의 生日干支로만 해당한다. 다음과 같다.

戊子日, 己丑日, 丙午日, 丁未日, 戊午日, 己未日

육수(六秀)란 六十甲子 가운데 위에 수록한 여섯 가지 干支日에 출생한 것을 칭한다. 生日의 干支가 육수에 해당하면 총명하고 똑똑하며 약고 계산속이 빠르다. 너무 빠르기 때문에 이기적이고 깍쟁이 같다는 평도 듣게 되니 이에 해당하는 사람은 겸손하고 양보하는 덕성(德性)을 기른다면 인기가 높을 것이다.

② 일록격(日祿格)

일록격은 日干의 건록(建祿)을 干 아래 日支에 놓은 것이다. 이에 해당하는 日柱는 아래 4日 뿐이다.

甲寅, 乙卯, 庚申, 辛酉日

寅은 甲의 건록이오, 卯는 乙의 건록이오, 申은 庚의 건록이오, 酉는 辛의 건록이다.

녹(祿)이란 의식주의 안정을 주는 길신으로 이 건록이 있는 주인공은 건강하고 식복이 있다. 日支에 건록을 놓으면 干支가 같은 五行이라 해서(喪夫婦生離死別의 日辰) 배우자 궁이 좋지 않은 것이라 하는데 필자가 통계적으로 보기에는 그런 것만도 아닌 것 같다. 요는 日이 干支同 五行이 같으므로 신강될 가능성이 높다 하며 日主가 태강이면 배우자에게 해롭다는 점에서 干支同을 꺼린다.

③ 일덕격(日德格)

덕(德)이란 내가 베풀어도 좋고 남한테 입어도 좋다. 때문에 대개는 삶을 영위하는데 덕이 있음을 누구나 바라는 바다. 日德에 해당하는 日의 干支는 아래와 같다.

戊辰日, 庚辰日, 甲寅日, 丙辰日, 壬戌日

대개 사람이 궁핍하면 아무리 잘 생겼어도 천하게 보이는 부분이 있다. 그러나 위 日辰에 출생한 사람은 궁핍하고 풍파를 많이 겪으면서도 비굴하거나 천하지 않아서 사람들에게 좋은 대접을 받는다.

④ 괴강격(魁罡格)

十二支 가운데 辰을 천강(天罡), 戌을 하괴(河魁)라 한다. 때문에 辰戌을 모두 괴강이라 하는데, 여기에서는 庚辰, 庚戌과 壬辰, 壬戌 네 가지만 괴강으로 보는 것인가. 필자가 생각해보건대 이유가 있는 것 같다. 庚辰과 庚戌은 庚金이란 강한 무기(殺生武器) 때문이고 壬辰日과 壬戌日은 아래에 무서운 칠살(七殺)을 깔고 앉은 배포 때문인것 같다. 웬만한 용기를 가지고는 살(殺) 위에 앉아 견디지를 못하나 壬辰日과 壬戌日은 대단한 용기를 가지고 있는 것 같다.

庚辰日, 庚戌日, 壬辰日, 壬戌日

甲辰, 甲戌, 丙辰, 丙戌, 戊辰, 戊戌 등은 辰戌이 모두 괴강이지만 위의 괴강과는 성격이 다르다.

甲辰과 甲戌은 辰戌이 甲木의 氣에 눌려 강성(强性)이 약해지기 때문이오(싸움이 아님) 丙辰과 丙戌은 戌과 丙이 相生이라 유연성이 있고 戊辰과 戊戌은 干支가 比和라서 싸움이 일어나지 않기 때문이다. 때문에 壬辰 壬戌은 싸움터의 상징이고 庚辰 庚戌은 검극(劍戟)의 예리한 날 때문에 붙여진 것 같다. 이러한 연유로 壬辰 壬戌과 庚辰 庚戌만을 괴강으로 칭하는게 아닌가 생각된다.

어쨌거나 괴강은 많을수록 그 작용력이 크다 하였고 운명상의 유도력 작용은 대부(大富) 대귀(大貴) 폭패(暴敗) 등 길흉이 극단적으로 작용한다 하였으니 성패 여하를 막론하고 풍상을 겪게 된다.

⑤ 음욕살(淫慾殺)

음욕살이란 남달리 성(性)을 탐하게 된다는 살이다. 주인공의 신분이 미천한 서자(庶子)의 몸으로 태어날 수도 있다. 남녀 모두 탕남(蕩男) 탕녀(蕩女)의 기질이 있다는 살이다.

甲寅日, 乙卯日, 戊戌日, 丁未日, 辛卯日, 癸丑日, 庚申日, 己未日

⑥ 천혁(天赫)

천혁은 길신인바 다음과 같다.

寅卯辰月-戊寅日, 巳午未月-甲午日,
申酉戌月-戊申日, 亥子丑月-甲子日

이상의 月日生이면 천혁(天赫)이라 한다. 이 천혁은 흉살을 달래어 길한 작용을 하도록 하는 능력이 있어 매우 좋은 길신이다.

⑦ 단교살(斷橋殺)

단교살이란 다리가 절단된다는 뜻이 있어 잘 모르는 길을 가다가 다리를 만나 건너려는데 중도에서 다리가 끊겨 위태롭게 된다는 뜻의 살인바 아래와 같다.

寅月-寅, 卯月-卯, 辰月-申, 巳月-丑, 午月-戌,
未月-酉, 申月-辰, 酉月-巳, 戌月-午, 亥月-未,
子月-亥, 丑月-子

예를 들어, 寅月生이 寅日, 丑月生이 子日에 출생하면 단교살이다.

살＼月	寅	卯	辰	巳	午	未	申	酉	戌	亥	子	丑
단교살(斷橋殺)	寅	卯	申	丑	戌	酉	辰	巳	午	未	亥	子

⑧ 혈인(血刃)

혈인살(血刃殺)의 정국은 다음과 같다.

寅月-丑, 卯月-未, 辰月-寅, 巳月-申, 午月-卯,
未月-酉, 申月-辰, 酉月-戌, 戌月-巳, 亥月-亥,
子月-午, 丑月-子

예를 들어 寅月生이고 丑日이나 丑時에 해당하면 혈인살이다.

명칭＼月支	寅	卯	辰	巳	午	未	申	酉	戌	亥	子	丑
혈인(血刃)	丑	未	寅	申	卯	酉	辰	戌	巳	亥	午	子

이상에 해당하는 혈인살이 있으면 몸을 크게 다쳐 피를 많이 흘리게 된다는 살이므로 주의를 요한다.

⑨ 삼구오묘살(三丘五墓殺)

이 살이 있으면 일생 힘든 일과 답답한 일이 생겨 성공하는데 큰 차질이 있다.

삼구살과 오묘살은 다음과 같다.

寅卯辰月-丑·未, 巳午未月-辰·戌,
申酉戌月-未·丑, 亥子丑月-戌·辰

구분＼月支	寅卯辰月	巳午未月	申酉戌月	亥子丑月
삼구(三丘)	丑日	辰日	未日	戌日
오묘(五墓)	未日	戌日	丑日	辰日

이 밖의 신살은 수없이 많다. 독자분들의 혼란을 막기 위해 신살정국과 작용에 대해서는 이 정도 수록하고 기타 신살은 일람표에서 참고하도록 한다.

⑩ 신살 일람표

○ 일간(日干) 기준

	신살명	甲	乙	丙	丁	戊	己	庚	辛	壬	癸
1	천을귀인(天乙貴人)	丑未	子申	亥酉	亥酉	丑未	子申	丑未	午寅	巳卯	巳卯
2	건록(建祿)	寅	卯	巳	午	巳	午	申	酉	亥	子
3	암록(暗祿)	亥	戌	申	未	申	未	巳	辰	寅	丑
4	복성귀인(福星貴人)	寅	午	子	午	申	未	午	巳	辰	午
5	금여(金輿)	辰	巳	未	申	未	申	戌	亥	丑	寅
6	문창(文昌)	巳	午	申	酉	申	酉	亥	子	寅	卯
7	학당(學堂)	亥	午	寅	酉	寅	酉	巳	子	申	卯
8	양인(羊刃)	卯	辰	午	未	午	未	酉	戌	子	丑
9	홍염살(紅艶殺)	午申	午申	寅	未	辰	辰	申	酉	子	申
10	급각살(急脚殺)	申酉	申酉	亥子	亥子	寅卯	寅卯	巳午	巳午	辰戌丑未	辰戌丑未
11	익수(溺水)	巳	子	申	戌	卯	巳	子	申	戌	卯
12	철사관(鐵蛇關)	辰	辰	未申	未申	寅	寅	戌	戌	丑	丑
13	뇌공관(雷公關)	丑	午	子	子	戌	戌	寅	寅	酉	亥
14	천일관(千日關)	辰午	辰午	申	申	巳	巳	寅	寅	丑亥	丑亥
15	백호관(白虎關)	酉	酉	子	子	午	午	卯	卯	午	午

○ 연지(年支) 기준

신살 \ 年支	子	丑	寅	卯	辰	巳	午	未	申	酉	戌	亥
16 매아살(埋兒殺)	丑	卯	申	丑	卯	申	丑	卯	申	丑	卯	申
17 단명관(短命關)	巳	寅	辰	未	巳	寅	辰	未	巳	寅	辰	未
18 화상관(和尙關)	辰戌丑未	子午卯酉	寅申巳亥	辰戌丑未	子午卯酉	寅申巳亥	辰戌丑未	子午卯酉	寅申巳亥	辰戌丑未	子午卯酉	寅申巳亥
19 야체관(夜啼關)	未	寅酉	未	未	未	未	未	寅酉	未	未	寅酉	未
20 탕화관(湯火關)	午	未	寅	午	未	寅	午	未	寅	午	未	寅
21 탕명관(撞命關)	巳	未	巳	子	午	午	丑	丑	午	亥	未	寅
22 자에살(自縊殺)	酉	午	未	申	亥	戌	丑	寅	卯	子	巳	辰
23 결항살(結項殺)	壬子	辛酉	庚午	乙卯	壬子	辛酉	庚午	乙卯	壬子	辛酉	庚午	乙卯
24 귀문관(鬼門關)	酉	午	未	申	亥	戌	丑	寅	卯	子	巳	辰
25 수옥살(囚獄殺)	午	卯			未	辰			酉	子	卯	酉
26 심수살(深水殺)	丑	丑	寅	寅	寅	未	未	未	酉	酉	酉	丑
27 각살(脚殺)	戌	未	辰	丑	戌	未	辰	丑	戌	未	辰	丑
28 혈인(血刃)	丑	未	寅	申	卯	酉	辰	戌	巳	亥	午	子
29 도화(桃花)	酉	午	卯	子	酉	午	卯	子	酉	午	卯	子
30 고신(孤辰)	寅	寅	巳	巳	巳	申	申	申	亥	亥	亥	寅
31 과수(寡宿)	戌	戌	丑	丑	丑	辰	辰	辰	未	未	未	戌
32 역마(驛馬)	寅	亥	申	巳	寅	亥	申	巳	寅	亥	申	巳
33 화개(華盖)	辰	丑	戌	未	辰	丑	戌	未	辰	丑	戌	未
34 재혼(再婚)	五	六	七	八	九	十	十一	十二	正	二	三	四
35 중혼(重婚)	四	五	六	七	八	九	十	十一	十二	正	二	三

신살 \ 年支	子	丑	寅	卯	辰	巳	午	未	申	酉	戌	亥
36 관재(官災)	酉	午	未	酉	亥	戌	丑	寅	卯	子	巳	辰
37 탕화(蕩火)	午	未	寅	午	未	寅	午	未	寅	午	未	寅
38 매아(埋兒)	丑	卯	申	丑	卯	申	丑	卯	申	丑	卯	申

위 신살 가운데 화상관(和尙關), 단명관(短命關), 야체관(夜啼關), 탕명관살(湯命關殺)은 15세 이전에 해당하는 소아살임.

○ 월지(月支) 기준

신살 \ 月支	寅	卯	辰	巳	午	未	申	酉	戌	亥	子	丑
39 사주관(四柱關)	巳亥	辰戌	卯酉	寅申	丑未	子午	巳亥	辰戌	卯酉	寅申	丑未	子午
40 심수관(深水關)	寅申	寅申	寅申	未	未	未	酉	酉	酉	丑	丑	丑
41 수화관(水火關)	未戌	未戌	未戌	丑辰	丑辰	丑辰	丑辰	丑辰	辰未	辰未	辰未	辰未
42 직난관(直難關)	午	午	未	未	卯戌	卯戌	巳申	巳申	寅卯	寅卯	辰酉	辰酉
43 장군전(將軍箭)	辰戌酉	辰戌酉	辰戌酉	子卯	子卯	子卯	丑寅	丑寅	丑寅	巳申	巳申	巳申
44 욕분관(浴盆關)	辰	辰	辰	未	未	未	戌	戌	戌	丑	丑	丑
45 단교관(斷橋關)	寅	卯	子申	丑	戌	酉	辰	申	午	未	亥	子
46 염왕관(閻王關)	辰	辰	辰	子	子	子	丑	丑	巳	巳	巳	巳
47 무정관(無情關)	寅酉子	寅酉子	寅酉子	巳戌	巳戌	巳戌	丑申	丑申	丑申	子午	子午	子午
48 백일관(百日關)	辰戌丑未	寅申巳亥	子午卯酉	辰戌丑未	寅申巳亥	子午卯酉	辰戌丑未	寅申巳亥	子午卯酉	辰戌丑未	寅申巳亥	子午卯酉
49 사계관(四季關)	巳丑	巳丑	巳丑	申辰	申辰	申辰	亥未	亥未	亥未	寅戌	寅戌	寅戌
50 금쇄관(金鎖關)	申	酉	戌	亥	子	丑	申	酉	戌	亥	子	丑
51 급각살(急脚殺)	亥子	亥子	亥子	卯未	卯未	卯未	寅戌	寅戌	寅戌	丑辰	丑辰	丑辰
52 야체관(夜啼關)	午	午	午	酉	酉	酉	子	子	子	卯	卯	卯

○배곡살(背曲殺) 납음오행(納音五行)을 적용

金生-申酉午亥時, 木生-寅卯申時, 水生-未申酉戌時,
火生-寅巳未時

이상과 같이 태어나면 허리를 크게 다치거나 곱추가 된다 하였다.

⑪ 신살작용 간이 해석

1. 천을귀인(天乙貴人) : 日干기준 연월일시지 어디에 있거나 좋은 역할을 하게 된다.

2. 건록(建祿) : 일생 건강하고 연월일시 중 어디에 있거나 의식이 족하다.

3. 암록(暗祿) : 보이지 않도록 음성적으로 사람이 돕고 천지신명이 돕는다.

4. 복성귀인(福星貴人) : 복이 따르므로 남들이 부러워한다.

5. 금여(金輿) : 인기가 있고 배우자궁이 좋아진다.

6·7. 문창(文昌)·학당(學堂) : 문창귀인과 학당귀인은 과시(科試)를 맡은 시험관이므로 글재주가 있고, 학운(공부)이 유리한 배경이 있다.

8. 양인(羊刃) : 신살 의미로는 살상(殺傷)의 액이 있거나 주인공의 성격이 잔인 포악이다.

9. 홍염살(紅艷殺) : 이성의 마음을 끄는 매력이 있고, 요염하여 색난(色難)을 겪는다.

10. 급각살(急脚殺) : 소아관살인데 어릴적 소아마비가 있기 쉽다는 살이다. 아니면 소아마비 등 다리 장애가 없도록 주의하라.

11 익수(溺水) : 익수살(溺水殺-落井關과 同一)이라 일생 중에 수액(水厄)을 당할 우려가 있다.

12 철사관(鐵蛇關) : 쇠줄로 뱀이 칭칭 감고 있듯이 꽁꽁 결박된 다는 의미가 있어 잘잘못 간에 죄를 짓고 수갑을 채워볼 수 있다는 관살인 것 같다.

13 뇌공관(雷公關) : 하늘에서 천둥(天動)하고 벼락치는 것에 맞을 우려가 있다 함인데 이 살이 있는 주인공은 감전사고가 나지 않도록 주의하고 특히 벼락과 더불어 천둥하는 때에 넓은 들판에 가지 말고 나무 위에 오르거나 원두막 같은 곳에서 피해야 한다.

14 천일관(千日關) : 이 살은 3세 안의 갓난아기에 해당한다. 생후 千日이 되는 날 어린이 곁을 잠시도 떠나지 말아야 한다.

15 백호관살(白虎關殺) : 백호는 사나운 짐승이라 사람을 물어 살상하는 짐승을 상징하므로 크게 다치거나 잔병이 따르게 된다.

16 매아살(埋兒殺) : 갓난아기 때 자식을 땅에 묻어 볼 수 있다는 살이다.

17 단명관(短命關) : 어릴 때 목숨을 잃어 명이 짧을 수 있다는 살이다.

18 화상관(和尙關) : 머리 깎고 절에 들어가 중이 되기 쉽다는 살이다. 이 살이 있는 어린이의 부모는 10세 이전에는 아기를 업고 불당에 들어가지 않아야 중이 되는 것을 면하게 된다.

19 야체관(夜啼關) : 갓난아기 때 낮에는 잘 놀다가 밤만 되면 몹시 울어대는 아기가 있다. 사주에 이 살이 있기 때문인데 밤에도 주위를 밝게 해주어야 한다.

20 탕화관(湯火關) : 끓는 물이나 난로 등에 데어 화상을 입을 우려가 있다는 살이므로 갓난아기가 손을 데지 않도록 주의해야 된다.

21 탕명관(撞命關) : 이 소아살도 어릴적에 겪기 쉽다. 아기 주변에 다칠만한 물건이 없도록 해야 된다.

22 자에살(自縊殺) : 스스로 목매어 자살을 결행할 수 있기 쉽다는 살이다. 나이 많이 먹은 사람에게도 해당한다.

23 결항살(結項殺) : 자에살과 마찬가지로 스스로 목매어 자살하는 수가 있다.

24 귀문관(鬼門關) : 신(神)들리는 수가 있고 정신질환에 걸리는 수가 있다.

25 수옥살(囚獄殺) : 죄를 짓고 옥에 갇히는 수가 있다.

26 심수살(深水殺) : 내(川) 강(江) 바다를 막론하고 물에서 놀거나 물을 건너다가 액을 당할 우려가 있다는 살이다.

27 각살(脚殺) : 다리장애가 생길 수 있다는 살로 다리의 부상, 신경통, 류마티스 등의 괴로움이 있게 된다는 살이다.

28 혈인(血刃) : 부상 당할 수가 있다. 몸을 크게 다치면 피를 많이 흘리게 된다는 흉살이다.

29 도화(桃花) : 도화살은 이성의 마음을 이끄는 살이다. 자연 상대방의 유혹이 많게 되지만 도리어 정절이 있고 이성교제 중에 두 마음이 없다.

39 사주관(四柱關) : 겨우 걸음마를 하고 다닐 때는 어디든 올라가기를 좋아한다. 이 살이 있는 어린이의 모친은 의자·책상 따위 네 기둥(四柱)이 있는 곳에 오르지 못하도록 하라.

40 심수관(深水關) : 이 살은 갓난아기에서부터 나이 많은 사람

까지 수액(水厄)을 당하기 쉽다는 살이므로 이 살이 있는 주인공은 여름철 해수욕장에 가더라도 깊은 물에는 들어가지 말아야 한다. 아니면 물이 깊지 않은 산골짜기 같은 곳을 바캉스 자리로 선택하라.

41 수화관(水火關) : 이 살은 어릴적부터 성인(成人)이 될 때까지 물난리, 불난리를 겪어볼 수 있다는 살이니 이 점 항시 기억해 두어야 한다.

42 직난관(直難關) : 이 살이 있는 주인공은 걸핏하면 난처한 일을 당하는데 남과 같이 모여도 누가 던진 돌덩이도 다른 사람 아닌 자신에게 맞게 되므로 마음이 상한다.

43 장군전(將軍箭) : 어린이의 사주에 장군전이 있으면 이 아기를 데리고 장군님 모셔 놓은 곳에 데리고 가지 말아야 한다.

44 욕분관(浴盆關) : 소아관살로 갓난 아이 적에, 아기를 목욕시키던 중에 아기가 자지러지도록 울어대면 곧 씻기던 일을 生月支를 기준 日이나 時를 참고한다.

45 단교관(斷橋關) : 다리를 건너는 가운데 다리가 두 도막으로 잘라지거나 누군가의 방해로 다리가 차단되어 건널 수가 없는 것같이 진행에 지장이 있다는 살인데, 이를 소아관살로 따진다면 다리장애가 있거나 소아마비 등으로 걷기에 불편함이 있다는 뜻이다.

46 염왕관(閻王關) : 역시 소아관살에 속한다. 일찍이 염라대왕을 만나볼 수가 있다는 죽는 뜻이지만 실지상의 작용력은 미약한 것으로 생각된다.

47 무정관(無情關) : 육친과의 정이 없다. 또는 중이 되거나 육친이 없다로 해석되는 소아관살이다.

48 백일관(百日關) : 소아관살이다. 주인공이 세상 밖으로 나와 백일째 되는 날이 액을 당할 수 있으니 주의하라는 뜻이다.

49 사계관(四季關) : 사계란 음력 3, 6, 9, 12월이다. 즉 언제나 계절이 바뀔 때는 건강이 나빠진다는 소아살이다.

50 금쇄관(金鎖關) : 이는 성인에게 해당하는 살이다. 자물쇠를 잠가 가두어 넣거나 쇠사슬로 몸을 꼼짝 못하도록 하니 관재(官災)가 있게 된다는 뜻이다.

52 야체관(夜啼關) : 소아살인바 밤만 되면 까닭없이 울어대는 살이다.

(3) 삼간(三干) · 삼지(三支)

삼간(三干)이란 年月日時 天干 가운데 甲甲甲 乙乙乙 등 3개의 干이 있을 경우인데 우리가 사주를 기록하다 보면 간혹 볼 수 있다. 어떤 작용을 하며, 어떤 의미가 있는지 참고 삼아 알아보자.

① 삼간(三干)의 작용

삼갑(三甲) : 관직을 얻는데 좋다. 天上의 삼귀(三貴)가 비쳐 항상 주인공을 도와줌으로써 계획된 일이 잘 풀려 나간다.

삼을(三乙) : 복덕수기(福德秀氣)로 일생 복록이 따른다.

삼병(三丙) : 길흉간에 작용을 아니한다.

삼정(三丁) : 수족(手足)을 크게 다칠 우려가 있다. 재앙이 따르고 되는 일이 적어 고생한다.

삼무(三戊) : 지지에 또 같은 글자 셋이 있으면 三대째에 이르러
           서는 조상의 무덤을 멀리하고 타향에 옮겨 산다.
삼기(三己) : 부모와 형제, 자매간에 의가 좋지 않아서 함께 살
           지 못한다.
삼경(三庚) : 이곳저곳에 땅이 많으며 기타 재산도 많다.
삼신(三辛) : 길흉 간에 작용이 없다.
삼임(三壬) : 오래도록 부귀를 누린다.
삼신((三辛)에 이임(二壬) : 日主와 서로 연결 되었으면 서자가 아
                      니면 외방(外房)에서 출생한 신분이다.
삼계(三癸) : 세계의 天干에 癸水가 있고 1개의 亥가 있으면 재
           앙이 많다.

② 삼지(三支)의 작용

삼자(三子) : 재혼수를 면키 어렵다.
삼축(三丑) : 여러 차례 배우자를 맞이한다.
삼인(三寅) : 고독하다.
삼묘(三卯) : 운수가 좋지 않아 고생한다. 그렇지 않으면 단명
           한다.
삼진(三辰) : 길흉 간에 작용이 없다.
삼사(三巳) : 형액(刑厄)이 있겠고 중년에 자손의 액이 있다.
삼오(三午) : 남녀 막론하고 배우자를 생이사별한다.
삼미(三未) : 반생에 동안 홀로 산다.
삼신(三申) : 사람됨이 약간 모자란다.
삼유(三酉) : 공방수(홀로 사는 것) 있다.

삼술(三戌) : 길흉 간에 작용이 없다.

삼해(三亥) : 고독하다.

③ 육십갑자(六十甲子) 납음오행 생왕사절

六十甲子는 각각 납음오행이 있다. 이 납음오행을 기준 십이운성(十二運星)법으로 생왕사절을 보는 수도 있다. 십이운성에 의해 자생(自生) 자왕(自旺)이면 대길(大吉)하여 부귀를 누린다.

자생(自生) : 납음오행으로 지지가 장생중인 것.

자왕(自旺) : 납음오행으로 지지가 왕궁(旺宮)에 해당하는 것.

자극(自克) : 납음이 日支를 극함.

자묘(自墓) : 관재와 병액이 따른다.

자패(自敗) : 납음이 日支에 패살(敗殺) 함지(咸地)가 되는 것.

자병(自病) : 납음이 지지에 병궁(病宮)인 것.

자사(自死) : 납음이 지지에 사궁(死宮)인 것.

자절(自絶) : 납음이 日支에 절궁 만난 것.

자생(自生) : 丙寅 戊寅 辛巳 己巳 甲申日

자왕(自旺) : 丙子 癸酉 辛卯 戊午日

자극(自克) : 癸丑 戊辰 丙午 癸未 癸巳 丙申 丁酉 戊戌 庚子 壬寅 癸卯 丙午 癸丑

자묘(自墓) : 乙丑 甲戌 癸未 丙戌 壬辰

자패(自敗) : 甲午 乙酉 丁卯 壬子

자사(自死) : 甲子 乙卯 丁酉 壬午 己酉

자절(自絶) : 壬寅 癸巳 庚申 乙亥 丁亥

자병(自病) : 甲寅 丙申 戊申 辛亥 乙巳

• 자생(自生)과 자왕(自旺)은 공명을 성취하여 부귀를 누린다.
• 자극(自克) 자묘(自墓) 자패(自敗) 자병(自病) 자사(自死) 자절(自絶)은 모두 관재 질병이 따른다고 한다.

④ 육십갑자별 신살

갑자(甲子) : 의일(義日), 정관(正官), 진신(進神), 평두살(平頭殺) – 자사(自死)

을축(乙丑) : 편재(偏財), 제일(制日), 금신(金神) – 자묘

병인(丙寅) : 편인(偏印), 의일(義日), 평두(平頭) – 자생

정묘(丁卯) : 편인(偏印), 의일(義日), 자패(自敗) – 자왕

무진(戊辰) : 비견(比肩), 팔전(八專), 전일(專日), 일덕 복신 녹마고, 백호대살 – 자쇠

기사(己巳) : 정인(正印), 의일(義日), 금신(金神), 녹구(祿庫) – 자병(自病), 관자(關子)

경오(庚午) : 정관(正官), 벌일(伐日), 일귀(正官) – 자왕

신미(辛未) : 편인(偏印), 의일(義日) – 자쇠

임신(壬申) : 의일(義日), 편인(偏印), 도식(倒食) – 자관(自官)

계유(癸酉) : 의일(義日), 편인(偏印), 금신(金神), 복신(福神), 대공망일 – 자왕

갑술(甲戌) : 벌일(伐日), 편재(偏財), 정인(正印) – 자묘(自墓)

을해(乙亥) : 의일(義日), 정인(正印), 천덕(天德) – 자절(自絶)

병자(丙子) : 벌일(伐日), 정관(正官), 일귀(日貴), 양착(陽錯) – 자왕

정축(丁丑) : 보일(宝日), 식신(食神), 퇴신(退神), 음차(陰差) – 자쇠

무인(戊寅) : 벌일(伐日), 칠살(七殺), 복신(福神), 양착(陽錯) –

자생(自生)

기묘(己卯) : 벌일(伐日), 칠살(七殺), 진신(進神), 음욕살(陰慾殺), 구추 관자 – 자패

경진(庚辰) : 의일(義日), 편인(偏印), 일덕(日德), 괴강(魁罡) – 자양

신사(辛巳) : 벌일(伐日), 정관(正官), 일귀(日貴), 천덕(天德) – 자생

임오(壬午) : 제일(制日), 일귀격(日貴格), 오중정화토(午中丁火土), 정관(正官), 녹마동향(祿馬同鄕) – 자사(自死)

계미(癸未) : 벌일(伐日), 편관(偏官), 대공망일(大空亡日) – 자묘(自墓)

갑신(甲申) : 벌일(伐日), 편관(偏官), 대공망일(大空亡日) – 자생(自生)

을유(乙酉) : 벌일(伐日), 편관(偏官), 대공망일(大空亡日) – 자왕(自旺)

병술(丙戌) : 보일(宝日), 식신(食神), 천덕(天德), 백호대살(白虎大殺), 평두(平頭) – 자묘(自墓)

정해(丁亥) : 벌일(伐日), 정관(正官), 천을귀인(天乙貴人), 덕합(德合) – 자절(自絕)

무자(戊子) : 제일(制日), 정재(正財), 육수(六秀), 암합(子中癸水와 戊癸合 九醜), 음욕살 – 자태(自胎)

기축(己丑) : 전일(專日), 비견(比肩), 육수(六秀), 팔전(八專), 관자(關子) – 자양(自養)

경인(庚寅) : 제일(制日), 편재(偏財) – 자관(自冠)

신묘(辛卯) : 제일(制日), 음차(淫差), 구추(九醜) – 자왕(自旺)

임진(壬辰) : 벌일(伐日), 편관(偏官), 천덕(天德), 괴강(魁罡), 마고(馬庫), 퇴신, 양착, 대공망일 – 자묘(自墓)

계사(癸巳) : 제일(制日), 정재(正財), 음차(陰差), 녹마동향(祿馬

同鄕), 대공망일 – 자절(自絕)

갑오(甲午) : 보일(宝日), 상관(傷官), 진신(進神), 덕합(德合), 대공망일 – 자욕(自浴)

을미(乙未) : 제일(制日), 편재(偏財), 백호대살(白虎大殺), 자고(自庫) – 자대(自帶)

병신(丙申) : 제일(制日), 자고(自庫), 편재(偏財), 문창(文昌) – 자병(自病)

정유(丁酉) : 제일(制日), 문창(文昌) – 자사(自死)

무술(戊戌) : 전일(專日), 비견(比肩), 팔전(八專) – 자양(自養)

기해(己亥) : 제일(制日), 정재(正財), 관자(關子) – 자생(自生)

경자(庚子) : 보일(宝日), 상관(傷官), 덕합(德合), 태궁(胎宮) – 자태(自胎)

신축(辛丑) : 의일(義日), 편인(偏印), 관자(關子) – 자양(自養)

임인(壬寅) : 보일(宝日), 식신(食神), 문창(文昌) – 자절

계묘(癸卯) : 보일(宝日), 일귀(日貴), 문창 – 자태

갑진(甲辰) : 제일(制日), 편재(偏財), 백호대살(白虎大殺), 평두(平頭) – 자대

을사(乙巳) : 보일(宝日), 상관, 고란과곡(孤鸞寡鵠) – 자관

병오(丙午) : 전일(專日), 일인(日刃), 육수(六秀), 희신(喜神), 양착(陽錯) – 자태

정미(丁未) : 보일(宝日), 식신(食神), 육수(六秀), 퇴신(退神), 음차(陰差) – 자양

무신(戊申) : 보일(宝日), 식신, 문창(文昌), 고란과곡(孤鸞寡鵠) – 자병

기유(己酉) : 보일(宝日), 식신(食神), 음욕살, 구추(九醜), 관자
(關子) – 자사
경술(庚戌) : 의일(義日), 편인(偏印), 괴강(魁罡) – 자쇠
신해(辛亥) : 보일(宝日), 상관(傷官), 고란과곡(孤鸞寡鵠) – 자병
(自病)
임자(壬子) : 전일(專日), 일인(日刃) – 자욕(自浴)
계축(癸丑) : 벌일(伐日), 편관(偏官), 백호대살(白虎大殺) – 자대
(自帶)
갑인(甲寅) : 전일(專日), 비견(比肩), 전록(專祿), 일덕(日德), 복
신, 고란과곡 – 자병(自病)
을묘(乙卯) : 전일(專日), 비견(比肩), 희신(喜神), 음욕살(淫慾
殺) – 자사(自死)
병진(丙辰) : 보일(宝日), 식신(食神), 일덕(日德), 녹고(祿庫), 평
두(平頭) – 자대(自帶)
정사(丁巳) : 전일(專日), 겁재, 녹고(祿庫), 고란과곡살, 구추
(九醜) – 자관(自官)
무오(戊午) : 보일(宝日), 일인(日刃), 육수(六秀) – 자왕(自旺)
기미(己未) : 전일(專日), 육수(六秀) – 자쇠(自衰)
경신(庚申) : 전일(專日), 비견(比肩), 관자(關子), 팔전(八專) –
자절(自絕)
신유(辛酉) : 전일(專日), 전록(專祿), 음욕살, 음차, 구추 – 자태(自胎)
임술(壬戌) : 벌일(伐日), 편관, 백호대살, 퇴신(退神), 양착(陽
錯) – 자대(自帶)
계해(癸亥) : 전일(專日), 음차(陰差) – 자관(自官)

제8장 십간 십이지

1. 십간론(十干論)

(1) 총론(總論)

干은 支의 위에 거하니 하늘을 상징하여 천간(天干)이라 하고, 지(支)는 아래에서 천간을 받들고 있으므로 땅을 상징하여 지지(地支)라 칭한다.

천간 지지를 음양으로 구분한다면 干은 밖(外)에 있으므로 밝으니 양(陽)이 되어 남자에 비유하고, 支는 天干 아래 어두운 곳에 숨어 있는 형상이라 음(陰)이며 여자에 비유한다.

남자는 여자에 비하여 밖으로 왕래하니 양이 되고, 여자는 음식 준비 등 주로 일을 맡아함으로 음에 비유한다.

모든 남성을 바깥양반이라 하고 모든 여성을 안양반이라 구분 칭하는 까닭은 바로 이 때문이다.

干은 10개의 글자가 있어 십간(十干)이라 하고 支는 12개의 글자로 되어 있어 십이지라 합칭한다.

이 십간 십이지(甲, 乙, 丙, 丁, 戊, 己, 庚, 辛, 壬, 癸와 子, 丑, 寅, 卯, 辰, 巳, 午, 未, 申, 酉, 戌, 亥)의 干支가 만약 지지도 십간처럼 10개의 글자만 있다면 끝없이 이어져가는 六十甲子가 형성되지 않는다.

十干의 순서는 木으로부터 시작하여 火, 土, 金, 水의 순서로 나가고, 십이지는 子에서 시작하여 亥까지 干 밑에 붙여 놓으면 다름 아닌 六十甲子가 구성된다.

이 육십갑자(六十甲子) 뒤로 거슬러가도 (甲子 癸亥 壬戌의 예) 미래로 나아가도 끝이 없다. 이 우주가 없어진다고 가상하더라도 흐르는 세월에 따라 육십갑자는 존재한다. 지구가 태양의 궤도를 한바퀴 도는 것을 공전(公轉)이라 하는바 사람이 정해놓은 일시는 365일 5시간 49분 12초가 된다. 4년이 지나면 5시간 49분 12초 남는 것이 하루(一日)가 된다. 그리하여 윤(閏)을 두되 4년에 1日이 남으므로 윤년에는 2월 28일을 29일로 하루를 늘린다.

우리나라와 중국 일본은 위도(緯度)의 위치가 비슷해서 1년을 봄, 여름, 가을, 겨울 넷으로 나눈다. 일 년 12달과 지지 십이지는 일지(一支)에 한 달씩 나누어지는 일년 12월과 12시는 같이 변화를 일으키며 끝없이 순환된다. 다소 기온의 차이가 있으나 대략 12支月을 사시(四時)로 나누어 3개월에 한 절기씩 바뀐다. 이 사시순환(四時循環)도 일정한 시각으로 영원한 것이며, 주야가 한번씩 바뀌는 날의 순환도 영원하다. 1년 12월이오 하루 24시간(十二支時)이다. 일 년, 즉 봄, 여름, 가을, 겨울의 네 절기로 나눈것도 역법대가(曆法大家)의 지대한 작품이다.(曆法 참고)

地支에 十二支가 있기에 사시가 바뀌는 것을 깨닫게 되는 것이지 十二支의 법칙이 없다면 세월이 가는 때도 모르지 않을까 생각된다.

여하튼 十干·十二支의 구성은 지난날 누구의 발명인지 처음 시작한 사람도 모르고 시대도 모른다. 하지만 음양의 성쇠와 오행 생극비화 작용은 신비요 철학이며 과학이다.

아쉽게도 이 분야의 달인(達人)이 없어 이 학문은 미신이 아닌 철학이라고 증명은 못하고 있으나 이 학문이 양지로 나와 모든 사람들에게 인정 받는 시대가 오리라 믿는다.

글에서는 오행기(五行氣)에 있어 음양 간으로 구분 다음과 같이 말하고 있다.

갑목(甲木)은 대림(大林)이오, 을목(乙木)은 초목(草木)이다.
병화(丙火)는 태양(太陽)이오, 정화(丁火)는 등촉(燈燭)이다.
무토(戊土)는 성원(城垣)이오, 기토(己土)는 전원(田園)의 토(土)다.
경금(庚金)은 검극(劍戟)이오, 신금(辛金)은 주옥(珠玉)이다.
임수(壬水)는 강하(江河)요, 계수(癸水)는 우로(雨露)다.

甲과 乙이 다 木인데 甲木은 陽木이라, 大林 즉 크게 자란 나무가 빽빽하게 숲을 이룬 나무요, 乙木은 陰木이라 가늘어 크게 자라지 못한 떡갈나무, 수풀나무 또는 농작물에 비유되는 나무다.

丙과 丁이 火인데 丙火는 陽火라 태양의 빛과 열(熱)이오, 丁火
는 陰火라 등불과 촛불의 밝음에 비유된다.

戊와 己가 土이다. 戊土는 陽土라 성(城)을 쌓은 흙이오, 己土
는 陰土로 땅에 습기(濕氣)있어 초목을 가꾸고 농사짓기 좋은 땅
이다.

庚과 辛이 金이다. 庚金은 陽金이라 질(質)이 강해서 칼과 창을
만드는데 마땅한 쇳덩이이고, 辛金은 陰金이라 보석 등 여인네
노리갯감으로 쓰이는 金이다.

壬과 癸가 水다. 壬은 陽水라 강하(江河)에 속하고, 癸는 陰水
라 이슬비에 속하는 물이다.

○ 십간 음양의 비유

十干 \ 내용	비유1	비유2	비유3
甲木	陽木 대림(大林)	거목(巨木) 동량목(棟樑木)	뿌리가 잘린 통나무, 기둥거리
乙木	陰木 초목(草木)	소목(小木) 草木	땔나무, 가구용(木공예에 쓰이는 나무)
丙火	陽火 태양(太陽)	용광로 속의 맹렬한 불	태양의 열과 빛
丁火	陰火 등촉(燈燭)	아궁이 속에 타는 불 화롯불	촛불 등불, 열은 없어도 빛은 밝다
戊土	陽土 성원(城垣)	흙무더기 육지(陸地) 언덕	산에 쌓인 흙, 농토 마른 흙
己土	陰土 전원토(田園土)	물기 있는 흙 농토(農土)	논, 습기 많은 논 밭
庚金	陽金 검극(劍戟)	쇳덩이 기계	강한 쇠, 칼, 창 무기 만드는 쇠
辛金	陰金 우로(雨露)	호미 식토 쇠로 만든 농기구	농기구, 금·은 보석
壬水	陽水 강하(江河)	많이 흐르는 냇물	끊임없이 흐르는 물, 작은 냇물
癸水	陰水 우로(雨露)	조금씩 내리는 빗물	강, 바닷물, 장맛비 큰 호수

하지만 木火土金水가 사물에 비유될 뿐이므로 사물 그 자체로만 생각해서는 안된다.

언제인가 필자가 명리학 강의를 하고 있을 때 수강생 한 분이 손을 들고 말하기를, "丙火日生은 태양의 상징이므로 타처에서는 신약이 없는 것"으로 배웠다고 필자의 신강 신약론에 대한 이견을 말한 적이 있었다. 물론 丙日은 태양의 비유라 그렇게 생각하는 것도 무리는 아니다. 한데 丙火가 신약이 없다면 五行배분 (똑같은 氣를 가진 것)이 공평하지 않는 것뿐이라, 壬日生도 바다나 강을 土로 克할 수 없어 신약이 없는 것이다. 때문에 五行을 사물에 비유함은 초보자에게 강약이 음과 양이 같지 않음을 확인시키려는 방법 때문이다.

명리(命理)의 주된 원리는 다름 아닌 十干十二支 음양과 오행의 구성형태로서 추리한다. 그러자면 가장 중요한 것이 干支 생극비화의 형태로서 어떤 오행의 기(氣)가 강하고 약한지를 바르게 알아야 한다. 만약 丙日干이 태양에 해당하므로 기(氣)가 약해질 수가 없다면 壬水도 五大洋이 합쳐 지구 육지의 4배라 하였으니 어찌 생각해야 옳은가. 그러므로 오행을 눈에 보이는 유형(有形)의 것으로 기(氣)의 강약을 정해서는 안된다. 독자들도 생각해 보시라. 우리 인간이 살고 있는 이 지구는 水인 바닷물이 가장 많고 다음은 土에 속하는 육지요, 다음은 나무인데 金과 火는 보이지 않는다. 때문에 우리가 살고 있는 이 지구에는 무형무질(無形無質)의 오행이 똑같은 비율로 꽉 차있어 각각 20%를 차지하고 있으나 절(節)의 순환에 의하여 기(氣)의 성쇠(盛衰)가 변화되는 것이다.

○오행총합의 氣가 100이라면

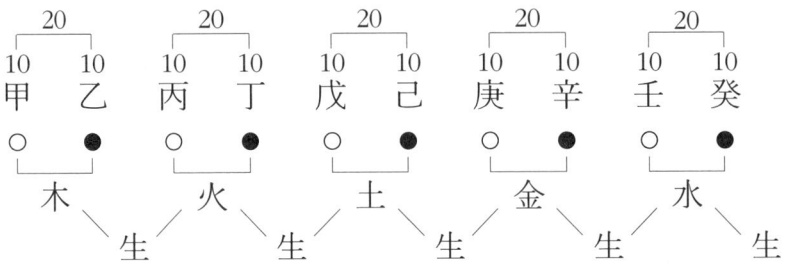

　　五行의 기(氣)는 제철(즉 得令-木이 봄, 火가 여름, 土가 사계절의 끝 달, 金이 가을, 水가 겨울)을 만나면 각각 기가 왕성해진다.
　　반대로 오행이 제철을 만나지 못하면 실령(失令-木이 여름, 가을, 겨울)이라 하여 기(氣)가 약해지는 것이며 오행이 生을 받으면(木은 水, 火는 木, 土는 火, 金은 土, 水는 金의 生을 받음) 기가 강해지고 극(克)을 받으면 기가 약해지며 같은 오행(木과 木, 火와 火, 土와 土, 金과 金, 水와 水)은 기(氣)가 합쳐져서 왕(旺)하게 된다.

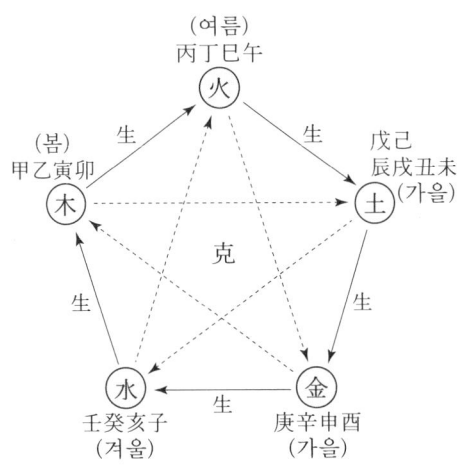

　　사주학(四柱學)에서는 天干과 地支의 배합으로 오행의 왕쇠(旺衰)를 가늠한다. 地支에 근(根)이 없는 天干은 旺할 수가 없으므로 天干의 왕쇠는 지지가 근을 했느냐, 근을 못 했느냐로 결정된다. 물론 사주의 구성은 심히 복잡하므로 일언(一言)으로 왕하고 약한 것을 단정할 수가 없다. 오행왕쇠에 대한 구체적인 설명은 제6편 신강 신약과 용신(用神) 정하는 항목에서 설명한다.

(2) 각론(各論)

① 甲木

甲木은 十干 가운데 첫 번째로 양목(陽木)이다. 甲木은 땅에 뿌리를 박고 하늘 위로 향해 쭉쭉 뻗으며 자라는 기상이 있다 해서 참천지세(參天之勢)라 한다.

甲木은 짐승으로는 여우(狐)라 한다. 甲木은 선천수(先天數) 9요 후천수(後天水)는 3이다. 큰 나무가 빽빽하게 들어선 삼림지대(森林地帶)에도 비유된다.

또 甲木이 申金 위에 앉으면 뿌리가 잘린 사목(死木)이라 한다.

甲木의 자리는 동쪽 卯木의 바로 옆이 된다.

甲木은 또 우레(震)요 청룡(靑龍)이며 동방의 사령신(司令神)이다.

甲木을 무조건 뿌리(밑둥치)가 잘린 사목(死木)이라 하나 필자의 생각은 그렇지 않다.

甲木은 乙木에 비해 자란 햇수(樹令)가 많고 거목(巨木)이 되므로 사람들이 베어다 건축자재로 사용하기 때문인데 아무 쓸모없이 키만 큰 나무와는 다르다.

寅卯辰月의 甲木은 장차 베어다 재목감으로 쓸 수 있는 나무라

동량지재(棟樑之材)라 한다. 따지고 보면 자기 몫은 다한 셈이 된다.

甲木이 寅月에 生하면 녹근(祿根-甲祿在寅)이라 자체의 땅에 튼튼히 뿌리박고 타주(他柱)에 인수(印綬)나 비겁(比劫) 가운데 하나만 더 있으면 신강(身强)됨이 분명하므로 사주 내에 土·金의 재살(財殺)이 왕한 것을 꺼리지 않는다.

甲木이 寅月에 生하면 녹근(祿根)인바, 녹이란 평생 먹고 살아가는 의식주가 되어 고정수입이 아니면 조상으로부터 물려받은 유산이오, 아니면 국가로부터 받는 봉급이다.

寅月의 甲木은 干에 丙火가 있음을 매우 기뻐한다. 까닭은 寅月은 음력 正月이라 아직 추위가 남아 丙火로서 한목(寒木)을 데워주기 때문이다.

甲木이 卯月에 生하면 십이운성법(十二運星法)으로 왕궁(旺宮)이오 양인(羊刃)이며 겁재(劫財)다. 그러므로 신강인데 타에 또 乙과 寅卯木이 있으면 月支에 양인은 겁재(劫財)로 변하여 주인공과 라이벌이 되어 재물, 여자, 직위 등 강한 경쟁을 하게 됨으로써 성공에 큰 걸림돌이 된다. 이 경우 干에 庚金이 투출하면 日干을 괴롭히던 양인(羊刃)과 칠살은 서로 눈이 맞아 연애(卯中乙木이 干의 庚金과 乙庚으로 干合)를 함으로써 양인도 칠살도 주인공(甲木)을 괴롭히지 않는다.

時	日	月	年
丁	甲	庚	丁
卯	子	辰	亥
羊刃		七殺	

卯中乙木이 月干庚金과 乙庚으로 干合殺刃相停이다.

甲木은 십이운성법으로 辰月

은 쇠(衰), 巳月은 병(病), 午月은 사(死), 未月은 묘(墓), 申月은 절궁(絶宮), 酉月은 태(胎), 戌月은 양(養), 亥月은 장생(長生), 子月은 목욕(沐浴), 丑月은 관대(冠帶), 寅月은 임관(臨官), 卯月은 양인이오 겁재며 제왕(帝旺)에 해당한다.

甲木이 亥子水와 甲寅乙卯의 비겁을 하나도 만나지 못한 가운데 丙丁巳午의 식상(食傷)이 왕하면 식상에 종하는 종아격(從兒格)을 놓는다. 아니고 戊己辰戌丑未土가 태왕하면 종재(從財)요, 庚辛申酉金이 모이면 종살(從殺)한다.

申月의 甲木은 木이 살(殺)인 金의 극 받아 존립이 어려운 상태다. 때문에 토재(土財)가 있어도 용재(用財) 못한다. 또는 甲木이 실령(失令)에 火局全이나 火方全을 놓은 경우 화다목분(火多木焚)이 된다. 이 경우 甲木이 辰土 위에 있으면 甲木은 진습토(辰濕土)에 근(根)하게 되고 왕(旺)한 火는 辰土에 진기가 빠져 왕한 火의 기세를 사그라들게 한다.

甲木이 寅月에 生하고 干에 丙火가 있으면 식신격(食神格)이오, 丙火 투출이 없으면 별격(別格)으로 건록격(建祿格)이다. 卯月에 生하면 卯는 甲木의 겁재(劫財)라 정격을 놓지 못하고 별격으로 양인격(羊刃格)이 된다.

甲木이 辰月에 생하면 편재격(偏財格)이오, 巳月에 生하여 丙火 투출도 식신격, 戊土가 투출이면 편재격이다.

甲木이 午月에 生하여 丁火가 투출이면 상관격(傷官格)이고, 己土 투출이면 정재격이다. 만일 甲乙日 득령하고 타에 재살(財殺) 없으며 甲乙寅卯木이 많으면 木에 종(從)하는 곡직격(曲直格)이 된다.

甲木이 申月에 생하여 庚金이 투출이면 편관격(偏官格)이 되고, 庚金 투출이 없이 壬水가 투출이면 편인격(偏印格)이다. 壬水의 투출이 없으면 그냥 편관격이다.

甲木이 酉月에 생하면 酉에는 辛金 뿐이라 정관격(正官格)이다.

甲木이 戌月에 生하면 戊土 투출이 없어도 편재격이고, 戌中辛金과 戌中丁火는 투출이라도 격을 놓기가 망설여지므로 연구해 볼 문제다.

甲木이 亥月에 生하면 壬水 투출이 없어도 편인격(偏印格)을 놓는다.

甲木이 子月에 生하면 子에는 癸水 뿐이므로 그냥 정인격(正印格)이다.

甲木이 丑月에 生하여 己土 투출이면 정재격이고, 己土 투출이 없이 辛金 투출이면 정관격인데 癸水는 투출이라도 격을 놓지 못한다. 甲木은 己와 干合 土로 化하고, 庚과는 상충이 된다.

② 乙木

乙木은 十干 순서로 2번째로 음목(陰木)이다. 乙木은 선천수(先天數)가 8이오 후천수(後天數)도 8이다. 짐승은 제비다.

乙木은 甲木과 달리 가늘고 키가 작은 나무요 풀과 농작물까지 陰木에 속한다.

乙木은 큰 나무인 甲木을 타고 올라가는 등 넝쿨로도 비유되므로 미약한 등 넝쿨 혼자의 힘으로는 타고 오르지 못하고 옆에 큰 나무가 있어야만 타고 위로 오를 수 있다 해서 등라계갑(藤羅繫

甲)이라고도 한다.

 乙木의 위치는 동쪽 卯와 辰 사이에 끼어있는바 乙木도 동방사령신(東方司令神)이 된다. 짐승으로는 음력 삼진(음 3월 3일) 무렵에 날아와 새끼를 치고 8월 추석 무렵에 강남으로 날아가는 제비로도 본다.

 乙木은 유약(幼弱)한 나무라서 벼와 보리, 콩, 조 등 오곡의 줄기와 열매, 또는 꽃나무 잔디 등 모든 잡초에 포함되므로 낫으로 자를 수 있고, 또는 손으로 꺾고 뽑을 수 있는 것에 포함되지만 乙木의 생장력은 甲木보다 훨씬 더 끈질기다. 왜냐하면 乙木은 묘목(苗木)으로서 땅에 물을 주고 얕게 파서 옮겨 심어도 능히 살지만 덩치가 큰 甲木은 제가 자란 땅을 떠나 낯선 곳으로 옮기면 살아나기가 어렵다. 식물은 옮겨 심어 잘 살고 잘 안 사는 것이 있지만 묘목처럼 작은 식물은 봄에만 옮겨 심으면 십중팔구 살아난다. 그렇긴 해도 씨를 뿌려 새싹이 나오는 곡식은 제철만 맞으면 여름에도 살고 가을에도 싹이 나와 살지만 농작물인 잡초와 꽃나무는 대개 봄이 아니면 살지 못하고 죽는다. 때문에 잎이 무성한 여름이 목왕절(木旺節)이 아니고, 싹이 잘 트고, 옮겨 심어도 잘 사는 봄을 목왕절(木旺節)이라 칭하는 것이다.

 사람에 비유하면 크게 자란 나이 때보다 갓난아기 때가 양기(陽氣)가 충만해서 짧은 시간에서는 크게 추위를 모른다. 또는 친어머니가 아닌 남이 데려다 길러도 점점 날수가 길면 친부모로 잊고 남의 부모에게서도 잘 자라는 것 같다.(어릴수록 환경적응이 잘 된다.) 그러므로 乙木이 寅卯辰月에 生한 경우 바로 싹이 트고 옮겨 심어도 잘 자란다. 말하자면, 乙木이 甲木보다 유약(幼弱)하나 생장력에 있어서는 甲木보다 강하다 함이다. 필자는 전날 초보시절에 목왕지절(木旺之節)이 왜 온갖 초목이 무성한 여름이 아니고 겨우 싹이나 트고 씨나 뿌리며 묘목이나 옮겨 심는 때가 여름이 아니고 봄으로 정했는가 하고 의문이 생겼다가 그 이치를 알게 되었다. 요는 아주 어린 풀이라면 여름에 옮겨 심어도 살 수 있으나 한 자(一尺) 이상 자란 식물은 봄이라야 옮겨 심어도 살지만 여름에 옮겨 심으면 이미 생장하는 힘이 없어 죽고 말기 때문이다. 봄에는 온갖 식물들이 싹이 터서 생장의 위력이 세기에 크게 자란 나무일수록 봄철을 놓치지 않아야 살게 된다.

　乙木이 寅卯辰月 가운데 生하면 木이 木月에 나왔다 해서 이를 득령(得令)이라 목기(木氣)가 왕하다. 일년사시(一年四時) 가운데 가장 목세(木勢)가 강해지는 것이 甲木과 마찬가지다.

　乙木이 巳午月(여름)에 生하고 타에 丑辰의 습토나 壬癸亥子의 水가 없으면 화다목분(火多木焚－불이 너무 왕성하면 나무는 불에 타 없어진다)이 되거나, 火의 세력에 종하는 종아(從兒)가 된다.

　乙木이 申酉戌月에 生하고 金이 또 있으면 木이 金의 克을 받는 것이 두렵다. 日干木이 태약인 경우는 火로 金의 세력을 제(制)하기보다는 水로서 왕금(旺金)의 生을 받아 金生水, 水生木 방법으로 상극관계를 상생관계로 하는 것이 더 유리하다. 이러한 용신법을 살인상생(殺印相生)이라 한다.

○ 살인상생도(殺印相生圖)

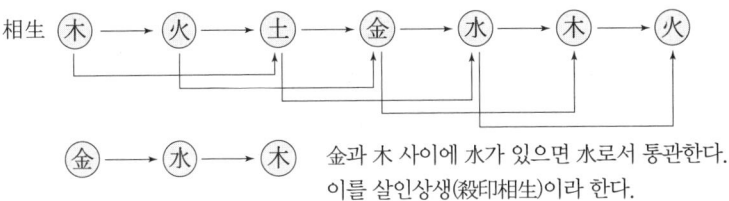

金과 木 사이에 水가 있으면 水로서 통관한다.
이를 살인상생(殺印相生)이라 한다.

五行의 도(道)는 克할 자와 生할 자가 있으면 克보다 生을 먼저 한다. 이를 탐생망극(貪生忘克-生에 먼저 마음이 생겨 克하는 것을 잊는다)이라 한다.

乙木이 亥子月에 生하면 水生木으로 木이 生을 받아 나쁘지 않게 여겨진다. 그러나 타에서 또 壬癸亥子의 水가 있으면 수다목부(水多木浮-물이 많으면 나무는 물에 뜬다)가 되어 木이 물에 떠내려가는 형상이라 좋지 않다. 이 경우 土가 없으면 그냥 水 인수에 종함이 유리하다. 만약 天干에 甲木 겁재(劫財)가 투출하고 지지에 寅木이 있으면 乙木이 약해도 두렵지 않다. 이런 경우 甲木을 쓰면 인수용겁(印綬用劫) 또는 등라계갑(藤蘿繫甲)이라 한다. 이렇게 되면 비록 申酉月에 生하여도 신약됨이 두렵지 않다.

乙木이 寅月에 生하고 火가 투출하면 상관격(傷官格)인데 甲木은 겁재(劫財)라서 정격을 놓지 못하고, 寅中戊土는 같이 있는 寅中甲木의 극을 받아 天干에 있더라도 격을 놓지 못한다. 乙木은 乙과 卯가 비견(比肩)이오, 甲과 寅이 겁재(劫財)요, 丙과 巳가 상관(傷官)이오, 丁과 午가 식신(食神)이오, 戊·辰·戌이 정재(正財)요, 己·丑·未가 편재(偏財)요, 庚·申이 정관(正官)이오, 辛과 酉가 편관이오, 壬·亥가 정인(正印)이오, 癸·子가 편인(偏印)이다.

乙木은 干에 庚金이 투출하면 乙庚으로 干합하여 金으로 化하고 辛金 과는 冲이 되는바 이 辛金을 칠살(七殺)이라 한다. 그리고 甲乙日 태왕에 土金이 없으면 木에 종(從)해야 되니, 이를 곡직격(曲直格)이라 한다.

③ 丙火

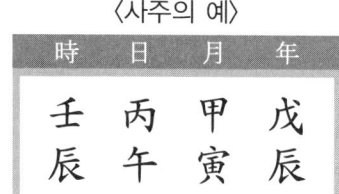

〈사주의 예〉

時	日	月	年
壬	丙	甲	戊
辰	午	寅	辰

丙火는 天干 순서로 3번째인데 양화(陽火)라 한다. 丙火는 선천수(先天數)가 7이오, 후천수(後天數)도 7이다.

丙火는 더운 열과 밝은 빛을 발한다 해서 저 높이 뜬 태양에 비유되지만 丁火와 균형이 맞지 않으므로 쇠를 녹이기 위해 높은 열을 발하는 용광로 불에 비하면 적절한 것이다. 짐승은 학이라 한다.

丙火가 아무리 뜨거운 불이라 칭하지만 사주 가운데 寅卯木의 인수(印綬)나 巳午火가 있어야만 밝은 빛을 발하거나 또는 용광로의 불이 쇠붙이를 단련하여 훌륭한 그릇 등 쇠로 만든 모든 기구(器具) 만드는 것이지만 干支 木火의 생부(生扶)가 없으면 꺼진 불이나 마찬가지다. 이를 태양에 비유하면 이미 西山 너머로 넘어가고 있는 태양이오 용광로의 불이 석탄(石炭)이 다 타버려 꺼진 불과 같다.

丙火의 자리는 남쪽 巳午火가 위치한 중간에 있으므로 남방사령관(南方司令官)이라 한다.

丙火의 질(質)은 뜨겁고 빛은 밝으며 주작지신(朱雀之神)이라고도 칭한다.

丙火의 칭호는 지리법으로 학(鶴)이라고도 한다.

丙火가 巳午月에 生하면 녹근(祿根) 또는 건록격(建祿格)이오, 午月에 生하면 십이운성법으로 제왕(帝旺)이고 신살(神殺)로는 양인(羊刃)이다.

丙火가 巳月에 生하고 干에 戊土가 투출이면 식신격(食神格)이고, 丙火가 巳午未에 生하면 득령(得令)이라 기왕(氣旺)인데 타에 木火가 많고 金水가 없거나 金水가 있더라도 根을 못하고 절지(絕地)에 놓이면 火가 극왕(極旺)되어 제지(制之)가 불가능하면 火에 종(從)해야 된다. 이를 염상격(炎上格)이라 한다.

丙火가 申酉戌亥子丑 추동월(秋冬月)에 生하면 실령(失令)이지만 타에 甲乙寅卯의 木火가 많으면 신강(身强)이 된다. 그러나 丙火 실령이고도 타에 巳午寅卯의 木火가 없는 가운데 金水가 대부분이면 丙火의 기(氣)가 지극히 약해서 식상·재·관살 중에 유력한 육친에 종(從)해야만 생명유지를 하게 된다. 타에 복종하면서도 의식은 궁하지 않다.

다시 말하건대, 丙火가 寅卯巳午月에 生하면 신강일 가능성이 높다. 寅卯月은 火의 득령이라 칭하지 않으나 木生火로 丙丁火의 기(氣)를 生해주므로 여기에다 타에 한두 가지 木火(甲乙寅卯丙丁巳午)가 사주 내에 있으면 신강이 된다.

丙火가 月이나 日이나 時支에 午火의 양인이 있으면 주인공의 돈, 아내 직위, 명예 등을 탈취해가는 흉신(凶神)이 되어 근심이다. 이 경우 月이나 時干에 壬水가 있으면 살인상정(殺人相停)이란 귀격을 놓게 된다. 원리는 양인인 午中丁火가 칠살(七殺)인 壬水와 丁壬으로 干合하느라 탐합망극(貪合忘克)으로 日干丙火를 괴롭히지 않는다.

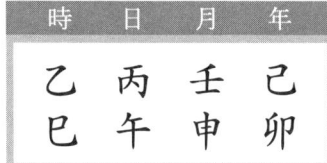

〈살인상정〉

時	日	月	年
乙	丙	壬	己
巳	午	申	卯

日支 午中丁火 羊刃과 月干 壬水 칠살과 丁壬으로 干合, 이를 살인상정(殺人相停)이라 한다.

丙火는 天干 辛金과 丙辛으로 干合이 되고 壬水와는 상충(相冲)이 된다.

丙火의 입장에서는 壬水는 자신을 괴롭히는 칠살(七殺)이다.

丙火가 寅月에 生하여 干에 甲木이 투출이면 편인격이오, 干에 甲木이 없더라도 寅中甲木으로 편인격(偏印格)을 놓는다.

丙火가 辰月에 生하면 戊土가 干에 없더라도 식신격(食神格)이 된다.

丙火가 卯月에 生하면 卯는 天干 乙木만 암장되어 있으므로 그냥 정인격(正印格)을 놓게 된다.

丙火가 巳月에 生하고 干에 戊土가 있으면 식신격(食神格)이오, 巳中庚金은 자체가 火의 克을 받으므로 격을 놓지 아니한다. 단 별격으로 건록격(建祿格)을 놓는다.

丙火가 午月에 生하고 干에 丁火 투출이면 비겁(比劫)이 되어 격을 놓지 못하나 별격(格)으로는 양인격(羊刃格)을 놓는다. 己土가 투출이면 己土는 丙火의 상관이므로 상관격(傷官格)을 놓는다.

丙火가 未月에 生하면 상관격(傷官格)이오, 丁火 투출이면 丁

火는 丙火의 겁재가 되어 격을 놓지 못한다.

丙火가 申月에 生하고 干에 庚金이 있으면 편재격(偏財格)이고 申中戊土는 미약해서 격을 놓기에 마땅치 않다. 庚金이 없이 壬水가 투출이면 편관격(偏官格)을 놓는다.

丙火 酉月은 오직 辛金 뿐이므로 干에 있거나 없거나를 막론하고 정재격(正財格)이다.

丙火가 戌月에 生하면 戌中戊土의 干이 투출되지 않더라도 식신격을 놓는다. 戌中丁火와 戌中辛金은 干에 있더라도 격을 놓기가 꺼려진다.

丙火가 子月에 生하면 子에는 오직 癸水만 암장되어 있으므로 癸水로 정관격을 놓는다.

丙火가 丑月에 生하고 己土 투출이면 상관격이오, 辛金 투출이면 정재격(正財格)이고 癸水는 투출이라도 근본 土의 克을 받아 격을 놓을 수 없다.

④ 丁火

丁火는 십간순서로 4번째이며 음화(陰火)라 한다. 丁火는 선천수(先天數)가 6이오 후천수(後天數)는 2가 된다. 丁火는 지리법으로 노루(獐)라 한다.

丙火가 용광로나 도자기 굽는 불이라면 丁火는 아궁이 속에서 활활 타는 불 또는 석탄불이다. 빛은 丙火가 100촉 전기라면 丁火는 촛불의 밝기에 비유될 수 있다. 그러나 이는 음양의 차이를 비유함이지 丁火도 丙火보다 뜨겁고 밝을 수가 있고 丙火도 꺼져가는 가물가물한 희미한 불일 수도 있다.

丁火가 실령(失令-丁火가 申酉戌 亥子丑月에 生한 것) 인수나 비겁의 도움(生扶)이 없으면 그야말로 가물가물 꺼져가려는 촛불이나 화롯불 정도로 여기는 게 옳다. 사주 구성에 따라 丁火도 활활 타고 있는 맹렬한 불이 될 수 있고, 丙火도 열과 빛을 제대로 발하지 못하는 수가 있으니 음양의 차이를 지나치게 구분하지 말아야 한다.

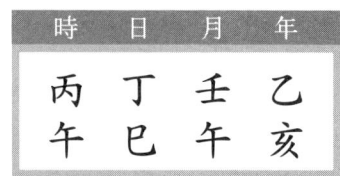

왼편 사주의 예는 丁火 陰干이지만 午月에 득령하고 月干과 年支를 제외하고는 모두 불이라 심히 강성한 화기(火氣)를 매우 뜨겁고 밝게 발하고 있다. 음간(陰干)이면서 丁火 태왕한 예다.

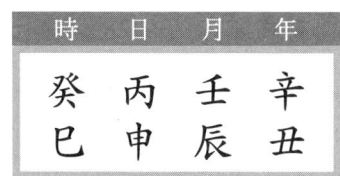

왼편 사주의 예는 丙日이 辰月에 실령(失令)되어 있는 가운데 時支 巳火의 도움이 있다. 그러나 巳火 하나만으로는 감당키 어렵다. 요는 申辰水局에다 丑辰 습토에 화기(火氣)가 거의 빨려들어간 형태가 되어서다. 丙火는 양화(陽火)라 태양이오, 丁火는 음화(陰火)이므로 등촉에 비유한 것은 중국인의 특성상 과장된 것이지만 과장이라 여기기보다는 대륙성 기질의 멋이라 생각해두면 이 학문에 담긴 글자체도 멋이 아닐까 한다.

丁火는 음화(陰火)로 위치는 남방 午와 未가 자리하고 있는 사이에 끼어있다. 그래서 丙午丁 세 방위가 동궁(同宮)이다. 빛은 주황색(朱黃色)이고, 사령신(司令神)은 주작(朱雀)이다.

丁火는 지리법으로 노루(獐)라 하는데 그 진부(眞否)는 확실치 않다.

丁火는 같은 사주 내에 壬水가 있으면 丁壬化木하고 癸와는 충(冲-干冲)이 된다.

丁火가 숨어있는 곳, 즉 암장되어 있는 지지는 午와 未(中丁火) 戌(中丁火) 三支다.

五行은 대개 충극(冲克) 당하는 것을 싫어하므로 丁火를 冲克하는 干은 癸水 七殺이라, 壬水의 克은 合木되어 별로 두렵지 않으나 오직 癸水만이 두렵다. 그리고 같은 水라 할지라도 壬水는 본래 서로 좋아서 합하는 것이므로 壬水 관성(官星)은 丁壬으로 合木하여 그 木은 木生火로 다시 丁火를 생해주기 때문이다.

丁火는 주역팔괘(周易八卦) 가운데 이괘(離卦)가 되는바 그 괘의 모양 ☲는 외양내음(外陽內陰)이라 위 아래로 ▬가 를 싸고 있어 보기에는 외향성(外向性) 같으나 그 마음속은 알기 어렵다. 즉 음침한 면도 있다.

丁火가 申酉戌 亥子丑月에 生하면 실령(失令)되어 신약이다. 신강되려면 타에 木火(甲乙寅卯丙丁巳午)를 많이 만나야 한다.

丁火가 寅卯 인수월(印綬月)에 生하면 木生火로 丁火가 강해질 것 같으나 木 인수의 生하나만으로는 신강되기 어렵다. 이 경우 타에 丙丁巳午火 비겁(比劫)이 있어야 한다.

丁火 辰月生은 丁火가 계절 木의 生을 받아 신강에 도움이 될 것 같다. 그러나 丁火는 辰 습토에 진기가 빠져 신강에 도움을 주지 못한다. 寅卯月은 木生火 인수(印綬)가 되어 신강인 것 같으나 그렇지 아니하다. 丁火 寅卯生은 반드시 타에 甲乙寅卯丙

丁巳午 중에 印比 등 하나씩 더 있어야 한다.

丁火가 巳月에 生하면 득령이라 신강이 될 조건이 분명하다. 그렇더라도 식(食) 재(財) 살(殺)이 뭉쳐 있지 않아야 확실히 신강이고, 그 외는 土, 金, 水로 다 되어 있으면 득령이라도 신약되는 수가 많다.

丁火가 午月에 生하면 비겁(比劫)이라 비겁으로는 격(格)을 놓지 않는 원칙상 격이 못되나 별격(別格)으로 건록격(建祿格)을 놓는다. 건록이 있는 사람은 평생 의·식·주 걱정은 아니한다.

丁火가 未月에 生하면 未中己土에 未中丁火, 未中乙木이 모두 있어 乙, 己, 丁 가운데 무엇이 干에 있느냐로 격을 놓는데, 丁火 未月은 득령이라 未中己土로 식신격을 놓게 된다. 丁火 未月은 득령이지만 여기에 丙丁巳午 중 2·3支가 타에 있어야 신강이다.

丁火가 申月生이면 기후상으로 무더위가 끝나지 않았어도 金旺節이라 실령(失令)이다. 申月 실령이라도 타(他)는 모두 木火로 구성되면 신강해질 수 있으나 재살(財殺)이나 식상이 하나나 둘 이상이 있으면 신약이다. 申中庚金이 干에 있으면 정재격(正財格)이오, 申中戊土는 격(格) 놓기에 마땅치 않으며 申中壬水 투출이면 정관격이다.

時	日	月	年
壬	丁	癸	己
寅	卯	酉	巳

실령이라도 신강

丁火가 酉月에 生하면 실령하여 타에서 한두 가지 木火가 있더라도 신약이다. 그렇지만 丁火 실령이라도 신강될 수가 있다. 丁火 酉月은 酉中辛金으로 편재격(偏財格)이다.

丁火의 암장 戌月에는 生하면 戌中에 丁火와 戊土와 辛金이 간직되어 있다.

戌中丁火는 비겁이라 파격(破格)이니 戌中戊土로 상관격을 놓는다.

丁火가 亥月에 生하고 干에 壬水가 있으면 정관격(正官格)이오, 壬水가 없이 亥中甲木이 투출하면 정인격(正印格)이다. 신강되려면 타에 甲乙寅卯, 丙丁巳午의 印·比劫이 많아야 한다.

丁火가 子月에 生하면 子에는 오직 癸水만 있어 편관격이다. 丁火 子月 실령에 신강되려면 기타 干支는 모두(거의) 木火로 구성되어야 한다.

丁火가 丑月에 生하면 이달의 정기(正氣) 丑中己土로 식신격 놓는 것이 우선이오, 己土가 없고 辛金이 투출이면 편재격을 놓게 된다. 현재 실령으로 태약이 되기 쉽지만 신강이 되려면 사주 간지 대부분이 木火로 되어야 한다.

⑤ 戊土

戊土는 십간 가운데 다섯 번째로 양토(陽土)라 한다. 같은 토신(土神)이지만 己土는 농사짓기에 알맞도록 곱고 습기가 있는 땅이고, 戊土는 땅을 파서 운반하여 건축물을 짓는 흙, 또는 산더미를 이룬 흙에 비유된다. 글에는 戊土는 성원(城垣)의 흙이고, 己土는 전원(田園)의 흙, 꽃, 채소를 가꾸기 위해 돌을 골라내고 습기가 마르지 않도록 잘 다듬은 흙에 비유된다. 필자는 戊土와 己土의 비유를 약간 달리하고 싶다. 즉 戊土는 마르고 단단해서 흙무더기와 구릉(丘陵)의 흙이고, 己土는 농사짓기에 알맞은 논과 밭의 흙이라고 표현하고 싶다. 戊土는 선천수(先天數)가 五요, 후천수(後天數)도 五가 된다.

戊土의 위치는 중앙으로서 己土와 같은 자리를 차지하게 된다.

戊土는 癸水와 干合하여 火로 化하고 陰干 己土와는 沖이 된다.(干克도 안되면서 비겁끼리 沖하는 것은 中央 같은 곳에서 자리다툼하기 때문인지 모르겠다.)

戊土가 寅月에 生하면 正氣 寅中甲木으로 편관격(偏官格)을 놓는다. 寅에는 正氣 甲木과 丙火와 戊土가 암장되어 있으나 戊土는 정기 甲木에 억제되어 격을 놓지 못하고 丙火가 干에 있으면 편인격(偏印格)을 놓는다. 그리고 십이운성은 장생궁이다.

戊土는 寅月이 편관칠살(偏官七殺)인데 寅地가 火土長生宮이라 寅中甲木이 크게 미약할 것 같으나 寅中에 丙火가 있어 木生火 火生土(戊)가 되어 살인상생(殺印相生)이라서 신약을 크게 근심 아니해도 된다. 신강이 되려면 丙丁巳午火 인수와 戊己辰戌丑未의 土가 사주에 많이 있어야 한다.

戊土가 卯月에 生하면 십이운성으로 목욕(沐浴)이오, 卯에는 암장된 干이 卯中乙木 뿐이므로 乙木의 투출이 있거나 없는 것을 막론하고 乙木으로 정관격(正官格)이다.

戊土가 寅月에 生하면 실령이라 신약이다. 신강이 되려면 日·時支에 午火가 있고 타에 戊己辰戌丑未土가 많아야 한다. 반대로 甲乙寅卯木이 많으면 日主는 태약이 된다.

戊土가 卯月에 生하면 실령이라 신약이다. 타에 火土 중 하나쯤 더 만나도 신약이 된다. 그래서 甲乙寅卯木이나 申酉亥子가 많이 있으면 신약이다.

戊土가 辰月에 生하면 춘목(春木)으로 계절 木의 克을 받아 왕쇠가 분명치 않다. 그러나 戊日辰月은 틀림없는 득령이라 타에 인수나 비겁 하나씩만 만나도 신강이다.

戊土가 巳月에 生하면 녹근(祿根)에 인수라 타에 辰戌丑未土 가운데 2만 있어도 신강된다. 巳中에는 丙戊庚의 干이 암장되어 巳中丙火 투출이면 편인격이오, 巳中戊土는 비겁이라 격을 놓지 아니하며 巳中庚金은 동궁(同宮)에 있는 丙火의 克을 받아 격을 못하며 巳中丙火는 투출되지 않았더라도 편인격을 놓을 수 있다. 십이운성법으로 戊日의 녹궁(祿宮)에도 해당한다.

戊土가 日主인 경우 巳月에 生한데다 丙丁巳午의 火가 사주 전부를 차지하고 있으면 火 태왕이라 金水로 제압이 불가능하므로 완강한 인수의 세력에 종(從)해야 된다. 종인(從印)을 못하면 그야말로 화다토조(火多土燥)가 되어 불가하다.

戊土가 午月에 生하면 午中丁火 정기(正氣)로 정인격(正印格)을 놓는다. 午中에는 丁과 己가 암장되어 있어 己土가 투출이라도 己는 戊日의 겁재라 격을 놓지 못한다. 戊日午月은 午에 火土를 간지하고 있어 득령이오 신강이다. 午月生이라도 타에 金水木이 대부분을 차지하고 있으면 신약으로 변한다. 戊日 午宮은 십이운성법으로 목욕(沐浴)이다.

戊土는 午月이 득령이라 신강될 가능성이 높다. 단 사주에 亥卯未가 삼합살국(三合殺局)을 이루어 戊土를 극함으로써 신약될 여지도 있다.

戊土가 未月에 生하면 未中에 乙木과 丁火와 己土가 암장되어 있다. 未中己土는 비겁이라 격을 놓지 못하고 乙木도 격 놓기에 탐탁치 않으므로 오직 未中丁火로 정인격(正印格)을 놓는다.

戊土가 申月에 生하면 식신격인데 庚金이 투출하면 金 식신이 우선이고 申中壬水가 干에 투출하면 편재격이다. 申中戊土는 투출여하를 막론하고 기(氣)가 미약하므로 격을 놓을 수 없다.

戊土가 酉月에 生하면 무조건 상관격이다. 酉中에는 辛金 하나만 있기 때문이다. 戊土申月은 실령으로 戊土의 氣가 酉金으로 빠져나가 특히 인수의 도움이 아니면 태약을 면할 수 없다. 戊土 酉月은 戊土의 병궁(病宮)이다. 그러나 戊土酉月 失令이라도 타에 丙丁巳午 戊己辰戌丑未土가 많으면 신강으로 변한다.

戊土가 戌月에 生하면 우선 득령이라 타에 1·2의 火土가 더해주면 신강이 분명하다. 단 사주에 水木이 대부분을 차지하면 신약될 수도 있다.

戊土가 子月에 생하면 子中癸水 투출여하를 막론하고 정재격(正財格)이다. 그리고 戊日子月은 실령이라 신약이다. 戊土 신약에 申子辰으로 삼합재국(三合財局)을 이루고 타에 火土가 없으면(있더라도 無根) 왕성한 財에 종(從)한다.

〈從財의 예〉

時	日	月	年
丙	戊	庚	乙
辰	申	子	卯

戊日이 丑月에 生하면 丑에 정기 己土와 辛金과 癸水가 같이 암장되어 있다. 정기 丑土는 戊日의 비겁(比劫)이라서 격을 놓지 못하고 丑中癸水는 丑土의 견제를 받아 기약(氣弱)이라서 격을 놓지 못한다. 오직 丑中 辛金만 干에 투출하면 辛金으로 상관격(傷官格)을 놓게 된다.

戊土는 巳午月과 辰戌丑未月이 왕성하므로 그 외는 득령이라 할 수 없다. 丑月戊土는 십이운성법으로 양궁(養宮)이다.

⑥ 己土

己土는 十干 가운데 여섯 번째로 陰土요, 丑月의 土를 동토(凍土)라고도 한다.

己土는 戊土와 달리 水分을 지니고 있으므로 습토(濕土)가 되는데 물이 고인 논흙이오, 水分이 많아 질퍽거리는 땅에도 비유된다.

己土는 선천수(先天數)가 九요, 후천수(後天數)는 十 또는 百에 해당한다.

己土의 자리는 중앙인데 양인 戊土와 자리를 함께 하고 있으나 왠지 戊己冲이라 하여 티격태격 싸우는 모습이 연상된다.

己土가 암장되어 있는 地支는 丑中己土 午中己土 未中己土의 세 곳뿐이다.

天干戊土는 물기가 없어 조토(燥土)라 하고, 己土는 습토(濕土)라 칭한다.

己土는 甲木과 합하여 土가 되고 戊土와는 冲이 된다.

己土는 합을 하되 상대인 甲木을 자신의 뜻에 맞게 유도하는 형상이라, 甲이란 남성은 己란 여성이 이끄는 대로 따라가고 원하는대로 들어주는 모습이다. 왜냐하면 甲己가 합하여 己土 본질인 土로 化하기 때문이다. 甲己合은 己土가 주도하고 甲木이 따라간다. 乙庚合火는 乙木이 庚金을 따라간다. 丙辛合水는 丙과 辛, 자신의 주관성을 잃지 않으려 한다. 丁壬合木은 서로 권익 주장을 존중한다. 戊癸合火도 상대방의 의사를 존중하며 합한다.

己土가 寅月에 生하면 寅은 관성(官星)이 되어 신강됨을 요한다. 己土寅月의 경우 타에 火土가 있어 생조(生助)를 받아야 귀히 된다.

寅에는 정기(正氣) 甲木과 암장 丙火와 戊土가 간직되어 있다. 甲木이 干에 있으면 정관격이라 신강인 경우는 귀히 된다. 甲木 투출이 없이 丙火가 투출이면 정인격(正印格)이라 사주 구성만 길하면 인기가 높고 큰 액이 없다. 戊土는 투출이라도 正氣인 木에 억제되어 格을 놓지 못한다.

己土가 寅月에 生하여 寅木의 克을 받더라도 지극히 약하지 않은 가운데 용(用)이 운의 도움을 받으면 관직이 높게 된다.

己土가 卯月에 生하면 편관격(偏官格)이다. 卯中에는 정기(正氣) 乙木만 지니고 있으므로 己土의 칠살이 되어 두려운데 식상제살(食傷制殺)하거나 타에 인수가 있어 己土를 도와주면 탈이 없다. 혹 무관(武官)으로 출세하는 수가 있다.

己土가 辰月에 生한 경우 타에도 丙丁巳午 인수나 戊己辰戌丑未土의 생부(生扶)가 많으면 日主 태강이 되어 마땅치 않다. 이런 경우 사주 내에 金水가 왕해 있음을 요한다.

己土 辰月은 아무 격도 놓지 못한다. 辰에 癸水와 乙木이 암장되어 있으나 모두 격을 놓기 어렵다. 만약 水木이 없고 火土가 旺하면 가색격(稼穡格)이란 길격을 놓는다.

己土가 巳月에 生하면 득령하여 신강이다. 식상, 재, 살의 세력이 비슷할 경우 득령만으로도 신강될 수 있다. 干에 丙火 유무에 관계없이 정인격(正印格)을 놓는다. 巳中戊土는 干에 있더라도 겁재가 되어 격이 아니고, 巳中庚金은 같이 있는 火의 克을 받고 있기 때문에 격을 놓지 못한다.

己土가 午月에 생하여 干에 丁火가 있으면 (丁火 투출이 없어도) 편인격(偏印格)을 놓는다. 午에 암장된 己土는 비겁(比劫)이 되어 격을 놓지 못한다.

己土가 未月에 생하면 편인격이다. 未中己土는 비겁이므로 격이 아니고, 未中乙木은 未月이 木의 庫요, 너무 더운 때라 乙木이 기(氣)를 펴지 못하니 격을 놓기가 마땅치 않으므로 제외되고 午中丁火 편인으로 격을 놓는다.

己土가 申月에 생하고 干에 庚金이 있으면 상관격(傷官格)을 놓는다. 그렇지 아니하고 壬水가 투출이면 정재격을 놓는다.

己土가 酉月에 생하면 辛金 투출 여하를 막론하고 식신격(食神格)을 놓는다. 酉에는 정기(正氣) 辛金만 간직되어 있기 때문이다.

己土가 酉月에 생하면 실령이므로 他에 丙丁巳午火와 戊己辰戌未 등 火土가 많이 있으면 신강되지만 水木이 많으면 신약이다.

己土가 戌月에 생하면 월령(月令)이 겁재이므로 戌月의 정기(正氣) 戊土와는 土와 土 비겁(比劫)이라 격을 놓지 못한다. 戌에는 정기 戊와 丁火와 辛金이 암장되어 있으나 辛·丁 모두 격을 놓기가 마땅치 않은 것으로 생각된다.

己土의 戌月은 득령(得令)이라서 신왕될 가능성이 많다. 재와 살이 왕성하더라도 조금만 火土가 가담해주면 신강될 가능성이 높다.

己土가 亥月에 생하고 壬水가 干에 있으면 정재격이다. 壬水 투출이 없고 甲木이 투출이면 정관격이다. 그러나 甲木과 壬水

모두 干에 없으면 그냥 亥中壬水로 정재격을 놓는다.

己土 亥月은 실령(失令)이라 우선은 신약이지만 사주에 火土가 많으면 신강으로 변하고 火土 대신 水木金이 많으면 신약이다.

己土가 子月에 생하면 그냥 子中癸水로 편재격을 놓는다. 子月은 실령이라 대부분 신약되지만 사주에 火土 인수·비겁이 많으면 신강이 된다. 반면에 水木金이 많으면 신약된다.

己土가 丑月에 생하면 비겁이라 격이 아니오, 丑中辛金이 干에 투출이면 식신격이다. 타에 戊己辰戌丑未의 土와 丙丁巳午의 火가 많이 있으면 약화위강(弱化爲强)이고 金水木이 많이 차지하고 있으면 신약되어 火土의 도움이 요구된다.

⑦ 庚金

庚金은 십간순서로 7번째요 양금(陽金)에 속한다. 지리법에는 庚金을 까마귀라 한다.

庚金은 철강공업장(鐵鋼工業場)에 쌓아둔 쇳덩어리에 비유되고, 辛金은 낫, 호미, 칼 등 일상생활에 사용되는 작은 농기구와 작은 쇠붙이 등에 비유하면 적절할 것이다.

글에서는 庚金은 검극(劍戟)이고, 辛金은 주옥(珠玉)이라 하였다. 陽金도 日主가 허약될 수가 있고 陰金도 태강될 가능성이 많으니 음양의 차이를 너무 분리하지 말아야 한다.

庚金은 선천수(先天數)가 8이오, 후천수(後天數)도 8이다.

庚金은 서쪽 辛과 酉가 끼고 있는 자리(庚酉辛)로서 색은 희고 백호장군(白虎將軍)이 사령하고 있는 곳이다. 그리고 庚金은 날이 시퍼렇게 선 칼이라 숙살지기(肅殺之氣)라 한다. 지리법의 금수상식(禽獸相食)에서는 까마귀(烏)라 하였다.

庚金은 십이운성법으로 巳가 장생궁(長生宮)이고 寅이 절궁(絶宮)이며 酉가 왕궁(旺宮)이다.

庚金이 寅月에 生하면 절궁(金絶於寅)이라 日主 태약될 가능성이 높다. 그러나 타에 庚辛申酉金이나 辰戌丑未가 많으면 신강된다. 격은 편재격이다.

庚金은 申酉戌月에 득령인바 庚金 득령이라도 타에 木火가 많으면 신약으로 변한다.

庚金이 寅月은 干에 甲木 투출이면 편재격(偏財格)이고, 丙火 투출이면 편관격(偏官格)이며, 甲木·丙火 모두 투출이 없으면 寅中甲木으로 편재격을 놓는다.

庚金이 卯月에 生한 경우 卯에는 正氣乙木만 있으므로 그냥 정재격(正財格)을 놓는다.

庚金이 辰月에 生하면 辰에는 乙木과 戊土와 癸水가 암장되어 있는데 辰中戊土 투출이면 편인격이다. 辰中乙木이 干에 있으면 정재격(正財格)인데 辰中癸水는 투출이라도 辰中戊土에 압박받아 격을 놓지 못한다.

庚金은 辰中戊土 인수가 있더라도 木에 눌려 인수의 생조가 마땅치 않아 신약될 가능성이 높다. 庚金辰月이 신강되려면 月支 辰土 이외로 타에 庚辛申酉金이 많아야 한다. 庚金이 辰月에 生하고 타에 적어도 庚辛申酉金이 2·3쯤 있어야 한다.

庚金이 巳月에 생하면 실령되어 신약이다. 巳는 庚金의 장생궁이라 金이 旺한 것 같지만 庚金의 칠살(七殺)이 되어 巳月庚金을 旺이라 하기 어렵다. 庚日巳月은 신강이 아니라 신약이나 巳에는 庚金이 암장되어 있어 巳中丙火는 庚金의 칠살이지만 巳中戊土 인수가 生하니 살인상생(殺印相生)이 이루어지므로 귀하다. 庚金이 巳月인 경우 지지에 酉丑이 있으면 巳酉丑 金局全이라 신강이 된다.

庚金이 午月에 생하면 실령으로 신약이다. 午中己土 인수의 生이라지만 火旺節이 되어서다. 午中에 丁火가 있고 己土가 암장되어 있으니 己土로 正印格을 놓는다. 己土 투출이면 정인격이오, 丁火 투출이면 정관격이다. 午月庚金은 타에 비겁(比劫)이 많아야 실령된 庚金이 용기를 얻어 다시 살아난다.

庚金이 未月에 생하면 未中己土 정기(正氣)로 정인격(正印格)을 놓는다. 己土 투출이 없고 未中丁火가 투출이면 정관격이다. 庚金은 신왕이 되려면 土 인수보다 庚辛申酉 비겁(比劫)이 많아야 한다.

庚金이 申月에 생하면 비겁이라 정격(正格)은 놓지 못하나 별격(別格)으로 건록격(建祿格)을 놓는다. 申金은 비견이지만 쟁재(爭財)를 아니하고 庚金 돕는데만 주력한다.

庚金은 申酉戌月에 生하고 火가 강하지 않으면 거의 신강이 될 것이다.

庚金은 丑과 未가 天乙貴人이라 사주에 丑未가 있음을 기뻐한다.

庚金이 酉月에 생하면 酉中에는 辛金 이외로 다른 암장이 없다. 정격은 없고 辛金으로 양인격(羊刃格)을 놓는다. 그리고 酉는 庚金의 왕궁(旺宮)이라 웬만해서는 신약되지 않는다.

庚金이 戌月에 생하면 金 득령이라 타에 식상이나 재나 관살 등이 힘을 모아 있지만 않으면 신강이다.

庚金이 亥月에 생하면 亥中에는 壬水 식신과 甲木財가 암장되어 있으므로 亥中壬水가 干에 있으면 식신격이고, 亥中甲木이 투출하면 편재격이다.

庚金이 子月에 생하면 子에는 癸水만 암장되어 있으므로 무조건 상관격을 놓는다.

庚金이 丑月에 生하면 丑에는 정기 己土와 암장 辛金 인수와 癸水가 있다.

丑土는 정기가 己土이므로 庚金日의 인수요, 丑中辛金이 干에 있으면 辛金은 비겁이라 격이 없고, 丑中癸水는 丑月土의 克을 받아 미약해지므로 격을 놓지 못한다. 단 丑土는 庚日의 天乙貴人이라서 丑中己土가 용(用)이 된다면 기이할 것이다.

⑧ 辛金

辛金은 十干순서로 여덟 번째요, 음금(陰金)이다. 庚金은 강하고 예리한 칼이나 창에 비유하고 辛金을 주옥에 비유했는데 표현의 과장일 뿐 강약의 차이만 다르다. 필자는 庚辛金을 이렇게도 비유하고 싶다. 庚金은 아직 물건을 만들기 위해 쌓아놓은 쇳덩이와 같고 辛金은 쇠를 이용하여 만든 농기구, 즉 낫과 칼과 호미 같은 연장에 비유될지 모르겠다. 辛金이 있는 자리는 서쪽 酉와 戌 사이라 酉申戌方 다른 金과 같이 서방에 위치하였다.

辛金은 선천수(先天數)가 7이오, 후천수(後天數)는 4가 된다. 지리상식법(地理相食法)에 辛金을 꿩(雉)이라 별칭하는 수도 있다.

辛金은 天干丙火와 干合하여 水로 化하고 乙木과는 冲이 된다.

辛金이 寅月에 生하고 甲木이 투출하면 투출된 干으로 格을 삼는다. 즉 정재격(正財格)이라 한다. 寅月에는 寅中甲木과 丙火와 戊土를 간직하고 있다. 寅中甲木이 투출되지 않고 丙火와 투출이면 丙火로 정관격을 놓는다. 戊土는 제자리에서 木克土의 극을 받으니 격으로 삼지 못한다. 辛金이 卯月에 生하면 편재격(偏財格)이다. 卯에는 정기 乙木 하나만이 암장되어 있다.

辛金이 辰月에 生하여 乙木이 투출하여도 편재격(偏財格)이다. 단 辰月乙木은 강성하여 干에 투출되었기 때문이다. 암간(暗干)의 기(氣)가 탐탁치 못하면 辰土로 그냥 戊土 투출이 없어도 月支 辰中戊土로 정인격(正印格)을 놓는다.

辛金이 巳月에 生하고 巳中丙火 투출이면 정관격이다. 巳에는 정기(正氣) 巳中丙火 말고도 戊土와 庚金을 암장하고 있다. 정기 丙火가 없이 戊土만 투출이면 戊陽土로 정인격(正印格)을 놓는다.

巳月의 辛金은 비록 戊土인수 巳中庚金 비견이 암장되었지만 신약이 분명하다. 신강되려면 사주 가운데 庚辛申酉丑을 만나야 巳中丙火 정관을 용(用)할 수 있다.

辛金이 午月에 生하면 실령되어 신약이다. 신강되려면 庚辛申

酉丑을 많이 만나야 한다. 午에는 丁火와 己土가 암장되어 있으므로 이 경우 丁火 투출이면 편관격(偏官格)이오, 己土가 투출이면 편인격(偏印格)이다.

辛金이 未月에 生하고 己土가 투출이면 편인격이다. 未土에는 정기 己土와 암간 丁火와 乙木이 간직되어 있다. 己土 투출이 없고 丁火 투출이면 편관격이고 乙木은 투출이라도 격을 놓기가 망설여진다.

辛金이 未月에 生하면 인수월이라 실령(失令)이 안될 것 같다. 그러나 未에는 丁火가 있고 未月土는 왕성한 화기(火氣)를 발하는 염천(炎天)이므로 신약이다. 타지에서 庚辛申酉丑을 만나야 신강될 수 있다.

辛金이 申月에 생하여 庚金 투출이면 겁재(劫財)라 격을 놓지 않는다. 申에는 正氣庚金과 壬水가 간직되어 있는바 壬水가 투출이면 상관격(傷官格)을 놓는다.

辛金이 申月을 만나면 득령(得令)이라서 신강될 가능성이 많으나 辛金이 득령하고도 신약되려면 사주에 식상 재 관살이 왕성한 경우에 한해서다.

辛金이 酉月에 生하면 득령이나 타에서 甲乙寅卯木이나 丙丁巳午火가 강성해 있으면 신약되는 경우도 많다. 그러나 보편적으로 보면 득령신강(得令身强)이다.

辛金이 酉月에 生하면 酉는 비견(比肩)이라 격을 놓지 아니한다. 그러나 酉는 辛金의 녹(祿)이라 별격으로 건록격(建祿格)을 놓는다.

辛金이 戌月에 生하면 戌에는 戊土와 丁火와 辛金을 간직하고 있다. 正氣 戊土가 干에 투출이면 정인격(正印格)이고 丁火가 干에 있으면 편관격으로 격을 놓는 것이 옳겠지만 戌中丁火는 격으로 쓰는 예가 별로 없다. 그리고 戌中辛金은 비견이라 격으로 定하지 않는다.

辛金 戌月은 득령이라 타에 재살(財殺)이 미약하면 신강된다. 그렇지 아니하고 甲寅乙卯財나 丙丁巳午의 관살이 사주를 많이 차지하였다면 신약이다.

辛金이 亥月에 生하면 실령이라 일단은 신약이다. 그러나 실령은 했더라도 타에 庚辛申酉金이 많이 차지하면 신강으로 변한다.

辛金이 亥月에 생하고 壬水가 투출이면 상관격(傷官格)이 되고 甲木이 투출이면 정재격을 놓는다. 그러나 亥中壬水는 투출이 없더라도 상관격을 놓는다.

辛金이 子月에 생하면 子中에는 癸水가 있는바 투출여하를 막론하고 식신격을 놓는다. 日이나 時에 亥子水가 있으면 상관격이라 한다.

辛金이 丑月에 生하면 오직 편인격(偏印格)만 놓게 된다. 丑에는 正氣己土와 辛金과 癸水 三干이 암장되어 있다. 丑中辛金은 비견이라 격을 놓지 아니하며 癸水는 丑土에 압박받고 있기 때문이다. 辛金이 丑月은 인수월이 되어 타에 庚辛申酉金 둘만 있으면 신강이 되고 木火가 많으면 신약될 것이다.

⑨ 壬水

壬은 十干 가운데 아홉 번째로 양수(陽水)라 한다. 壬水는 강하

(江河)의 물로 비유하니 자칫하면 세(勢)가 맹렬하여 대지(大地)를 무너뜨리며 횡포를 부리는 수가 있다. 그러므로 왕양(旺洋)한 물은 빨리 흘러나가게 물길을 만들어줘야 한다.

　壬水가 맡고 있는 자리는 정북인 子方 바로 뒷자리로서 亥와 子의 중간에 있다. 빛은 검고 세는 맹렬하며 별칭은 현무(玄武)라 한다. 금수상식법(禽獸相食法)에 壬水를 제비라 하였다.(地理法述語임)

　壬은 선천수(先天數)가 6이오, 후천수(後天數)는 1이다.

　壬水가 寅月에 生하여 干에 甲木이 있으면 식신격(食神格)을 놓는다. 寅에는 甲木과 丙火와 戊土가 있는데 격의 순서는 甲木이 우선이오 丙하는 다음이며, 戊土는 자체에서 克을 받아 격으로 정하지 않는다. 甲木이 투출하지 않고 寅中丙火가 干에 있으면 干에 있는 丙火로 편재격(偏財格)을 놓는다.

　壬日이 寅月에 生하면 실령(失令)되어 신약이다. 타에 壬癸亥子水와 庚辛申酉 金이 많아야 신강으로 변한다.

　壬水가 卯月에 生하면 卯에는 乙木 하나만 있으므로 卯中乙木으로 상관격(傷官格)을 놓는다. 壬水는 卯月이 失令이라 일단 신약인데 신강되려면 사주에 인수·비겁이 많아야 한다.

　壬水가 辰月에 생하면 편관격이다. 辰에는 정기 戊土와 乙木과 癸水가 암장되었으나 辰中戊土만을 취하고 癸水는 干에 있더라도 격을 놓지 않는다. 辰中乙木은 木 득령이라 격으로 정해도 무방할 것 같다.

　壬水 辰月은 실령인데다 칠살이라 신약이다. 그러나 申·子가 있으면 申子辰合水의 세력이 왕성하여 신강으로 변한다.

壬水 辰月에 戊己巳午寅卯 등으로 되어있으면 日主 태약해서 종세(從勢)하게 된다.

壬水가 巳月에 生하면 巳는 壬의 절궁(絶宮)이므로 태약될 가능성이 높다. 하지만 月支 이외가 모두 壬癸亥子가 차지하고 있으면 약화위강(弱化爲强)으로 신강된다.

巳月의 巳에는 丙火와 戊土와 庚金을 암장하였는데 丙火와 戊土의 氣는 왕성하므로 모든 격을 놓을 수 있으나 庚金은 巳火의 克을 받아 무력함으로써 격을 놓지 못한다. 丙火가 없이 戊土 투출이면 戊土는 壬水의 편관격이 된다. 壬水가 巳月에 生한 경우 사주 전체가 火土로 구성되었으면 日主는 지극히 쇠약해서 재(財)에 종(從)하거나 살(殺)에 종(從)한다.

壬水가 午月에 生하면 午中丁火로 정재격(正財格)을 놓는다. 午中丁火가 없이 己土가 干에 있으면 己土로 정관격을 놓는다. 丁火와 己土 모두 투출되지 않으면 그냥 午火로 정재격을 놓는다.

壬水가 午月에 生하면 신약인바 他에 金水가 많으면 신강으로 변하고, 金水가 없이 타에 火土가 많으면 日主는 태약을 면할 수 없다.

壬水 未月生의 설명이다. 未에는 정기 己土와 丁火와 乙木 3개의 干이 암장되었다. 己土가 干에 있으면 정관격이고 己土 투출이 없이 丁火가 투출이면 이 丁火로 정재격을 놓는다.

壬水가 申月에 生하면 편인격인데 申中庚金이 干에 없고 壬水 투출이면 비겁이 되어 격을 놓지 못한다. 申中戊土는 기가 약해서 격을 놓지 못한다. 십이운성법(十二運星法)으로 申은 壬의 장생궁이니 참작하라.

壬水가 酉月에 生하면 酉中辛金의 투출이 없어도 정인격(正印格)을 놓는다. 壬日의 酉金은 득령은 아니지만 신강될 가능성이 높다. 어쨌거나 사주에 金水가 많으면 신강되고 火土가 많으면 신약이 될 확률이 많다.

壬水가 戌月에 生하면 戌中戊土로 편관격을 놓는다. 戌에는 辛金과 丁火가 같이 암장되어 있다. 丁火와 辛金은 干에 투출이라도 격으로 정하기가 마땅치 않다.

壬水가 투출된 戊土 칠살이 옆에 있으면 칠살의 극이 괴롭다. 이를 면하는 방법은 干에 辛金 인수가 있어 살인상생(殺印相生)되거나 子水 양인(羊刃)이 있어 살인상정(殺刃相停), 또는 유력한 식상이 있어 식상제살하는 일이다.

壬水 戌月은 편관격이오 실령하여 신약될 가능성이 높다. 신강되려면 金水의 생조(生助)를 받아야 하고 신약되려면 火土가 왕해야 한다.

壬水가 亥月에 생하고 甲木이 투출하면 亥中甲木으로 식신격(食神格)을 놓는다. 甲木이 干에 없으면 그냥 亥中壬水로 격을 놓아야 하는데 亥中壬水는 비견이 되어 정격을 놓지 못한다. 그냥 亥中壬水로 건록격(建祿格)이란 별격을 놓는다. 壬日亥月은 신강될 가능성이 많으나 재살(財殺)이 왕하면 신약될 수도 있으니 주의하라.

壬水가 子月에 생하면 子는 壬의 겁재가 되어 격이 없고 별격으로 양인격(羊刃格)을 놓게 되는데 月時干에 칠살이 있으면 살인상정(殺刃相停)이란 귀격이 이루어진다. 壬日子月은 子가 壬

水의 왕궁(旺宮)이므로 火土만 강성하지 않으면 신강될 가능성이 높다.

壬水가 丑月에 生하고 己土 투출이면 정관격이다. 己土가 干에 없고 辛金이 투출이면 정인격을 놓는다. 辛金 투출이 없으면 그냥 丑中己土로 정관격을 놓는다.

壬水는 亥子丑月이 모두 水 득령이지만 丑土에 암장된 癸水는 土의 克을 받아 미약하므로 득령, 실령 그 중간이다.

⑩ 癸水

癸는 十干 순서로 마지막이며 음수(陰水)가 된다.

癸水의 우로(雨露)에 비유했는데 작은 호수에 고인 물이며 옷이 젖도록 촉촉이 내리는 비로서 가랑비도 흠뻑 맞으면 옷이 다 젖게 된다. 壬水보다 癸水가 더 특별한 것은 물이 지형을 따라 아래로 아래로 내려가면서 물길 주변에 마른 흙이 있으면 그냥 못 본체 지나치지 아니하고 주변에 있는 것을 차곡차곡 적시며 지형을 따라 서둘지 아니하고 흘러내리기 때문이다. 壬水는 광폭해서 가는 길에 가로막는 장애물이 있으면 무서운 기세로 장애물과 함께 쏟아져 내려가는 모습이 온누리 땅에 큰 변화가 발생하는 것 같다.

癸水의 위치는 북방 子의 자리 바로 옆이오, 子와 丑 가운데 끼어있는바 癸水도 북방의 현무(玄武)로 색은 검고 음성(陰性)이 십간의 첫째다.

癸水는 선천수(先天數)가 5이고 후천수(後天數)는 6이다.

癸水는 天干 戊土와 戊癸합으로 干合하여 火로 化하고, 丁火와는 沖이 된다.

癸水가 寅月에 生하여 干에 甲木이 투출하면 상관격(傷官格)이다. 寅中에 같이 암장된 丙火가 투출하지 않으면 그냥 寅木으로 상관격(傷官格)을 놓는다.

癸水가 寅月에 生하면 실령(失令)하여 신약이다. 그러나 타에 金水가 많이 있으면 약화위강(弱化爲强)이라 신강으로 변할 수 있다. 그렇지 아니하고 金水 대신 火土가 사주 대부분을 차지하면 신약이 되거나 태약하여 火土의 세력에 종(從)하게 된다.

癸水가 卯月에 生하면 卯中乙木으로 식신격을 놓는다. 卯에는 오직 乙木 하나만 간직하고 있으므로 다른 격을 놓을 수 없다. 단 癸日卯月에 金이 없고 甲乙 寅卯의 木이 많으면 이것저것 다 제쳐놓고 종아(從兒)하게 된다. 癸亥日은 癸水 착근(着根)이라 다른 육친에는 절대 종하지 않으나 아(兒)인 식상에는 기쁘게 종한다.

癸水가 辰月에 生하면 辰中戊土로 정관격(正官格)을 놓는다. 辰에는 乙木과 癸水가 암장되어 그 중 하나가 干에 투출되어 있더라도 격을 놓기가 마땅치 않다. 辰中癸水 辰中乙木은 투출이라도 격으로 정하기가 어렵다.

癸水가 辰月에 生하면 辰은 水의 고장(庫藏)이라 득령되어 신약이 아니라고 주장하는 사람이 있겠으나 辰中癸水는 辰中戊土의 克을 받아 격으로 정하지 않는다. 그러므로 실령(失令)이 분명하다. 辰土가 申子를 만나 三合全局을 놓거나 타에는 金水로만 되어 있으면 실령이라도 신강이지만 그렇지 아니하고 火土의 세력으로 되어 있으면 재나 관살에 종하게 된다.

癸水가 巳月에 生하여 丙火가 투출이면 정재격이오, 戊土가 투출이면 정관격이다. 巳中戊土와 巳中丙火 모두 투출이면 丙火 정기(正氣)가 우선이므로 정재격을 놓는다. 丙火 투출이 없이 戊土 투출이면 정관격이고 丙火도 戊土도 투출이 없으면 그냥 月支巳中丙火로 정재격을 놓는다.

癸水가 巳月生이면 巳는 水의 절지(絶地)라서 실령이다. 그렇더라도(癸日巳月) 타에 庚辛申酉金과 壬癸亥子의 水가 결접되면 신강이 될 수 있다. 그렇지 아니하고 火土가 많으면 金水로 用해야 되는데 金水가 없이 火土가 왕하면 재나 살에 종하게 된다.

癸水가 午月에 生하면 실령되어 신약이다. 사주에 寅卯巳午戌이 판을 치고 있으면 재살(財殺)이 태왕이라 재에 종하거나 관살(官殺)에 종한다. 반대로 癸日巳月 실령이지만 재살 대신 庚辛申酉金이나 壬癸亥子의 水가 대부분을 차지하고 있으면 신강되어 도리어 火土運을 기뻐한다.

癸水가 未月에 生하면 未中己土 편관으로 편관격을 놓거나 己土 투출이 없고 未中丁火 투출이면 편재격(偏財格)을 놓게 되는데(원칙상) 己土 투출이 없어도 그냥 未中己土 정기(正氣)로 편관격을 놓는다. 癸日未月은 칠살이오 실령(失令)이라 살(殺)이 왕함을 꺼리지만 日主 태약에 관살(官殺) 왕하면 종살하게 된다. 癸日午月 실령이라도 타에 庚辛申酉金 인수나 壬癸亥子의 비겁이 사주 대부분을 차지하고 있으면 인수 비겁의 생조(生助)를 믿고 살중용인(殺重用印)하거나 관살용겁(官殺用劫)하게 된다.

癸水가 申月에 生하면 정인격(正印格)이다. 申中庚金이 투출하면 정인격이 우선이오, 申宮庚金이 干에 없고 壬水가 투출하면 壬水는 비겁이 되어 격을 놓지 못한다.

癸水申月은 정인격이라 인수가 癸水를 생한다 할지라도 득령은 아니므로 신강이 되려면 壬癸亥子의 水가 많아야 한다 그런데 癸日申月에 子辰으로 水全局을 놓고 타에 火土 재관(財官)이 없으면 종겁(從劫)해야 되니, 이를 윤하격(潤下格)이라 한다.

癸日酉月은 酉中辛金 정기 하나만 암장되어 있다. 그러므로 무조건 편인격이 된다. 신강될 가능성이 많으므로 득령은 아니지만 生을 받고 있는 인수월이라 타에 金水가 있어 癸水를 생조(生助)해주면 癸水는 재관(財官)을 용하게 된다.

癸日이 戌月에 生한 경우다. 戌에는 戊와 丁과 辛을 간직하고 있다. 戌中戊土 투출이면 정관격(正官格)이오, 戌中丁火와 辛金은 干에 투출이라도 격을 놓기가 망설여진다. 그러므로 癸日은 戌中戊土 관성(官星)만 격을 놓을 수 있다.

癸日이 亥月生이면 어떠한가. 亥는 甲木과 壬水 두 개의 干만 암장되어 있다. 甲木이 투출되어 있으면 상관격이고 壬水 투출은 비겁이 되어 격을 놓치 못한다.

2. 지지(地支)

(1) 총론(總論)

甲, 乙, 丙, 丁, 戊 등의 干은 하늘을 상징하여 天干이라 하고 子, 丑, 寅, 卯, 辰 등은 天干의 아래에 놓여 있으므로 땅을 상징하여 지지(地支)라 한다.

또는 위에 놓은 天干은 10가지 글자로 되어 십간(十干)이라 하고, 천간 아래에 놓인 지지는 12가지 글자로 되어 十二支라 한다.

十干과 十二支는 각각 그 순서가 있다. 즉 天干 甲, 乙, 丙, 丁, 戊, 己, 庚, 辛, 壬, 癸의 차례요, 지지 子, 丑, 寅, 卯, 辰, 巳, 午, 未, 申, 酉, 戌, 亥는 지지의 순서다. 天干 첫 글자인 甲과 지지 첫 글자인 子를 차례로 배합하면 六十개의 각기 다른 배합이 구성되므로 六十甲子라 칭한다.

그런데 天干은 매우 단순하여 합(合)과 충(沖) 두 가지 뿐이지만 지지는 여러 가지 복잡스런 관계가 있다. 그렇다면 어떤 관계가 있어 복잡할까. 이 복잡한 관계가 어떤 것인지 알아보자.

① 사시(四時)

사시(四時)란 춘하추동(春夏秋冬) 즉 봄, 여름, 가을, 겨울 네 철을 말한다. 十二支를 사시에 배합하면 아래와 같다.

봄	여름	가을	겨울
寅 卯 辰	巳 午 未	申 酉 戌	亥 子 丑
木 (土)	火 (土)	金 (土)	水 (土)
正 2 3	4 5 6	7 8 9	10 11 12

○ 지지의 순서

1	2	3	4	5	6	7	8	9	10	11	12
子	丑	寅	卯	辰	巳	午	未	申	酉	戌	亥

○ 지지와 월별

正	二	三	四	五	六	七	八	九	十	十一	十二
寅月	卯月	辰月	巳月	午月	未月	申月	酉月	戌月	亥月	子月	丑月

○ 지지의 음양

子	丑	寅	卯	辰	巳	午	未	申	酉	戌	亥
1	2	3	4	5	6	7	8	9	10	11	12
○	●	○	●	○	●	○	●	○	●	○	●

차례에 있어 1, 3, 5, 7, 9, 11의 홀수는 양이 되고 2, 4, 6, 8, 10, 12의 짝수는 음이 된다.

때문에 子寅辰午申戌은 양지(陽支)요, 丑卯巳未酉亥는 음지(陰支)다.

● 十二支는 二支가 합하는 六合이 있고, 三支가 합하는 三合이 있으며, 四支가 합하는 맹(孟) 중(仲) 계(季)로 구분할 수 있다. 또 支는

 ○ 寅申巳亥, 子午卯酉, 辰戌丑未의 묶음이 있다.

 ● 寅申巳亥를 사생(四生), 사맹(四孟), 사포(四胞), 사절(四絕)이라 별칭한다.

 ○ 子午酉卯를 사중(四仲), 사정(四正), 사왕(四旺), 사패(四敗), 목욕(沐浴), 함지(咸池)라 한다.

● 辰戌丑未를 사계(四季), 사고(四庫), 사묘(四墓), 사장(四葬), 사장(四藏), 사금(四金)이라 한다.

② 지지의 합(合), 충(沖)의 관계

○ 六合圖

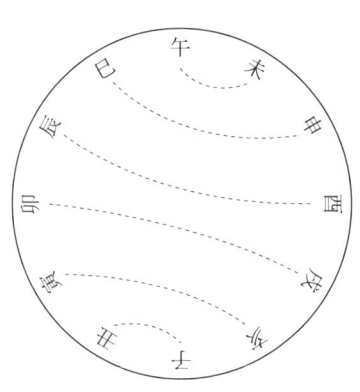

天干의 합과 沖, 그리고 합(三合, 六合, 方合) 등에 대해서는 앞의 기초편에서 기술한 바 있다. 그러나 天干·地支에 대해서 총괄하여 다시 한 번 심도있게 짚어나가야 하겠기에 겹치는 부분이 없지 않으나 중복된 점을 이해하기 바란다.

子丑이 합이오, 寅과 亥가 합이오, 卯戌이 합이오, 辰酉가 합이오, 巳申이 합이오, 午未가 합이다.

子丑	寅亥	卯戌	辰酉	巳申	午未
合	合	合	合	合	合
土	木	火	金	水	

지지 상충을 六沖이라고도 하는데 子午沖, 丑未沖, 寅申沖, 卯酉沖, 辰戌沖, 巳亥沖이다.

○六冲(支冲)圖

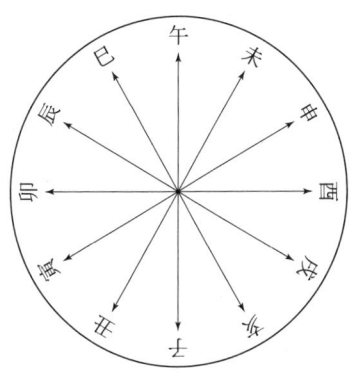

또는 十二支는 서로 만나면 충돌하는 사이가 있다. 이 마주 보는 冲은 화(和)한다는 의미도 있다. 마주 보고 있어서 충돌하는 수도 있지만 마주 보고 기뻐하는 예도 있기 때문이다.(冲이란 화한다는 의미도 있다.)

또 삼합(三合)과 방합이 있다. 三合은 申子辰合, 巳酉丑合, 寅午戌合, 亥卯未合이다.

方合은 亥子丑合, 寅卯辰合, 巳午未合, 申酉戌合이다.

○방합도(方合圖)

참고 合의 성격(조건)에 대하여

- 六合 : 남녀 연령 신분과 관계 없이 서로 좋아하는 사이라 할 수 있다.
- 三合 : 사상(思想)의 합이며 당(黨)의 합(여당·야당)에 비유된다. 국정 운영의 뜻이 같은 사람끼리의 合으로도 생각할 수 있다.

- 방합(方合) : 이웃과의 合이다.
- 合의 성향 : 어느 合을 막론하고 합할 자가 있으면 合에 탐이 나서 극할 자(싸울 조건)가 있어도 극할 마음보다 合에 유혹이 생겨 合부터 한다.

干合이 되면 合오행이 이루어지는데 合五行은 이루어져도 오행의 기(氣)는 별로 강해지지 않는다. 지합오행(支合五行)도 마찬가지다. 그러나 三合오행, 방합오행(方合五行)과 유합(類合-같은 오행의 干支合)을 이루면 사주 내에서 타의 세력보다 막강한 힘을 발휘하게 된다.

六合과 干合은 오행의 힘은 크게 발하지 않더라도 합신(合神)이 다른 짓(生克)을 못하도록 도와주거나 훼방하거나 둘 중 한가지 작용을 하게 된다.

(2) 십이지 각론(各論)

① 子水

子는 十二支 가운데 첫 번째요, 양수(陽水)다. 팔괘(八卦)로는 감수(坎水)요 선천수(先天數)는 9이고, 후천수(後天數)는 1이다.

十二支에 매인 시간으로는 밤 11시부터 다음날 1시 되기 전까지이며 음력 동짓달의 중기(中氣)다. 팔괘로는 ☵의 감수(坎水)에 속한다. 짐승으로는 쥐가 되고 子月 동지부터 일양시생(一陽始生)이라 한다.

子水가 위치하는 곳은 정북방이오, 天干 壬癸水 사이에 끼어 있다.

子水의 빛은 검고 申子辰 三合의 가운데가 근본 자리이다.

子水는 亥卯未 三合의 도화요, 함지(咸地)요, 목욕(沐浴)이오, 패살(敗殺)이며, 辛金의 장생지(長生地)다.

子水는 丑土와 合化하여 土가 되고, 申子辰과는 三合해서 水의 세력에 합치게 된다.

子는 卯木과 서로 형(刑)하니, 이를 子-卯 상형(相刑)이라 한다.

子는 午와 상충관계가 되고 未土와는 해(害)도 되고 원진(元辰)도 된다.

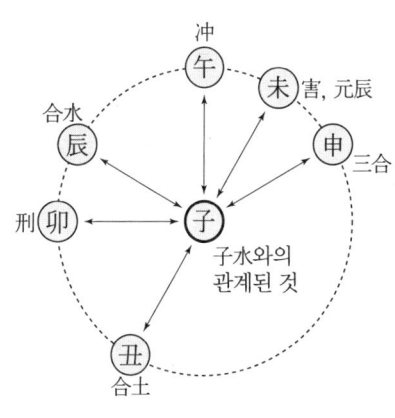

子中에는 오직 子의 정기(正氣)인 癸水 하나만 암장되어 있다.

子中癸水와 암합(暗合)이 되는 것(干)은 寅中戊土, 辰中戊土, 巳中戊土, 申中戊土, 戌中戊土와 戊癸로 암합(暗合)을 이룬다.

② 丑土

丑은 十二支 가운데 두 번째요, 음토(陰土)에 속한다.

十二支時로는 새벽 1시부터 3시 바로 전까지 丑土의 시간이다.

丑土의 정 위치는 正北(子方)에서 시계 방향으로 癸와 艮土方 사이에 끼어있다. 짐승은 丑年生이면 소띠라 한다.

丑土는 팔괘 중에 간괘(艮卦) ☶에 속하는데 선천수(先天數)는 8이고, 후천수(後天數)는 10이다.

丑土는 동토(凍土)의 또는 습토(濕土)라고도 한다. 이는 丑月 한겨울 흙은 땅이 꽁꽁 얼어 있기 때문이다.

丑土는 그 빛이 누리고 子와는 육합(六合-支合)하여 土로 변화되고 巳와 酉와는 三合되어 金으로 化한다.

丑土는 십이운성으로 金의 묘궁(墓宮)이고, 火土의 양궁(養宮)이오, 水의 쇠궁(衰宮)이오, 木의 관대궁(冠帶宮)이다.

丑土는 戌을 형(刑)하고 未와는 충(冲)이오, 辰과는 파(破)요 午와는 해(害)가 되고 원진(元辰)도 된다.

丑에는 己土와 辛金과 癸水의 세 가지 간(干)을 간직하고 있다.

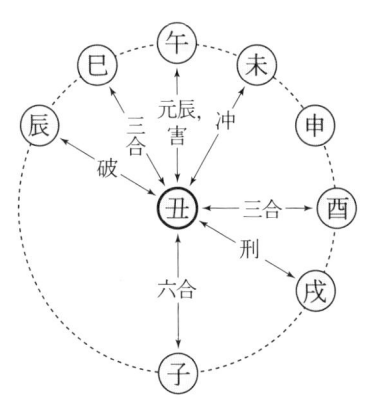

丑中己土는 寅中甲木과 甲己로 암합이오, 亥中甲木과도 암합을 이룬다.

丑中辛金은 寅中丙火, 巳中丙火와 丙辛으로 암합이다.

단 丑中癸水는 근본 丑土의 극을 받아 꼼짝 못하므로 암합이 어렵다.

[참고] 암장(暗藏)된 간(暗干)으로 암합을 못하는 것이 있다. 즉 丑中癸水, 寅中戊土, 辰中癸水, 巳中庚金 등이다. 까닭은 암간이 자체 정기(正氣)의 극을 받기 때문이다.

③ 寅木

寅木은 十二支 순서로 세 번째이며 양목(陽木)이라 한다.

寅木이 사령(司令)한 寅時는 새벽 3시부터 5시 이전에 해당한다.

寅木은 八卦로 간토(艮土) ☶ 인바 丑艮寅 三方이 간괘(艮卦)가 된다.

寅木의 색(色)은 푸르고 팔괘로는 艮土에 해당한다.

寅木의 선천수는 7이고, 문왕 후천수는 3이 된다.

寅木의 고정된 자리는 간(艮)과 甲方의 사이에 끼어있다. 즉 동북 간방(艮方)에 속한다.

寅年生인 경우 호랑이띠(범띠)라 한다.

寅木은 亥와는 六合해서 木으로 변하고 午와 戌과는 寅午戌로 三合 火로 변한다.

寅木은 火土의 장생궁(長生宮)이오, 金의 절궁(絕宮), 포궁(胞宮)이오, 水의 병궁(病宮)이오, 木의 임관궁(臨官宮)이다.

寅에는 甲, 丙, 戊의 木, 火, 土 三干이 암장되어 있다.

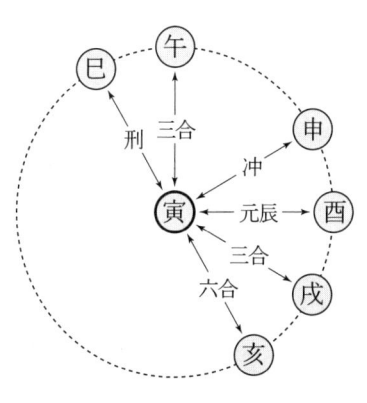

寅中甲木은 午中己土, 未中己土, 丑中己土 등 세 개의 干과 甲己로 암합이 이루어진다.

寅中丙火는 丑中辛金, 戌中辛金, 酉中辛金과 丙辛으로 암합한다.

④ 卯木

卯木은 十二支 가운데 4번째로 음목(陰木)이라 한다.

卯木에 해당하는 시간은 오전 5시부터 7시가 되기 바로 전까지 2시간 동안이다. 위치는 정동(正東)으로 子午卯酉方과 더불어 사정방(四正方)을 차지하고 있다. 짐승의 비유는 토끼라, 卯年生은 모두 토끼띠가 된다.

卯木의 선천수는 6이오, 후천수는 8이다. 팔괘는 ☳의 진하련이다.

卯木의 빛은 푸른데 子水와는 상형(相刑)이오, 戌과는 支合(六合)해서 火로 변한다.

卯木은 진방(震方)의 용(龍)으로도 칭한다.

卯木은 亥・未와 三合해서 木으로 다시 木이 되는데 酉와는 冲이고 午와는 파(破)가 되며 辰과는 해(害)가 있다.

卯木은 申과는 원진(元辰)인데 (兎怨猴不平) 卯木은 子午卯酉와 더불어 사정(四正)이오 사충(四冲)이며 사패(四敗) 중 하나다.

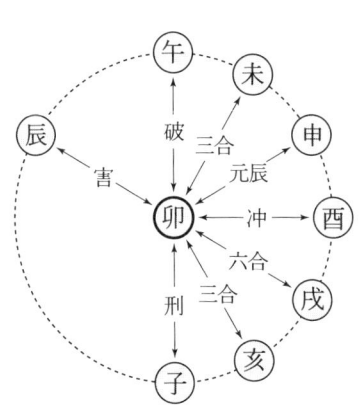

卯는 木의 왕궁(旺宮)이오, 장성(將星)이오, 사중(四仲)이오, 庚辛金의 태궁(胎宮)이오, 火의 목욕이고 도화요, 水의 사궁(死宮)이다.

卯中乙木과 암합이 되는 干은 庚金으로 乙庚合을 이룬다.

卯는 巳中庚金, 申中庚金과 乙庚으로 암합을 이룬다.

⑤ 辰土

辰土는 12지 순으로 5번째요, 음토(陰土)이며 습토(濕土)라 한다.

시간은 오전 7시부터 9시 전까지 辰時에 속한다.

辰의 선천수는 5이고, 후천수(後天數)도 5가 된다.

팔괘의 소속은 동쪽, 묘방(卯方)의 다음 자리인데 寅卯辰 3방을 함께 동방이라 한다. 색은 푸르고 동물 명칭으로는 용이라 한다. 때문에 辰年에 태어난 사람 모두가 〈용띠〉다. 그리고 괘의 모양은 ☳의 진괘(震卦)다.

辰土와 六合을 이루는 支는 서쪽정방에 있는 酉金과 합(合)을 이루어 오행은 金이 된다.

십이운성법으로 辰은 水의 고(庫)요, 木의 쇠궁(衰宮)이오, 火土의 대궁(帶宮)이오, 金의 양궁(養宮)이다.

辰土는 같은 辰끼리 만나면 이를 자형(自刑)이라 한다. 酉金과는 六合을 이루고 戌과는 상충인데 辰土와 戌土는 천강(天罡)·하괴(河魁)라는 별명이 붙는다.

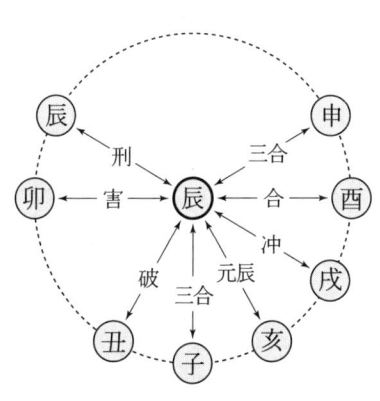

子水와 辛金과는 三合하여 水가 되고, 卯와는 해(害)요, 丑과는 파(破)요, 申子와는 三合하여 水의 세력

을 형성한다.

辰土는 正氣가 戊土라 子中癸水와 戊癸로 암합을 이룬다. 辰中癸水는 자체의 土에 극을 받아 암합이 못되고, 단 辰中乙木을 쓰느냐 쓰지 못하느냐 이론이 다를 수도 있다.

⑥ 巳火

巳火는 十二支 차례로 6번째로서 음화(陰火)라 한다.

시간은 오전 9시부터 11시가 되기 이전이므로 9시부터 2시간 동안이 巳시에 해당한다. 위치는 동남방, 즉 巽卦와 丙火의 사이 동남방에 속한다. 팔괘는 辰巽巳 三方이 손방(巽方)이므로 ☴의 손괘에 해당한다.

巳火는 선천수(先天數)가 4요, 후천수(後天數)는 2가 된다.

동물로는 巳年生을 모두 뱀띠라 칭한다.

巳火는 申과 六合을 이루어 水가 되고 酉와 丑과는 三合해서 水의 세력이 가중된다.

巳火는 십이운성법(十二運星法)으로 金의 장생궁(長生宮)이오, 水의 절궁(絕宮)이오, 木의 병궁(病宮)이며 火의 임관궁(臨官宮)이다.

巳는 申과 六合하여 水가 되고 寅과 申을 삼형(三刑) 관계라 하며 亥水와는 상충(相冲)이오, 申과는 합도 되고 파(破)도 되며, 寅과는 刑도 되고 파(破)도 된다.

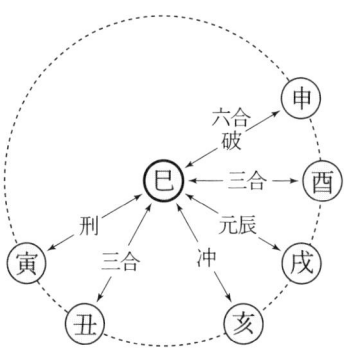

巳와 암합(暗合)이 되는 것은 다음과 같다. 巳의 정기인 巳中丙火는 酉中辛金과 丙辛으로 암합이오, 戌中辛金과 丙辛으로 암합이오, 丑中辛金과 丙辛으로 암합이다.

또 巳中戊土는 子中癸水와 戊癸로 암합이오, 丑中癸 수와 戊癸도 암합이다. 辰中癸水와 戊癸도 암합이다.

⑦ 午火

午火는 지지 순서로 7번째요, 양화(陽火)라 한다.

午火의 시간은 오전 11시부터 오후 1시 전(13시)까지 2시간 동안이오, 午火의 위치는 정남방인 이괘방(離卦方)에 속하며 빛은 붉다.

午火는 선천수(先天數)가 9요, 후천수(後天數)는 7이다. 짐승으로는 말(馬)이므로 午년생을 "말띠"로 총칭한다. 八卦는 ☲의 이괘(離卦)에 해당한다.

午火는 未土와 六合이나 오직 午와 未 본래의 오행은 변하지 않는다.

午는 寅과 戌과 三合을 이루어 火가 되고, 午와 午는 서로 형(刑)이 되니, 이를 자형(自刑)이라 한다.

午火는 寅과 戌과 三合을 이루고 火의 세력에 합치니 火氣가 매우 맹렬하다.

午火는 丑과 해(害)도 되고 원진도 되며 卯와는 파(破) 관계가 된다.

午火는 水의 태궁(胎宮)이오, 火의 제왕궁(帝旺宮)이오, 木의 사궁(巳宮)이오, 金의 목욕(沐浴)이며, 함지(咸池)요, 사패궁(四

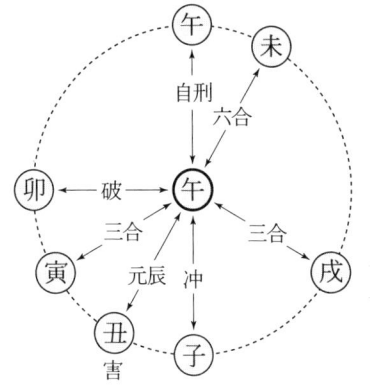

敗宮)이라 한다.

午火는 정기 丁火를 간직하고 있다. 午中丁火는 亥中壬水, 申中壬水와 丁壬으로 암합이오, 午中己土는 寅中甲木, 亥中甲木과 甲己로 암합이다.

⑧ 未土

未土는 十二支 차례로 8번째이며 음토(陰土)라 한다.

未土가 사령(司令)한 시간은 오후 1시부터 3시 이전인 2시간 동안에 해당한다.

未土의 위치는 서남방쪽 丁과 곤방(坤方) 사이에 끼어 있는데 八卦 소속은 ☷의 곤괘(坤卦)다. 남방에서 서쪽으로 5°가량 뒤 방위에 속한다. 12方으로는 巳午未(남방)의 1에 해당한다.

未土는 선천수(先天數)가 8이오, 후천수는 10이다.

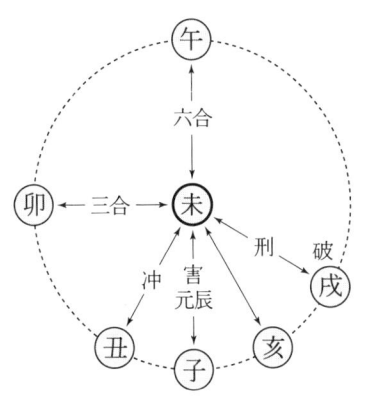

未는 12가지 동물 가운데 양(羊)이라 未生을 통틀어 양띠라 칭한다.

未와 午는 육합(六合 또는 支合) 관계요, 卯와 亥는 三合하여 木의 기(氣)를 더해주며, 丑과는 상충이오, 戌과 未는 형(刑)도 되고 파(破)도 된다.

　십이운성법으로 未는 水의 양궁(養宮)이오, 火의 쇠궁(衰宮)이오, 木의 묘궁(墓宮)이오, 金의 관대궁(冠帶宮)이다.

　未土는 己土와 丁火와 乙木이 간직되어 있다. 己土와 암합이 되는 것은 寅中甲木, 亥中甲木과 甲己로 합을 이루고, 未中丁火와 암합이 되는 것은 亥中壬水, 申中壬水가 되는 것이다.

⑨ 申金

　申金은 十二支 가운데 9번째의 지지(地支)이며 양금(陽金)이다.

　申金이 사령(司令)하고 있는 시간은 오후 3시부터 5시 전, 즉 2시간 동안이다.

　위치는 未坤申이 서남방위이므로 서남방 끝자리인데 24방이면 곤괘방(坤卦方)이고 十二方을 기준하면 申酉戌 酉方에 해당한다. 때문에 팔괘로는 ☷의 곤괘(坤卦)에 속하고 띠(동물에 비유) 잔나비, 즉 원숭이에 해당하여 申년생은 모두 잔나비띠라 칭한다.

　申金은 선천수가 7이고, 후천수는 9가 된다.

　申金과 지합(支合)되는 지지는 巳火인데 이 경우는 合도 되고 파(破)도 되므로 이에 대해서는 왜 그리했는지 약간 수궁은 가지만 누가 질문하면 시원한 답을 해줄 수 없다.

　申金은 子와 辰을 만나면 三合을 이루어 水의 기세가 강해지고 巳申과는 합해서 水가 되나 파(破)도 된다.

　申金은 寅과 상충이오 卯와는 원진(元辰)관계가 되고, 巳와는 형(刑)이오 亥水와는 해(害)가 된다.

申金은 십이운성법으로 水의 장생궁(長生宮) 木의 절궁(絶宮)이오, 火의 병궁(病宮)이오, 金의 임관궁(臨官宮)이다.

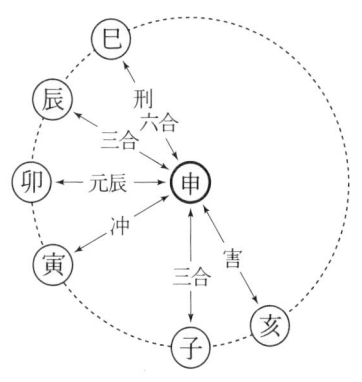

申金은 庚金과 壬水와 戊土를 간직하고 있다. 庚金은 卯中乙木과 未中乙木과 암합을 이루고 申中壬水는 午中丁火, 未中丁火, 戌中丁火와 丁壬으로 암합이 된다.

⑩ 酉金

酉金은 十二支 중에서 10번째로 음금(陰金)이라 한다.

酉金은 시간으로 오후 5시부터 7시 전까지 2시간을 맡고 있다.

酉金의 위치는 정서방 태궁(兌宮), 즉 태괘(兌卦) ☱에 해당하고 酉를 닭이라 하니 酉年生은 모두 닭띠라 부른다.

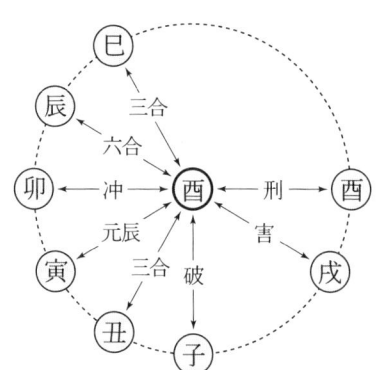

酉金의 선천수(先天數)는 6이고, 정오행인 후천수는 一六水, 즉 6이 되는 것이다.

酉金은 辰과 합(이를 六合이라 한다)하여 金이 되고, 巳와 丑과는 三合해서 金이 된다. 동방 卯와는 상충이오 子와 파(破)가 되고, 酉金과는 酉↔酉 자형(自刑-같은 것끼리 刑)이다.

酉金은 十二운성법으로 水의 목욕(沐浴-또는 도화요 咸池)이요, 金의 제왕(帝旺)이요, 火의 사궁(死宮)이요, 木의 태궁(胎宮)이다.

酉金에는 정기(正氣)인 辛金 하나만 암장되어 있다. 그러므로 辛金과 암합이 되는 것은 巳中丙火와 寅中丙火 뿐이다.

⑪ 戌土

戌土는 십이지 가운데 11번째의 순서로 양토(陽土)가 된다.

戌土에 해당되는 시간은 오후 7시부터 9시 이전까지 2시간 동안이다. 戌土의 위치는 24방으로 나뉘면 辛과 건방(乾方)사이에 끼어 있고 八方으로 나누면 申酉戌 酉方에 속한다.

戌土는 八方으로 나누면 申酉戌 酉方인데 괘(卦)는 ☰의 건괘(乾卦)가 된다.

戌土는 동물로 개가 되므로 모든 戌生은 모두 개띠가 된다.

戌土는 선천수(先天數)가 5이요, 후천수(後天數-즉 正五行數)도 5가 된다.

戌土는 卯와 支合해서 火가 되고 寅木과 午火와는 三合을 이루어 火의 세력을 왕성하게 해준다.

戌土는 未와 파(破)도 되고, 刑도 되는바 丑과는 형(刑)이오, (丑戌未 三刑) 寅午와는 三合해서 火의 세력에 합치게 된다. 酉와는 해(害)요, 辰과 상충이오, 巳火와는 원진이 된다.

戌土는 십이운성(十二運星)으로 水의 임관궁(臨官宮)이오, 火

의 묘궁(墓宮)이오, 金의 쇠궁(衰宮)이오, 木의 양궁(養宮)이다.

戌土는 戊와 辛과 丁火를 간직하고 있다. 戊土와 암합되는 干은 丑中癸水, 辰中癸水, 子中癸水와 戊癸로 암합이다.

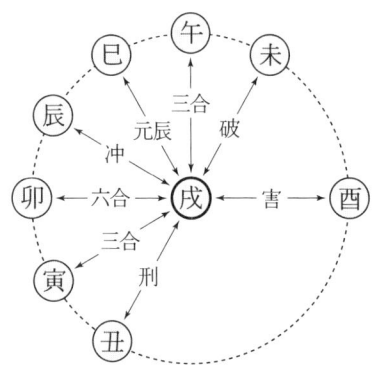

戌中辛金은 巳中丙火, 寅中丙火와 丙辛으로 암합이오, 戌中丁火는 亥中壬水, 申中壬水로 丁壬합이 된다.

⑫ 亥水

亥는 十二支 가운데 맨 끝에 해당하며 음수(陰水)라 한다.

亥水에 해당하는 시간은 밤 9시부터 11시 이내로 2시간이다.

亥水의 기본 위치는 북방 子방위에서 약간 모자란 방위로서 24방을 기준하면 戌乾亥 서북 건방이며 괘(卦)는 ☰의 건괘가 된다. 八方을 기준하면 申酉와 함께 申酉戌 서쪽 방위가 된다.

亥水는 선천수(先天數)가 4이고, 후천수(後天水)는 정오행(正五行)인 6이 된다.

亥水는 寅과 합하여 木이 되는데 또 파(破)도 된다.

亥는 卯와 未와 三合 목국(木局)을 이루어 水의 세력이 팽창해진다.

亥는 巳와 상충이오 申과는 서로 해(害)관계가 된다. 亥는 같은 亥끼리 刑하고 辰과는 원진(元辰)이 된다.

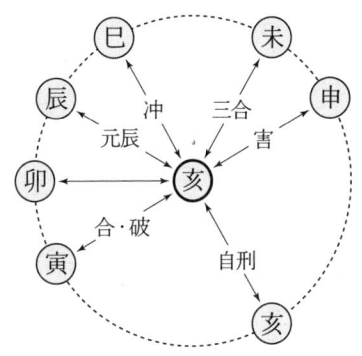

십이운성법으로 亥는 火의 절궁(絕宮)이오, 木의 장생궁(長生宮)이오, 金의 병궁(病宮)이오, 水의 관대궁(冠帶宮)이다.

제3편 육친상식

제 9 장 육친정법(六親定法)과 작용
제10장 신강 · 신약
제11장 격(格)
제12장 용신법
제13장 외격(外格)
제14장 기격 · 별격
제15장 사주 구성형태의 특별 명칭
제16장 통관과 조후

제9장
육친정법(六親定法)과 작용

1. 육친(六親)이란?

 본 책자 내용에서의 육친이란 부모, 형제, 처자(여자는 부모, 형제, 남편과 자식)이다.
 명리(命理 – 여러가지 사주법)와 역학(易學)을 추리할 수 있는 여러 가지 술법에는 모두 육친에 관한 내용이 있으나 다 말할 수 없고 대표적인 방법 몇 가지만 들겠다.

- 자미두수(紫微斗數) : 唐나라 未期 – 宋나라 初期의 자미두수 陳希夷.
- 기문학(奇門學) : 六儀·三奇·八門이 내용의 골자임.
- 구성학(九星學) : 九宮紫白法의 원리로 사주·신수·재수를 봄.
- 역점(易占) : 周易에 소속궁이 我(나)로 하여 生克比和에 의해 추명.
- 오조결(五條訣) : 보통의 경우 사주(四柱)로만 추명하는데 胎月까지 사용됨.
- 하락이수(河洛理數) : 하도 낙서(河圖洛書)의 사주법, 점법에 적용.

이상 외에도 표출하는 방법과 내용은 부모, 형제, 처자를 상징하는 방법이 대동소이(大同小異)하다. 그리고 여러 가지 추리하는 내용은 다르지만 五行生克原理로 보는 것은 명리사주학이나 마찬가지다.

우선 이상에서 지적한 각 학문에서 공통점으로 정하는 육친법을 알아보자.

2. 육친 정(定)하는 법

① 육친법(六親法) 1

> 생아자 부모(生我者 父母) : 나를 낳은 분은 父母요,
> 아생자 자손(我生者 子孫) : 내가 낳은 자 자손이오,
> 극아자 관귀(克我者 官鬼) : 나를 극하는 자 관귀요,
> 아극자 처재(我克者 妻財) : 내가 克하는 자 처재요,
> 비화자 형제(比和者 兄弟) : 나와 오행이 같은 자 형제 자매다.

이 육친법은 본 책자와의 오행 생극법이 같아도 〈나〉라는 기준은 다르다. 본 책자의 육친법은 日干을 〈나〉로 하여 나(日干)와 상대방을 생극비화 관계에 의해 정하지만 주역이나 육효에서는 소속궁의 오행을 〈나〉로 하여 육친을 정하게 된다.

② 육친법(六親法) 2

이 부분에서의 我란 日干인데 별칭 〈日主〉라고도 칭한다.

> 생아자 인수(生我者 印綬) : 나를 낳은 자 인수요,
> 아생자 식상(我生者 食傷) : 내가 낳은 자 식상이오,
> 극아자 관살(克我者 官殺) : 나를 克하는 자 관살이오,
> 아극자 처재(我克者 妻財) : 내각 극하는 자 처재요,
> 비화자 비겁(比和者 比劫) : 나(日)와 오행이 같은 자 비겁이다.

※ 여기에서 「나」란 日干을 칭함이다.

③ 육친법(六親法) 3

아래 기록하는 육친법은 본 학문의 원칙을 적용하는 방법이다. 이 육친법을 이해 못하고서는 사주학을 터득할 수 없다. 그만큼 중요한 내용이다. 요는 사주에 매인 干支의 음양과 오행과 생극 관계부터 숙달한 뒤에야 이해가 쉽다.

참고 비견, 겁재, 식신, 상관, 편재, 정재, 편관, 정관, 편인, 정인을 표출하는 요령이다.

④ 육친표출법(六親表出法)

日干과 五行이 같고 음양도 같은 것을 비견(比肩)이라 한다.
日干과 五行은 같으나 음양이 다른 것은 겁재(劫財)라 한다.
日干이 生하는 자로 음양이 같은 것은 식신이라 한다.
日干이 生하는 것으로 음양이 다른 것을 상관(傷官)이라 한다.
日干이 克하는 것으로 음양이 같으면 편재(偏財)라 한다.
日干이 克하는 것으로 음양이 다르면 정재(正財)라 한다.
日干을 극하는 자로 음양이 같으면 편관(偏官)이라 한다.
日干을 극하는 자로 음양이 다르면 정관(正官)이라 한다.
日干을 生하는 자로 음양이 같으면 편인(偏印)이라 한다.
日干을 生하는 干支로 음양이 다르면 정인(正印)이라 한다.

- 비견, 겁재를 비겁(比劫)이라 합칭한다.
- 식신, 상관을 식상(食傷)이라 합칭한다.

- 편재, 정재를 합칭 재성(財星)이라 한다.
- 편관, 정관을 합칭 관살(官殺)이라 한다.
- 편인, 정인을 합칭 인성(印星) 또는 인수(印綬)라 한다.

⑤ 육친 생극도

相生圖 인수 →生→ 비겁 →生→ 식상 →生→ 재성 →生→ 관살 →生→ 인수

相克圖 비겁 →克→ 재성 →克→ 인수 →克→ 식상 →克→ 관살 →克→ 비겁

⑥ 육친 생극관계도

○육친 간의 生과 克

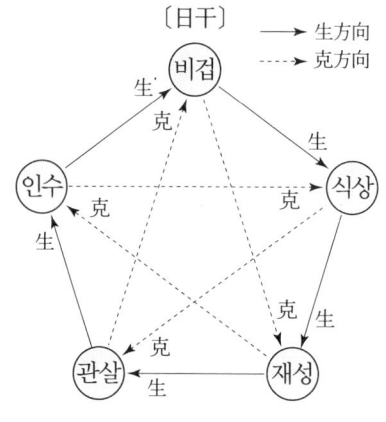

- 비겁·日干은 인수(편인·정인)의 生을 받고 식상(식신·상관)을 生해 주며, 관살의 克을 받고 재성(財星)을 극한다.
- 식신·상관은 비겁의 생을 받고 재(財)를 生해 주며, 인수의 극을 받고 관살을 극한다.
- 재(편재·정재)는 식상의 生을 받고 관살을 生해 주며, 비겁의 극을 받고 인수를 克한다.
- 관살(편관·정관)은 재의 生을 받고 인수를 生해 주면 식상의

극을 받고 日干과 비겁을 극한다. 인수는 관살의 생을 받고 日干과 비겁을 생해 주며 재의 극을 받고 식상을 克한다.

명리(命理)는 실로 공평하다. 비겁, 식상, 재, 관살, 인수의 5가지는 모두 일생일극(一生一克)이 되게 하였으므로 공평한 것이다. 이러한 생극의 도(道)를 깨달아 빈부의 격차를 줄이는게 어떨지!(아무리 자본주의 국가라 할지라도 말이다.)

3. 육친 정하는 예

① 예시 1

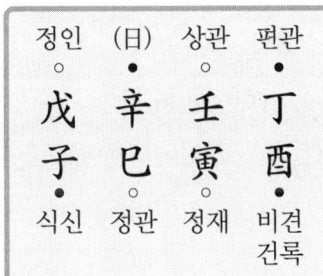

※ ○은 양, ●은 음의 표시임

왼편(예시 1)의 사주의 육친 관계를 따져 보자. 年干 丁火는 火克金이라 日主 辛金의 칠살(편관)이오, 月干 壬水는 日이 생해 주는 자로 음양이 다르므로 상관이오, 時干 戊土는 日干을 生해 주는 자로 음양이 다르니 정인(正印)이오, 年支 酉金은 日干 辛金의 건록(建祿)에 오행이 같으니 비견이오, 月支 寅木은 日干이 극하는 자로 음양이 다르니 정재요, 日支 巳火는 日干(辛)을 克하는 자로 음양(巳中丙火)이 다르니 정관(正官)이오, 時支 子水는 日干이 生하는 자로 음양이 같으니 식신이 된다.

② 예시 2

日干 癸는 陰水다. 年干 丁火는 水克火, 즉 日干이 극하는 자로 음양이 같아 편재가 된다. 月干 壬水는 日과 오행이 같고 음양이 다르므로 겁재(劫財)다. 時干 癸水는 오행이 같고 음양도 같으므로 비견이다.

年支 丑土는 陰土로 日干을 극하니 편관이오, 月支 寅木은 日干이 生하는 자로 음양은 다르니 상관이오, 日支 亥水는 陽水로 변하여 겁재가 된다. 時支 丑土는 日干을 극하는 자로 음양이 같으므로 편관이다. 대운 干支의 예는 생략함.〈보기 참고〉

비견	(日)	겁재	편재		정관	편재	정재	식신	상관	비견	
○	○	○	●		●	○	○	●	○	○	
癸	癸	壬	丁	坤命	戊	丁	丙	乙	甲	癸	대운
丑	亥	寅	丑		申	未	午	巳	辰	卯	
●	○	○	●		○	●	●	○	○	●	
편관	겁재	상관	편관		정인	편관	편재	정재	정관	식신	

〈대운 간지〉

③ 예시 3

日干은 甲陽木이다. 年干 丁火는 甲木이 生해 주는 자로 음양이 다르니 상관(식신·상관)이오, 月干의 壬水는 甲木을 生하는 자로 음양이 같으니 편인이고, 時干 癸水는 生我者(나를 生하는)라 정인이오, 年支 未土는 陰土라 내가 극하는 오행에 해당 정재(正財)요, 月支 子水는 甲木을 生하는 자로 음양이 다르므로 正印이다. 甲木 아래에 있는 辰土는 내가 (日) 克하는 자로 음양이 같으니 편재(偏財)요, 時支 酉金은 甲木을 克하는 자로 음양이 다르니 정관(正官)이라 한다.

 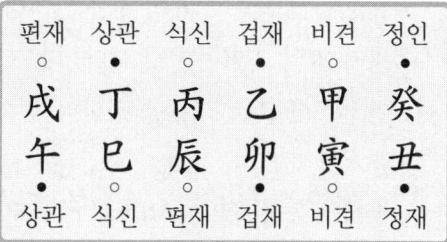

〈대운 간지〉

④ 지장간(支藏干)

○ 地支에는 아래 표와 같이 각 지지별로 1~3개의 天干을 간직하고 있는데, 이를 지장간이라고 한다.
○ 地支에 한해서는 아래 표대로 正氣 지장간의 음·양을 취용(取用)하므로 亥子巳午의 음양을 바꾼다.
○ 즉 亥와 巳는 본디 陰이나 陽으로 바꾸어 쓰고, 子와 午는 본디 陽이나 陰으로 바꾸어 쓴다. 이를 体(본디의 음양)와 用(바꾸어 씀)이라 칭한다.

구분\\지지	子	丑	寅	卯	辰	巳	午	未	申	酉	戌	亥
正 氣	癸	己	甲	乙	戊	丙	丁	己	庚	辛	戊	壬
三合氣		辛	丙		癸	庚	己	乙	壬		丁	甲
方合氣	壬	癸	戊	甲	乙	戊	丙	丁	戊	庚	辛	戊

• 맨 윗줄은 지지에 간직된 정기(正氣)이다.
• 다음(가운데) 줄은 三合氣를 干으로 교체한 것이다.

- 子中癸水 하나뿐인 것은 三合·方合五行 모두 水에 해당하기 때문이다.
- 丑土는 己辛癸 세 개의 干을 간직하고 있으며 正氣가 己土이다.
- 지지 寅의 正氣는 甲木이다. 다음 寅午戌合 火를 丙火로 甲木이 없으면 丙火로 格을 정한다.
- 卯木이 하나다. 正氣 乙木은 三合氣도 木이오, 寅卯辰 方合도 木이라 거듭됨을 요하지 않기 때문이다.
- 辰土는 戊土 癸水 乙木을 간직하고 있으나 辰의 申子辰水에 寅卯辰木이라 음양 불문하고 戊土 癸水 乙木으로 각기 다른 暗干을 지니고 있기 때문이다.
- 巳火는 巳中丙火가 正氣요, 三合의 巳酉丑 金을 庚金으로 상징함이다.
- 午는 午中丁火가 正氣다. 方合은 巳方인데 巳午未火가 되어 이미 正氣에 丁火가 있으므로 다른 干이 있을 필요가 없다.
- 未土는 己乙丁 세 개의 干을 간직하고 있다. 未의 정기(正氣)는 己土요, 亥卯未 삼합기(三合氣)는 未中乙木이오, 방합(方合)은 巳午未火이므로 丁火에 비유되는 음 火이다.
- 七月인 申金은 申中庚金이 正氣가 되고, 壬水(三合氣)는 申子辰水局이오, 戊土는 申酉戌 戊土라 方合氣를 인용함이다.
- 酉金은 正氣가 辛金이다. 三合氣는 巳酉丑 金이고, 方合氣는 역시 申酉戌 金方이라 金을 거듭 두지 않는 이치가 있기 때문이다.
- 戌의 正氣는 戌中戊土요, 丁火는 寅午戌 三合火를 인용함이오, 方合은 申酉戌 酉方인 金에 속하기 때문이다.
- 亥는 壬甲이 간직되어 있는데 亥中壬水가 正氣요 亥卯未 三合

木이니 甲은 木의 상징이라 취한 것이다. 方合은 亥子丑水가 되므로 같은 오행을 취하지 않는 원칙이라 方合氣는 취하지 않는다.

이상의 설명을 몇 차례 되읽으면 지지 암장이 이루어내는 이치를 이해하게 된다.(아직까지도 이해 못하시는 분이면 도표로 작성한 十干 육친 일람표를 참고하세요.)

⑤ 사주의 예

○암간(暗干) 적용의 예

주인공의 日干은 丙火(陽)다.

年干에서부터 時支까지 예를 설명한다. 年干 辛金은 丙火 日干이 克하는 자로 음양이 다르니 정재요, 月干 甲木은 日干 丙火를 生해 주는 자로 음양이 같으니 편인이오, 時干 己土는 日干이 生해 주는 자로 음양이 다르니 상관(傷官)이다.

다음은 지지에 대한 설명이다.

年支 卯木은 木生火라 日干을 生해 주는 자로 음양이 다르니 正印이오, 月·日支 午火는 日干과 같은 오행으로 음양이 다르니 겁재요, 신살법으로 양인(羊刃)에 해당한다. 時支 亥水는 陽水로 변하여 일간을 극하니 편관(偏官)이다.

○육친 일람표

四柱 干支 日干	甲·寅 (甲)	乙·卯 (乙)	丙·巳 (丙)	丁·午 (丁)	戊 辰·戌 (戊)	己 丑·未 (己)	庚·申 (庚)	辛·酉 (辛)	壬·亥 (壬)	癸·子 (癸)
甲日	比肩 비견	劫財 겁재	食神 식신	傷官 상관	偏財 편재	正財 정재	偏官 편관	正官 정관	偏印 편인	正印 정인
乙日	劫財 겁재	比肩 비견	傷官 상관	食神 식신	正財 정재	偏財 편재	正官 정관	傷官 상관	正印 정인	偏印 편인
丙日	偏印 편인	正印 정인	比肩 비견	劫財 겁재	食神 식신	傷官 상관	偏財 편재	正財 정재	偏財 편재	正財 정재
丁日	正印 정인	偏印 편인	劫財 겁재	比肩 비견	傷官 상관	食神 식신	正財 정재	偏財 편재	正官 정관	偏財 편재
戊日	偏官 편관	正官 정관	偏印 편인	正印 정인	比肩 비견	劫財 겁재	食神 식신	傷官 상관	偏財 편재	正財 정재
己日	正官 정관	偏官 편관	正印 정인	偏印 편인	劫財 겁재	比肩 비견	傷官 상관	食神 식신	正財 정재	偏財 편재
庚日	偏財 편재	正財 정재	偏官 편관	正官 정관	偏印 편인	正印 정인	比肩 비견	劫財 겁재	食神 식신	傷官 상관
辛日	正財 정재	偏財 편재	正官 정관	偏官 편관	正印 정인	偏印 편인	劫財 겁재	比肩 비견	傷官 상관	食神 식신
壬日	食神 식신	傷官 상관	偏財 편재	正財 정재	偏官 편관	正官 정관	偏印 편인	正印 정인	比肩 비견	劫財 겁재
癸日	傷官 상관	食神 식신	正財 정재	偏財 편재	正官 정관	偏官 편관	正印 정인	偏印 편인	劫財 겁재	比肩 비견

[참고] 맨 윗줄 (   )의 干은 지지에 간직되어 있는 정기(正氣)다. 亥는 본래 (丑卯巳未酉亥-음) 陰水에 속하나 亥의 正氣가 亥中 壬水라서 양(陽)으로 육친을 정하고, 子는 근본이 양이지만 (子寅辰午申戌-양) 子中癸水라 정기가 음인 癸水이므로 陰水로 하여 육친을 정한다.

○ 십간별 육친도

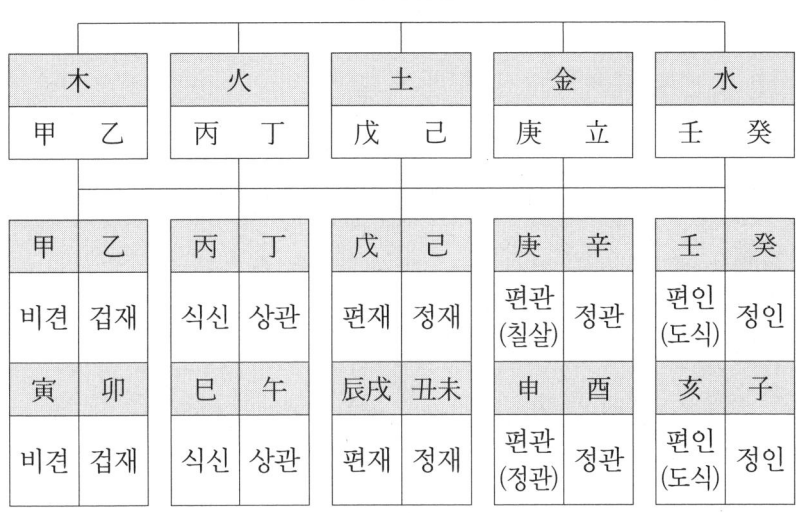

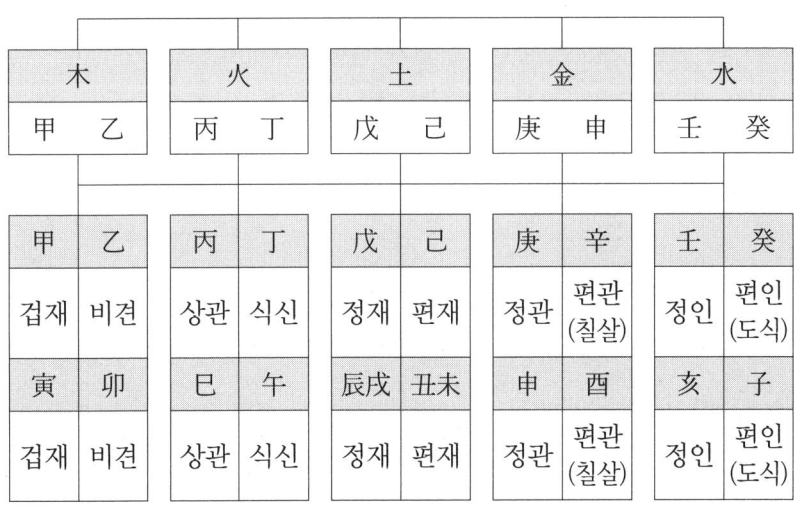

丙日生

木		火		土		金		水	
甲	乙	丙	丁	戊	己	庚	辛	壬	癸

甲	乙	丙	丁	戊	己	庚	辛	壬	癸
편인(도식)	정인	비견	겁재	식신	상관	편재	정재	편관(칠살)	정관
寅	卯	巳	午	辰戌	丑未	申	酉	亥	子
편인(도식)	정인	비견	겁재	식신	상관	편재	정재	편관(칠살)	정관

丁日生

木		火		土		金		水	
甲	乙	丙	丁	戊	己	庚	申	壬	癸

甲	乙	丙	丁	戊	己	庚	辛	壬	癸
정인	편인(도식)	겁재	비견	상관	식신	정재	편재	정관	편관(칠살)
寅	卯	巳	午	辰戌	丑未	甲	酉	亥	子
정인	편인(도식)	겁재	비견	상관	식신	정재	편재	정관	편관(칠살)

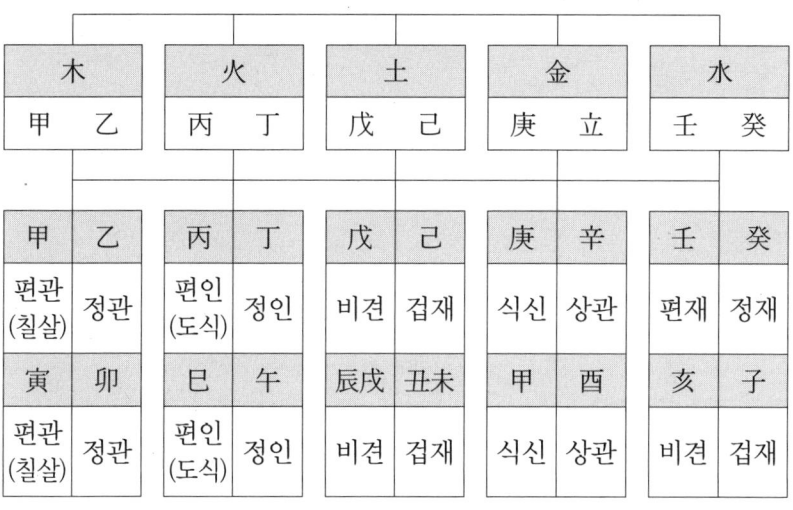

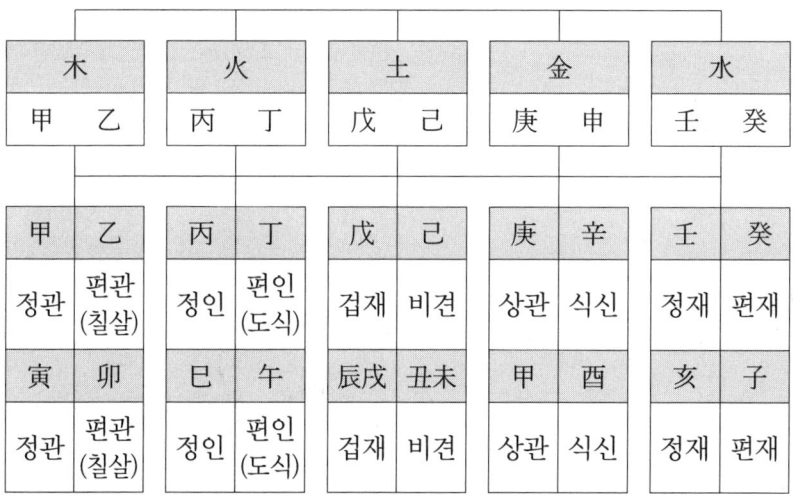

庚日生

木		火		土		金		水	
甲	乙	丙	丁	戊	己	庚	辛	壬	癸
甲	乙	丙	丁	戊	己	庚	辛	壬	癸
편재	정재	편관(칠살)	정관	편인(도식)	정인	비견	겁재	식신	상관
寅	卯	巳	午	辰戌	丑未	甲	酉	亥	子
편재	정재	편관(칠살)	정관	편인(도식)	정인	비견	겁재	식신	상관

辛日生

木		火		土		金		水	
甲	乙	丙	丁	戊	己	庚	申	壬	癸
甲	乙	丙	丁	戊	己	庚	辛	壬	癸
정재	편재	정관	편관(칠살)	정인	편인(도식)	겁재	비견	상관	식신
寅	卯	巳	午	辰戌	丑未	申	酉	亥	子
정재	편재	정관	편관(칠살)	정인	편인(도식)	겁재	비견	상관	식신

壬日生

木		火		土		金		水	
甲	乙	丙	丁	戊	己	庚	辛	壬	癸

甲	乙	丙	丁	戊	己	庚	辛	壬	癸
식신	상관	편재	정재	편관(칠살)	정관	편인(도식)	정인	비견	겁재
寅	卯	巳	午	辰戌	丑未	申	酉	亥	子
식신	상관	편재	정재	편관(칠살)	정관	편인(도식)	정인	비견	겁재

癸日生

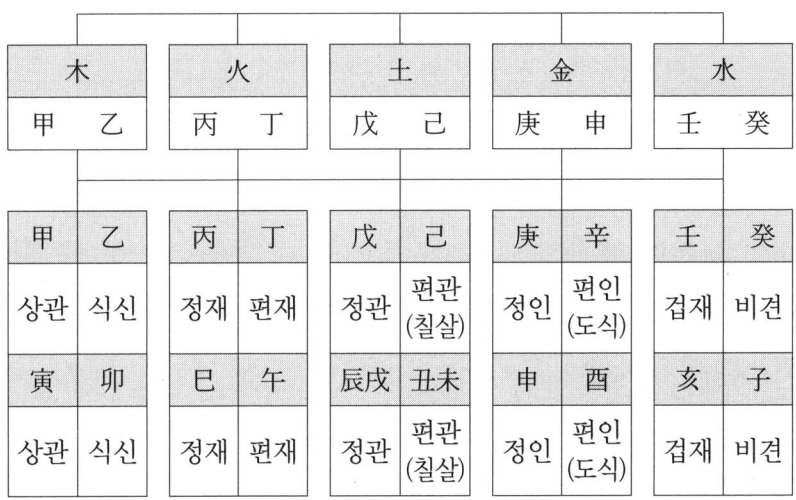

木		火		土		金		水	
甲	乙	丙	丁	戊	己	庚	申	壬	癸

甲	乙	丙	丁	戊	己	庚	辛	壬	癸
상관	식신	정재	편재	정관	편관(칠살)	정인	편인(도식)	겁재	비견
寅	卯	巳	午	辰戌	丑未	申	酉	亥	子
상관	식신	정재	편재	정관	편관(칠살)	정인	편인(도식)	겁재	비견

4. 육친 생극(生克)관계와 명칭의 의의

(1) 비겁(比劫)

비겁이란 비견과 겁재의 합칭이다.

비견과 겁재는 음양만 다를 뿐이지 생극(生克)의 작용은 비견·겁재가 다르지 않다.

비견과 겁재 그리고 日主는 오행이 같으므로 인수(印綬)의 생을 日干 비겁도 같이 받고, 日干과 비겁이 모두 식상(食傷)을 생해 주며, 日干과 비겁은 재(財)를 克하고, 日干과 비겁은 같이 관살(官殺)의 극을 받게 된다.

○비겁생극표

日干 비겁	甲	乙	丙	丁	戊	己	庚	辛	壬	癸
비견 比肩	甲·寅	乙·卯	丙·巳	丁·午	戊 辰戌	己 丑未	庚·申	辛·酉	壬·亥	癸·子
겁재 劫財	乙·卯	甲·寅	丁·午	丙·巳	己 丑未	戊 辰戌	辛·酉	庚·申	癸·子	壬·亥

日干과 五行이 같으면 비겁이다. 단 五行이 같아도 日干과 비겁을 양(陽)과 음(陰)으로 구분 日干과 음양이 같으면 비견(比肩)이고 음양이 다르면 겁재(劫財)라 한다. 때문에 日干을 생해 주는 오행은 비겁도 生을 받고, 日干이 생해 주는 오행은 식상도 생해주며, 日干이 克하는 오행은 비겁도 克하고, 日干을 克하는 오행은 비겁도 克하게 된다.

○육친생극도

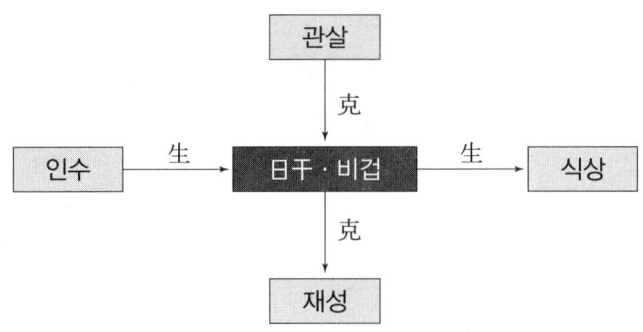

　다시 말하여, 나(日)의 인수는 비겁도 인수가 되고 나(日)의 관성은 비겁도 관성이오, 나(日干)의 식상은 비겁에게도 식상이며 나(日干)의 처재는 비겁에게도 처재가 된다는 뜻이다. 그래서 내(日干)가 어려운 일을 당하면 비겁도 어려운 일을 당하게 된다. 이러한 경우에는 비겁도 힘(氣)을 모아 나(日干)와 함께 궁지를 면하고자 노력한다. 나(日)와 비겁이 왕성해 있을 경우에는 비겁도 왕성해 있기 마련이다. 이런 경우는 나(日)는 비겁의 경쟁자가 되고 비겁의 입장에서는 내(日干)가 미운 경쟁자가 된다. 내가 아끼고 좋아해서 취할 수 있는 재성은 비겁도 같은 생각이므로 나(日)와 비겁은 그 처재를 뺏기 위해 싸움이 일어난다. 이러한 형태를 사주학 술어(述語)로 군비쟁재(群比爭財-여러 비겁들이 적은 양의 재물을 놓고 싸움이 생김)라 한다.
　재(財)는 누구나 원하는 것이므로 사주 내에서 왕한 것이 좋지만 태왕하면 과여불급(過如不及)으로 모자란 것이나 마찬가지다. 재성이 덩치가 커 미약한 日干이 왕한 재(財)를 감당 못하게 되면 그림 속의 떡이라 눈앞에 두고도 취하지 못한다. 이러한 경우 (財多身弱)에는 비겁에게 청하여 함께 취할 수 있으므로 日主의 입장으로서는 비겁은 소중한 협력자가 된다.

비견(比肩)ㆍ겁재(劫財)의 명칭에 대하여 : 비견과 겁재는 사주 내에서 오행의 生克작용이 같다. 비견ㆍ겁재를 합쳐 부르면 비겁이고, 나누면 비견과 겁재다.

글에 이런 글귀가 있다.「年長而倍則 父事之하고 十年而長則 兄事之하고 五年而長則 肩隨之하라」나이를 따져 자기 나이 갑절(20세 이후에 한함)이 되는 분에게는 부모처럼 섬기고 열 살 안팎(內外)으로 된 윗사람에게는 형처럼 대해주고, 다섯 살 안팎인 사람에게는 벗으로 삼아 어깨를 나란히 해도 좋다.

현 시대에서는 또래 간의 호칭이 좋아져서 한ㆍ두살 위만 되어도 형, 오빠, 언니 등으로 부르고 있으므로 5년 나이 차이가 되는 사람에게 대해서 너니 내니 하고 친구처럼 부른다면 상대는 자기를 무시한다고 발끈 화를 낼 것이다. 5ㆍ60년 전만 해도 중고등학교에 다니는 학생들이 많지 않아서 선후배 따질 일이 별로 없었기에 소위 5년 벗(서로 말을 놓고 사귀는 나이)을 하였는데 근래부터는 소년에서 청년 거의가 학교에 다니고 있으므로 나이 차 보다는 학년 위주가 되어 1살 위만 되어도 형, 언니, 오빠라 부르게 되는 추세이지만 이러한 풍조가 잘못이라고 생각하지는 않는다. 그래서 비견이란 어깨 높이(나이)가 비슷해서 어깨동무 할 수 있는 또래의 비유라 하겠다.

겁재(劫財)란 어떤 의미로 명칭하였는가. 한자(漢字)를 풀이하면 "처재를 겁탈하다"가 되는데 비견도 극재(克財)하는 것은 마찬가지가 아니냐고 생각되겠는데 그럴만한 까닭이 있다. 日干의 정재(正財)는 日干이 극하되 음양이 다른 오행이다. 예를 들어, 甲日의 정재는 己丑未土로 己土 입장에서는 부부관계, 군신관계가 되어 甲木의 克 받는 것을 도리어 기쁘게 여기는데 乙木의 재 己丑未土(겁재)는 乙木은 칠살(七殺)이 되어 인정사정 두지 않고 마구잡이로 극하는 바람에 日干의 正財는 비견의 克 받는 것보다 겁재의 克 받는 것을 두려워한다. 음양 오행의 성격상 비견은 양대음의 상극관계요, 겁재는 양대양 음대음의 상극관계가 되기 때문이다.

비견과 겁재의 의의는 대체적인 것으로 겁재보다 비견이 약간 유연성(柔軟性)이 있어 좋아하겠지만 사주 구성에 따라 비견도 겁재처럼 포악해질 수 있고 겁재도 희신(喜神)의 작용을 해 주는 예가 얼마든지 있다.

비겁의 작용 : 사주에 재가 많거나 태왕하면 비견이든 겁재든 가릴 것 없이 도와주는 육친이 되어 나(日干)와 비겁은 함께 재를 다스릴 수 있어 비겁은 좋은 협력자가 된다.

비견은 나(日干)를 도와주는 길신이고, 겁재는 나의 것을 탈취해가는 기신(忌神) 된다는 고정관념은 갖지 말아야 한다.

재(財)는 미약한데 비겁이 많으면 가난하고 라이벌이 많아 평생을 두고 뜻을 이루지 못한다.

비겁이 많으면 모든 면에서 강력한 라이벌로 인해 성공이 어렵다.

天干에 미약한 재(財)가 투출되어 있고 타에는 비겁이 왕성에 있으면 남자의 경우 이미 정조를 빼앗긴 여자를 아내로 삼거나, 아니면 혼인한 뒤 다른 남자가 아내의 정조를 유린하는 수가 있다.

비겁이 많으면 마음에 드는 학교에 진학이 어렵고 만 가지 일에 꼭 방해자가 생긴다.

비겁이 많으면 아내의 건강이 나빠지거나 성생활에 있어 아내는 몹시 힘겨워한다.

여자는 비겁이 많으면 첩꼴을 보게 되거나 자신이 첩노릇을 하게 된다.

여자는 비겁이 많으면 남편이 바람피우는 꼴을 보게 된다. 여자는 군비쟁재가 아닌 군겁쟁부(群劫爭夫)라 하겠다. 그리고 혼인이 매우 늦다.

또 여자는 비겁이 많으면 자연 八字가 센 것이 되는데 비겁이 많더라도 맑은 면이 있으면 남편을 克하는게 아니라 경제적인 궁핍이 없고 도리어 남에게 기죽지 않을 만큼 재력이 있다.

양일주(陽日柱)에 겁재가 있고 칠살이 있으면 살인상정(殺刃相停)이란 귀격을 놓는다.

사주에 비겁일색으로 되었더라도 관살(官殺)이 없으면 종비(從比)가 이루어져 도리어 길격이 된다.

(2) 식상(食傷)

식상이란 식신(食神)과 상관(傷官)의 합칭이다.

식신과 상관은 모두 日과 비겁(比劫)의 生을 받고 재(財)를 生해 주며, 인수(印綬)의 克을 받고 관살(官殺)을 克한다.

○ 식상정국도(食傷定局圖)

日干 구분	甲	乙	丙	丁	戊	己	庚	辛	壬	癸
식신 (食神)	丙·巳	丁·午	戊 辰戌	己 丑未	庚·申	辛·酉	壬·亥	癸·子	甲·寅	乙·卯
상관 (傷官)	丁·午	丙·巳	己 丑未	戊 辰戌	辛·酉	庚·申	癸·子	壬·亥	乙·卯	甲·寅

日干과 비겁의 生을 받는 干支가 식상(食傷)이다. 즉 日干이 生하는 자로 음양이 같으면 식신(食神)이오, 음양이 다르면 상관이다. 식신과 상관은 日干과 비겁의 生을 받고 재(財)를 생해 주며 관살(官殺)을 克하고 인수(印綬)의 克을 받는다.

○ 식상생극도

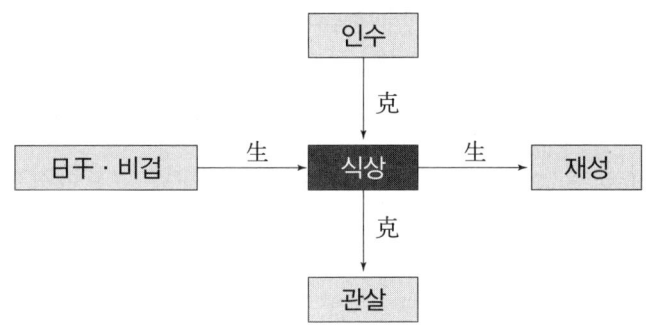

식상도 비겁처럼 오행의 生克比和 작용은 마찬가지인데 식신(食神)과 상관으로 명칭이 다른 것은 무엇 때문일까. 물론 그럴만한 까닭이 있다. 같은 오행이라도 음양에 따라 생극의 작용이 다르기 때문이다. 우선 식신(食神)이라 명칭한 이유부터 알아보자.

식신(食神) : 우선 재(財)를 생하고 관살(官殺)을 克하는 오행이다. 상관도 식신이나 오행작용은 마찬가지다. 헌데 식신의 입장에서는 정재가 자기 몸에서 낳은 친자식 격이 되어 진정한 마음으로 재를 생해 주고 있지만 재의 입장에서는 식신이 생모이고, 상관은 계모나 서묘격에 해당하여 상관의 生을 달갑게 받아들이지 않으므로 재에게 보내는 통로가 좁아 식신생재가 아닌 상관생재 된 까닭이고, 한편 日干을 괴롭히는 칠살의 칠살이 되어 재앙을 야기시키는 칠살을 극해서 꼼짝 못하게 막아주기 때문이다. 상관이 살을 물리치는 것보다 식신이 살을 제거하기가 더 효과적이기 때문이다.

식신은 나의 의식주인 재를 계속 보급해주고 한편으로는 나인 日干에게 재앙(손재, 관재, 질병, 부상 등)을 물리쳐 주는 역할을 하기 때문에 건강과 생명을 지켜주는 회신이 되어서이다.

상관(傷官) : 식신처럼 재(財)를 생해 주고 편관칠살(偏官七殺)을 제어하기는 마찬가지인데 재는 생하되 계모나 서모의 마음처럼 진정으로 생해 주는게 아니고 정관(正官)의 칠살이 되어 내가 필요로 하는 정관성을 극해서 나에게 해로운 일만 작용하기 때문이다. 그러나 이는 식신·상관에 대한 의(義)를 일반적인 심리상태를 적용하여 식신·상관이란 술어를 공감할 수 있게 된 것이다.

식신의 특성 : 식신은 안정된 경제, 복록, 건강, 낙천성, 신체풍만, 후덕함, 자비, 달변 등을 유도한다. 그러므로 식신을 수복지신(壽福之神)이라 한다.

상관의 특성 : 상관은 오만성이 대단하며 만용을 부리다가 죄를 짓게 되고 싸움을 즐기며 무례하고 폭력, 개혁, 하극상 등 위태롭고 모험성 있는 일, 혹은 과감한 투자 등을 유도한다.

사주(四柱)에 식신이 있으면 비교적 순탄한 삶을 누린다. 식신은 재물의 보급로가 되어 우물물이 쓰면 고이고 쓰면 고이는 것 같이 설사 약간 헤프게 쓴다 해도 쓴 것 이상으로 생긴다.

식신·상관이 태왕하거나 너무 많으면 : 상관(傷官)의 작용을 하게 되므로 관운이 없어 관직생활을 하기 어렵고 법 어기는 것을 예사로 하기 때문에 나라에 죄를 짓게 된다. 사주에서 日干을 극하는 자가 관살인데 식상이 태왕하면 국법을 어기는 수가 있다.

식상이 태왕하면 남자는 자식운이 나쁘다. 오행생극에 있어 편관은 자식에 해당하므로 편관이 식상의 극을 받기 때문이다.

여자는 식상이 태왕하면 남편궁이 좋지 않다. 심한 경우 남편과 사별(死別)하거나 남편이 무능하거나 유능하더라도 남편이 운이 없어 되는 일이 없다. 남자는 장모 등살에 괴로움을 겪게 된다. 그러나 식상이 태왕하더라도 사주 내에 관살이 없으면 식상은 극할 상대가 없어 남편과 생이사별(生離死別)은 하지 않는다. 글에 상관견관(傷官見官)이면 위화백단(爲禍百端)이라 한 뜻은 상관이 태왕한 사주에 미약한 관성이 있으면 남편에게 재앙이 있겠지만 상관이 태왕하더라도 공격(克)받을 관성이 없으면 무해하다는 뜻이다. 또는 상관도 있고 관성도 있는 형태에 재도 왕해 있으면 상관과 관살 중간에서 상극을 상생관계로 통관되어 해롭지 않다.

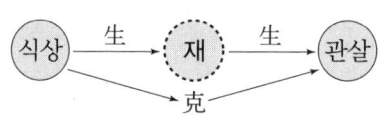

여자는 식상이 태왕하거나 많은 것을 매우 꺼린다. 또는 성생활에도 불만이 있는 것으로 추리된다.

사주 내에 식신이나 상관이 있다 해서 무조건 나쁜 것은 아니다. 적당히 왕하면 도리어 길하다. 왜냐하면 식상은 칠살(七殺)의 행패를 막아줌으로써 질병·사고·빈궁 등 나쁜 작용을 아니하기 때문이다.

신약하지 않아서 재를 요구할 때 식상이 있으면 재성은 식상의 生을 받아 왕성해짐으로써 대길하다. 이를 식상생재격(食傷生財格)이라 한다.

여자는 月支에 식신이 아닌 상관이 있음을 꺼린다. 그렇더라도 옆에 인수가 있어 상관을 억제해주면 근심이 없다.

여자는 식상이 태왕해도 관성이 없으면 남편에게 액이 없다.

식상생재(食傷生財), 식상제살은 길격사주다.

(3) 재성(財星)

재(財)는 편재(偏財)와 정재(正財)의 합칭이다.

재는 식상(食傷)의 生을 받고 관살(官殺)을 생해 주며 日干·비겁(比劫)의 克을 받고 인수(印綬)를 극하니 생극에 있어 다른 육친과 다를바 없다.

日干 구분	甲	乙	丙	丁	戊	己	庚	辛	壬	癸
편재 (偏財)	戊 辰戌	己 丑未	庚·申	辛·酉	壬·亥	癸·子	甲·寅	乙·卯	丙·巳	丁·午
정재 (正財)	己 丑未	戊 辰戌	辛·酉	庚·申	癸·子	壬·亥	乙·卯	甲·寅	丁·午	丙·巳

예를 들어, 丙日干이 사주팔자 가운데 庚이나 申金이 있으면

편재가 되고, 辛이나 酉가 있으면 정재다. 만물 만사는 陽과 陽, 陰과 陰의 만남보다 양과 음의 배합을 원칙으로 정하고 양만 있거나 음만 있으면 비록 오행이 상생관계가 이룬다 해도 바람직하지 않다.

○재성생극도

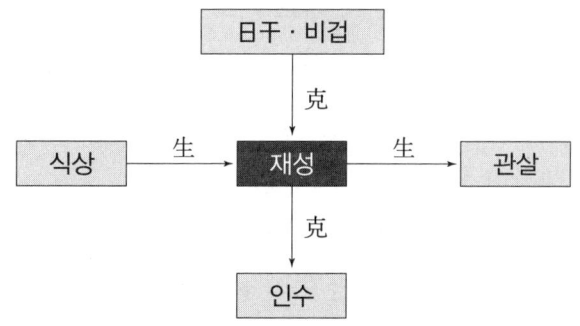

재(財)에 있어 정(正)은 좋고 편(偏)은 나쁘다는 뜻은 없다. 편이 정보다 좋을 경우가 있고 정이 편보다 나쁠 수가 있다.

정재(正財) : 고정적인 재물이오 정정당당하게 번 돈, 또는 고정수입 자기 몫으로 돌아 오는 재물이 되고, 육친관계에 있어서는 정식 절차를 거쳐 부부가 된 아내(남자의 경우) 등으로 보게 되므로 편재보다 정재가 안정적인 정재를 누리게 된다. 그러나 정재도 너무 많으면 편재의 작용을 하게 된다.

편재(偏財) : 비공식적인 재물로서 사주 내에 편재가 있으면 상황에 따라 주인공의 재물이 될 수도 있고 남이 먼저 채어감으로써 놓쳐버리기 쉬운 재물도 된다. 편재격을 놓은 주인공은 혹시 유산이 있더라도 지키지 못하고 있는 것 다 없앤 뒤에 자수성가

(自手成家)하게 된다고 하였다. 사업해서 큰 돈을 벌고자 하는 사람에게는 정재보다 편재가 더 좋은 것이라고 주장하는 사람들이 많다. 그러므로 정재의 주인공은 오랜 세월에 거쳐 날이 가고 달이 가면서 조금씩 재물을 모이게 되나 그 발전이 당당할 정도이고 편재는 용(用)이 분명하고 운이 좋아질 때는 일확천금이 가능한 것으로 본다.

편재가 부친으로 해당되는 것은 인수가 모친인데 편재 부친의 克 받는 육친이 모친이 되기 때문이다. 즉 편재(부친)가 극하는 (我克子) 인수는 주인공에게 모친이 되기 때문이다. 편재격을 놓으면 자수성가라 한다.

편재는 벌기도 잘 하고 없애기도 잘하므로 재산관리가 어렵고 지출이 많아 저축성이 정재만 못해 불안하다.

남자의 경우 정재는 정식 과정을 거쳐 혼인한 아내로 보고 편재는 내연의 처, 재혼하여 얻은 아내 또는 바람피울 상대자 등으로 보는데 때로는 여자 때문에 수난을 당하는 수가 있다.

사주에 정재가 없고 편재만 있을 경우 편재가 아내인데 단 편(偏)이라는 의미 때문에 속도위반해서 만난 아내로도 볼 수 있다.

정재격을 놓은 사람은 절약성이 있고 함부로 돈을 안쓰지만 편재는 사치 등으로 낭비벽이 있고 풍류를 즐긴다.

사주 내에 정재가 있고 그 정재가 공망(空亡)되지 않으면 재운이 좋고 처덕이 있다.

신왕되어 있는 가운데 편재도 왕하면 사업가로서 성공하여 명성을 떨친다.

月支正財, 즉 정재격을 놓은 사람은 사업하기 이전에 기반이 튼튼하여 실패가 없다.

비겁이 많은 가운데 편재이건 정재이건 재성이 천간에 투출되어 있으면 이를 길신태로(吉神太露)라 한다. 남의 눈에 재물이 눈에 띄어 호시탐탐 기회만 노리다가 결국 남에게 뺏기고 만다. 또는 주인공의 아내가 예쁜 차림을 하고 밖으로 나돌면 이를 눈독들이는 남자가 많으므로 자칫 아내를 빼앗길 우려가 있다.

사주에 재고(財庫)가 있고 공망 또는 형(刑)·충(沖)·파(破)·사(死)·절(絶)을 만나지 않으면 일생 돈 궁한 때가 없다. 재고란 甲乙木의 辰戌丑未, 丙丁日에 丑, 戊己日이 辰, 庚辛日은 未, 壬癸日은 戌이 된다.

비겁(比劫)이 많은 사주에 干에만 財가 놓이면 사기, 도난, 실패 등으로 재물을 없앤다. 돈이 들어오기가 바쁘게 곧 나간다.

재성은 공망되지 말아야 한다.

재가 너무 많으면 : 모친에게 나쁘다. 모친의 건강이 나빠 근심되거나, 모친과 생이사별하거나 여자관계로 인해 모친을 괴롭히거나(자식 걱정) 아내가 모친을 학대하는 모습이다.

여자는 시집가서 시어머니한테 구박을 받는다. 또는 시집살이가 심하다. 또는 인수는 미약하고 재가 왕하면 아내가 모친을 구박하는 형상이다.

편재는 시어머니라 재가 많거나 태왕이면 시어머니의 극성이 심한 모습이다. 시어머니가 자신을 직접 구박하는게 아니라 남편을 부추겨 간접적으로 자신을 괴롭히도록 한다.

편재가 많으면 부친이 많은 상이라 두 아버지를 섬기게 된다. 재가(再嫁)하는 어머니를 따라가 의부를 섬기는 수도 있다.

재성(財星)이 태왕한 경우 공처가(恐妻家)가 된다.

재가 미약하지 않더라도 식상이 있어 재를 생해 주어야만 돈줄이 끊기지 않는다.

여자도 남자와 마찬가지로 편재를 부친으로 본다.

여자는 시집가서 시어머니로 본다. 까닭은 정관(正官)은 남편인데 남편 되는 정관을 생해 주는 것은 편재가 되기 때문이다. 남편인 정관 입장에서는 편재가 자신을 낳아준 모친이기 때문이다. 남편의 생모(生母) 편재이고, 편재는 여자 자신의 시어머니가 된다.

(4) 관살(官殺)

관살이란 정관·편관의 합칭이다. 칠살(七殺)이란 명칭은 신약에는 편관의 剋이 두려우므로 편관을 살(殺)로 여겨 칠살이라 칭한다.

신강·신약을 막론하고 관살(官殺)로 칭하는게 일반적인 칭호로 사용하고 있다.

日干을 극하는 육친이 관살인데 日干을 극하는 관살과 음양이 같으면 편관(七殺)이고 음양이 다르면 정관(正官)이다.

구분\日干	甲	乙	丙	丁	戊	己	庚	辛	壬	癸
편관 (偏官)	庚·申	辛·酉	壬·亥	癸·子	甲·寅	乙·卯	丙·巳	丁·午	戊 辰·戌	己 丑·未
정관 (正官)	辛·酉	庚·申	癸·子	壬·亥	乙·卯	甲·寅	丁·午	丙·巳	己 丑·未	戊 辰·戌

예를 들어, 丙日生이 사주에 壬水나 亥水가 있으면 편관이고

癸 · 子가 정관이다.

　관살은 재(財)의 生을 받고 인수를 生해 주며 식상의 극을 받고 日干 · 비겁을 극한다.

　日主(日干)의 입장으로 볼 때 관살은 자신을 지배할 수 있는 관직이오, 직장 상사(上司)요, 법(法)이오, 국가가 된다. 대개 관살은 나(日干)를 극하므로서 관재(官災), 질병, 부상, 재난 등 온갖 나쁜 작용만을 하여 나에게는 매우 두렵고 싫은 존재로 생각되지만 그렇지 않고 좋은 점도 많다. 日主가 태왕하여 팽창되어 있을 때 관살은 日干과 비겁(比劫)을 극하여 태왕된 기(氣)를 억제한다.

　사주(四柱)에 관살이 있어 적당히 왕하고 日主 미약하지 않으면 이른바 신왕관왕(身旺官旺)하여 국가기관이나 사회기관을 막론하고 관직운이 좋다. 관직이란 국가공무원을 포함해서 규모가 큰 회사의 직원으로 근무하는 것을 칭하는데 관직이 좋으면 일생 직장의 녹(祿)을 먹게 되어 의식주 근심이 없게 되니 그 누구라도 좋은 관직에 오르기를 원한 것이다.

　또 관살이 두려운 사주가 있는바 신약(日干의 기본적 오행의 氣가 모자람)이 된 경우에서 관살은 관직이 아니라 질병, 관재, 부상 등의 액을 불러들임으로써 두려운 존재가 된다. 이런 경우 식상이 있어 관살을 제압해 주면 평안하다.

　정관(正官)이 공식적인 관직, 국가로부터 부여받은 자격증 소지자라 하면 편관은 지금처럼 비정규직에 근무하는 신분이거나 편업(偏業)에 종사하는 신분이 된다.

　신왕에 편관도 왕하면 편관은 다름 아닌 살생을 작용하는 살이오, 생살권을 갖게 되니 군인, 경찰, 법관으로 종사 출세할 수 있는 권성(權星)으로 작용된다. 식상·재·관살·인수 등 육친 가운데 어느 것이 좋고 어느 것이 나쁘다는 것을 지적할 수는 없다. 사주 구성 형태에 따라 좋고 나쁜 것을 알 수 있다.

국회의원이 되는 것은 정관이 아닌 편관이 유리할 것이다. 국회의원으로 당선되려면 국가고시에 합격하는게 아니라 지역구 주민들의 표만 많이 얻으면 당선되는 것이므로 인격과 지식수준이 어찌 되었건 간에 표만 많이 얻으면 되는 것이므로 정관이 아닌 편관에 속한다. 내각(內閣)의 특채도 대통령이 임명(任命)만 하면 되는 것이므로 정관이 아닌 편관으로 보아야 한다.

○관살생극도

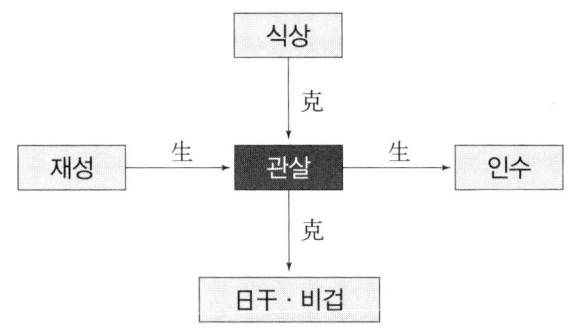

남녀를 막론하고 사주 내에 정관·편관 구분 없이 둘 이상이 되면 이를 관살혼잡(官殺混雜)이라 한다. 남녀를 막론하고 좋지 않다. 남자는 도리어 직장을 구하지 못하는 경향이 있고, 여자는 남녀관계가 복잡한 모습으로 보기 때문이다. 관살혼잡이 되었더라도 관성 하나를 제외하고 나머지 사주 내에 같이 있던 관살을 합거(合去)하면 하나만 남는 것이므로 이렇게 되면 기이(奇異)하게 구성되었다 해서 길격으로 여긴다.

정관의 특성 : 신사적, 합리적 공정, 침착, 정의심, 준법정신, 공식적 중립, 명예, 명성, 국가 회사 입시 자격 소지자 등으로 본다.

편관의 특성 : 치우친 마음과 치우친 행동, 처세, 권모술수, 개혁, 투쟁, 타와의 마찰, 살상, 부상, 범법자 등으로 본다.

여자는 관살혼잡이 되면 여러 번 시집가거나 화류계가 되어 남성접촉을 많이 하거나 마땅한 배우자를 만나지 못하여 처녀신세를 면치 못한다.

사주에 관살이 미약한 상태에서 식상이 태왕하면 남자는 관운과 자식운이 나쁘고 여자는 과부가 되거나 남편이 무능하거나 남편이 능력이 있는 데도 운이 막혀 되는 일이 없이 백수(白手)의 신세를 면키 어렵다.

식상으로 인해 남편 덕을 보지 못하는 여자로서 남편 없이 혼자 몸이 된 경우 이상하게도 경제적인 구애는 받지 않는다. 하지만 미약한 관살 옆에 왕한 식상이 있으면 관살은 왕한 식상에 눌려 맥을 못춘다.

여자는 부성입묘(夫星入墓)를 매우 꺼린다. 부성입묘가 된 사주는 대운이나 세운(歲運)이 그 묘를 沖하는 운이 남편에게 액이 있으니 주의를 요한다. 부성입묘는 다음과 같다.

> 甲乙日-辛丑, 丙丁日-壬辰, 戊己日-乙未,
> 庚辛日-丙戌, 壬癸日-戊戌

부성입묘가 되면 남편이 고(庫)에 갇혀 꼼짝도 못하는 모습인데 沖만 아니면 남편은 튼튼한 갑 속에 있거나 형무소에 들어가 있으므로 공격 당할 우려가 없다. 그러므로 사회활동이 제한돼 있지만 수명은 장구하다.

(5) 인수(印綬)

인수는 日干을 生해 주는 육친으로서 음양의 배합을 따지면 양끼리의 배합이나 음끼리의 배합도 음이나 양이 한 곳으로 치우쳤다 해서 편인(偏印)이고 음과 양의 배합은 정(正)이 되는 것이다.

편인을 도식(倒食)이라 하는 까닭은 편인은 재(財)를 生하여 경제에 큰 도움이 되는 식신을 克해서 마치 음식그릇을 깨쳐버리는(식상을 제거하는) 의미가 있어 이를 깨뜨리는 현상으로 칭하여 편인을 도식이라 한다. 그리고 식신이 필요한 경우 왕한 편인이 임하면 마치 올빼미가 다른 동물의 눈을 빼는 것에 비유해서 효신살(梟神殺)이라 한다.

○ 인수정국도

구분＼日干	甲	乙	丙	丁	戊	己	庚	辛	壬	癸
편인(偏印)	壬·亥	癸·子	甲·寅	乙·卯	丙·巳	丁·午	戊辰·戌	己丑·未	庚·申	辛·酉
정인(正印)	癸·子	壬·亥	乙·卯	甲·寅	丁·午	丙·巳	己丑·未	戊辰·戌	辛·酉	庚·申

예를 들어, 주인공의 日干이 乙木이라면 癸와 子水가 水生木으

로 日干을 生해주므로 인수가 되는데 乙木도 음이오 癸水 子水(子中癸水가 陰水다)도 음이므로 편인(偏印)이 되고, 壬·亥(亥中壬水)는 모두 양에 속하니 음양이 다르면 정(正)이 되는 원칙에 의하여 정인(正印)이 되는 것이다.

○인수생극도

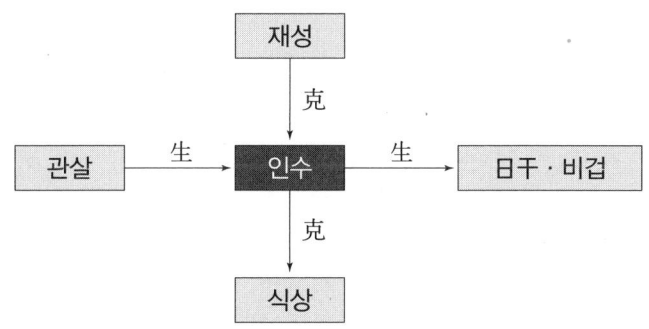

인수(印綬-편인·정인)는 日干과 비겁을 生하고 관살의 生을 받으며 식상을 극하고 재성(財星)의 克을 받는다.

같은 인성(印星)이라도 정인(正印)은 좋고 편인(偏印)은 나쁘다는 단정을 내리지 말고 사주가 어떻게 구성되었느냐에 따라 인성의 희기(喜忌)를 논해야 한다.

사주에 식상이 왕성하여 日主의 진기를 다 뽑아가거나 관성으로 용(用)하려는데 식상이 왕하여 관성을 극해 관성의 숨통을 막아버리면 적들의 손에 국가가 붕괴되는 형상이라 대흉하다. 이런 경우 인수가 식상을 극하여 없애버리거나 기를 못쓰도록 해야 되는데 정과 편의 같은 인수라도 편인으로 용해서 상관용인 하는 것이 효과가 좋다. 사주에 편인이 月支에 있고 日이나 時支

에서 편인을 또 만나면 깔끔하고 단정하다. 의심이 많고 질투심이 많아 쓸데 없는 일에 신경을 쓴다.

사주에 편인이 왕하면 꽁한 마음이 있고 괜한 일에 넘겨짚고 삐뚤어진 생각을 하는 경향이 있다. 반면에 정인(正印)은 어수룩해 보이는 경향이 있다. 배움이 많은 지성인의 경우는 도덕적이고 재물보다 명예를 더 존중하며 군자풍인데 마음이 독하지 못해서 손해보는 일이 많다.

신약(身弱-日主의 기가 모자람-뒤에 설명이 있음)하여 편인·정인을 막론하고 인수의 보호를 받는 사람은 재물과 인연이 먼 대신 일생을 통하여 최악의 상태에는 이르지 않고 천우신조(天佑神助)가 있어 절체절명의 위기에서 구제되는 일이 많다. 이렇듯 인수가 좋은 육친이지만 사주 내에 인수가 너무 많으면 도리어 그 피해가 크다.

인수가 너무 왕하거나 많으면 요샛말로 마마보이가 되기 쉽다. 부모의 과잉보호로 자식은 독립심이 없고 사회에 적응을 못하기 때문이다.

사주에 편인격을 놓거나 편인이 태왕하면 편업(偏業)에 종사하는 예가 많다. 편업이란 개인병원 의사, 변호사, 법무사, 계리사, 이발사, 미용사 등의 직업을 말한다.

年이나 月에 정인이 있고 타에 손상되지 않으면 성격이 온후, 단정, 원만하고 신사적 매너와 군자풍이 있어 사람들의 존경을 받게 되며 학자, 교육자, 작가 등 대개 학문과 연계되는 직업으로 종사하게 된다. 부모덕이 있거나 좋은 가문의 출신일 수도 있다.

사주에 인수가 많으면 인수는 모친에 해당하므로 생모 이외로 어머니뻘이 많은 상이다. 따라서 부친이 재혼하거나 여자관계가 복잡할 수가 있다.

편인은 생모가 아닌 어머니뻘이 되지만 정인이 없고 편인만 있으면 편인으로 생모를 삼거나 생모가 부친과 이별하고 딴 여자를 얻어 사는 것으로도 추리해 볼 수 있다.

정인도 둘 이상이면 하나는 생모(生母)가 되지만 하나는 모친뻘 되는 신분으로 준해야 한다.

도식(倒食)이란 밥그릇을 엎는다는 말이다. 재를 生해 주어 먹을 것을 계속 대주는 식신을 인수가 克해서 재물의 보급로가 막히는 것을 말하는바 이러한 경우의 인수는 바로 도식(倒食)이 되는 것이다. 그러므로 도식에 해당하는 명(命)은 박복하다.

여자는 식상이 왕하면 남편 되는 관성을 극해서 불리한데 이런 경우는 인수로 하여금 식상을 제압해서 관살이 보호되는 것이므로 인수가 희신이 된다.

여자는 식상이 미약하고 인수가 왕하면 자식 두기가 어렵다. 혹은 생식기에 이상이 생기는 수도 있다.

편인이나 정인이 있긴 해도 미약하고 관살이 없으며 재(財)가 많거나 태왕되거나 많으면 아내가 부모를 구박하게 되며 또는 아내로 인해 불효자가 된다. 또 이러한 형태를 탐재괴인(貪財壞印)이라 한다. 재물(뇌물)을 탐하다가 파직당하고 명예가 추락되는데 남자는 여자 때문에 망신 당하거나 여자로 인해 큰 손해를 입는다.

비겁·식상·재·관살·인수 등 육친은 그 세력이 비슷해야 대길하다. 그러나 대개 어느 한 육친이 왕성하면 피동적으로 어느 한 육친이 쇠약해지기 마련이다. 과여불급(過如不及)이라 너무 왕성한 것은 모자란 것과 마찬가지다. 육친의 기(氣)가 지나치게 왕성하면 어떤 작용을 하는지 종합해서 간단히 설명한다.

비겁이 너무 많으면 : 버릇이 없고 건방지고 무례하다. 가난하고 재물이 따르지 않으며 평생 라이벌로 인해 성공이 어려우며 결혼이 어렵고 아내의 건강이 나빠진다.

식상이 너무 많으면 : 남자는 관운(官運)이 없어 취직하기가 힘들고 하극상 하는 경향이 있으며, 여자는 남편궁이 불리라 남편 때문에 고생하거나 그 남편이 무능하다.

재가 너무 많으면 : 모친이 병약하거나 아내가 모친을 학대하거나 부친뻘 되는 사람이 많이 있거나 여자관계가 복잡하다. 여자는 시어머니의 시집살이를 겪는다.

관살이 너무 많으면 : 관재, 질병, 부상 등이 많이 발생하고 몸이 허약하며 혹 아내 이외의 여자에게 자식을 두는 수도 있다. 일생에 걸쳐 안정된 직장이 없어 무직으로 있는 세월이 많다.

제10장
신강 · 신약

1. 신강 · 신약의 이해

사주학의 기초 정도만 익숙한 수준이면 신(身)이 무엇이고 강약(强弱)이 무엇인지 신강 · 신약에 대한 술어(述語) 정도는 알 수 있겠지만 기초가 없이 입문(入門)한 분이면 그 누구를 막론하고 이해되지 않을 것이다. 그리고 신강(身强) 신약(身弱)이란 성어(成語)가 마치 몸이 건강한 사람을 가리켜 신강이라 하고, 몸이 허약한 사람을 가리켜 신약이라 하지 않겠느냐고 잘못 이해하는 분도 있을지 모른다.

본 사주학에서는 태어난(出生) 날짜의 天干(대개는 日干이라 칭함)을 칭한다. 즉 甲日에 태어나면 甲木이 신(身)이며 일주(日

主-日干)요. 乙日에 태어나면 乙木을 日主 또는 신(身)이라 한다.

사주학 및 기타 유사한 학문은 운명을 추리하는 근본자료가 다름 아닌 생년월일시 간지(干支)다. 앞서 (제 사주 정하는 법) 年·月·日·時 干支 정하는 원칙을 수록한 바 있다. 근본은 육십갑자(六十甲子)로서 이 육십갑자는 1년에 한자리, 1월에 한자리, 1일에 한자리, 한 시지(時支)에 한자리씩 이어져 나감으로써 연월일시에 매인 간지를 사주(四柱)라 한다.

서기 2011년 양력 9월 30일(음력은 9월 초4일) 오후 4시 출생의 사주간지로 예를 든다.

時	日	月	年
庚申	戊子	丁酉	辛卯
생시간지	생일간지	생월간지	생년간지

이 사주는 사주 정하는 원칙에 의해 왼편 보기와 같이 정해진다. 생일의 天干 戊土를 日干 또는 일주(日主) 또는 신(身)이라 한다.

戊子 日干(생일의 天干) 戊土가 신(身)

또한 예를 들어 甲子日生은 甲木이 신(身)이고, 乙日生은 乙木이 신(身)이다.

(1) 신강(身强)

출생한 날의 천간(天干), 즉 일간(日干)은 신(身)이라 지칭한다는 원칙을 알았을 것이다. 신강·신약이란 일간(日干)의 기(氣)

가 충족되면 신강(신왕이라고도 함)이고, 日干의 기(氣)가 모자라면 신약(身弱)이라 한다.

미리 말해두거니와 사주 작용 원칙상 신강이면 좋고 신약이면 나쁘리라는 생각은 하지 말아야 한다. 신강한 사람도 빈천의 운명이 있고, 신약한 사람도 부귀을 누리는바 요는 사주가 어떻게 구성되었느냐에 따라 길흉의 작용을 하게 된다.

본 사주학은 형평(衡平-기가 지나치게 왕성하면 덜어 내고 기가 모자라면 보태주는 방법-太過者는 損之斯成하고 不及者는 益之則利라)의 원칙이 주(主)가 되므로 사주가 신강에 속하는지 신약에 속하는지를 가늠해서 바르게 정할 줄 알아야 하고, 또 신강·신약의 비중을 알아야 한다.

즉 신강에 보통신강, 태강, 극왕이 있고, 신약에 보통신약, 태약, 극약의 형태가 있으므로 이것까지 정확히 가늠해야 한다.

신강(身强)에
┌ 보통신강 - 日干의 기(氣)가 강한 편에 속함.(약하지 않음)
├ 태 강 - 日干의 기(氣)가 조금 지나치게 왕성한 감이 듦.
└ 극 왕 - 日干의 기(氣)가 지극히 왕성함.

신약(身弱)에
┌ 보통신약 - 日干의 기(氣)가 약한 편에 속함.
├ 태 약 - 日干의 기(氣)가 조금 지나치게 약함.
└ 극 약 - 日干의 기(氣)가 지극히 미약함.

누구의 사주이거나를 막론하고 사주를 기록해 놓고 신강인지 신약인지와 신강이면 어느 정도 왕하고 신약이면 어느 정도 약한지를 바르게 알아야 근본 사주의 길흉과 운로(運路)의 화복(禍福)을 바르게 추리할 수 있다.

○신강·신약을 가늠하려면 일주(日主-日干)가 득령인지 실령인지 살피고, 또 삼합(三合)·유합(類合)·방합(方合)과 십이운성법(十二運星法)으로 생왕사절(生旺死絕)을 알아야 한다.

【 득령(得令) 】

득령이란 오행(여기에서는 日干)이 제 절(節)을 만난 것으로 아래와 같다.

甲乙日에 寅卯辰月　　丙丁日이 巳午未月

戊己日이 辰戌丑未月　庚辛日이 申酉戌月

壬癸日이 亥子丑月

① 득령하여 신강이 된 예

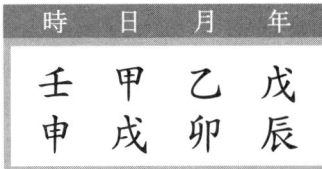

●이 사주는 甲日이 목왕절(木旺節)인 卯月 生하니 득령이 되어 신강이다. 더욱 신강이 분명한 것은 시간(時干) 壬水가 시지(時支) 申金 칠살(七殺)의 生을 받아 水生木(申金生 壬水, 壬水生 日干 甲木)이다. 또 卯月은 甲木의 제왕(帝旺)이요, 양인(羊刃)이라 신강으로 결정하는데 의심이 없다.

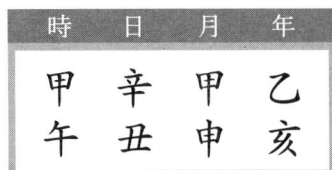

●이 사주는 辛日이 申月에 생하니 금왕절(金이 왕하는 절기)이고 득령이라 신강이다. 여기

에다 日支에 丑土 인수의 生까지 맡으니 신강이 분명하다.

● 아래는 모두 日干이 득령하여 신강된 예의 사주다.

② 인수월(印綬月)에 生하여 신강

日干(日主)이 인수월에 生하면 日支의 生을 받으므로 신강 될 가능성이 득령 다음이다. 그러나 인수월에 生하였더라도 타에 재살(財殺)이 왕하지 않고 또 月支 이외로 인수, 비겁이 있어 도와주어야 신강이 된다. 아래 사주를 참고하라.

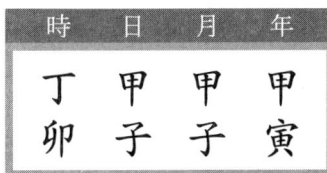

● 왼편 사주는 甲木이 子月에 生하니 水生木(子水가 日干 甲木을 生함)으로 인수월이다. 득령만은 못해도 신강 될 가능성이

높다. 年月干 甲木에 地支가 모두 水木이 되어 日干 甲木을 도우니 신강을 넘어 태강 된 사주다.

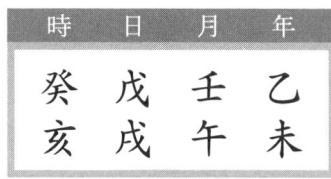

●이 사주는 戊土가 午月에 生하고 年支 未土와 日支 戌土, 그리고 午戌火 인수국(印綬局)이 가세하니 신강 정도를 넘어서 태강 된 사주다.

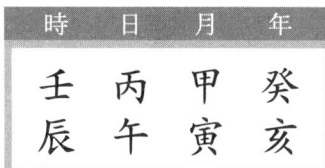

●이 사주는 丙火가 寅月에 生하니 인수월이다. 年에 癸亥水와 時干 壬水 칠살(七殺)의 극을 받고 있으나 月·日支 寅午 火局에다 또 丙火가 日支 午火에 착근하니 신강이 분명하다.

●아래는 모두 인수월에 生하여 신강 된 예다.

③ 실령하고도 신강

日干이 실령(失令)하면 대개는 신약이 된다. 우선 어떤 것이 실령인가부터 알아보자.

甲乙日이 巳午未申酉戌丑月
丙丁日이 辰申酉戌亥子丑月
戊己日이 寅卯申酉亥子月
庚辛日이 寅卯辰巳午未亥子月
壬癸日이 寅卯辰巳午未戌月

참고 壬癸日 丑月은 水가 왕하는 겨울철이라 사시(四時) 가운데 水月에 해당하나 근본이 丑土라서 土克水 극을 받으니 왕한 편도 약한 편도 아니라 타의 형세를 보아 강약을 결정해야 한다.

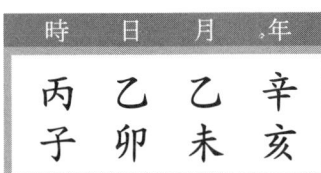

● 왼편 사주는 乙木이 火가 왕한(巳午未月 여름) 때를 만나 실령되었다. 그래서 우선은 신약인데 타의 형세를 살펴보니 비록 실령은 되었으나 신강으로 낙점해야 된다. 요는 年時支 亥子水가 있을 뿐 아니라 年月日支가 亥卯未로 삼합목전국(三合木全局)을 이루었으니 신약은 고사하고 태강으로 변한 예다.

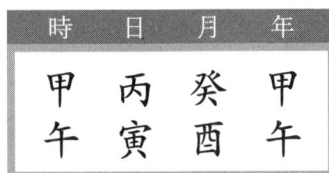

● 왼편 사주도 丙日酉月이라 실령이므로 우선은 신약으로 본다. 그러나 연시간(年時干)이 甲木 인수요, 日支 寅이 장생궁(長生宮)이며 寅午로 반합화국(半合火局)해서 日干 丙火를 도우니 신

약이 신강으로 변했다.

● 아래 사주는 모두 실령하고도 신강 된 사주의 예이다.

● 위 사주는 모두 실령하고도 신강 된 예다.

(2) 신약(身弱)

日干이 실령(失令)되면 신강되는 것보다 신약 될 가능성이 높다. 실령은 다음과 같은 경우다.

 甲乙日－巳午未申酉戌丑月

 丙丁日－辰申酉戌亥子丑月

 戊己日－寅卯申酉亥子月

 庚辛日－寅卯辰巳午未亥子月

 壬癸日－寅卯辰巳午未戌月

참고 단 庚辛日 辰月과 未月은 신강되는 인수월에 해당하나 辰土는 목기(木氣)가 왕성하여 土生金 하는데 별 효력이 없고, 未月도 인수월이나 巳午未 화왕절(火旺節)에 해당, 生이 아닌 극(火克金)을 받는 편이라 신강에 도움이 못 되며 壬癸日丑月은 근본 수왕절(水旺節)이지만 근본이 土라 토극수(土克水)되어 득령이라 하기 어렵다.

① 실령하여 신약이 된 예

日主(日干)가 실령되면 신강되는 경우보다 신약되는 경우가 더 많다. 다음과 같은 예다.

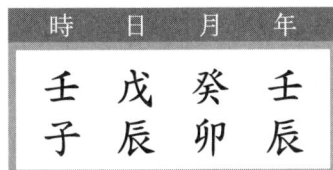

● 戊土가 卯月에 生하니 실령되었다. 年支 辰土가 있고 日支 辰土에 착근되었으나 干의 壬癸 水와 子辰合水에 비해 日主가 미약하니 신약이다.

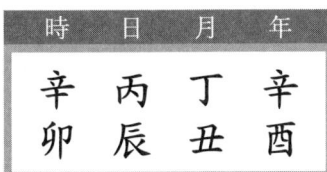

● 日干 丙火가 丑月 수왕절(水旺節)에 실령된 가운데 日干을 돕는 자는 오직 시지 卯木과 月干 丁火뿐이라 이 정도 만으로는 신강되기 어렵다. 土金 식상과 재가 왕하니 신약이 분명하다.

● 다음은 모두 실령하여 신약이 된 사주의 예다.

時	日	月	年
丙	壬	丁	丁
午	子	未	酉

時	日	月	年
甲	辛	庚	壬
午	丑	子	寅

時	日	月	年
辛	庚	丁	戊
巳	午	巳	寅

時	日	月	年
壬	癸	癸	戊
子	巳	丑	午

時	日	月	年
庚	壬	庚	辛
戌	午	寅	卯

時	日	月	年
癸	癸	壬	乙
丑	酉	午	酉

② 득령하고도 신약된 예

日干이 득령하면 일반적으로 신강에 속한다. 그러나 日干이 득령했더라도 신약이 되는 예도 적지 않다. 아래에 그 예시가 있다.

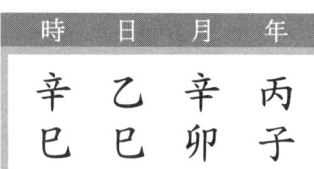

● 日干 乙木이 卯月에 生하니 득령이 분명하다. 때문에 신강이 될 터인데 사주 구성 상태를 자세히 살핀, 즉 득령 한가지만으로 신강이라 단정할 수 없다. 왜냐하면 月支 卯木은 月干 辛金에 억제되고 또 月時干 辛金은 은근히 日時支 巳中庚金에 근하여 日干 乙木을 압박하니 신약 쪽으로 보는게 옳을 것 같다.

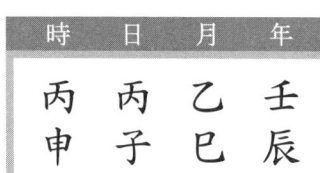

● 日干 丙火가 巳月에 득령이라 신강으로 보지마라 연일시가 申子辰 살국(殺局)을 이루어 극신(克身)하니 시간 丙火의 도움만으로 존립하기 어렵다. 때문에 이 사주도 득령이나 신약에 속

한다.

日干이 득령이면 비교적 신강되지만 사주 구성에 따라서는 위 예와 같이 득령하고도 신약이 되는 경우도 많다.

③ 인수월에 生하고도 신약된 예

日支에 인수를 놓으면 인수는 日干을 生해주므로 신강될 가능성이 60% 정도다. 인수는 日干을 生하므로 실령보다 신강되는데 가까우나 인수월 하나만으로는 신강되지는 않는다. 아래 예에서 이해하라.

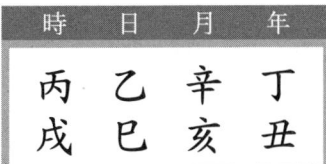

●乙木이 亥月에 生하니 水生木하여 乙木이 亥水의 生을 받는다. 그러나 이 乙木은 오직 亥水의 生만 있을 뿐 기타는 모두 목기(木氣)를 누르거나 빼내가고 있다. 즉 年干丁火, 時干丙火, 日支 巳火라 木生火로 木의 정기(精氣)를 빼내고 있는 중 月干七殺이 비

수로 옆구리를 찌르고 있는 형상이요, 年支丑土와 時支戌土도 日主의 힘을 빼내고 있으니 신약이 분명하다.

●왼편 예의 사주는 丙火가 寅月에 生하니 寅木生丙火로 日主가 生을 받으니 우선은 신강처럼 보인다. 그러나 丙火가 生을 받는 것은 오직 甲寅木 인수뿐이고 기타는 상관(傷官-日時支 辰土)과 관살(年時干壬癸水와 年支亥水)뿐이라 甲·寅木의 生만으로는 강하지 못한다.

이상과 같이 日干이 득령하거나 인수월에 生하면 신강이 되고, 日干이 실령하면 신약이 되는 것은 보편적인 확률이요, 득령되었다 해서 반드시 신강되는 것은 아니며, 실령되었다 해서 반드시 신약이 되는 것은 아니라는 것을 알아두어야 한다.

●유합(類合) : 유합이란 干支를 포함해서 같은 오행끼리 모인 것이다.

甲乙日에 甲寅乙卯가 많음.

丙丁日에 丙丁巳午가 많음.

戊己日에 戊己辰戌丑未가 많음.

庚辛日에 庚辛申酉가 많음.

壬癸日에 壬癸亥子가 많음.

日干이 실령되었더라도 日干과 동일한 오행이 月支 이외로 다 차지하면 신강된다. 식상·재·관살로 유합(類合)을 이루면 日干

이 비록 득령하였더라도 신약으로 변한다.

　甲乙日에 庚辛申酉(관살) 戊己辰戌丑未(재) 丙丁巳午(상관)가 많음.

　丙丁日에 壬癸亥子(관살) 庚辛申酉(재) 戊己辰戌丑未(상관)가 많음.

　戊己日에 甲乙寅卯(관살) 壬癸亥子(재) 庚辛申酉(상관)가 많음.

　庚辛日에 丙丁巳午(관살) 甲乙寅卯(재) 壬癸亥子(상관)가 많음.

　壬癸日에 戊己辰戌丑未(관살) 丙丁巳午(재) 甲乙寅卯(상관)가 많음.

　●삼합(三合) : 日干이 비겁(比劫)과 동일한 오행으로 삼합전국(三合全局)을 이루면 비록 실령하였더라도 신강 될 수 있다.

甲乙日이 亥卯未가 다 있음(이를 木全局이라 한다.)
丙丁日이 寅午戌이 다 있음(이를 火全局이라 한다.)
戊己日이 辰戌丑未가 많음(이는 유합이라 한다.)
庚辛日이 巳酉丑이 다 있음(이는 金全局이라 한다.)
壬癸日이 申子辰이 다 있음(이를 水局全이라 한다.)

　사주가 득령(得令)뿐이고 그 외는 모두 관살·식상·재 등으로 삼합전국을 이루어도 신약해질 수 있다.

[참고] 인수(印綬) 식상(食傷) 재(財) 등이 너무 많으면 어떻게 되나

日干	인수가 너무 많으면	식상이 너무 많으면	재가 너무 많으면
甲乙日	수다목부(水多木浮)	화다목분(火多木焚)	토다목절(土多木折)
丙丁日	목다화멸(木多火滅)	토다화무광(土多火無光)	금다화식(金多火熄)
戊己日	화다토조(火多土燥)	금다토변(金多土變)	수다토류(水多土流)
庚辛日	토다금매(土多金埋)	수다금침(水多金沈)	목다금결(木多金缺)
壬癸日	금다수탁(金多水濁)	목다수축(木多水縮)	화다수건(火多水乾)

○해설

모든 사물(事物)의 성(性)은 생(生)을 좋아하고 극(克)을 싫어한다. 요는 생(生)을 받으면 살아나고 극(克)을 받으면 사멸(死滅)하기 때문이다. 또 내가 타(他)를 생(生)해 주는 것은 마치 모(母)가 자(子)를 기쁘게 생(生)해 주는 이치요. 내가 타(他)를 극(克)하는 것은 소유할 수 있는 기쁨이기 때문이다.

木은 水의 生받음을 기뻐하나 정도 문제이지 물이 너무 많으면 물에 뿌리가 뽑혀 떠내려간다.(水生木이라 하나 水가 너무 많으면 도리어 신약해진다.)

火는 木의 生을 받아야 생명(타는 것)이 이어지지만 木이 너무 많으면 불이 꺼진다.

土는 火의 生을 받는다 하나 火가 너무 뜨거우면(날씨가 매우 덥고 가뭄이 심한 것에 비유) 흙이 메말라 초목이 자랄 수 없다.

金은 土의 生을 받음을 좋아한다. 그러나 정도 문제이지 흙무더기가 너무 크면 金은 흙 속에 묻히고 만다.

水는 金의 생을 받으나 쇳가루가 너무 많으면 물은 흐리게 된다.

이상은 인수(印綬)의 生이 지나침을 비유함이다.

木은 火를 生하나 火가 너무 많으면 木은 불에 타 없어진다. 오행은 반드시 그 명맥이 남아 있어야 한다. 가뭄이 심하여 뜨거운 볕을 오래 받으면 말라 죽는 이치에 비유된다.(火多木焚)

火는 土를 生하나 土가 너무 많으면 불빛이 어둡다.(土多火無光)

土는 金을 生하나 金이 너무 많으면 토질(土質)이 변한다.(金多土變)

金은 水를 生하나 水가 너무 많으면 金은 물속에 잠긴다.(水多金沈)

水는 木을 生하나 木이 너무 많으면 물은 줄어들게 된다.(木多水縮)

이상은 日干이 식상을 많이 만나면 生을 감당치 못해 불리하다는 뜻이다. 비유하건대, 가난한 사람이 자식을 많이 두면 고생이 더 심하게 되는 것과 같다.

木은 土를 극하나 土가 너무 많이 만나면 단단한 흙에 나무가 꺾이게 된다.(土多木折)

火는 金을 극하나 金이 너무 많으면 불은 꺼지게 된다.(金多火熄)

土는 水를 극하나 水가 너무 많으면 흙은 씻겨 내려간다.(水多土流)

水는 火를 극하나 火가 너무 많으면 물은 쪼라 들게 된다.(火多水乾)

이상은 내(日)가 타(재성)를 극할지라도 克 받는 상대가 너무 많으면 克하기는 고사하고 도리어 克 받는 자에게 손상을 입는다는 뜻이다.

[참고] 신강 · 신약 배점 요령

신강 · 신약을 어떻게 가늠하는가를 앞글에서 이해하기가 어렵다고 생각하는 분을 위하여 다음과 같이 표로 나타내본다.

時干	日干	月干	年干	천간(天干)	
인수 +1 비겁 +1 식상 -1 재 -1 관살 -1		인수 +1 비겁 +1 식상 -1 재 -1 관살 -1	인수 +0.5 비겁 +0.5 식상 -0.5 재 -0.5 관살 -0.5		+ 는 신강 - 는 신약 + - 대비하여 + 1에서 3 : 신강 + 4에서 6 : 태강 + 7이상 극왕 - 1에서 3 : 신약 - 4에서 6 : 태약 - 7이상 극약
時支	日支	月干支	年支	지지(地支)	
인수 +1 비겁 +1 식상 -1 재 -1 관살 -1.5	인수 +2 비겁 +2.5 식상 -1.5 재 -1.5 관살 -2.5	인수 +2.5 비겁 +4 식상 -2.5 재 -2.5 관살 -3	인수 +0.5 비겁 +0.5 식상 -0.5 재 -0.5 관살 -0.5		단 干이 支 위에 올라 있으면 +- 1.5 가산한다.

○ 月이 辰戌丑未 또는 三合局은 아래와 같이 +- 계산

月干＼月	辰月	未月	戌月	丑月	육친	전국전방	반국반방	유합	인수
甲乙日	+2.5	-2	-2.5	-2	인수	+2.5	+1.5	인수 많음 +2.5	+3
丙丁日	-2.5	+-0	-2	-3	비겁	+4	+3	비겁이 많음 +4	+4
戊己日	+4	+4	+4	+3	식상	-3	-2	식상이 많음 -2.5	-2.5
庚辛日	+1	-1	+3	+2	재성	-3	-1.5	재성이 많음 -2	-2
壬癸日	-3	-4	-4	-1.5	관살	-4	-2	관살이 많음 -3	-4

○배점표(配點表)에 의한 신강·신약 가늠하는 요령

역학인(易學人)들의 말에 의하면 명리학(命理學)에 있어 격국 용신(格局用神)만 알면 사주학 공부는 다한 것이다 하였는데, 틀린 말은 아니지만 그보다 중요한 것은 신강·신약을 바르게 아는 일이다. 신상·신약을 가늠하는 것은 마치 자(尺)와 되(斤)와 저울(衡) 없이 길이와 부피와 무게를 재어 그 수치(數值)를 알아야 하는 것과 마찬가지이다.

본 사주학의 용신(用神－사주팔자 중에서 가장 필요로 하는 육친이 어느 것인가를 알아내려면 먼저 신강·신약(신강에 보통신강, 태강, 극왕과 신약에 보통신약, 태약, 극약의 구분)을 알아야 한다. 때문에 신강·신약을 모르고서는 격과 용신 정하는 것이 불가능하기 때문이다. 그러나 그 신강·신약 가늠하는 요령만 터득하면 80~90% 정도 맞는 답을 얻어낼 것이다.

필자가 이 위에 이미 수록한 항목에서 끝내지 않고 거듭 추가해서 배점표까지 만들어 설명하는 까닭은 사주명리학의 핵심이 신강·신약 바르게 알아내는 일이기 때문이다. 사주 구성은 그야말로 천태만상이어서 예(例) 몇 가지로 다 나타낼 수는 없지만 눈짐작으로 길이와 부피와 무게를 알아내는 것보다는 근거재료 (四柱干支의 배열)가 있으므로 비록 초보수준이라 해도 연구를 거듭하면 맞는 답을 얻을 수 있으리라 믿는다.

○득령하여 신강

● 月干 乙木이 卯月에 生하여 득령(得令) 또는 녹근(祿根)한데다 月干癸水의 生이 있다. 그러나 이것만으로는 신강이 다 자신있게

時	日	月	年
정관 -1	日干	편인 +1	식신 -0.5
庚辰	乙未	癸卯	丁巳
정재 -1	편재 -2	비견 +4	상관 -0.5

※ 卯未木 반국 +2

말 못하는 것은 年·日·時支에 되는 재살이 왕하기 때문이다. 그런데 사주 구성을 자세히 살피니 月日支가 卯未로 木 반국(半局)을 놓아 +2점이 가산된다. 즉 +에 月干 편인이 +1, 月支 비견 득령 +4, 月日支 卯未木 반국(半局)이 +2라 +총합이 7이 되고 -는 年干 식신 -0.5, 時干 정관이 -1, 年支 상관이 0.5, 日·時支 편재, 정재가 -3이니 -총합 5라 +-대비하면 +2라 보통신강이 되는 것이다.

○ 甲木辰月生 신강

時	日	月	年
편인 +1	日干	비견 +1	편인 +0.5
壬申	甲戌	甲辰	壬午
칠살 -1	편재 -1.5	편재 +2.5	상관 -0.5

● 이 사주는 甲木이 목왕절(木旺節)인 辰月에 生하였으니 득령(得令)이 분명하다. 신강이 되려면 오직 인수와 비겁 뿐인데 甲木의 辰月은 재(財)에 해당, 어찌하여 득령인가 의혹이 되겠지만 오직 甲木은 예외다. 특히 甲木의 辰月만은 대목지토(帶木之土)라 하여 득령으로 준하는 것이다. 그러므로 甲木 득령 +2.5, 年干 壬水 +0.5, 月干 甲木 日干 +1, 時干 壬水 +1, +총합 +가 5이다.

신약이 되는 -를 보자. 年支 午火 -0.5, 日支 戌土 편재 -1.5, 시지 칠살 -1, -총합 -3이라. +5와 -3을 대비하면 +2가 되니 보통신강이다.

○ 인수월 생으로 신강

時	日	月	年
재성 - 1	日干 0	재성 - 1	관성 - 0.5
癸亥	戊戌	壬午	乙未
재성 - 1	비겁 + 2.5	인수 + 2.5	비겁 + 0.5

● 日干 戊土가 午月에 生하니 月支 인수의 生이 있어 신강 될 가능성이 높다. 게다가 日支에 착근(着根)한 중 年支 未土 비겁이 합세하니 신강이 분명하다.

○ 배점표에 의거 신강·신약을 알아보자.

[참고] 간여지동(干與之同)이면 +-1점을 가감한다. 간여지동이란 甲寅 乙卯 丙午 丁巳 戊辰 戊戌 己丑 己未 庚申 辛酉 壬子 癸亥의 예다.

+점수부터 합산해보자. 干에는 +가 없고, 支에 年干 未土 비겁이 +0.5, 月支 午火 인수가 +2.5, 日支 戌土가 +2.5, 간여지동이라 +1가산, 또 三支(未土, 午中己土, 戌土)가 모이니 여기에도 +1점, 그래서 합이 +7.5이고 -는 年干 乙木 관성이 -0.5, 時干 관성이 -1, 月干 壬水가 -1, 時支 亥水 재성이 -1, 癸亥 간지동이 -1하여 -4.5가 된다. 이를 +-대비하면 +3이 되므로 신강이다.

○ 月支 칠살 놓고도 신강

時	日	月	年
재성 -1	일간 0	인수 +1	관살 -0.5
壬子	戊午	丙寅	甲戌
재성 -1	인수 +2	관살 -1.5	비겁 +0.5

● 이 사주는 실령하고도 신강된 예다. 戊土가 寅月에 生하니 실령이라 우선은 신약인 감이 든다. 그러나 자세히 살피면 신약이 아닌 신강이다. 月支가 寅木 칠살(七殺)이라 하나 십이운성법(十二運星法)으로 戊土의 장생궁(長生宮)이며 月干 丙火 인수, 年月日支가 寅午戌로 인국전(印局全)을 놓아 日干 戊土를 生해 주니 신강으로 변했다.

그러면 배점표(配點表)에 의해 신강인지 신약인지 가늠해보자. 우선 +에 月干 丙火 인수가 +1, 年支 戌土 비겁이 +0.5, 日支 午火 인수가 +2, 寅午戌 화국(火局)이 +3이라 총합이 +6.5이고, -는 年干 甲木 칠살이 -0.5, 時干 壬水 財와 時支 子水 財가 -2, 여기에 壬子水가 간여지동이므로 -1, 月支 寅木 칠살이 -1.5(본시는 月支 관살은 -3이지만 이 경우는 戊土의 寅月은 장생지가 되니 -1.5로 본다.) 그리하여 -총합이 5라 +6.5와 -5를 대비하면 +1.5가 되니 신강이다.

○ 실령하여 신약

● 日干 戊土가 申月에 生하니 실령(失令)이라 일단은 신약 될 가능성이 많다. 日干을 돕는 것(+)은 年月干 두 丙火 인수와 日支 辰土 뿐이다. 辰土가 비록 戊土의 착근지지(着根之地)라 하나 재관(財官)의 세력에 비하여 기(氣)가 모자란다. 배점표로 가늠

時	日	月	年
관성 −2	일간 0	인수 +1	인수 +0.5
乙 卯	戊 辰	丙 申	丙 子
−1	+3.5	−1.5	−0.5

해보자. +에 年月 丙火 인수가 +1.5, 日支 辰土가 +3.5(간여지동 계산)로 +5가 된다. −는 時干 乙木 관성이 −2(간여지동 계산), 年月支 申子가 −2, 時支 卯木 관성이 −1, 그리고 申子辰 재국전(財局全)이 −3하여 총합 −8로 보면 된다.

그리하여 +합이 5이고 −합이 8이라 +−대비하면 −3이다. 이 예는 실령으로 신약이 된 사주다.

○득령하고도 신약이 된 예

時	日	月	年
식상 −1	일간 0	비겁 +1	재성 −0.5
甲 辰	壬 戌	壬 子	丁 未
칠살 −1	칠살 −2.5	겁재 +4	정관 −0.5

●日干 壬水가 子月에 득령(得令)하였다. 그래서 신강(身强) 같으나 득령하고도 신약으로 변했다. 까닭은 壬水가 오직 득령뿐이고 타에서 도와주는 육친이 없고 살(殺)이 왕하기 때문이다. 年日時 支 三土가 작당해서 수(水)를 극하고 있어 강약을 논한다면 신약 편에 든다. 배점표를 계산해보자,

+는 月干 壬水 비겁 +1, 月支子水 득령 +4, 간여지동(干與支 同−壬子) +1하여 총합이 +6이다.

−는 年干 丁火 財가 −0.5, 時干 甲木 식상이 −1, 年支 未土 관성 日支 戌土 칠살이 −3, 時支 辰土 칠살이 −1, 未. 戌. 辰 三土

유합(類合)에서 −2가 추가된다. 그리하여 −총합이 −7.5라 +−차가 −1.5이므로 신약이다.

○ 인수월에 生하고도 신약이 된 예

時	日	月	年
상관 −1	日干 0	비겁 +1	칠살 −0.5
甲寅	癸丑	壬申	己未
상관 −1	칠살 −3	인수 +3	칠살 −0.5

● 日干 癸水가 申月(인수)에 生하니 선입감으로 신강인 것 같이 생각된다. 그러나 日干 癸水를 생조(生財)하는 육친은 오직 月干 壬水 비겁과 月支 申金 인수뿐이다. 年·月·日·時와 月柱만으로 대비해 보면 신강인지, 신약인지 분별이 된다. 즉 月柱 壬申만으로는 신강이 못 된다.

방식으로 대비해 보자. +에 月干 壬水 비겁 +1, 月支 申金 인수 +3이라 +합이 4가 된다. 다음은 年干 己土 칠살 −0.5, 時干 甲木 상관 −1, 年支 未土 칠살 −0.5, 日支 丑土 칠살 −3, 時支 寅木 상관 −1, 그리고 간여지동으로 年支(己未)에서 −1, 時柱(甲寅)에서 −1이라 총합이 −8이다. +−대비하면 −4가 되니 태약에 속한다.

○ 月支 관성을 만나고도 신강

● 日干 壬水가 丑月에 生하니 관살(官殺)의 극을 받아 신약이 될 것 같으나 丑月은 근본 수왕절(水旺節), 즉 水가 득령이라 신강, 신약을 구분키 어렵다. 年月 丑未土가 극수(克水)하는데 행이 年月干 두 辛金 인수가 水土의 중간에 끼어 土生金, 金生水로 상극관계를 상생관계로 변화시킴으로써 土가 旺함을 꺼리지 않는다. 丑土는

時	日	月	年
정관 −1	日干 0	인수 +1	인수 +0.5
己	壬	辛	辛
酉	子	丑	未
인수 +1	겁재 +2.5	관성 −1.5	관성 −0.5

인수인 金의 기(氣)를 많이 간직한 土요, 月時支가 酉丑으로 반회(半會)하여 日干 壬水를 生하고 日支에 착근(着根)하였으니 신강이 된 사주다.

다음은 배점표에 의해 신강·신약을 가늠해보자.

+에 年干 인수 +0.5, 月干 인수 +1, 日支 子水(子는 水의 旺宮이다) +2.5, 時支 酉金 +1하여 + 합이 5이고, 時干 己土 정관 −1, 年支 未土 정관 −0.5, 月支 丑土 1.5라 −합이 −3이라 +2가 되니 신강이다.

일러두기

사주팔자(四柱八字)는 年月日時干支 여덟 글자로 구성되지만 각기 다른 사주는 남녀가 각각 518,400가지의 다른 배합으로 이루어진다. 그러므로 일일이 사주를 추리한다는 것은 불가능하다. 이상에서 논한 신강·신약 배점은 80%정도 가능할 수 있으나 구성이 다 같지 않으므로 정답은 내리지 못한다. 사실상 이 배점표에 의한 신강·신약 가늠은 초보자를 위해 연구된 것이다. 여러 명리학 원리에는 배점표가 없다. 필자의 고민은 어떻게 해야 초보인 독자 분들에게 이해시키는 방법이 없을까 하고 연구해낸 것이 이 배점표다. 외람된 감은 없지 않으나 잘 연구하면 신강·신약이 어떻게 결정되는지 총명하신 독자 제위는 어느 정도 깨달음이 있으리라 믿는다.

제11장

격(格)

1. 격(格)이란 무엇인가?

 사람의 생김새에 비유하면 키가 크고, 작고, 살찌고, 마르고, 얼굴이 둥글고, 길고, 살빛이 검고, 희고 한 구분과 같은 것이요. 건물에 비유하면 주택, 상가, 빌딩 그리고 아파트, 연립, 오피스텔, 학교, 관청, 병원, 상가 등 겉모양을 보고도 사람의 생김새를 구분하고 건물의 쓰임새를 구분하게 되는 것 같다.

(1) 격의 여러 가지

 격(格)의 분류(分類)는 다양하다. 격에는 내격(內格)과 외격(外

格)이 있고, 별격(別格)이 있으며 또 청격(淸格)과 탁격(濁格) 그리고 부귀격(富貴格)과 빈천격(貧賤格)이 있으나 이 사주가 "무슨 격이다" 하고 단정하기는 쉽지 않다.

(2) 내외(內外)격의 분류

격의 분류에 있어 가장 어려운 것은 내격(內格)과 외격(外格)이다. 내격에 속하느냐, 외격에 속하느냐를 구분하려면 오직 신강·신약의 정도를 가늠할 줄 알아야 한다. 예의 사주가 신강 쪽으로 속한다면 또 신강의 정도를 알아야 한다. 즉 보통신강(+1~3)인가 태강(+4~6)인가 극왕(+7이상)인가를 알아야 하고, 신약이면 보통신약(-1~3)인가 태약(-4~6)인가를 극약(-7이상)인가를 알아야 한다.

왜냐하면 보통신강과 태강, 그리고 보통신약과 태약이면 억부법(抑扶法)을 적용하고 극왕과 극약이면 종법(從法)을 적용해야 되기 때문이다.

억부법(抑扶法)이란 어느 육친(특히 日干)의 힘이 강성하면 그 힘을 억제하고, 어느 육친의 기(氣)가 모자라면 도와주도록 하여 오행, 즉 육친의 세력이 균형을 이루도록 하는 방법을 적용하는 것이다.

종격(從格)이란 육친 가운데 그 힘이 지극히 강성해서 억제 불가능하면 대항하기를 포기하고 그 지극히 강성한 세력에 고분고분 항복함으로써 편안해지는 것으로, 예를 들면 미천한 신분이

국가나 거대한 조직, 또는 큰 권력을 지닌 자에게 복종함으로써 명맥을 유지하는 동시에 그 권력자의 힘을 빌어 편히 살아가는 것 같은 이치요, 또 하나는 日干의 기(氣)가 사고무친으로 지극히 약해져 있을 경우에는 자신의 본분(日主의 오행)을 버리고 사주 내에서 가장 세력이 강한 자에게 복종하는 방법을 일컫는다. 이 종(從)의 의의는 억부법과 정반대로 강한 자에 항복함으로써 운이 좋아지는 것이므로 억강부약(抑强扶弱)의 정당한 방법을 쓰지 않으므로 외격이라 한다.

2. 내격 정(定)하는 요령

우선 신강·신약의 원칙에 의해 극왕(極旺)이나 극약(極弱)에 해당하지 않는다고 결정된 뒤에 내격을 정한다.

내격은 정관격(正官格), 편관격(偏官格)하고 육친의 명칭을 따서 格을 정하게 된다. 사주가 극왕·극약에 해당하지 않아서 억부법을 적용하게 될 경우 다음과 같은 원칙으로 格을 정한다.

① 格은 月支에 암장(暗藏)된 干을 기준한다.

왜냐하면, 강자위격(强者爲格)이란 원칙을 적용하기 때문이다.

첫째 : 월지정기(月支正氣)가 月이나 時干에 투출해 있으면 그 투출된 干으로 格을 정한다. 예를 들어, 甲日이 亥月에 생하여 壬이 있으면 壬은 甲日의 편인이므로 편인격(偏印格)을 놓는다.

둘째 : 월지정기가 月·時干에 없으면 정기 이외의 암장된 干이 月이나 時干에 투출된 자로 格을 정한다.

예를 들어, 戊日寅月에 月時干에 甲이 있으면 편관격이오, 甲이 없고 丙火가 있으면 편인격(偏印格)이다.

셋째 : 첫째, 둘째에 해당되지 않으면 월지정기만으로 格을 정한다.

넷째 : 이상 세 가지 모두에 해당되지 않으면 삼합국(三合局)으로 格을 정하는 수도 있다.

단, 비겁(比劫)은 月支에 있더라도 정격을 놓지 아니한다. 그러나 정격이 아닐 뿐 별격(別格)으로 건록격(建祿格), 양인격(陽刃格) 등은 놓을 수 있다.

② 월률분야(月律分野) 지지장간표(地支藏干表)

月支에는 月의 심천(深淺)에 따라 여기, 중기, 정기의 장간이 있는데, 이를 월률분야장간이라고 한다. 月支藏干은 格을 정하는데 있어 중요한 기준으로 작용한다.

구분 \ 지지	子	丑	寅	卯	辰	巳	午	未	申	酉	戌	亥
정기(正氣)	癸	己	甲	乙	戊	丙	丁	己	庚	辛	戊	壬
중기(中氣)		辛	丙		癸	庚	己	乙	壬		丁	甲
여기(餘氣)		癸	戊		乙	戊		丁	戊		辛	

○ 丑中癸水는 근본 丑土의 克을 받으므로 格을 놓지 못한다.
○ 寅中戊土는 月支 寅木의 克을 받아 格을 놓지 못한다.

○ 辰中癸水는 月支 辰土의 克을 받아 格을 놓지 못한다.
○ 巳中庚金은 月支 巳火의 克을 받아 格을 놓지 못한다.
○ 未中乙木은 여름 불기운이 세어 格을 놓기가 마땅치 않다.
○ 申中戊土는 旺한 금기(金氣)에 설기 심하여 격(格)을 놓기가 마땅치 않다.

3. 내격 정하는 예

① 첫째의 예

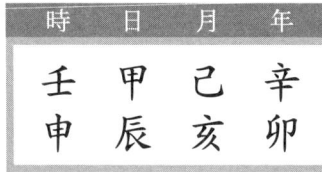

● 日干 甲木이 亥月에 生하니 亥中壬水가 정기(正氣)다. 亥中甲木이 있으나 정기(正氣)를 格의 우선으로 하는 원칙에 의해 亥中壬水가 時干에 투출하였으므로 壬은 甲木의 편인이므로 편인격(偏印格)을 놓게 된다.

② 둘째의 예

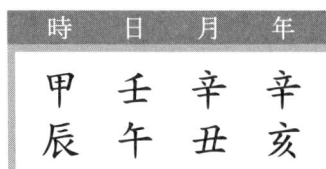

● 이 사주는 月支에 丑土가 사령(司令)하였으나 干에 正氣 투출이 없어 중기(中氣)인 丑中辛金의 투출여부로 格을 정

하는데 月干에 辛金이 투출, 壬水의 정인(正印)이 되니 月干의
辛金으로 정인격(正印格)을 놓는다.

③ 셋째의 예

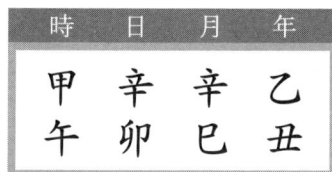

● 이 사주는 辛日이 巳月에 生하여 巳火가 사령하였다. 巳月의 정기(正氣)인 丙火의 투출이 없고, 또 巳中戊土도 干에 없으니 그냥 정기(正氣)인 巳中丙火로 정관격(正官格)을 놓는다.

④ 넷째의 예

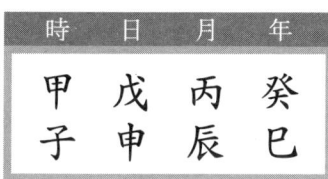

● 이 사주는 戊土가 辰月에 生하였다. 정기(正氣) 辰土는 戊日의 비견이므로 格을 놓지 아니한다. 그렇다면 格이 없는 게 아닌가(무격사주도 있다), 그렇지는 않다. 이 예는 戊日지지에 申子辰水局全을 놓고 水는 戊日의 편재(偏財)에 해당하므로 편재격(偏財格)을 놓는다.

[참고] 三合에 음양을 어떻게 구분하나?
  三合 첫 머리에 음양으로 준한다.

  申子辰水局 － 陽   巳酉丑金局 － 陰
  寅午戌火局 － 陽   亥卯未木局 － 陰

4. 내격의 명칭과 예시

(1) 내격의 명칭

내격의 명칭은 합칭과 각칭이 있다.
관격(官格)에 편관격(偏官格) 정관격(正官格)
재격(財格)에 편재격(偏財格) 정재격(正財格)
식상(食傷)에 식신격(食神格) 상관격(傷官格)
인수(印綬)에 편인격(偏印格) 정인격(正印格)
비겁(比劫)에는 격명이 없고 비견 · 겁재로 분류된다.

〖 내격 구성표 〗

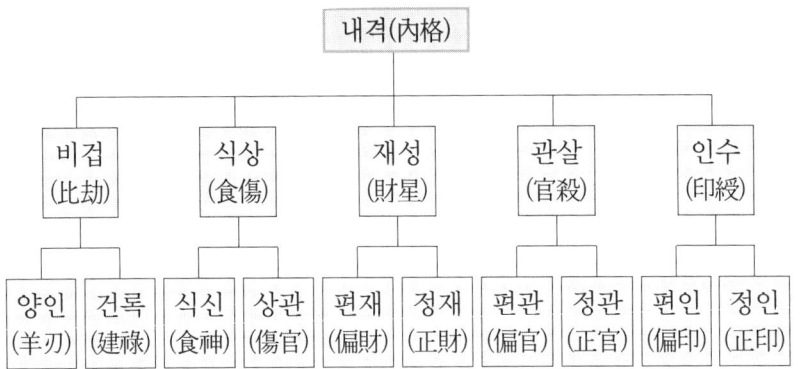

(2) 내격의 예시

① 정관격의 예시

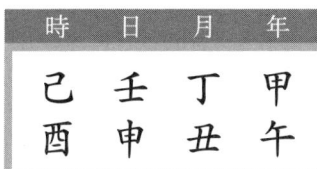

● 日干 壬水가 丑月에 生하고 丑月의 정기(正氣) 丑中己土가 時干에 투출하니 정관격(正官格)이 분명하다. 壬水는 丑月土의 克을 받아 신약해질 가능성이 있다 하겠지만 丑月은 겨울철 水가 旺하는 때요, 丑中辛金 日支 申中庚金 時支 酉中辛金 인수가 있어 신약이 두렵지 않다. 사주 구성을 살펴 보건대 인수가 너무 왕성함이 마땅치 않아서 月干 丁火 재성으로 인수를 억제하고 꽁꽁 언 丑土를 녹여주는 게 좋을 것 같다.

● 月支 辰中戊土 干에 없더라도 月支만으로 정관격을 놓을 수 있다.

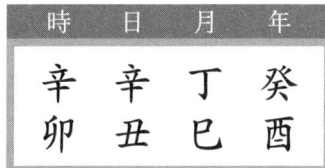

● 이 사주는 辛金이 巳月에 生하니 干에 丙火가 없더라도 月支 巳中丙火로 정관격이 이루어진다.

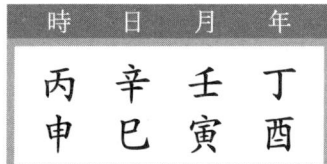

● 辛金이 寅月에 生하니 干에 甲木이 투출하였다면 甲木으로 정재격을 놓게 되나 寅中

丙火 時干에 투출, 정관격이 이루어진다.

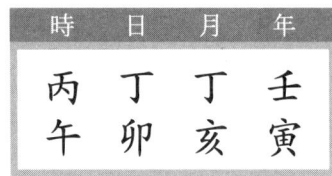

● 亥中壬水와 亥中甲木이 月時 干에 없으므로 亥月의 정기(正氣)인 壬水만으로도 정관격을 놓게 된다.

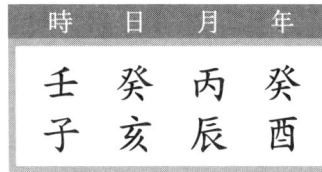

● 月支 辰에는 戊土와 乙木과 癸水가 간직되어 있으나 乙木과 癸水로는 格 놓기가 마땅치 않으므로 辰中戊土로 정관격을 놓는다.

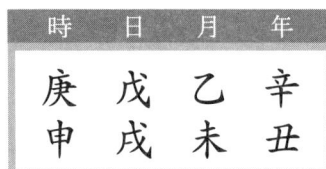

● 이 예는 戊日이 未月에 生하니 정기인 未中己土는 비겁이 되어 格을 놓지 못한다. 그리하여 月支 未中乙木이 月干에 근해 있으므로 月干乙木으로 정관격을 놓는다.

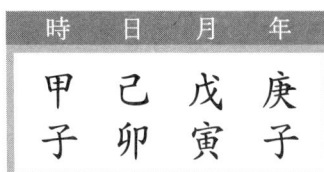

● 日干 己土가 寅月에 生하고 寅月의 정기(正氣) 甲木이 時干 투출이라 時干甲木으로 정관격을 놓는다.

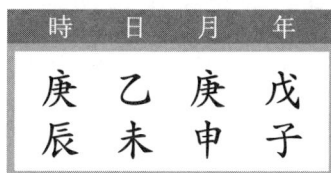

● 日干 乙木이 申月에 生하고 申月의 正氣인 庚金이 月과 時干에 투출 정관격인데 쟁합(爭合)이 되어있다.

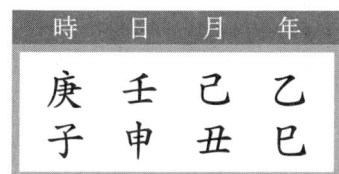

● 日干 壬水가 丑月에 生하고 月干에 丑日의 正氣인 己土가 투출하였으니 月干 己土 정관으로 정관격을 놓게 된다.

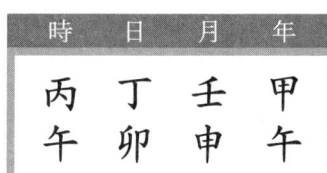

● 日干 丁火가 申月에 生하니 申의 正氣인 庚金으로 정재격을 놓지 않느냐 하겠지만 그렇지 않다. 왜냐하면 申中에 함께 있는 壬水가 月干에 투출하였으므로 月干 壬水로 정관격을 놓는다.

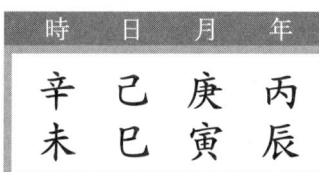

● 日干 己土가 寅月에 生하였다. 寅에는 戊丙甲이 간직되어 있는데 正氣 甲木의 투출은 없고 丙火가 투출하였으나 辰土에 설기(泄氣)되어 마땅치 않으니 그냥 寅中甲木 정기(正氣)로 정관격을 놓는다.

時	日	月	年
丙	丁	壬	甲
午	卯	申	戌

● 日干 丁火가 申月에 生하였다. 이 경우 庚金이 干에 있으면 庚金 재성이 우선이겠으나 庚金이 없고 申에 간직되어 있는 壬水가 月干에 투출하였으니 月干壬水로 정관격을 놓게 된다.

② 편관격의 예시

月支에 편관성(偏官星)이 사령(司令)하면 편관격이다.
아래 예시에 의해 이해하라.

時	日	月	年
丙	乙	辛	戊
戌	巳	酉	申

● 원편에는 日干 乙木이 酉月에 生하고 月支 酉中辛金이 月干에 투출 편관격을 놓는다.

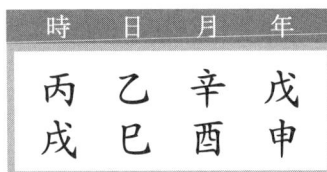

● 이 사주는 日干 己土가 卯月에 生하였다. 卯에는 오직 乙木 하나만이 간직되어 있으므로 乙木이 干에 있거나 없거나를 막론하고 己日卯月은 편관격(偏官格)으로 정해진다.

時	日	月	年
乙	己	己	戊
亥	卯	未	午

● 日干 己土가 未月에 生하고 未中己土 月干에 투출하였으나 己土는 비견(比肩)이 되

어 격이 아니다. 그렇다면 未中乙木이 時干에 투출이라 乙木으로 편관격을 놓게 된다. 亥卯未 三合 全局으로 편관격을 놓는데 日弱殺旺한 사주이다.

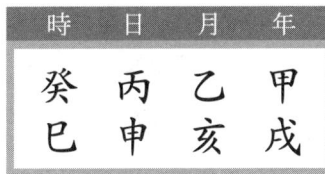

● 日干 丙火가 亥月에 생하여 亥中壬水로 편관격을 놓는다. 亥中甲木이 干에 투출하였다면 편인격이고 甲木이 月·時干에 없으니 亥의 정기(正氣) 壬水로 편관격을 놓는다.

● 왼편 사주는 甲日이 申月에 생하고 月干에 申中庚金 정기(正氣)가 투출하였으니 편관격이 분명하다. 만약 月干庚金이 없다면 申中壬水 時干에 투출한 자로 편인격을 놓게 된다.

● 왼편 사주는 日干 己土가 卯月에 생하니 干에 乙木 투출이 없더라도 편관격이 이루어진다. 한편 亥卯未로 살국(殺局)을 놓은 것만으로도 편관격이 이루어진다.

● 왼편 예는 격 정하는 첫 번째 원칙(月支正氣가 干에 투출)에는 해당하지 않으나 月支

에 간직된 干이 月干에 투출이라 (未中丁火) 月干 丁火로 편관격을 놓게 된다.

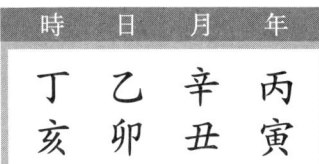

● 왼편 예는 月支 丑土 정기(正氣)인 己土가 干에 없으므로 두 번째 원칙(丑中辛金)을 적용, 月支 辛金 편관으로 격을 놓는다.

③ 정재격의 예시

月支에 암장된 정재(正財)가 月이나 時干에 투출하거나 정재의 투출이 없을 경우 月支에 함께 간직된 자가 정재가 되어 干에 투출하거나 이 두 가지 모두 해당되지 않으면 月支의 정기(正氣)가 정재에 해당되어도 정재격을 놓을 수 있다.

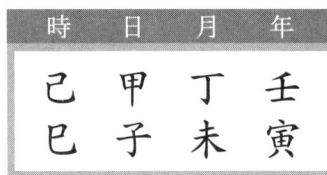

● 이 예는 甲日이 未月에 生하고 未月의 정기(正氣)인 己土가 時干에 투출, 정재격을 놓는다. 만약 時干이 己土가 아니고 戊土라면 未에 함께 간직된 丁火가 月干에 투출되어 있으므로 月干 丁火로 상관격(傷官格)이 된다.

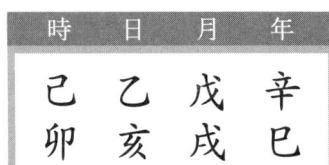

● 이 예는 日干 乙木이 戌月에 生하고 戌月의 정기(正氣)인 戊土가 月干에 투출 정재격

을 놓는데 의심이 없다. 이 사주의 경우 月干 戊土가 아닌 甲木에 해당할 경우라도 戌中戊土로 정재격을 놓는다.

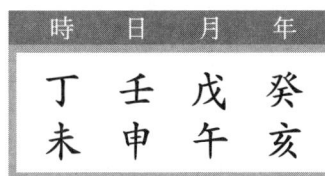

● 이 예는 日干 壬水가 午月에 生하고 午의 正氣 丁火가 時干에 투출하니 정재격이 분명하다. 時干에 丁火의 투출이 없더라도 壬日午月이면 정재격이다.

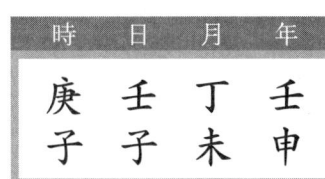

● 이 예는 壬水가 未月의 정기(正氣)인 己土가 없고 未에 함께 간직된 丁火가 月干에 투출 月干丁火로 정재격을 놓는다.

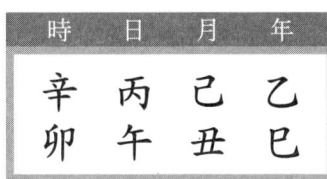

● 日干 丙火가 丑月에 生하였다. 丑中辛金이 時干에 투출 정재격을 놓을 것 같으나 결정하는 순서가 먼저 丑의 정기인 丑中己土부터 격을 우선해야 하므로 이 사주는 정재격이 아닌 상관격이 우선이다.

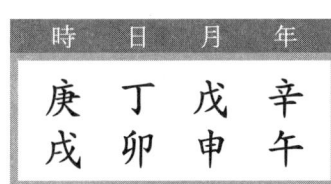

● 이 사주는 日干 丁火가 申月에 生하고도 申中庚金이 時干에 투출 정재격을 놓는다. 만약 月時干에 정기인 庚金이 투

출되지 않고 壬水가 투출이면 정재격이 아닌 정관격이 성립된다.

時	日	月	年
辛	戊	庚	辛
酉	辰	子	巳

● 日干 戊土가 子月에 生하니 月時干에 癸水의 生이 없더라도 정재격이 이루어진다.

時	日	月	年
戊	己	壬	己
辰	未	申	丑

● 日干 己土가 申月에 生하고 申中壬水가 月干에 투출 정재격이 이루어진다. 만약 月干에 壬水가 없으면 申中庚金으로 상관격(傷官格)을 놓게 된다.

時	日	月	年
乙	庚	乙	癸
酉	辰	卯	酉

● 이 예의 사주는 日干 庚金이 卯月에 生하고 卯中乙木 정재가 月干에 투출하였으니 정재격이 분명하다.

時	日	月	年
甲	辛	己	丙
午	酉	亥	申

● 이 사주는 日干 辛金이 亥月에 生하고 亥의 중기(中氣)인 亥中甲木 정재가 干에 있으므로 정재격을 놓는다.

時	日	月	年
癸	癸	乙	丁
亥	酉	巳	卯

● 이 사주는 巳月에 生하여 丙火의 투출이 없더라도 巳中丙火로 정재격을 놓는다. 이 경우 만약 時干에 戊土가 투출

이면 巳中戊土가 있어 정관격이 성립된다.

④ 편재격의 예시

月支에 암장된 정기(正氣) 편재가 月·時干에 투출되었거나, 정기가 아니라도 月支에 같이 있는 편재가 干에 있거나, 이 두 경우가 아니고 干에 편재가 없이 月支가 편재에 해당하여도 편재격을 놓게 된다.

時	日	月	年
丙	甲	戊	甲
寅	子	辰	子

● 日干 甲木이 辰月에 生하고 辰土의 정기(正氣)인 辰中 戊土 편재가 月干에 투출하였으니 편재격이 분명하다.

時	日	月	年
己	乙	丁	丁
丑	亥	未	卯

● 日干 乙木이 未月에 生하고, 未中己土 편재가 時干에 투출하여 편재격을 놓는다.

時	日	月	年
甲	丁	辛	壬
辰	巳	丑	子

● 이 예는 日干 丁火가 丑月에 生하고 丁火의 편재인 丑中 辛金이 月干에 투출, 편재격을 놓게 된다.

時	日	月	年
戊	戊	壬	己
午	辰	申	丑

● 이 사주는 日干 戊土가 申月에 生하였다. 月干에 壬水의 투출이 없으면 申中庚金 식

신으로 격을 놓게 된다.

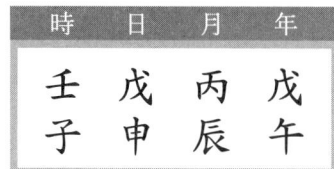

● 日干 戊土가 辰月에 生하니 辰의 정기(正氣)인 戊土는 비견이 되어 격이 아니다. 그렇다면 무격(無格)인가, 아니다. 지지에 申子辰 재국전(財局全)을 놓아 편재격이 성립된다.

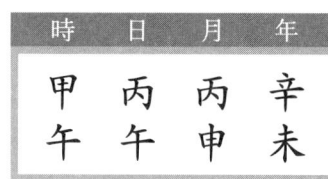

● 日干 丙火가 申月에 生하고 申中 간직된 庚金과 壬水가 없다. 그래서 申月의 정기인 申中庚金 편재로 격을 놓는다.

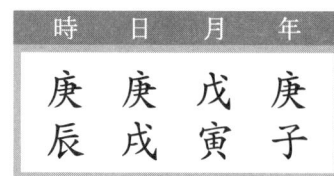

● 이 사주는 日干 庚金이 寅月에 생하여 寅中甲木 정기(正氣)로 편재격을 놓는다. 만약 寅中丙火가 干에 투출이라면 丙火로 편관격을 놓을 수 있다.

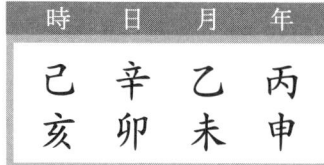

● 이 사주는 辛日이 未月에 生하고 月干에 未中乙木이 투출 편재격을 놓게 된다. 月干에 乙木이 없더라도 亥卯未木 국전(局全)되어 목국(木局)으로서 편재격이 성립된다.

時	日	月	年
丁	癸	壬	乙
巳	卯	午	巳

● 이 사주는 日干 癸水가 午月에 生하고 午中丁火 정기(正氣)가 時干에 투출 편재격을 놓게 된다.

⑤ 식신격의 예시

月支에 암장된 정기(正氣)가 식신이고 이 식신이 月이나 時干에 투출하거나 정기 이외의 干이 식신에 해당, 月이나 時干에 투출하면 그 투출된 干으로 식신격을 놓는다. 아니면 식신이 干에 없고 月支 정기에만 해당하여도 식신격이 이루어진다.

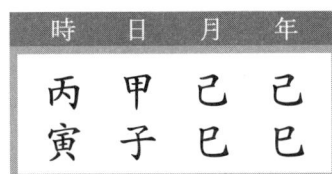

● 日干 甲木이 巳月에 生하고 巳月의 정기(正氣)인 巳中丙火가 時干에 투출하였으니 식신격이 분명하다.

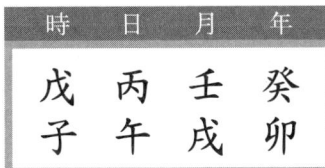

● 日干 丙火가 戌月에 生하고 戌中戊土 정기가 時干에 투출하니 식신격을 놓게 된다.

時	日	月	年
辛	丁	丁	壬
亥	卯	未	午

● 이 예의 사주는 日干 丁火가 未月에 生하니 비록 未土의 정기(正氣)인 己土의 투출이 없어도 未中己土로 식신격을 놓는다.

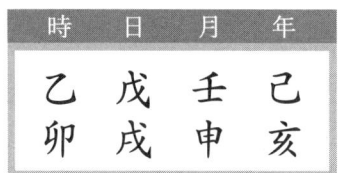

● 이 사주는 日干 戊土가 申月에 生하니 申中에 간직된 정기 庚金으로 식신격을 놓을 것 같으나 그렇지 아니하다. 요는 申에 같이 암장된 壬水가 月干에 투출 편재격을 놓게 된다.

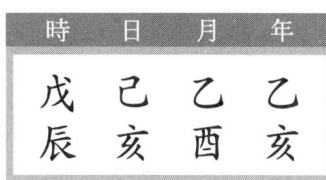

● 이 예는 日干 己土가 酉月에 生하니 干에 辛金의 투출이 없더라도 酉中辛金 정기(正氣)로 식신격을 놓게 된다.

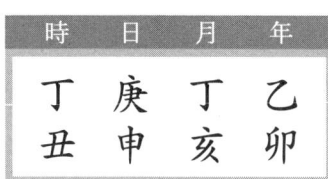

● 이 사주는 日干 庚金이 亥月에 生하니 亥中壬水만으로도 식신격을 놓는다. 庚日亥月에 만약 月이나 時干에 甲木이 투출하였다면 식신격이 아니고 편재격을 놓는다.

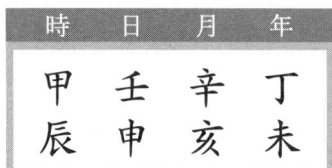

● 이 사주는 辛日이 子月에 生하니 子中에는 오직 정기인 癸水 하나 뿐이므로 干에 투출 여하를 막론하고 식신격을 놓게 된다.

● 이 사주는 壬日 亥月이라 亥中壬水는 壬日의 비견이 되어 정격을 놓지 못하니 時干

의 亥中甲木으로 식신격을 놓는다.

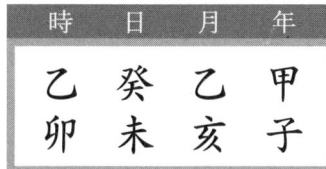

● 이 사주는 癸日이 亥月에 生이라 亥는 癸日의 겁재가 되어 격을 놓지 못하나 月日時支가 亥卯未 삼합목국전(三合木局全)이라 식신격을 놓게 된다.

⑥ 상관격의 예시

月時干에 月支 정기인 상관이 투출하거나, 月支에 상관을 놓아도 상관격이 이루어진다.

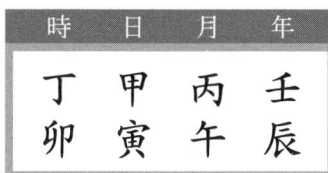

● 이 사주의 예는 甲日이 午月에 生하고 時干에 丁火 상관이 투출 상관격을 놓게 된다.

● 이 사주는 日干 乙木이 寅月에 生하였다. 乙日寅月은 비견이라 격을 놓지 아니하므로 月支 寅中丙火가 月干 투출한 것으로 격을 놓으니 상관격이다.

● 日干 丙火가 未月에 生하고 月支 정기인 未中 己土가 月干에 투출 상관격을 놓는다.

時	日	月	年
丁	丁	戊	甲
未	未	辰	子

● 丁火가 辰月에 生하여 상관격인데 사주 대부분이 土라 상관 태왕이 되었다.

時	日	月	年
丁	戊	己	丁
巳	申	酉	亥

● 이 사주는 戊日이 酉月에 生하니 酉月의 정기(正氣)인 酉中辛金으로 상관격을 놓는다.

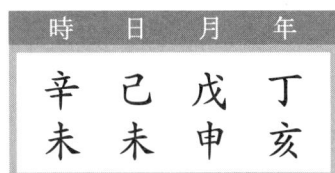

● 이 사주는 日干 己土가 申月에 生하고 月·時干에 壬水의 투출이 없으니 申月正氣로 상관격이다. 己日申月에 만일 壬水가 투출이면 상관격이 아닌 정재격이 된다.

時	日	月	年
丙	庚	甲	癸
戌	子	子	亥

● 이 사주는 庚日이 子月에 生하니 子에는 정기(正氣) 癸水 하나뿐이므로 癸水가 干에 투출 여하에 관계없이 상관격을 놓는다.

● 日干 辛金이 亥月에 生하고 亥中壬水 時干에 투출하니 壬은 辛日의 상관인지라 상관격이 분명하다.

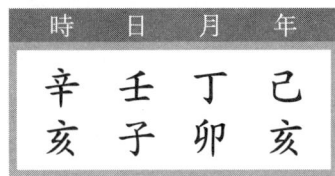

● 이 사주는 壬日이 卯月에 生하니 卯中乙木 상관으로 상관격을 놓는다. 卯에는 乙木 하나만 간직되어 있으므로 干에 없어도 壬日 卯月은 상관격이다.

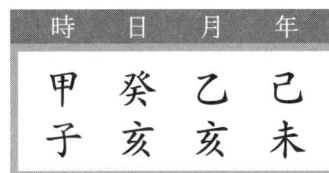

● 癸日이 亥月에 生하니 亥는 癸日의 비겁이므로 격을 놓지 못한다. 亥中甲木이 時干에 투출 상관격이 이루어진다.

⑦ 정인격의 예시

정인(正印) 편인(偏印)을 합칭 인수(印綬) 또는 인성(印星)이라 하고, 편과 정으로 구분하기도 한다.

인격(印格)도 다른 격과 마찬가지로 월지정기(月支正氣)를 준하게 되니 첫째, 月支의 정기가 月이나 時干에 투출한다. 둘째, 월지정기 이외로 月支에 같이 간직되어 있는 干이 月·時干에 투출 정인에 해당하는 자. 셋째, 이상 모두 해당하지 않고 月支 정기가 정인인 경우다.

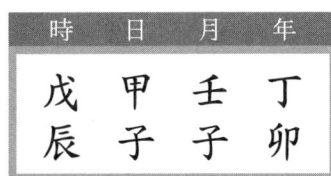

● 日干 甲木이 子月에 生하니 子中癸水가 干에 없더라도 정인격(正印格)을 놓는다. 子에는 암간(暗干)이 癸水 하나

뿐인 때문이다.

時	日	月	年
壬	乙	丁	庚
午	未	亥	午

● 日干 乙木이 亥月에 生하여 亥月의 정기(正氣)인 壬水가 時干에 투출 정인격을 놓는다.

時	日	月	年
乙	丙	丁	甲
未	午	卯	子

● 이 사주는 日干 丙火가 卯月에 生하고 卯의 정기(正氣)인 乙木이 時干에 투출 정인격을 놓게 된다. 卯에는 乙木 하나뿐이므로 時干 투출이 없어도 정인격이 이루어진다.

時	日	月	年
甲	丁	丙	己
辰	丑	寅	酉

● 이 예는 日干 丁火가 寅月에 生하고 寅中甲木 정기가 時干에 투출 정인격을 놓게 된다.

時	日	月	年
壬	戊	甲	丙
子	午	午	辰

● 이 사주는 日干 戊土가 午月에 生하였다. 午에는 정기 丁火와 己土가 간직되어 있으나 己土 투출이 없으므로 그냥 月支 丁火로 정인격을 놓는다.

時	日	月	年
壬	己	丙	甲
申	卯	寅	寅

● 이 사주는 己日이 寅月에 生하고 寅月에 함께 암장된 丙火가 月干에 투출하였으니 丙

은 己土의 정인(正印)에 해당하여 정인격을 놓는다.

● 庚日이 丑月에 生하니 정인격으로 본다. 그러나 사주의 기(氣)가 모두 土金으로 모여 토금양상격(土金兩象格)이오, 종격(從格)인 종혁격(從革格-외격에서 다룬다)이므로 외격(外格)이다.

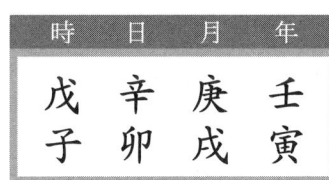

● 이 사주는 日干 辛金이 戌月에 生하고 戌의 정기(正氣)인 戌中戊土가 時干에 투출 정인격이 이루어진다.

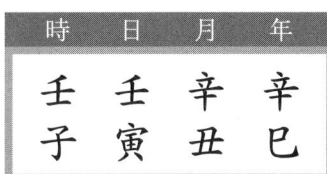

● 이 사주의 예는 日干 壬水가 丑月에 生하였다. 丑에는 정기(正氣)인 己土와 辛金과 癸水가 간직되어 있다. 丑中癸水는 자체 土의 극을 받으니 격을 놓을 수 없고, 月干에 丑中辛金이 투출 정인격을 놓게 된다.

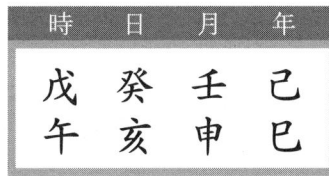

● 이 사주는 癸日이 申月에 生하였다. 申에는 정기(正氣) 庚金과 壬水가 암장되어 있는 바 壬水는 비겁이라 격을 놓을 수 없으니 申中庚金으로 癸日의 정인격(正印格)을 놓게 된다.

⑧ 편인격(偏印格)의 예시

편인격(偏印格)을 도식격(倒食格)이라고도 하는바 편인이 月支에 사령(司令)하면 편인격이다.

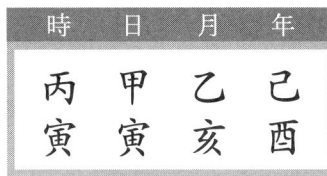

● 甲日이 亥月에 生하고 月時干에 甲木 투출이 없으나 月의 正氣로 편인격을 놓는다. 亥中甲木은 干에 투출이라도 비견이 되어 격을 놓지 아니한다.

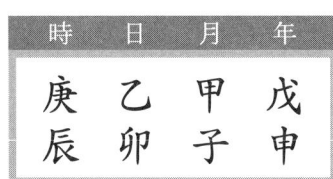

● 이 사주는 乙日이 子月에 生하니 子中癸水로 편인격을 놓게 된다. 子에는 오직 癸水 하나만 간직되어 있으므로 子月乙日은 무조건 편인격이 이루어진다.

● 日干 丁火가 卯月에 生하니 卯의 정기인 乙木이 干에 없더라도 무조건 편인격을 놓는다. 卯에는 오직 乙木만 간직되었기 때문이다.

● 이 사주는 日干 戊土가 巳月에 生하니 巳中丙火 정기로 편인격을 놓는다. 巳에는 丙火

외로 戊土가 있지만 비견이 되어 격을 놓지 아니한다.

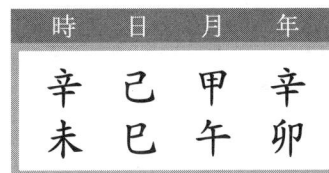

● 이 사주는 日干 己土가 午月에 生하니 午中丁火 편인으로 편인격을 놓는다. 午에는 己土가 간직되어 있으나 비견이 되어 격을 놓지 아니한다.

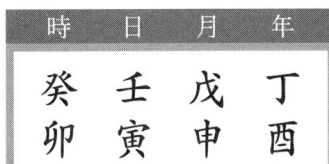

● 이 사주는 日干 辛金이 未月에 生하고 未에 같이 암장된 丁火 투출이 없으니 편인격이 된다.

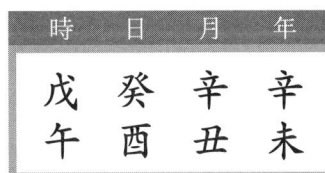

● 이 사주는 壬日이 申月에 生하니 月支 정기인 申中庚金으로 편인격을 놓는다.

● 이 사주는 癸日이 丑月에 生하고 丑中辛金이 月干에 투출하여 편인격이다. 만일 辛金 투출이 없다면 丑中己土로 편관격을 놓게 된다.

⑨ 비겁에 대하여

비견(比肩)과 겁재(劫財)는 정격(正格)에서 제외되고 별격(別格) 분야에서 양인격(羊刃格) 건록격(建祿格) 등으로 다룬다.

제3편 육친상식 *327*

제12장 용신법

1. 총론

(1) 용신(用神)이란?

사주학을 처음 배우는 분이면 누구를 막론하고 사주학상의 술어(述語)를 이해하기 어려울 것이다.

기초에서 육갑법, 간지의 합과 충(冲), 신살, 사주 세우는 요령, 역법(曆法), 육친법, 신강·신약, 격과 용신 등을 단 하나도 이해하기 쉬운 것이 없을 것이다.

사주학뿐 아니라 세상만사가 모두 처음 익힐 때는 전혀 이해할 수 없다가 단념하지 않고 꾸준히 노력하면 엉켰던 실타래가 풀리듯이 가닥을 잡아나갈 것이다.

　용신(用神)이란 한자단어로 풀이하려면 전혀 풀이가 되지 않는다. 사주학뿐 아니라 우리네 삶에는 생소하고 이해되지 않는 것들이 어찌 한두 가지 뿐이랴. 어려운 영어공부도 알파벳 25자로부터 시작되고 미·적분 수준의 수학도 따지고 보면 가감승제(＋－×÷)가 기본이다. 이에 비하면 사주학은 결코 이해하기 어려운 학문은 아니다.

　용신이란 사주 구성된 형태에서 가장 필요로 하는 육친이다. 본 사주학은 오행(五行)의 생극(生克)이 주된 원칙인바 사주에 세워진 8개의 글자 간지는 오행이 골고루 갖추어져 있는 수도 있고, 어떤 오행이 빠져 있는 수도 있으며, 오행의 세력이 한두 군데로 편중되어 있는 경우도 있다. 또 용신의 기본 목적은 억부법(抑扶法)이라, 日干을 중심으로 육친·오행의 세력이 태강하면 그 힘을 억제해주는 오행이 용신이고, 어느 오행·육친의 기력(氣力)이 모자라면 그 모자란 자를 도와주는(生助) 자가 용신이다. 쉬운 예로 사람이 체질이 허약한 경우 영양제 등을 복용, 허약체질을 보충하도록 해야 되고 지나치게 비대하면 요샛말로 다이어트를 해서 비만된 육신을 삭감하는 것같이 용신이란 생조(生助)도 하고 억부(抑扶)도 하는 역할을 담당하는 자다. 또 한가지 예로 배고픈 자에게는 음식이 용신이고, 목마른 자는 물이 용신이며 추운 날씨에는 의복이나 화롯불, 난로가 용신이다.

　용신은 건전함을 요한다.

　또 한 다른 예를 들어보자. 어릴적에는 스스로 살아가기가 어려우므로 부모에게 의지해야 한다. 그런데 그 부모와 능력이 있으면 고생 없이 호강하며 자라게 되나 능력이 없이 미천하고 가난하면 그러한 부모 밑에서 자랐으니 먹고 싶은 것 못 먹고 입고 싶은 것 못 입으며 자라야 한다.

사주학에서의 용신은 용신 정하기에 앞서 신강·신약부터 알아야 한다. 사람이 살찌고 마른 것은 눈으로 보면 알지만 사주에서의 신강·신약은 자, 그릇, 저울이 없이 사물의 거리, 부피, 무게 등을 눈짐작으로 가늠해서 알아내는 것 같이 어렵다. 그렇긴 해도 숙달이 되도록 노력하면 마치 지폐를 세는 은행원이 손짐작으로 한뭉치 금액을 알아내는 것같이 정확한 용신을 정할 수 있다.

본론으로 들어가 용신이란 年·月·日·時 干支에 매인 육친(六親) 가운데서 가장 필요로 하는 육친 또는 오행을 칭한다.

(2) 용신법의 여러 가지

① 억부법(抑扶法)

억부용신법은 육친의 기(氣)가 태강한 자를 억제하고, 모자란 자를 생조(生助)해 주는 용신법으로 이를 내격용신(內格用神) 또는 정격용신(正格用神)이라고도 한다.

時	日	月	年
癸	癸	癸	戊
亥	亥	丑	午

이 사주는 癸日이 수왕절(水旺節)인 겨울철 丑月에 生하였으나 근본이 칠살(七殺)인 丑

土라 비록 득령이라 해도 강하다고는 단정 못한다. 하지만 月·日·時干 세 개의 癸水가 日時支 亥水에 착근(着根-天干이 같은 오행 위에 올라 앉으면 이를 착근이라 한다) 하고 亥와 子를 끼고 있어 북방수(北方水)이라 신강에 음습(陰濕)한 감이 든다. 그래서 年干의 戊土 정관(正官)으로 용신해야 좋을 것 같다. 戊土는 아래 午火의 生을 받아 용신으로서의 구실을 할 수 있다. 대운에서 용신 戊土를 도와주면 발달한다. 한편 사주가 너무 냉하니 대운에서 木火를 만나 조후(調候-데워주는 것)해 주어도 길하다.

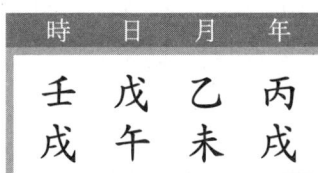

이 사주는 日干 戊土가 未月에 득령하고 지지가 모두 火土로 유합(類合)되었으니 日干 戊土의 기(氣)가 정도에 넘칠 만큼 강(태강)하다. 강한 자는 그 힘을 억제해주는게 용신법이라 土를 억제할 수 있는 오행은 木인데 月干 乙木이 月支 未中乙木에 근(根-뿌리 박고 지탱하는 것) 하였으나 수분(水分)이 없는 나무격이 되어 용신구실이 신통치 않다. 대운에서 水木을 만나면 길해질 것이지만 본래 용신이 허약해서 발달에 한계가 있을 것이다.

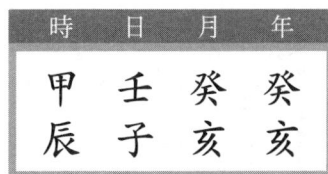

日干 壬水가 亥月에 득령하고 時干 甲木을 제외하고는 상하가 모두 물(水)이라 범람하는 모습이다. 時支 辰土 칠살로 태왕한 물을 억제할 것 같으나 그 辰土는 도리어 子辰으로 水

반합국(半合局)을 이루어 물에 합세하였다. 壬癸日水의 세력이 지극히 왕하면 水에 종(從)하는 윤하격(潤下格)이라 水가 용신이지만 時干 甲木으로 설기(泄氣-왕성한 기운을 순리로 뽑아냄)시키는 용신법이 더 유리하다.

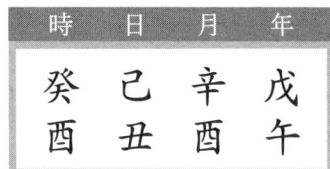

日干 己土가 酉月에 실령(失令-제철을 만나지 못한 것)하고 사주 내에 金 기운이 왕성, 己土의 정기(精氣)를 모조리 뽑아가는 형상이라 己土의 존립이 어렵다. 日支 丑土에 착근하였으나 酉丑으로 金 반합국(半合局)을 이루어 金의 세력에 가담하니 己土 역시 존립(存立)이 어렵게 된다. 年支 午火 인수를 용신하여 일방 日干 己土를 생해 주고 일방 金 상관(傷官)의 기(氣)를 억제한다.

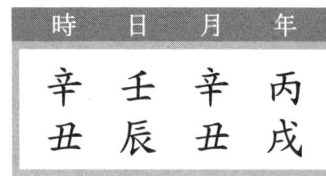

이 사주는 日干 壬水가 丑月에 生하니 득령이라 하나 근본이 丑土 관성이오 年月日時支가 모두 土살(殺)이라 극신(克身-土가 日干壬水를 극함)이 괴롭다. 이 경우 時干辛金 인수를 용(用)하여 살인상생(殺印相生)토록 한다.

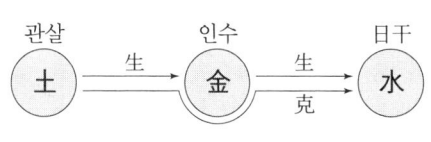

이 사주는 日干 戊土가 子月에 실령하고 年月干 壬水와 年月日

時支 三子水를 놓아 재다신약(財多身弱-戊土가 三子水를 감당 못함)이 되었다. 다행히 시간 戊土 비견의 힘을 빌어 왕한 재의 세력을 억제한다.

이상은 모두 억부용신(抑扶用神)의 예다.

② 종(從)

종(從)이란 비겁 또는 타의 육친의 세력이 지극히 왕성해서 억제 불가능할 경우 그 지극히 왕성한 세력에 항복 복종하게 되는 용신법을 말한다. 사주에 비겁(比劫) 일색이면 이를 유합(類合)이라 하는데 이 경우 관살(官殺)만 없으면 비겁에 종하게 된다.

반대로 日干이 인수나 비겁의 생부(生扶)가 없어 심히 미약하면 그 명맥(命脈) 유지가 어렵게 된다. 이런 경우 식상, 재, 관살 가운데 세력이 가장 강한 자에게 종하는 용신법을 말한다.

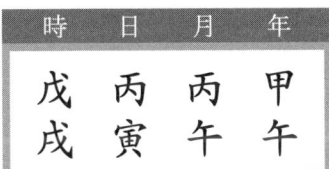

이 사주는 日干 丙火가 午月에 득령하여 화기(火氣)가 왕성한 가운데다 寅午戌로 화국전(火局全)을 이루었으니 활활 타고 있는 용광로 불과 같고 심지어는 목재건물에 불이 난 것 같다. 이 경우 水가 없어(있더라도 심히 미약) 제화(制火)가 불가능하니 火의 세력에 종(從)하게 되는 염상격(炎上格)이다.

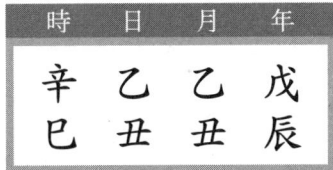

이 사주는 乙木이 꽁꽁 어는 丑月에 生하고 乙木을 도와주는 인수 비겁이 없는 가운데

(日干 乙木) 비견은 꽁꽁 언 땅을 만나고 금기(金氣)가 많이 섞인 丑土 위에 앉아 日干 乙木을 도와줄 힘이 없다. 土生金이라 토재(土財)가 금살(金殺)을 생한 가운데 月日時에 모두 金을 간직하고 있어 살이 심히 왕하다. 그래서 金에 종(從)해야 되니, 이를 종살(從殺)이라 한다.

③ 통관(通關)

통관이란 사주 가운데 상극되는 두 가지 세력이 비등하면 마치 전쟁이 크게 붙은 형상이라 심히 불리하다. 중립국으로서 전쟁이 멈추도록 양쪽에 설득시켜야 하니, 이를 통관용신이라 한다.

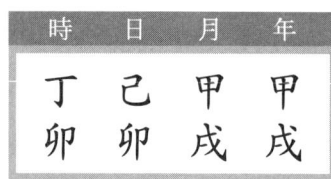

이 사주는 木과 土의 세력이 비슷하여 싸우고 있는 형상이다. 時干 丁火가 양쪽 중간에 끼어 싸움을 말리도록 설득해야 한다. 즉 木生火 火生土로 통관이 이루어진다.

④ 조후(調候)

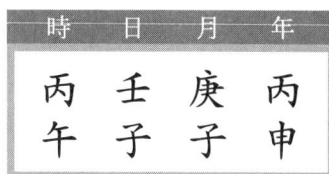

이 사주는 壬水가 추운 子月에 生하고 申子子로 水가 심히 냉하다. 다른 근심은 없으나 사주가 심히 한습(寒濕)하다. 습하면 생물이 병들게 되니 時干 丙火로 한습함을 녹여주어야 한다.

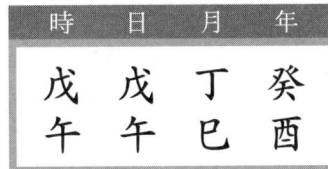

이 사주는 戊土가 巳月 초여름에 生하고 日·時支도 午火라 사주가 너무 난조(煖燥)하여 마치 오랜 가뭄이 들어 초목이 고갈하는 모습이다. 年에 癸酉 金水가 있어 이 金水를 용신, 마른 땅을 축여주도록 한다.

⑤ 병약(病藥)

사주 구성을 살피느라면 전반쯤 병통이 있기 마련이다. 병이 있어도 가벼우면 근심이 없으나 무거우면 불리하다. 사주에 병이 있을 경우 약신(藥神)이 있어야지 없으면 좋지 않다.

(3) 용신법의 우선순위

이상에서 논한 5가지 용신에 있어 그 적용하는 순위가 있다. 이를 알지 못하면 올바른 용신을 정할 수 없다. 우선순위는 다음과 같다.

첫째 : 종격(從格)과 종화(從化)에 해당하면 모든 용신법을 우선해 종격을 적용해야 한다.

둘째 : 통관(通關)은 종격이 아닐 경우 통관용신에 해당하면 우선순위는 통관이 두 번째다.

셋째 : 조후(調候) 사주가 냉습하거나 난조해도 정격용신(正格用神)이 뚜렷하면 억부용(抑扶用)이고 용신이 모호하면 조후용

신을 한다.

넷째 : 억부(抑扶)는 이상(종격, 통관, 조후)에 해당하지 않을 경우 적용한다.

다섯째 : 병약(病藥)은 종격, 통관, 억부 등 모든 용신법에서 함께 적용한다.

2. 신강 · 신약 비중에 따른 용신 적용

사주의 강약을 크게 나누어 신강과 신약이 있다.

신강(身强)이란 사주의 生日干이 주인공인데 오행생극에 의해 日干의 기(氣)가 넉넉한 편에 속하면 신강이라 하고, 日干의 기(氣)가 모자란 편에 속하면 신약이다.

신강 · 신약을 합쳐 100이라 한다면 강 · 약이 각각 50씩 차지하면 신강도 신약도 아니므로 용신보다는 사주가 구성된 형태를 살펴 길흉을 논할 일이지만 나쁜 명으로는 보지 않는다.

신강쪽으로 60이고 신약쪽으로 40이면 식상, 재, 관살 등이 용신이고, 신강쪽으로 40이고, 신약쪽으로 60이면 인수나 비겁이 용신이다.

특별히 강조해 둘 것은 신강이라서 좋은 사주가 아니고 신약이라서 나쁜 사주가 아니라는 점을 잊지 말아야 한다.

신강 · 신약의 정도에 따라 용신법이 적용하는 원칙은 다음과 같다.

보통신강 : 재(財)나 관성(官星)을 용신한다.

재(財)는 합국재(合局財)가 이상적이고 관성은 투간(透干)이 바람직하다. 그러나 합국재가 없으면 지지에 있는 것이 좋고, 관성이 月이나 時干에 투출하면 지지에 착근하거나 재(財)위에 올라가 있는 것이 좋다.

태강 : 日干이 강한 정도가 조금 지나친 것이다. 태강이면 식상, 재, 관살이 용신인데, 재·관성이 쇠약해져 있으면 日干에 종하는 수도 있다.

극왕 : 日主가 인수·비겁 등이 사주의 대부분을 차지하여 생부(生扶)가 많으면 日干의 오행에 종한다. 이를 종강(從強) 또는 종비(從比)라 한다. 곡직(曲直), 염상(炎上), 가색(稼穡), 종혁(從革), 윤하격(潤下格) 등이다.

보통신약 : 일반적으로 인수나 비겁이 용신이지만 재(財)나 관성(官星)이 태왕하지 않으면 재·관을 용하는 수도 있다. 이는 몸이 허약하더라도 직장에 근무하거나 사업을 경영하게 되는 이치와 같다.

태약 : 태약되는 원인부터 알아야 한다. 관살로 인해 태약이면 식상 및 인수가 용신이고, 식상으로 인해 태약이면 인수나 비겁이 용신이며 재로 인해 태약이면 비겁이 용신인데 비겁이 없으면 인수로 用한다.

극약 : 타의 세력에 종한다. 식상의 세력이 강하면 식상에 종하고, 재의 세력이 강하면 재에 종하며 관살의 세력이 왕성하면 관살에 종한다.

3. 육친별 용신법

(1) 어떤 경우에 재(財)를 용하는가?

① 신왕용재(身旺用財)

신왕(身旺-日干의 氣가 약하지 않음)하면 재(財)나 관성(官星)을 用하는게 용신의 원칙이다. 이 경우 식상도 약하지 않으면 재를 용신하고 관성이 재 위에 있어 生을 받으면 관성을 용한다.

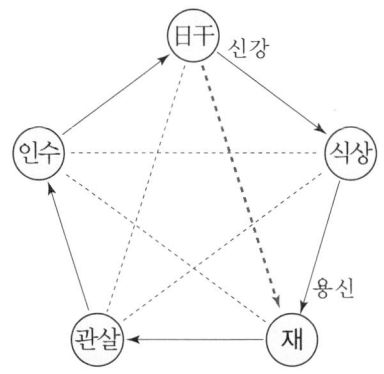

[참고] 1. 명관과마(明官跨馬) : 신왕에 관성이 재 위에 있는 것을 칭한다.
2. 신왕하여 재를 用하게 될 경우 단순재 보다 합국재(合局財)가 더 좋다.
3. 합국재란 甲乙日이 辰戌丑未土가 2개 이상, 丙丁日이 巳酉丑金局, 戊己日이 申子辰水局, 庚辛日이 亥卯未 木局, 壬癸日이 寅午戌火局이다.

반합(半合)도 좋다. 甲乙日에 辰戌丑未 중 2개, 丙丁日에 巳酉 酉丑 巳丑이 있음.
戊己日이 申子, 子辰, 申辰이 있음. 庚辛日이 亥卯, 卯未, 亥未가 있음. 壬癸日이 寅午, 午戌, 寅戌이 있음.

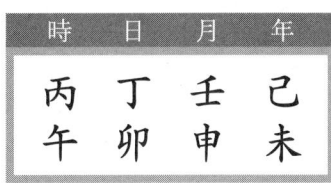

日干 丁火가 申月에 生하니 申中壬水 月干 투출로 정관격(正官格)을 놓는다. 丁火는 日支卯인수의 生을 받고 시주(時柱) 丙午火 비겁의 도움이 있어 신왕되므로 능히 재, 관을 용신할 수 있다. 관성인 壬水는 申金 재위에 앉아 명관과마(明官跨馬) 되었는데 申金 재성이 아니면 힘을 못쓴다. 관성보다 재가 득령으로 유력(有力)하니 재성을 용신하게 된다.

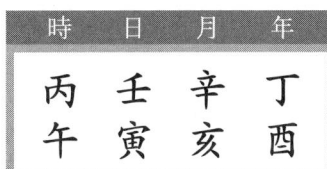

이 사주는 日干 壬水가 亥月에 生하고, 인수 辛金이 月干 투출이오 年支酉金도 인수라 인수 비겁의 생조로서 신왕되어 능히 재·관을 用할 수 있다. 마침 日 時支에 寅戌로 반합재국(半合財局)을 이루어 용하게 된다. 이 사주는 月支亥水 비견이라 정격은 성립되지 않는다. 그러나 별격(別格)으로 건록격(建祿格)에 해당한다.

② 재자약살(財滋弱殺)

재자약살(財滋弱殺)이란 신왕하여 살(殺)을 용신(用神)하려는데 그 살(殺)이 미약할 경우 재성을 용하여 살을 생조(生助)해 주는 용신법이다.

○ 재자약살도

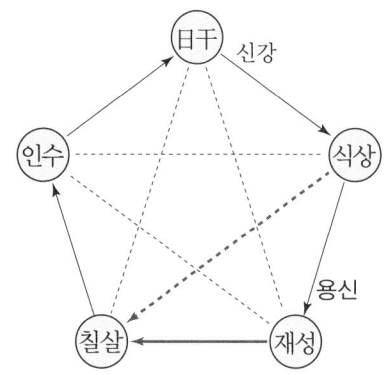

이 사주는 日干戊土가 辰月에 득령하고 年月支 二土가 비겁이라 일주 태왕이다. 이런 경우 정관(正官)보다 칠살(七殺)로 억제하는게 더 효과적이다. 그래서 時干甲木 칠살이 필요한데 日支에 申金 식신이 놓여 甲木 칠살이 극을 받기 쉽다. 그래서 時支 子水재를 용신하여 필요한 칠살을 돕도록 한다. 격은 申子辰 삼합재(三合財)로 편재격(偏財格)이다. 戊日辰月은 비견이 되어 격을 놓지 못한다.

③ 인수용재(印綬用財)

日干은 생 받음을 기뻐하나 정도 문제일 뿐 生이 너무 많으면 도리어 해롭다. 왜냐하면 수다목부(水多木浮) 목다화멸(木多火滅) 토다금매(土多金埋) 금다수탁(金多水濁) 화다토조(火多土燥) 등이 되어서다.

해석 金生水라 하나 金이 너무 많으면 물은 탁해지고, 水生木이라 하나 水가 너무 많으면 나무는 물에 뜨고, 木生火라 하나 나무 통이 너무 굵으면 불이 붙지 않고, 火生土라 하나 火가 너무 왕성하면 땅은 메말라 초목이 자랄수 없고, 土生金이라 하나 흙무더기가 너무 크면 金은 흙 속에 묻히고 만다. 때문에 인수가 너무 많으면 재성을 용신하여 인수를 억제해야 길하다.

○ 인수용재도

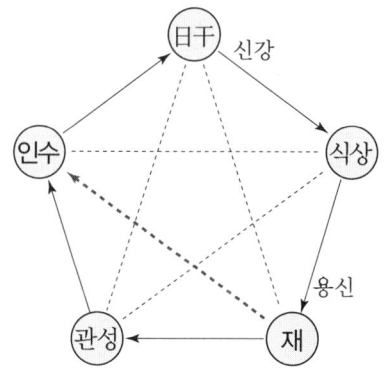

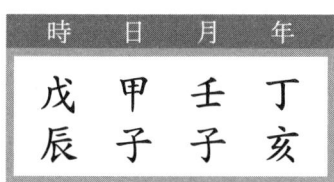

이 사주는 甲日이 子月에 生하니 子에 암장된 정기(正氣) 癸水로 정인격(正印格)을 놓는다. 그런데 年月日時支가 모두 水(子辰合水까지)라 그야말로 수다목부(水多木浮) 되었다. 왕수

(旺水)에 종(從)하거나 土로 억제해야 한다. 時干의 戊土가 時支 辰土에 착근(着根)하여 힘이 있어 보인다. 단, 인수에 비해 약간 모자랄 뿐이다. 재가 생조받는 土대운에 발달한다.

④ 관살용재(官殺用財)

관살용재(官殺用財)는 위에 수록된 재자약살(財滋弱殺)과 비슷하나 의(義)가 다르다. 재자약살은 日主 태왕하여 칠살억제가 필요한 경우 재로서 관살을 도와 용이 힘을 얻도록 함이고, 관살용재는 신왕에 관성이 있어 좋은데 식상이 왕하면 재로 식상과 관살 사이를 통관시켜 식상은 재를 생하고, 재는 관성을 생해서 식상이 관성을 손상시키지 못하도록 하는데 목적이 있다.

○ 관살용재도

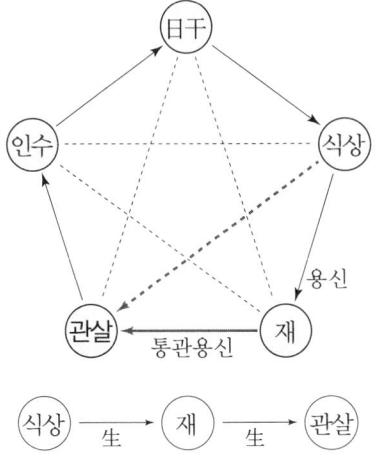

時	日	月	年
癸	癸	戊	甲
亥	亥	午	寅

이 사주는 癸日이 午月에 生하니 午中丁火로 편재격(偏財格)이다. 재로 목적을 두고 용신하려니 癸亥日, 癸亥時 비겁이 왕하여 비겁에 재가 약탈 당할 우려가 있다. 그래서 月干 戊土 정관을 용신하려니 年干 甲木 상관이 年支에 착근되어 戊土 관성을 압박해서 근심이다. 이런 경우 재(財)·관(官)을 함께 용하게 되는 셈인데 식상과 관살 중간에 있는 재로 용신하여 年의 甲木상관은 月支 午火재를 生하고, 午火재는 月干 戊土관성을 生하여 상관과 관성 사이를 소통시키도록 한다.

⑤ 종재(從財)

종재는 [제13종격]에서 다룬다. 종격 참고할 것.

(2) 어떤 경우에 관살(官殺)을 용(用)하는가?

① 신왕관왕

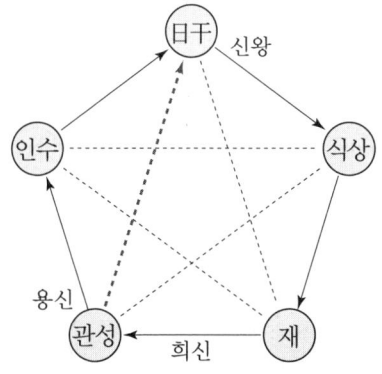

日主(日干)가 약하지 않으면 재(財)나 관살(官殺)과 식상(식상생재에 한해서)을 용(用)하는게 원칙이다.

신왕에 재와 관성의 세력이 비슷하면 사주 구성에 따라 다르겠지만 관성용신을 우선하는게 용신법의 원칙이다. 왜냐하면 관(官)은 귀(貴)를 상징함이라 귀하게 되면 재(財)는 자연히 따르게 되기 때문이다.

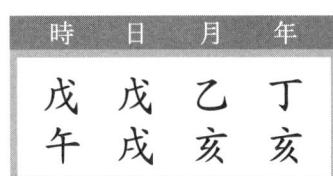

이 사주는 戊土가 亥月에 生하니 편재격이다. 비록 실령(失令) 되었으나 日支에 착근(着根)하고 時의 戊午 인수, 비겁이 생부(生扶)해주니 신강되었다. 신강이면 재나 관성을 용신하는게 원칙이라 年月支 두 亥水 재성을 용하자니 土 비겁이 왕하여 마땅치 않다. 그러나 月干乙木 관성은 水 재성의 생을 받고 있어 乙木 관성으로 정하니 왈, 명관과마(明官跨馬)요 재관쌍미(財官双美)라 하겠다.

② 일주(日主) 태왕하여 관살로 용신

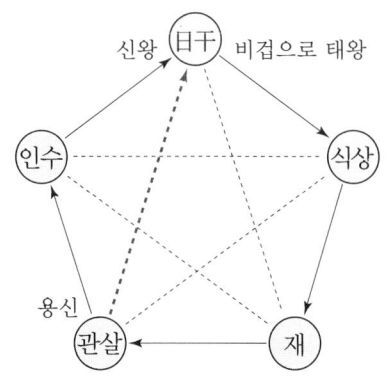

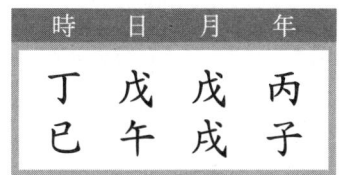

戊日干이 戊月에 生하였으니 비겁이 되어 격(格)은 성립되지 않는다. 한편 戊土가 戊月에 득령이오, 時는 丙火의 장생궁이고 日支 午火는 제왕이며 午戌이 반합화국(半合火局)하며 日主가 태왕(太旺)하다. 사주 가운데 한가지만 홀로 태왕하면 편중되어 좋지 않다. 식상이 미약한 경우 관살(정관보다 칠살이 더 유리함)을 용신하여 태왕된 비겁의 힘을 억제한다.

③ 재인통관(財印通關)

비겁이 없이 신약한 경우 인수가 있으면 인수를 용신하게 된다. 이 경우 재가 왕성해 있으면 용신 인수가 재(財)에 파극(破克)되어 불리하다. 인수와 재 사이에 관살이 있으면 관살로 통관(재는 관살을 生하고, 관살은 용신 인수를 生함)되어 무해하다.

○ 관살로 통관

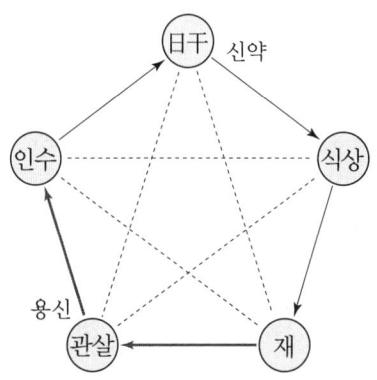

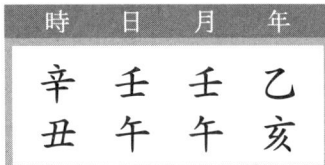

이 사주는 壬水가 午月에 실령하여 신약이다. 月支 午中丁火로 정재격(正財格)을 이루었으나 신약하여 재로 용신을 못한다. 신약에 재가 왕하면 비겁용신이 당연하나 年支亥水 비겁은 미약해서 용신이 불가하다. 하는 수 없이 時干에 있는 辛金인 수로 용신하게 되는데 인수 용신에 재가 왕하면 이를 탐재괴인(貪財壞印)이라 한다. 탐재괴인의 사주를 타고 났거나 운에서 만나면 사업 실패, 뇌물죄, 여자로 인한 망신(명예손상), 질병 등의 액이 이른다. 위 사주가 그러한데 다행히 재와 인수 사이에 丑土 관성이 있어 이를 해소시켜 준다. 요는 왕한 재는 丑土 관살을 生해서 인수를 도와주기 때문이다. 이를 술어로 재인불애(財印不碍)라 하여 재와 인수 싸움에 관살이 끼어 있으면 재생관(財生官) 관살생인(官殺生印)하게 되어 나쁘지 않다는 뜻이다.

④ 종살(從殺)

종살에 대해서는 외격(外格) 항목의 종격(從格)에서 다룬다.

(3) 어떤 경우에 식상(食傷)을 용하는가?

식상은 日干의 기(氣)를 뽑아가는 육친이므로 대개 신약에는 용신을 아니한다. 그러나 반드시 신강에만 용신하는게 아니다. 신약에도 인수가 없는 상태에 칠살이 왕성하면 식상으로 관살(官殺)을 제어(制御)해야 한다.

① 식상제살(食傷制殺)

　신약에는 대개 비겁보다 인수가 더 유리하다. 재다신약(財多身弱)된 경우에 한해서는 인수보다 비겁이 좋다. 하지만 이는 보편적인 경우이요 사주가 구성된 상황에 의해 비겁용신, 인수용신을 결정할 일이다. 그런데 신약에도 日干의 정기를 빼내는 식상으로 용신하는 수도 있다. 인수가 없는 상태에 관살이 왕하면 식상으로 제살해야 한다.

　○ 식상제살도

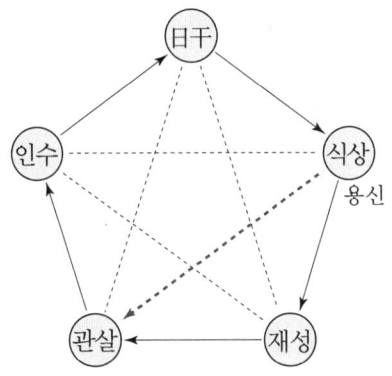

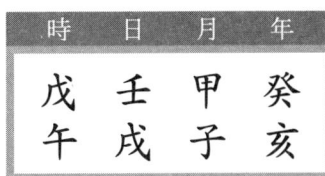

　이 사주는 日干 壬水가 子月에 득령하여 신약하지는 않으나 時干 戊土 칠살이 옆구리에서 日干 壬水를 극하니 심히 괴롭다. 인수가 있다면 인수를 용신 살인상생(殺印相生)토록 함이 가장 좋으나 인수가 없으므로 月干 甲木 식신을 용하여 칠살을 억제하니 왈, 식신제살이다. 격은 子月이 비겁이라 정격은 놓지 못하고 별격으로 양인격을 놓는다. 한편 또 별격으로 살인상 정격(殺刃相停格)에도 해당된다.

살인상정에 대해서는 〈별격〉에서 다룬다. 子中癸水와 時干 戊 土와 살인상정(殺刃相停)도 가능하다.

② 식상생재(食傷生財)

신왕하여(비겁이 많아) 재를 용신하려는데 재가 미약하면 비겁 끼리 모자란 재를 서로 취하려고 다투는 형상이다. 이 경우 식상 의 힘이 재보다 나으면 재 대신 식상으로 용신하며 재를 生해주 도록 한다.

○ 식상생재도

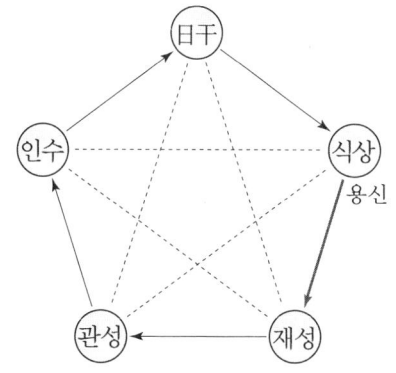

日干 癸水가 子月에 生하니 정격명칭은 비겁이 되어 해당 하지 않고 별격으로 건록격(建 祿格)을 놓는다. 癸水 득령(得

슈)에 壬水 月干이오, 壬에 年支亥水가 있어 족히 신왕하므로 능히 재나 관성을 용신할 수 있다. 관살은 없고 時의 丁巳火 재가 있으나 왕한 비겁으로 인해 마땅치 않다. 그래서 日支 卯木 식신으로 용신하니 亥子 인수는 月支 卯木 식신을 生하고, 식신은 시의 丁巳火 재를 生하니 기(氣)가 순조롭게 재성에 집결된다.

③ 식상설기(食傷泄氣)

식상설기(食傷泄氣)란 사주 내에 비겁이 많아 日主의 기운이 팽창하였을 때 그 팽창된 기(氣)를 뽑아 내는 용신법이다. 요즈음 유행으로 비만체질을 다이어트해서 빼내는 것에 비유되는 용신법이다. 비겁으로 인해 日主 태왕이면 관살로 억제하는 용신법이 있으나 식상이 왕하면 관살은 식상에 억제되어 용신구실을 못한다.

○ 식상설기도

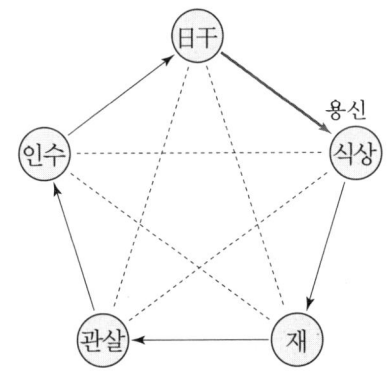

日干 戊土가 辰月에 득령하고 月干 戊土 日支 戌土라 月·日柱가 모두 土로 되어 日主 태강한 감이 든다. 戊辰土 비겁을 억제

時	日	月	年
辛	戊	戊	己
酉	戌	辰	亥

할 수 있는 관살이 없고 보니 時柱의 辛酉金 상관으로 설기용신(泄氣用神)함이 옳다.

④ 종아(從兒)

신약하여 식상에 종하게 되는 용신법이다. 외격의 별격항목에서 참고하라.

(4) 어떤 경우에 인수(印綬)를 용신하나

① 신약용인(身弱用印)

사주에 비겁이 없거나 있더라도 심히 허약해서 日主조차 허약된 상태라면 신약된 원인이 어느 육친 때문이거나를 막론하고 인수가 있으면 인수로서 미약한 日主를 도와주도록 한다.

○ 신약용인도

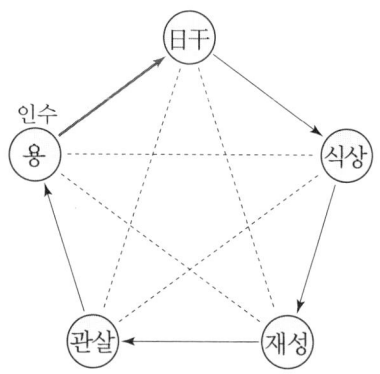

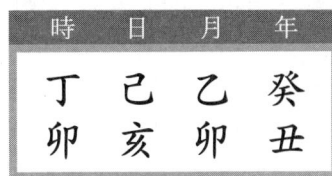 日干己土가 卯月에 生하니 격은 편관격(偏官格)이오 실령하여 신약이다. 사주 상황을 살펴 보건대, 재살(財殺)이 득령득세하여 신약이라 時干 丁火 인수로 살인상생한다. 위 예의 사주는 살중용인(殺重用印)이 된다. 참고로 일주(日主) 실령에 식상·재·관살이 비등한 세력을 형성하면 용인(用印)하게 된다.

② 상관용인(傷官用印)

○ 상관용인도

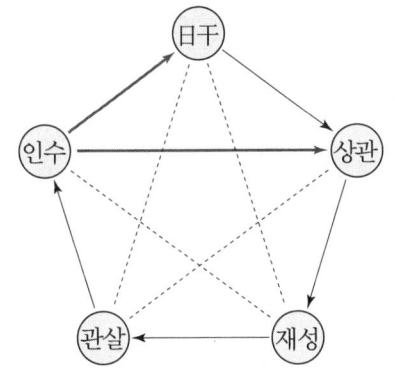

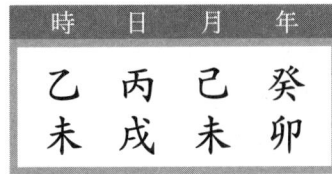 日干 丙火가 未月에 生하고 月干과 月日時支가 土라 이런 경우를 진상관(眞傷官)이라 한다. 왕한 상관에 丙火는 정기(精氣)를 모두 빨려 나가므로 견딜 수 없다. 年支의 卯木 인수를

용신하여 신약한 日主를 생조(生助)하는 한편 왕한 식상을 억제하여 상관에 설기 됨을 막아주도록 한다.

③ 살중용인(殺重用印)

사주에 日主 실령 등의 이유로 신약이 된 가운데 관살(官殺)이 태왕하면 인수(印綬)보다 더 좋은 육친이 없다. 왜냐하면 왕한 관살은 그 참 日干을 극하지 않고 인수부터 生하고 관살의 生을 받은 인수는 쇠약해져 있는 日干을 生해주기 때문이다. 이를 살인상생(殺印相生)이라 한다. 단 관살이 왕해도 정도 문제일 뿐 태왕이 되면 일방 인수를 生하고 일방은 日干을 극하게 된다.

○ 살중용인도

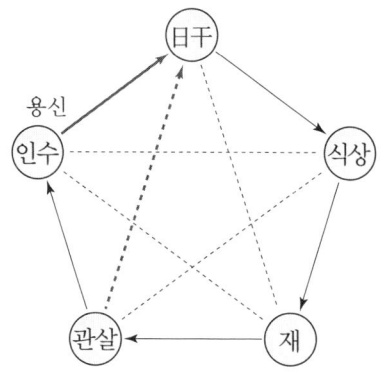

[참고] 오행(五行)이 生할 자와 극할 자 둘이 있으면 生에 탐(貪)이 나서 극하려는 생각을 잊게 된다. 이를 탐생망극(貪生忘克)이라 한다.

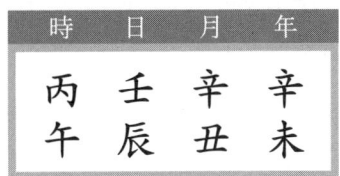

이 사주는 日干 壬水가 丑月에 生하고 丑中辛金 인수가 月干에 투출하였으니 인수격(印綬格)이다. 그러나 사주에 재살(財殺)이 왕하여 극신(克身)하니 살(殺)이 두렵다. 이 경우 月干 辛金 인수로 용신하면 時의 丙午火 재성은 年月日支 辰丑未 관살을 生하고, 土 관살은 金 인수를 生하고, 인수는 日干 壬水를 生하게 된다.

④ 정관용인(正官用印)

정관용인(正官用印)이란 신왕에 정관격을 놓거나 정관성을 취하려는데 식상이 왕하면 관성이 극을 받아 좋지 않다. 이런 경우 인수가 있어 태약하지 않으면 인수로 식상을 억제해서 관성을 보호하는 용신법이다.

○ 정관용인도

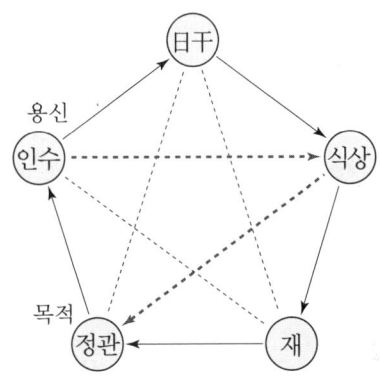

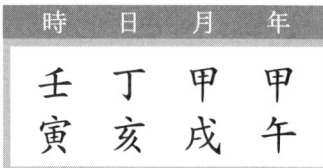

이 사주는 丁日戌月이라 戌中 戊土로 상관격이다. 年月干 두 甲木 인수에 午戌로 화국(火局)을 이루어 日主 약하지 않으므로 時干 壬水 정관(正官)을 탐하고 싶다. 그러나 月支 상관이 壬水 관성을 극하여 상관이 이 사주의 병통이다. 時支 寅木 인수로 상관을 억제 時干 壬水 정관을 보호해 주는 용신법이다.

⑤ 종인(從印)

종인에 대해서는 종격(從格)에서 다루기로 한다.

(5) 어떤 경우에 비겁(比劫)을 용신하는가

① 재용겁(財用劫)

재다신약(財多身弱)이란 日主의 기(氣)가 미약한 상태에 재(財)가 왕성함을 뜻한다. 재(財)는 생극작용상 비겁에게 극을 받는 육친이지만 정도 문제일 뿐 재가 사주 내에서 떼를 지어 있으면 힘이 모자란 비겁으로서는 왕성한 재를 감당 못한다. 이런 경우 다른 육친으로서는 재를 다스릴 수가 없다. 사주 내에서 비겁이 있으면 비겁을 용신하여 왕성한 재를 감당토록 한다. 다음 예시를 참고하라.

○ 재용겁도

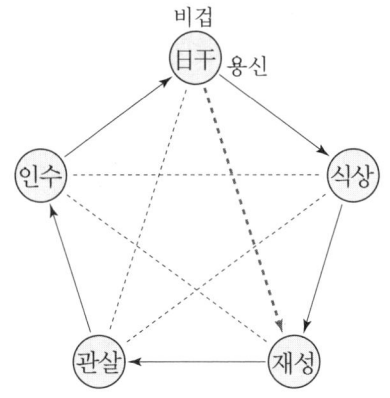

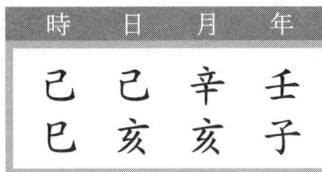

日干 己土가 亥月에 生하니 亥中 壬水로 정재격(正財格)이다. 年에서 月·日支까지 亥子水에 年月干 金水로 인해 수재(水財)가 태왕이다. 時干 己土 비겁이 時支巳中戊土의 협력이 있어 己土로 왕수(汪水)를 억제해야 강하다. 위 예는 수다토류(水多土流)에 해당한다.

② 상관용겁(傷官用劫)

상관용겁(傷官用劫)이란 日主가 그다지 쇠약하지 않은 상태에서 식상(食傷)이 왕성해 있으면 왕성한 식상이 日干의 정기(精氣)를 계속 빼내어 고갈되고 만다. 식상이 왕한 경우는 인수용신이 우선이지만 인수가 없으면 하는 수 없이 비겁을 용신하여 계속 빼어나가는 정기(精氣)를 보충하는 용신법이다.

○ 상관용겁도

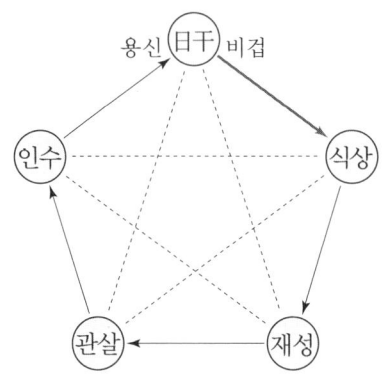

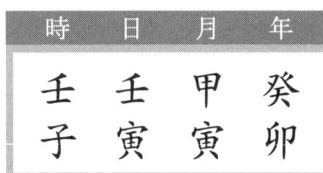

이 사주는 日干 壬水가 寅月에 생하고 年支 卯木상관 月干 甲木식신 등 식상이 태왕 日의 정기(精氣)를 빼내고 있다. 인수가 있으면 인수용신이 당연한데 아쉽게도 인수가 없다. 궁여지책으로 비겁을 용신해서 빠져나가는 日干의 기(氣)를 충당해야 한다. 時의 비겁으로 用하게 되니 왈, 상관용겁이다.

③ 관살용겁(官殺用劫)

사주에 관살이 왕하면 日干은 자연 약(신약)해지기 마련이다. 이 경우 식상이 유력(有力)하면 식상제살해야 되고, 식상이 있더라도 인수가 약하지 않으면 인수로 통관 용신함이 가하다. 또 다르게는 식상이 없거나 무력하면 비겁이나 인수를 용신함이 가하다.

○ 관살용겁도

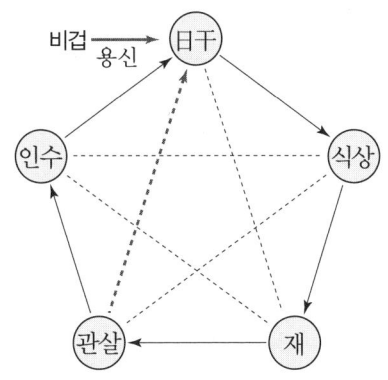

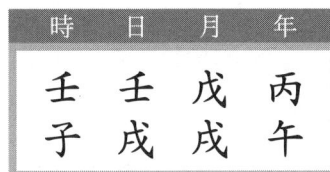

이 사주는 日干 壬水가 戌月에 生하니 戌中 戊土로 편관격을 놓았다. 戊戌月干 투출이오 年의 丙午火가 月·日支 두 戊土 칠살을 생살(生殺)하니 관살 태왕으로 신약이 두렵다. 그렇다 해서 종살(從殺)은 못한다. 時干 壬水 비견이 下에 착근해 있기 때문이다. 하는 수 없이 時의 壬子水 비겁으로 용신해야 되니 왈, 관살용겁이다.

④ 인수용겁(印綬用劫)

인수용겁(印綬用劫)이란 인수 태왕에 재가 있으면 재로 인수를 억제하는바, 재가 없으면 (있더라도 심히 미약) 비겁을 용하여 인수의 生을 나누어 받는다. 사주에 인수가 너무 많으면 수다목부(水多木浮) 등의 이치가 있어 도리어 신약해지기 때문이다.

○ 인수용겁도

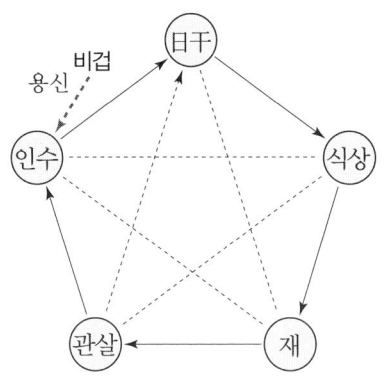

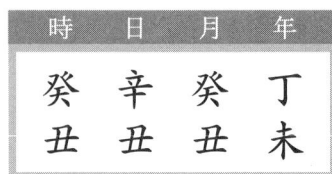

이 사주는 辛金이 丑月에 生하여 편인격을 놓는다. 年·月·日·時가 모두 丑未土 인수로 되어 토다금매(土多金埋)가 되었다. 土에 종(從)해도 무방이라 하겠으나 세 개의 丑土에는 모두 辛金을 간직하고 있어 辛金 비견으로 용하여 왕한 土 인수의 生을 나누어 받도록 한다.

⑤ 종비(從比)

사주 대부분이 비겁으로 되어 있고 관살(官殺)이 없으면 (있더라도 심히 무력) 비겁에 종(從)하게 된다.

종비는 다음 종격에서 다룬다.

제13장

외격(外格)

　외격(外格)이란? 억부법(抑扶法)을 쓰지 않는 용신법에 해당하는 격(格)을 칭한다. 사주(四柱) 구성 형태가 木火土金水 오행의 세력이 비슷하면 굳이 억부용신을 쓰지 않아도 되겠지만 대개의 경우 육친 가운데서 강한 자가 있고 약한 자가 있기 마련이다. 이 경우 억부법을 적용 지나치게 강성한 자의 기(氣)는 억제하고, 힘이 정도에 모자란 자를 생조(生助)하여 세력의 균형을 이루도록 하는게 당연한 이치이므로 이를 정격(正格)이라 한다.

　천금부(千金賦)에 태과자(太過者)는 손지사성(損之斯成)하고 불급자(不及者)는 익지즉이(益之則利)라는 글이 있다. 사주학의 내격용신도 같은 이치이다. 그러나 억부용신법 적용은 정도 문제이고 日主의 세력이 지나치게 왕성하거나 지나치게 쇠약하면 억부법 적용을 아니하고 종법(從法)을 취해야 한다. 때문에 외격이라 한다. 종격용신에 해당하는 경우는 두 가지가 있다. 인수 비겁 등이 사주 대부분을 차지 억제 불가능하거나 반대로 일주(日主 ; 日干) 심히 쇠약해서 구제불능하면 억부법이 아닌 종격(從格)을 적용하게 된다.

1. 日干오행에 종(從)함

　인수·비겁 등으로 인해 일주(日主 ; 日干)의 세력이 매우 강성한 가운데 日干의 세력을 억제하는 관살(官殺)이 없거나 있더라도 심히 미약하면 왕성한 인수 비겁의 세력에 종(從)한다.

이 종격에 있어 혹자는 말하기를 "日主 태왕하여 종격이 인수로 인한 것은 종강(從强)이라 하고, 비겁으로 인해 日主 태왕해서 종격을 놓으면 종왕(從旺)이라 칭해야 된다."고 구분하였으나 필자는 인수·비겁의 형태를 분류 인수에 종(從)하면 종인(從印)이고 비겁이 사주 대부분을 차지하면 종비(從比)로 칭하고 싶다.

(1) 곡직격(曲直格)

甲乙日이 사주 대부분이 甲乙寅卯木이거나 亥卯未 목국전(木局全) 혹은 寅卯辰木方을 놓고 庚辛申酉의 金이 없으면 甲乙日에 종(從)해야 되니, 이를 곡직격(曲直格) 또는 곡직인수격(曲直仁壽格)이라 한다. 곡직이란 木의 특성이 위로 향하여 곧게도 자라고 굽게도 자라기 때문이고, 인수(仁壽)란 인(仁)·의(義)·예(禮)·지(智)·신(信) 오덕(五德) 가운데 인(仁)에 해당함이고, 수(壽)는 木방인 동방의 생기(生氣)에 해당함이다. 곡직격은 金 대운을 꺼린다.

① 곡직격의 예

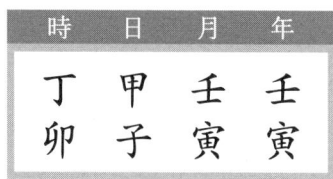

甲日이 寅月에 生하니 寅은 甲日의 비견에 해당 정격은 놓지 않고 별격으로 건록격(建祿格)은 놓게 된다. 그런데 사주 대부분이 水木으로 되어 있고 年月干 壬水의 기(氣)는 木에 모이니 甲日의 기(氣)는 매우 강성하다. 木을 제어하는 金이 있어 유력(有力)하면 金으로 木의 왕성한 기운을 억제하는 용법을 취하겠으나 金이 없어 木의 세력을 억제 불가능하므로 日干・비겁 木에 종하는 곡직격을 놓게 된다. 이 경우 金 대운 불리요, 火 대운 길하다.(木운도 나쁘지 않다.)

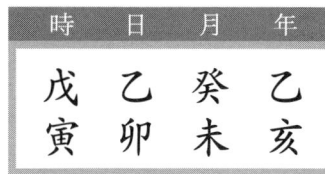

이 사주는 乙木이 未月에 생하였으니 일단은 편재격이다. 時干 戊土 재(財)만 제외하고 사주 전체가 木으로 되어 木의 기(氣)는 지극히 왕성하다. 月支 未土와 時干 戊土 재는 있으나 종목(從木)에 꺼리지 않는다. 未土는 亥卯未 三合木局하고 時干 戊土는 時支 寅木 살지(殺地)에 앉았기 때문이다.

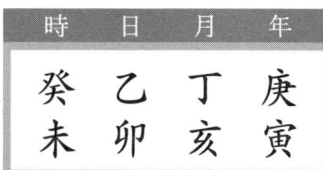

이 사주는 乙木이 亥月에 생하여 우선은 정인격이다. 그러나 寅木과 亥卯未 목국전(木局全)을 놓아 木에 종하는 곡직격을 놓게 된다. 단, 年干에 庚金이 있어 종목(從木)에 방해되지 않는가 하고 망설여지겠으나 그 庚金은 寅木 절지(絶地)에 놓여 용신하지 못한다.

이 사주는 甲木이 辰月에 득령하고 年月日時支에 목방전(木方全)을 놓아 木에 종하는 곡직격을 놓게 된다. 사주 내

에 종목(從木)을 방해하는 金이 없어 진종(眞從)이 된다. 火 대운이 가장 좋고 水木 대운도 나쁘지 않으나 金 대운은 불리하다. 단, 진종이 되어 크게 우려할 일은 아니다.

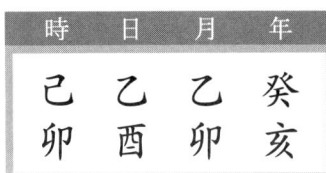

이 사주는 乙木이 卯月에 득령하고 사주 대부분을 水木이 차지, 木의 세력이 태강되었다. 그래서 곡직격이 아닌가 하고 생각해 볼 수 있으니 日支에 酉金을 놓아 극목(克木)하니 곡직격이 안된다. 日支 酉金이 용신이지만 그 힘이 미약한게 근심이다.

(2) 염상격(炎上格)

丙丁火日이 木火月에 生하고 사주 대부분이 丙丁巳午火와 巳午未 寅午戌로 되어 있는 가운데 火를 극하는 壬癸 亥子의 水가 없으면 이 격이 이루어진다. 이 격의 명칭을 왜 염상격이라 하였는가, 火의 특성은 불이 타 오르면서 솟구치기 때문이다. 염상격이 이루어지는 원칙을 아래 예시에서 참고하라. 염상격은 水 대운을 꺼린다.

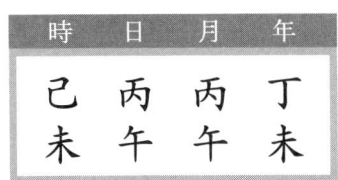

이 사주는 日干 丙火가 午月에 生하였으니 종격에 해당되지 않는다면 별격으로 양인격(羊刃格)이다. 年·時支에 상

관(傷官) 未土가 있어 혹 화토양상격(火土兩象格)이 아니냐고 생각될지 모르나 분명 화토양상격은 아니다. 왜냐하면 未에는 모두 丁火를 간직하고 있어 사주 전체가 마치 불덩어리와 같기 때문이다. 그래서 염상격 놓는데 의심이 없다. 또는 사주가 너무 더우니 金水로 축여주는 조후용신(調候用神)이 될 듯하지만 이 사주는 용광로의 불보다 더 세게 타오르는 불이 되어 조후용신 못한다. 섣불리 불을 끄려다가는 큰 재앙이 이른다.

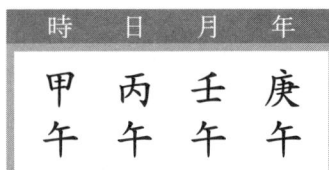

이 예는 필자가 잘 알고 있는 여명(女命)이다. 日干 丙火가 午月에 생하고 年月日時가 모두 양인(羊刃)이다. 年月干에 庚壬의 金水가 있다 하나 왕성한 불에 다 녹고 쫄아드는 형상이다. 그래서 염상격이 분명하여 귀격이지만 여자로서는 너무 지나친 것 같다. 그래서인지 30대 중반에 그 남편이 사망하게 되고 경제력은 구애 받지 않는 것으로 안다.

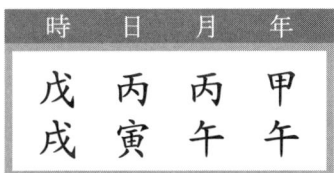

이 사주는 日干 丙火가 午月에 生하니 별격으로는 양인격이다. 사주 전체가 불덩이로 되었으니 火에 종하는 염상격이다. 게다가 月·日·時支가 寅午戌 화국전(火局全)을 놓았으니 불꽃이 하늘까지 타오르는 형상이다. 대운에서 水를 만나지 말아야 할 것이다.

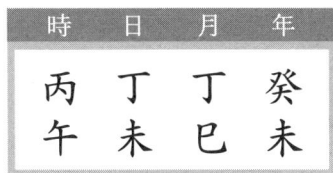

이 사주의 예는 丁火가 巳月에 生하니 겁재가 되어 격은 놓지 못한다. 年干 癸水살만 제외하고는 未中丁火 등 사주 전체가 불로 되어 있다. 年干 癸水가 있어 파격(破格)되거나 혹은 火에 종(從)하는데 병(病)이 되지 않을까 하고 망설여지겠지만 年干 癸水는 오뉴월 가뭄의 아침 이슬에 지나지 않으니 염상격의 진(眞)이다.

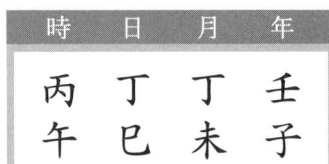

이 사주는 日干 丁火가 未月에 生하니 火 득령이오, 巳午未 전방(全方)에 干에는 丙丁 火가 투출 염상격이 되는 것 같다. 그러나 이 사주의 경우는 염상격이 아니다. 왜냐하면 年에 壬子水가 있기 때문이다. 그래서 도리어 壬子水가 용신이지만 火土가 왕한 까닭에 용신구실은 제대로 못할 것 같다.

(3) 가색격(稼穡格)

가색(稼穡)이란 곡식을 심고 가꾼다는 뜻이다. 戊己日생이 사주 내에 戊己辰戌丑未 土가 많고 土를 극하는 木이 없으면 이 격이 이루어진다. 戊己는 흙(땅)이오 흙은 농사 짓는 바탕이라 오곡(五穀)을 심고 가꾼다 해서 戊己日 종비(從比)를 가색격이라 한다. 단, 아무리 土가 많더라도 木이 약하지 않으면 가색격은 놓지 못한다. 가색격은 寅卯木 대운을 꺼린다.

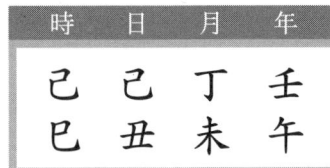

왼편 사주의 격 풀이다. 日干 己土가 未月에 득령하고 月時干이 土를 돕는 丁未 火土요 지지는 모두 午未丑巳로 土가 태왕이다. 年午 壬水가 있으나 土에 종하는 가색격이 이루어진다.

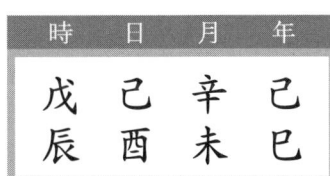

이 사주의 예는 日干 己土가 未月에 득령하고 年·時干 己戊土, 年支巳中戊土 時의 干支는 戊辰土. 이와 같이 土가 많고 木이 없으니 가색격이 이루어진다. 年·日支 巳酉 반합금(半合金)과 月干 辛金이 투출 가색격 성립이 안된다고 생각할 수 있으나 가색격이 분명한 까닭은 金이 土에 견주기는 기(氣)가 모자라고, 왕성한 土가 金을 만나면 기쁘게 설기 될 뿐 木처럼 파격되지 않기 때문이다.

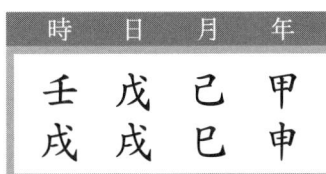

이 사주는 日干 戊土가 巳月에 生하니 내격 정하는 원칙에 의하면 편인격이다. 그러나 月支 巳中戊土, 月干己土, 日時支 戊土로 인해 土의 세력이 대단하다. 가색격(稼穡格)이 아닌가 하고 생각하다가 年午 甲木을 보고는 파격(破格)처럼 보인다. 그러나 年干 甲木은 年支申中庚金에 절(絶-十二運星法으로 申은 甲

木의 절지)하여 종(從)하는데 방해되지 않는 한편 月干 己土에 甲己 합土로 변하니 年干甲木은 어느 편으로 보나 가색격을 놓는데 방해되지 않는다.

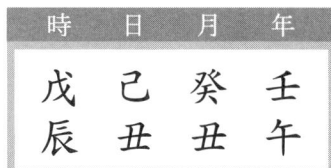

이 사주는 己土가 丑月에 生하여 득령이라. 신강인데 年月干 壬癸水를 제외하고는 모두가 土 일색이다. 土에 종(從)이 되느냐 안되느냐 하고 망설여지는 것은 年月干 壬癸水 때문이다. 그러나 그 壬癸水는 아래에 근(根)이 없이 떠 있으므로 土에 종(從)하는데 방해되지 않는다.

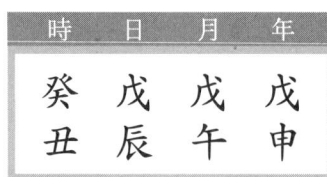

이 사주는 日干 戊土가 午月에 生하니 우선은 인수격이다. 그러나 年月干 戊土에 月日時支가 午中己土, 辰中戊土, 丑中己土로 土의 세력이 대부분이다. 이 경우 木이 있으면 木을 용신하여 土의 세력을 억제하겠지만 木이 없으니 가색격을 놓는데 의심이 없다.

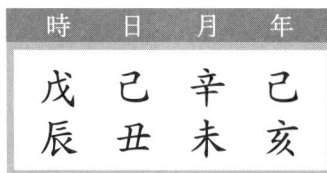

이 사주는 己日이 未月에 득령하고 年時干 戊己土 투출이오, 月日時支가 丑辰未土라 가색격을 놓을 것 같다. 그러나 年月支亥未가 반합목국(半合木局)하여 土를 극하니 파격(破格)

이라 도리어 亥卯목국으로 제토(除土)한다.

(4) 종혁격(從革格)

종혁(從革)이란 庚辛金日生이 日主 태왕하여 다른 세력이 항거 불능일 때 庚辛金에 종(從)하게 되는 사주의 격을 말한다. 왜 金에 종하는 것을 혁(革)이라 하였는가. 다른 뜻이 아니고 혁명을 하려면 칼·창 등 쇠로 만든 무기가 있어야 전쟁을 일으켜 싸울 수 있는바 이 무기의 강철(强鐵)에 해당하기 때문이다. 木火 운을 꺼린다.

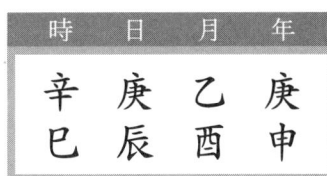

종혁격이 이루어지려면 庚辛日 태왕에 丙丁巳午의 火가 없어야 한다. 왼편 사주는 日干 庚金이 酉月에 득령하고, 年·時干 庚辛金이오, 年月支 申酉金에 日支 辰土의 생까지 있으니 종혁격이 분명하다. 그런데 時支巳火가 있어 파격(破格)이 아닌가 하고 생각될지 모르나 그 巳火는 月支酉와 巳酉로 반합 금국(半合金局)해서 용신 金의 세력에 합하게 된다.

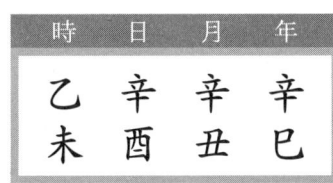

이 예의 사주는 日干 辛金이 丑月에 生하니 우선은 편인격(偏印格)이다. 그러나 이 사주는 내격(內格)이 아닌 외격(外

格)에 해당하므로 편인격이라 하지 않는다. 年支 巳火가 있어 종혁격을 놓는데 방해될 것 같으나, 巳火는 巳酉丑으로 금국전(金局全)을 이루어 방해되지 않는다. 단, 시지(時支) 未土가 金을 生한다 하나 乙木 밑에 앉아 丁火를 간직하고 있으므로 병(病)이 되지만 가벼운 병이라 하겠다.

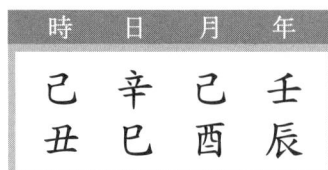

왼편 사주는 辛金이 酉月에 득령하여 우선 신왕이다. 辛日 酉月은 별격으로 건록격(建祿格)에 해당하지만 金의 세력이 태왕해서 金에 종(從)하는 건록격을 놓는다. 이 사주도 日支 巳火가 있으나 巳酉丑 합금되어 방해되지 않는다.

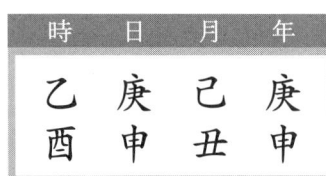

이 사주는 庚金이 丑月에 生하여 정격(正格)에 해당한다면 丑中己土 月干 투출로 정인격(正印格)이다. 그러나 이 사주는 사주 전체가 金으로 구성(연수도 土生金하여 金에 합친다) 종혁격이 분명하다.

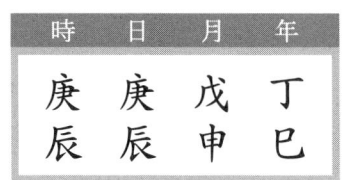

이 사주는 日干 庚金이 申月에 生하여 건록격(建祿格)이다. 사주 대부분이 土金으로 되어 金 태왕하므로 종혁격을 놓을 것 같다. 그러나 年干丁火 관성이 年支巳火에 착근(着根)하여 金을 견제하고 있으니 종혁격은 놓을 수 없다. 年干 丁火를 用하여 왕한 金을 견제한다. (또는 丁火 관성을 소유한다.)

(5) 윤하격(潤下格)

윤하격(潤下格)이 이루어지려면 壬癸日 태왕에 土가 없어야 한다. 왜 윤하라 하는가, 물의 특성 때문이다. 물의 특성은 위로 솟구치는 불(火)과 정 반대로 지형을 따라 아래로 흐른다. 물이 흐르면서 메마른 땅이 있으면 그냥 흐르지 않고 촉촉하게 적셔주니 그 덕이 크다 아니할 수 없다. 윤하격을 놓으면 대운에 戊己 辰戌丑未 土 만나는 것을 꺼린다.

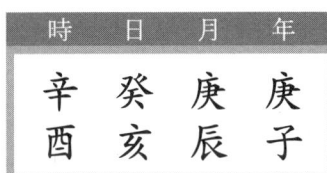

日干 癸水가 辰月에 生하니 辰中戊土로 정관격(正官格)이다. 그러나 사주 구성된 형태를 자세히 살피니 水에 종(從)하는 윤하격이다. 月支가 비록 辰土라 하나 물을 흠뻑 먹어 씻겨 내리는 흙이오, 子辰으로 반합(半合)해서 水로 화(化)하고 金水가 사주 전체를 차지하여 윤하격 놓는데 의심이 없다.

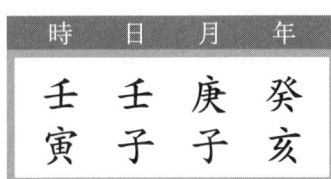

이 사주는 壬水가 子月에 生하니 득령하여 신왕이다. 사주 대부분이 水로 되어 水 태왕에 이를 견제하는 土가 없어 윤하

격이 이루어진다. 이와 같이 윤하격이 이루어지면 壬日子月도 양인격(羊刃格)이라 하지 않는다. 木 대운이 가장 좋고 火土 대운을 꺼린다.

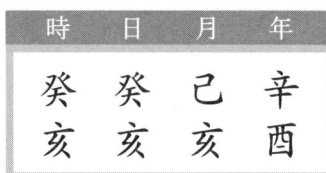

이 사주는 癸日 亥月에 득령하고 사주 전체가 癸亥水로 된데다 年의 辛酉金 인수도 水를 生해 주니 범람하는 물의 형상이다. 土가 있어 왕하다면 土로서 왕한 水의 세력을 억제해야 되나 土가 없다. 단, 月干에 己土가 있으나 己土는 물속에 잠겨 흘러내리는 흙의 형상이다. 제수(制水)를 못한다.

[참고] 이 사주의 주인공은 여자 무속인인데 조그마한 암자를 운영하고 있는 여자로서, 그 남편이 일찍 익사(溺死)하여 청춘과부가 되었다. 추리해보니 남편에 해당하는 月干 己土가 물에 잠긴 모습이다.

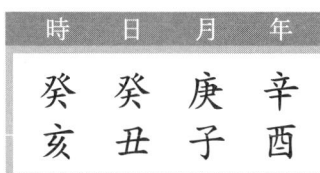

이 사주는 癸日이 子月에 득령이오, 별격으로 건록격(建祿格)이지만 사주의 기(氣)가 水로 집중되어 水의 세력이 태왕하므로 윤하격(潤下格)을 놓게 된다. 日支 丑土가 있어 윤하격 놓는데 방해될 것 같으나 水가 왕한 절기의 흙이고, 또 亥子丑으로 수방전(水方全)을 놓아 水의 세력에 가담하므로 종수(從水)하는데 방해되지 않는다.

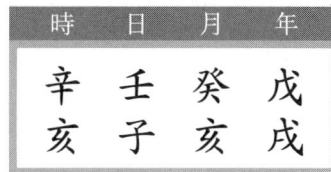

이 사주는 日干 壬水가 亥月에 득령한데다 年의 干支만 제외하고 나머지는 모두 水라 윤하격이 될 것 같다. 그러나 年干 戊土가 年支 戌土에 착근 힘을 쓰고 있으므로 비록 제부족(制不足)은 될지라도 종수(從水)인 윤하격은 놓지 못한다. 金水 대운 불리하고, 火土 대운 발달한다.

참고 이 사주는 실존인물의 명(命)으로 끝에 〈실존인물의 사주평〉에서 재 수록 설명하겠다.

2. 타의 육친에 종함

앞서 1항에서는 日干과 동일한 오행인 비겁(比劫)에 종(從)하게 되는 사주를 예로 들어 설명하였다. 日主가 강약간에 정도껏 강하고 정도껏 약하다면 종격(從格)을 놓지 않고 억부용신(抑扶用神)만을 쓰겠지만 지나치게 강성해서 타 육친으로 억제불능하거나 아니면 日主가 지극히 미약해서 타로서 구제불능이 되면 주체를 버리고 사주 내에서 가장 세력이 강성한 육친에 종하게 된다. 사물의 이치도 더할 나위 없이 강한 자는 타로서 견제불가요, 지나치게 허약해서 살릴 수 없으면 살리려 연연하지 말고 속히 버리는게 최선이다. 사람이 심히 가난해서 처자식과 더불어

도저히 생계유지가 불가능하면 부잣집이나 권력가의 종노릇하는 편이 생명을 유지할 수 있는 방편과 같다.

(1) 종살(從殺)

종살(從殺)이란 관살(官殺)의 세력에 복종한다는 뜻이다.

신약이면 인수, 비겁을 제외하고는 그 외의 육친은 다 두렵지만 그중에도 관살이 더 두렵다. 요는 생극원리상 관살은 日干을 극하기 때문이다. 그런데 태약이면 무조건 살(殺)에 종하는 것은 아니다. 비록 日干이 태약하더라도 인수나 비겁이 있으면 인수, 비겁의 생을 의지하고 잘 종(從)하지 않는다. 그러나 그 인수나 비겁이 살지(殺地-干이 지지의 극 받는 곳)나 절지(絶地-오행이 십이운성법으로 절궁에 앉음)에 앉아 쇠약해져 있으면 남(日干)을 도와주기는 고사하고 제 목숨 살리기에도 힘이 모자란다. 이런 경우 무조건 인수 비겁의 생조를 바라지 말고 종살해야 한다.

비유하건대, 어릴 적 집이 몹시 빈궁하여 헐벗고 굶주리며 교육도 받지 못한다면 주인공이 생각하기에 달렸지만 부모 못 알아 볼 때 차라리 부귀가문 자식으로 입양(入養)해서 그 부모 밑에서 살아가는 편이 나을지도 모른다.

① 종살(從殺)의 예시

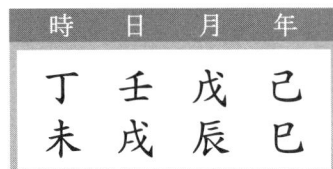

日干 壬水가 辰月에 生하니 실령(失令)이라 신약(身弱)이다. 정격(正格)은 辰中戊土가

月干에 투출이라 편관격(偏官格)이다. 그런데 日干 壬水만 제외하고는 사주 전체가 火土로 되어 日主는 지극히 약해져 있다. 사방을 돌아보아도 구원 받을 곳이 없다. 그래서 토살(土殺)에 종(從)하게 되는바 진종(眞從)이라서 귀하다.

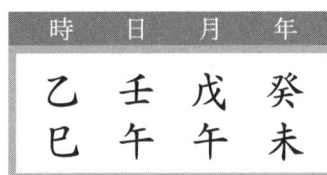

이 사주는 日干 壬水가 午月에 生하니 정격(正格)을 놓는다면 午中丁火로 정재격(正財格)이다. 그러나 火土가 왕하여 日主가 지극히 약하고 보니 土에 종(從)하는 종살격(從殺格)이다. 모든 격과 용신이 종격에 해당하면 종격이 우선이라 정재격을 놓지 않고 종살(從殺)이 된다. 종살격은 재관 대운이 길하고 비겁 식상대운을 꺼린다.

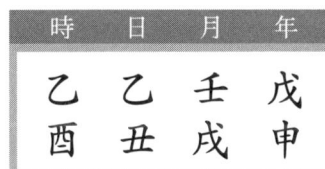

이 사주는 乙日이 戌月에 生하니 戌中 戊土로 정재격(正財格)이다. 그런데 日干 乙木을 돕는 자는 月干 壬水 인수와 時干 乙木뿐인데 모두 살지(殺地)에 놓여 남(日)을 돕기는 고사하고 자신 몸 보전하기도 어렵다. 그래서 인수, 비겁의 도움을 거절하고 금살(金殺)에 종(從)하게 되니 이르되 기인종살(棄印從殺)이라 한다. 木火 대운을 꺼리고 土金 대운을 기뻐한다.

이 사주는 日干 庚金이 戌月에 生하니 정격이라면 戌中 戊土로 편인격을 놓을 수 있다. 그러나 戌土는 日時支 午·寅과 寅午戌

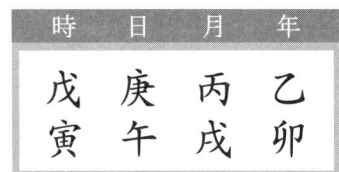

로 화국전(火局全)을 이루어 庚金을 녹이려 드니 존립이 어렵다. 비록 金이 왕하는 戌日에 해당하나 화기(火氣)가 왕성하여 대항할 생각을 버리고 종살(從殺)해야 한다.

이 사주는 日干 癸水가 辰月에 실령하였다. 인수도 없고 비겁 時干壬은 아래 戌土 위에 앉아 제 목숨 보전하기도 어렵다. 그래서 종토살(從土殺) 하는데 방해되지 않는다. 다만, 年干 甲木이 辰土에 뿌리박고 木이 왕하는 辰月에 득령하였으니 토살(土殺)에 종하지 못하고 年干 甲木으로 제살(制殺)하게 된다. 평생 빈궁을 면치 못하는 어느 여인의 명조(命造)다.

(2) 종재(從財)

종재(從財)란 사주에 재성(財星)으로 대부분을 차지, 재가 태왕한 반면에 인수는 있으나 재에 파극되고 비겁이 없어 왕성한 재를 다루기 힘든 형태가 되면 재에 종해야 된다. 이런 경우 기명종재(棄命從財)라 한다.

종재(從財)란 日主가 태약이 된 상태에서 식상과 재가 사주 대부분을 차지, 재의 세력이 왕성하면 하는 수없이 재(財)에 복종하는 외격용신법을 말한다. 비겁이 있더라도 그 비겁은 살지(殺

地)나 절지(絶地)에 앉아 日主를 돕지 못할 경우 이를 기명종재(棄命從財)라 한다.

① 종재격의 예시

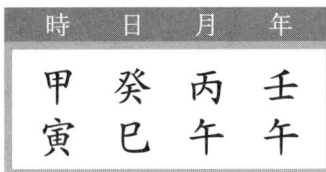

이 사주는 癸日이 午月에 生하니 정격 명칭으로는 편재격이다. 그러나 年干 壬水 겁재를 제외하고는 사주의 기(氣)가 火 재성(財星)으로 몰려 도저히 재의 세력을 감당할 수 없다. 年干에 壬水 겁재가 있으나 壬水는 뿌리가 없는 가운데 왕성한 火에 쫓아 들어 日干 癸水를 돕지 못한다. 그래서 재에 종(從)하는 명(命)이다.

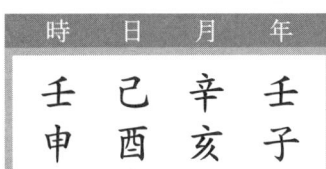

이 사주는 日干 己土가 亥月에 生하니 정격으로는 정재격(正財格)이다. 신왕이라면 이 재를 다스릴 수 있겠으나 己土를 도와주는 인수와 비겁이 하나도 없다. 그래서 日主는 지극히 약하고 재는 지극히 강성하니 망설일 것 없이 종재하게 된다.

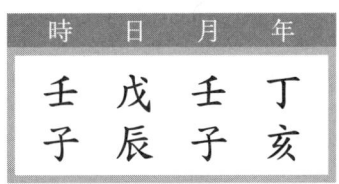

이 사주는 戊日이 子月에 生하니 子中癸水로 정재격이다. 그런데 사주 전체가 戊土의 재성인 水로 차지하여 종재가 된다. 年干 丁火는 亥水 살지(殺地)에 앉아 日干 戊土를 생해 주지 못하고, 日支 辰土는 子辰으로 합수(合水)해서 水의 편에 드니 재에 종(從)하지 않을 수 없다.

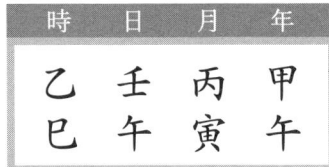

이 사주는 日干 壬水가 寅月에 生하니 정격을 놓는다면 寅中丙火 月干에 투출 편재격을 놓는다. 신왕이라면 재용(財用)이 옳은데 日主 태약하여 재를 감당 못한다. 그러니 사주 전체가 木火로 되어 재의 세력이 강성하니 재를 부리는게 아니라 재의 세력이 무서워 종재(從財)하게 된다.

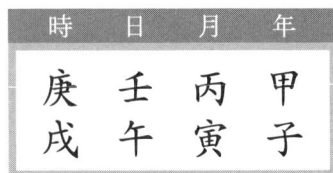

이 사주는 壬日이 寅月에 실령하여 신약한 가운데 寅午戌로 삼합 재국전(財局全)을 이루어 재가 왕성하다. 신약에 재의 세력이 왕성해도 火재에 종(從)해야 될 것 같으나 그렇지 않다. 사주의 기(氣)가 日干 壬水로 모이기 때문이다. 즉 年支 子水는 月支 寅木을 生하고, 寅木은 日支 午火를 生하고, 午火는 時支 戌土를 生하고, 戌土는 時干 庚金을 生하고, 庚金 인수는 水干 壬干을 生해 주기 때문이다. 그래서 용신은 時干 庚金이며 年支에서부터 時支·時干을 거쳐 日干 壬水까지 이르렀으니 먼데 조상의 덕이 부모를 거쳐 자손에게까지 이른 형태라 대길한 명(命)이다.

(3) 종아(從兒)

종아(從兒)란 日主 태약해서 식상에 종하는 것을 말한다. 식상을 아(兒·아이)라 한 것은 내가 낳은 자 식상이기 때문이다. 종재나 종살은 웬만하면 종(從)하지 않으려고 버텨보지만 종아와 종인(從印)은 상생관계가 있어 쉽게 종(從)한다. 그래서 〈기명종아〉란 술어는 쓰지 않는다.

① 종아의 예시

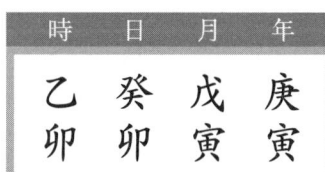

癸日이 寅月에 실령하고 年月日時支가 모두 癸日의 식상인 寅卯木으로 되어 癸水의 정기(精氣)를 모조리 뽑아 가고 있는 형상이다. 이른바 목다수축(木多水縮－木이 너무 많으면 水分은 말라 줄어든다)이 되었다. 年干 庚金 인수로 도움을 받지 못하는 것은 庚金은 年支寅에 절(絶)하여 힘을 못 쓰고 있다. 그래서 木 식상에 종(從)하는 명(命)이다.

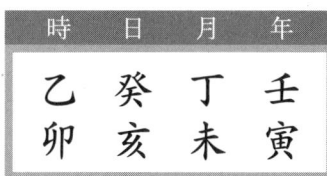

이 사주는 日干 癸水가 未月에 실령하고 日干을 돕는 자는 오직 日支 亥水 뿐이므로 日主 태약이다. 年干 壬水는 근(根)이 없는 중 月干 丁火와 丁壬化木되어 癸水를 도울 마음이 없고, 日支 亥水로 亥卯未 삼합전국(三合全局)을 이루어 木의 세력에 가담하니 四柱八字 가운데 木이 아닌 것이 없다. 본래 日干이 아래에 착근(着根-甲寅 乙卯 丙午 丁巳 戊辰 戊戌 己丑 己未 庚申 辛酉 壬子 癸亥 등이 모두 착근이다)이면 아무리 신약해도 타에 종(從)하지 못하나 오직 종아(從兒)에 한해서는 착근되어도 식상에 종(從)할 수 있다.

[참고] 이 사주는 종아 癸日인 만큼 木이 용신이다. 그래서인지 木에 해당하는 신림동(新林洞)에서 성공한 어느 여인의 명조(命造)다.

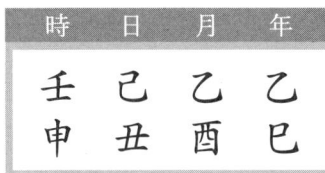

이 사주는 日干 己土가 酉月에 生하니 정격 명칭은 식신격이지만 상관이 왕해서 상관격이다. 日主 태약에 상관이 왕하고 日主를 도와주는 年支 巳火 인수와 日支 丑土 비견이 있으나 이 모두 巳酉丑으로 금국전(金局全)을 이루니 종아격(從兒格)을 놓게 된다.

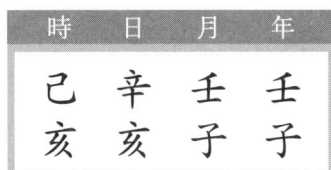

이 사주는 辛金이 子月에 生하고 사주 대부분이 壬子亥水로 되어 태평양 같은 물의 모습이다. 時干 己土가 왕한 水를 저지할 것 같으나 물을 막기는 고사하고 물에 씻겨가는 흙이 되어 쓸모가 없다. 그래서 왕양(旺洋)한 水에 종(從)하는 종아격이다.

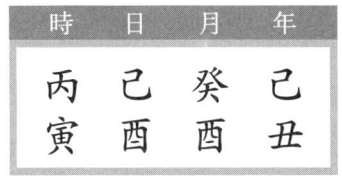

이 사주는 己日이 酉月에 生하고 타에도 金이 많으니 상관격이다. 酉丑合金에 酉金이 또

있어 金에 종(從)하는 종아(從兒) 같으나 時干 丙火가 時支 寅에 장생하여 日干 己土를 도우니 종아가 아닌 상관용인(傷官用印)으로 丙火 인수가 용신이다.

(4) 종인(從印)

오행의 본성(本性)은 生을 좋아하고 극 받음을 두려워 한다. 그러나 生을 받아도 정도 문제이지, 生이 지나치게 많으면 마치 음식을 너무 먹어 소화를 못하고 건강에 해를 끼치는 것과 같다.

甲乙木이 壬癸亥子水가 너무 많으면 나무는 물에 뜬다.(水多木浮)

丙丁火가 甲乙寅卯木이 너무 많으면 불이 꺼진다.(木多火滅)

戊己土가 丙丁巳午의 火가 너무 많으면 흙이 메마른다.(火多土燥)

庚辛金이 戊己辰戌丑未土가 너무 많으면 흙에 묻힌다.(土多金埋)

壬癸水가 庚辛申酉金이 너무 많으면 물이 탁해진다.(金多水濁)

때문에 인수의 生이 너무 많으면 재(財)로 억제해야 되는데 재가 없으면 인수에 종(從)해야 한다.

이 사주는 日干 辛金이 丑月에 生하니 정격을 놓는다면 편인격

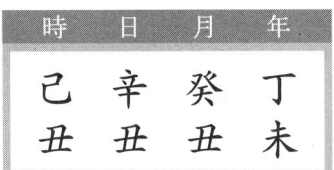

이다. 그러나 年月日時支가 모두 土 인수라서 日干 辛金 혼자서 生을 받기는 어렵다. 즉 토다금매(土多金埋)인데 왕한 土를 억제하는 木이 없다. 年支 未中乙木으로는 土를 억제할 수 없으므로 그냥 土 인수에 종(從)해야 한다. 종인격(從印格)인데 金 대운을 가장 기뻐하고 木 대운을 꺼린다. 金 대운을 만나면 토금양상격(土金兩象格)이 이루어져 발달한다.

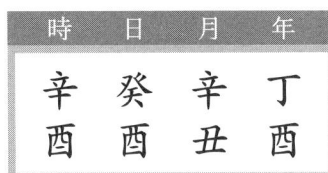

이 사주는 日干 癸水가 丑月에 生하고 丑中 辛金이 月干에 투출 정격에 해당한다면 편인격이다. 그러나 日干의 癸水는 무리 金의 生을 다 받아들일수 없어 生이 너무 많은게 괴롭다. 火가 있어 힘이 강하다면 火로 金을 억제해야 되겠지만 丑月에 年干丁火는 무력하므로 金에 그냥 종(從)해야 되니, 가로되 종인(從印)이오 종금(從金)이 순수하여 귀(貴)하다. 水운을 가장 기뻐하고 火 대운을 꺼린다.

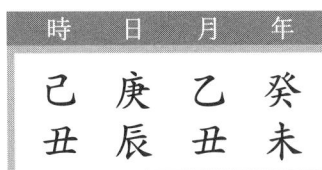

이 사주는 日干 庚金이 丑月에 生하고 丑中 己土가 時干에 투출하니 정인격(正印格)이다. 그러나 時干 己土와 年月日時 支가 모두 土 인수로 되어 生이 너무 많아서 좋지 않다. 月干 乙木 재(財)로 왕한 土의 세력을 억제할 것 같으나 月干 乙木은 日

干 庚金과 月支丑中辛金에 극을 받아 用의 역할을 못한다. 그래서 어쩔 수 없이 土 인수에 종(從)하게 된다.

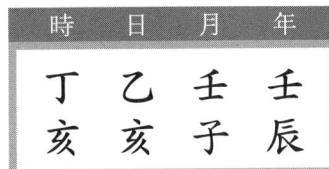

이 사주는 日干 乙木이 子月에 生하니 정격을 놓는다면 편인격이다. 그러나 정격이 아닌 외격에 해당하니 水의 세력에 종(從)하는 종인격(從印格)이다. 까닭은 年支 辰土는 子辰으로 합수화(合水化)하고 年月干 두 壬水에다 子亥亥 三水에 水의 세력을 억제하는 土가 없으니 水 인수에 종(從)하는게 원칙이다. 土 대운을 꺼리고 木 운을 기뻐한다.

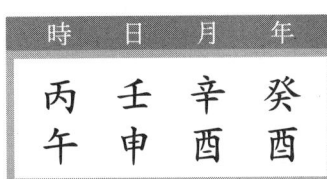

이 사주는 日干 壬水가 酉月에 生하고 酉中辛金 인수가 月干에 투출 정인격(正印格)이다. 月干 辛金 年月日支가 모두 金 인수라 인수 태왕으로 종인(從印) 같으나 時에 丙午火가 있어 이 사주의 경우는 인수에 종(從)하는게 아니라 丙午火로 왕금(旺金)을 억제해야 되니 용신술어(用神述語)로 인수용재(印綬用財)라 한다.

3. 종화(從化)

이 격(化格)은 干合으로 이루어진 오행에 종(從)하게 되는 것으로 사주가 화격에 해당하면 매우 귀(貴)하다.

화격이 이루어지는 원칙은 다음과 같다.

> 甲己化土에 辰戌丑未月에 生하여 사주에 土가 많고, 木이 없는 것.
> 乙庚化金에 申酉月에 生하여 사주에 金이 많고, 火가 없는 것.
> 丙辛化水에 亥子月에 生하여 사주에 水가 많고, 土가 없는 것.
> 丁壬化木에 寅卯月에 生하여 사주에 木이 많고, 金이 없는 것.
> 戊癸化火에 巳午月에 生하여 사주에 火가 많고, 水가 없는 것.

甲己化土格에 유력(有力)한 木이 있으면 파격(破格)이다.
乙庚化金格에 유력한 火가 있으면 파격이다.
丙辛化水格에 유력한 土가 있으면 파격이다.
丁壬化木格에 유력한 金이 있으면 파격이다.
戊癸化火格에 유력한 水가 있으면 파격이다.

그리고 또 화격에는 1대 1의 干合을 요구한다. 그렇지 아니하고 1대 2의 干合이 있으면 쟁합(爭合) 투합(妬合)인데 가화(假化)라 해서 화격(化格)으로 인한 귀한 작용이 반감(半減)된다.

○ 쟁합(爭合)·투합(妬合)

甲己甲	己甲己	甲甲己	己甲甲	己己甲
乙庚乙	庚乙庚	庚庚乙	乙乙庚	乙庚庚
丙辛丙	辛丙辛	辛辛丙	丙辛辛	丙丙辛
丁壬丁	壬丁壬	丁丁壬	壬丁丁	壬壬丁
戊癸戊	癸戊癸	癸癸戊	戊戊癸	戊癸癸

○ 투합·쟁합이 더 잘 이루어지는 것은

甲己甲　己甲己　乙庚乙　庚乙庚　丙辛丙　辛丙辛
丁壬丁　壬丁壬　癸戊癸　戊癸戊

(1) 甲己化土格의 예

【 화토격(化土格)은 농경(農耕) 및 신앙에 유리하다. 】

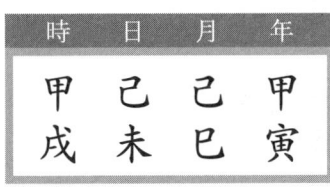

日干 己土가 時干 甲木과 甲己로 化土하고 巳月生이며 日時戊未土가 있다. 巳月은 火에 해당하지만 巳中戊土는 土나 다름 없으므로 巳月도 해당하는 것으로 본다. 기이한 것은 年月干이 甲己土 日時干도 甲己化土라 土가 가중된다. 그래서 化土格에 꺼리는 年支 寅木이 있어도 化土格이 성립되는 것 같다.

이 사주는 큰 스님으로 널리 알려진 고 서경보 스님의 명조(命造)다.

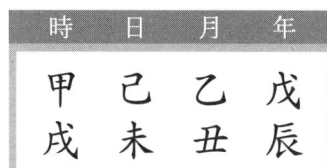

日干 己土가 丑月에 생하니 丑을 비견이라 정격을 놓지 않는다. 한편 時干에 합신(合神) 甲木이 있어 화격(化格)이 아닌가 하고 살펴본즉, 甲己合化土에 土月인 丑月에 생하고 土가 많아 화격(化格) 조건에 해당한다. 단, 木이 없어야 하는데 月干에 乙木이 있어 이 격이 성립되지 않는 것 같다. 그러나 月干乙木은 月支에 암장(暗藏)된 丑中辛金에 억제되어 크게 방해하지 않는다. 그리고 이 사주는 年月日時支에 辰戌丑未를 다 갖추어 사위순전격(四位純全格)이 이루어지니 이 또한 귀격에 해당한다. 전 김영삼 대통령의 사주다.

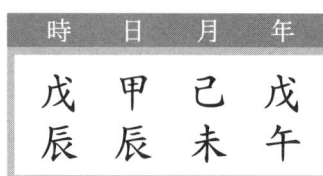

이 사주는 甲日이 月干 己土가 있어 甲己로 化土하고 未月에 생하였으며 年時干 戊土, 月干己土, 日·時支 두 辰土라 화신(化神) 土가 사주 대부분을 차지하고 있고 화신 土를 극하는 甲乙寅卯 木이 없으니 화토격(化土格)이다.

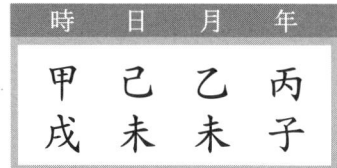

이 사주는 日干 己土가 時干 甲木과 甲己로 화토(化土)하고 土月인 未月에 생하며 土가 많

아 화토격(化土格)이 이루어지는 것 같다. 그러나 月干에 木이 있어 未中乙木에 근(根) 화신토(化神土)를 극하니 진화(眞化)를 이루는데 방해(즉 病)가 되어 가화(假化)다.

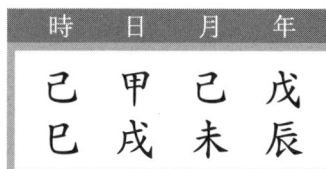

이 사주는 甲日이 未月에 生하고 未中己土 정재(正財)가 月干에 투출하니 정격으로는 정재격(正財格)을 놓는다. 그러나 甲木은 甲己 化土가 있고 未月生이며 사주 대부분이 土로 되어 화신토(化神土)에 종하는 종화(從化)는 이루어지는데 月·時干 두 己土에 쟁합(爭合 - 月·時干 己土가 甲木과 干合하고자 서로 다툼)이 되어 가화(假化)다. 대운에서 만일 甲을 만난다면 합하던 己土가 운(運)의 甲木과 干合할 수 있기 때문에 쟁합이 해소되고 그동안은 진화(眞化)가 되어 발달한다.

(2) 乙庚化金格의 예시

【 乙庚化金格은 군인, 경찰, 법관에 유리하다. 】

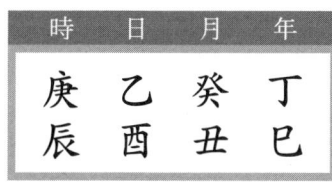

이 사주는 얼핏 보면 화격(化格)이 이루어지지 않고 月支 丑中己土로 편재격을 놓을 것 같다. 그러나 자세히 살피면 화금격(化金格)이 이루어진다. 즉 日干 乙木이 時干 庚金과

乙庚으로 화금(化合)하고, 月支가 申酉金月이 아닌 丑月이지만 年·月·日支가 巳酉丑으로 금국전(金局全)을 이루어 화신(化神)인 金의 세력에 협력하였다. 年干 丁火는 月干 癸水에 沖克당하고, 年支巳火는 三合金局 되어 묘하게 화격이 구성되었다.

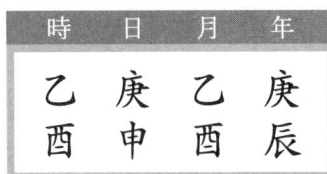

이 사주는 화금격(化金格)의 진(眞)이다. 즉 乙庚化金하고 酉月에 生하며, 年支 辰土가 生酉金이오, 日時支는 申酉金이다. 기이하게도 年日干 乙庚合, 日時干 乙庚合이라 서로 짝이 있으니 쟁합(爭合)하지 않아 기귀격(奇貴格)이다.

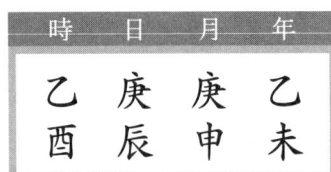

이 사주는 年月 日時干이 서로 合干을 만나 乙庚 乙庚合이오, 年月日時干 合金에 年月日時支는 土生金으로 화신(化神)인 金이 왕성하므로 金에 종(從)한다. 金은 숙살지기(肅殺之氣)라 군인이나 법관으로 출세한다.

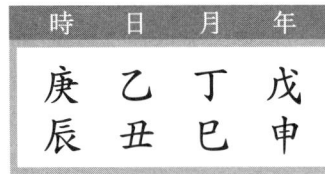

이 사주는 乙日이 巳月에 生하여 정격으로는 상관격(傷官格)이다. 日時干이 乙庚合金되고 日月支 巳火는 日支 丑土와 巳丑合金이나 月干 丁火가 月支 巳火에 착근 득력(得力)하여 金을 극하니 화격성립이 안된다.

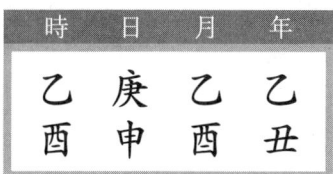

이 사주는 庚日이 時干 乙木과 乙庚으로 합금(合金)하고 酉月에 生하며 金이 많으므로 화신금(化神金)에 종하는 종화(從化)가 이루어진다. 단, 月時干 두 乙木이 서로 먼저 합하느라 다투는 상이므로 쟁합(爭合) 투합(妬合)이라서 가화(假化)다.

(3) 丙辛化水格의 예시

【 丙辛化水格은 교육자 또는 수산업에 유리하다. 】

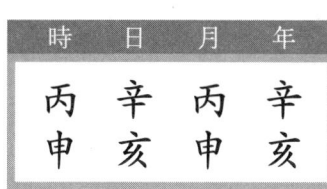

이 사주는 年干 辛金이 丙辛合水하고 또 年月干도 丙辛으로 合水 기이하다. 水月이 아닌 申月이지만 申은 水의 장생궁(長生宮)으로 申中壬水가 왕하다. 年月日時支에 金水가 왕하니 합신(合神)인 水에 종(從)하는 화수격(化水格)이다.

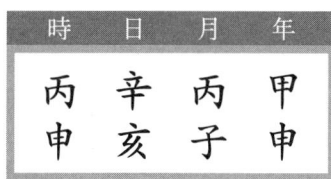

이 사주는 辛日이 丙辛合이 있고 子月에 生하였으며 지지에 金水가 왕하니 화신수(化神水)에 종(從)하는 화수격(化水格)인데 日時干의 丙火가 合을 다투고 있으므로 진화(眞化)가 아닌 가화(假化)다.

이 사주는 日干 丙火가 月干 辛金과 丙辛으로 干合 水로 화(化)하고 月支가 亥水이니 亥月生이며 사주에 壬亥申子辰 등으로 水가 많고 화신수(化神水)를 克하는 土가 없으니 화수격(化水格)이 분명하다.

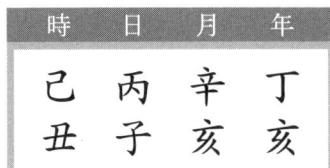

日干 丙火가 月干 辛金과 丙辛으로 합화수(合化水)하고 水月인 亥月生이며, 年月日支가 亥亥子로 水가 매우 왕하여 화수격(化水格)이 이루어질 것 같다. 그러나 이 경우는 화격을 놓을 수 없다. 왜냐하면 時干己土가 時支 丑土에 착근(着根)하여 화신(化神)인 水를 극하기 때문이다. 水를 억제하는 時干 己土로 상관제살(傷官制殺)해야 된다.

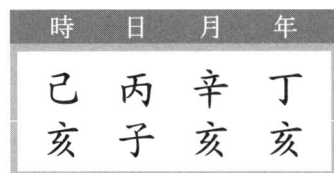

위 사주와 모두 같고, 단 시지(時支)만 같지 않다. 즉 화격 원칙인 丙辛合化水에 亥水月에 生하고 年月日時支가 모두 亥亥子의 水라 時干 己土는 수다토류(水多土流)가 되어 왕수(汪水)를 제지 못한다. 진화(眞化)인데 단 대운에서 火土를 만나면 파격(破格)되어 어려운 일들이 연이어 이른다.

(4) 丁壬化木格의 예시

【화목격(化木格)은 의약계, 자선사업, 농경업 등에 유리하다.】

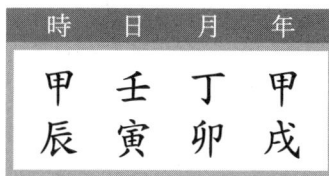

日干 壬水가 卯月에 生하니 정격으로는 상관격이다. 그러나 사주가 구성된 형태를 다시 살펴보니 상관격이 아닌 화목격(化木格)이다. 요는 화격이 성립되는 요건을 다 갖추었기 때문이다. 즉 日干 壬水가 月干 丁火와 丁壬으로 화목(化木)하고 卯月生이고 사주에 木이 많으며 화신(化神)인 木을 극하는 金이 없으므로 화목격(化木格)이 이루어진다.

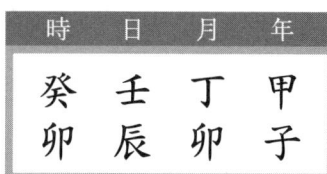

이 사주는 日干 壬水가 卯月에 生하니 내격(內格)으로는 상관격이지만 화목격(化木格)이다. 즉 壬水가 月干 丁火와 丁壬으로 干合해서 木으로 화(化)하고 卯月生이며 年干 甲木과 時支 卯木이 합세 화격(化格)이 이루어진다.

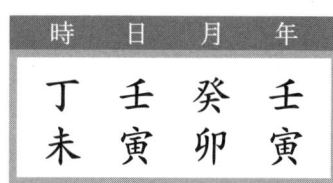

이 사주는 壬日이 時干 丁火와 丁壬으로 干合木으로 화(化)하고 木인 卯月生이며 年月日時支가 모두 木분야라 화목격(化木格)이다. 年干 壬水는 멀리 격리되어 日干 壬水와 쟁합(爭合)을 못한다.

이 사주는 日干 丁火가 卯月에 生하여 卯中乙木으로 편인격에 해당하나 외격(外格)을 우선하는 원칙에 의하여 丁壬化木格이 이루어진다. 원리는 日干 丁火가 時干 壬水와 丁壬으로 化木하고 卯月生이며 月日時支가 모두 木이고 쟁합(爭合)과 化神 木을 극하는 金이 없다. 月干 辛金은 年干 丙火와 丙辛이 干合되어 木을 극하지 아니한다.

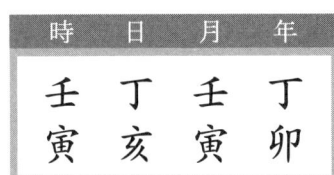

이 사주는 年月干과 日時干이 모두 丁壬으로 化木하여 기이하다. 그런 가운데 年月日時支가 寅寅亥卯로 木氣가 왕성하다. 때문에 화신(化神)인 木에 종하는 化木格이다.

(5) 戊癸化火格의 예시

【이 격에 해당하면 정치가 또는 엔지니어로 성공한다.】

이 사주는 日干 癸水가 午月에 生하니 내격(內格)으로는 편재격이다. 그러나 외격에 해당하면 외격이 우선하는 원칙에 의하여 화화격(化火格)을 놓게 된다. 이 격이 이루어지는 원리는 癸水가 月干 戊土와 戊癸로 化火하고 午月生이며 時干 丁火 年月支 寅午火局 日支 卯木은 時支 巳火를 生하니 火의 기운이 맹렬하다. 그래서 化神火에 종(從)하는 화화격(化火格)이다.

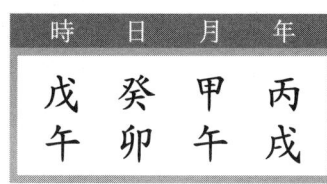

이 사주는 日干 癸水가 戊癸로 化火하고 午月生이며 사주에 木火가 왕하니 化神 火에 종(從)하는 화화격(化火格)이 이루어진다.

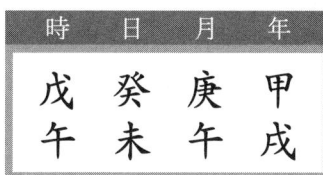

이 사주는 日干 癸水가 午月에 生하니 내격을 적용한다면 편재격이다. 그러나 사주 구성된 형태가 내격을 놓을 수 없다. 까닭은 화격이 성립되기 때문이다. 즉 日干 癸水가 時干 戊土와 戊癸로 化火하고 火月인 午月에 生하였으며 年月日時支가 모두 火 분야이므로 내격에 앞서 化火格이 이루어진다.

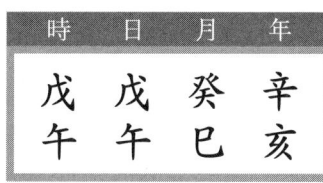

이 사주는 戊癸合이 있고 化神인 火로 왕하나 사주 내에 化神을 극하는 年支亥水가 年干 辛金의 生을 받아 火와 대항하니 파격이며 쟁합(爭合)도 된다.

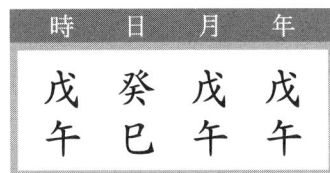

이 사주는 日干 癸水가 三戊를 만나니 합의 균형에 맞지 않아 干合이 안된다. 戊癸合火에 午月生이오 化神 火가 年月日時支를 다 차지했다 하나 종화(從化)가 아니오 戊土에 종살(從殺)해야 옳다.

제14장
기격·별격

1. 기격(奇格)

　기격(奇格)이란 사주 구성된 형태가 특별하고도 기이한 것으로 이에 해당하면 귀격 또는 길격으로 작용하는 것을 칭한다. 용신은 기격이면서도 억부법을 적용하는 기격도 있고 종격을 적용하는 기격도 있다.

(1) 사주 전체로 이루어지는 기격

　① 일행득기격(一行得氣格)
　일행득기격(一行得氣格)은 외격이며 종격용신법을 적용하는데 종비(從比)의 다른 명칭이다. 즉 甲乙日의 곡직격(曲直格), 丙丁日의 염상격(炎上格), 戊己日의 가색격(稼穡格), 庚辛日의 종혁격(從革格), 壬癸日의 윤하격(潤下格)이 모두 포함된다. 이를 독상(獨象)이라고도 한다.

○독상의 예

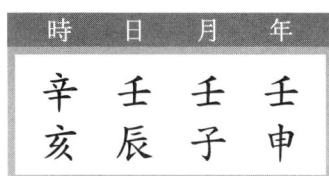

日干 壬水가 子月에 生하고 干에는 三壬水와 辛金 인수가 투출하고 地支는 또 水局全을 놓아 바다와 같이 깊고 넓고 범람하는 물이라 어떠한 힘으로도 왕양(汪洋)한 물길을 막을 수 없다. 이런 경우 종격(從格)을 적용물이 순리로 흐르도록 지형을 만들어 주어야지 설불리 土로 막으려다가는 성낸 파도가 범람 재앙을 일으키게 된다.

이 예의 사주는 金水 대운이 길하고 火土 대운은 불리하다.

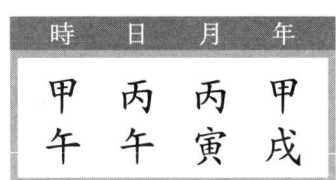

日干 丙火가 寅月에 生하고 寅中甲木이 時干에 놓여 편인격이다. 年月日時干 木火(甲甲丙丙)에 年月日時支는 寅午戌로 火局全을 이루어 그야말로 기름에 불이 붙어 맹렬히 타오르고 있는 모습이다. 이런 경우 빨리 타 버리도록 내버려 두어야지 물로 끄려다가는 성낸 물은 더 거칠어지기 마련이다. 즉 火에 종(從)해야 되므로 운에서도 火土 만나면 길하고 水 운 만나면 재앙이 발생한다.

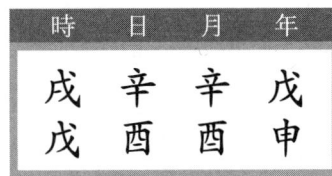

　이 사주는 辛金이 酉月에 득령이오 사주의 기(氣)가 金으로 다 모여 金이 태왕이다. 月支 酉金으로 건록격(建祿格)을 놓겠는데 金의 세력이 태강하여 金에 종하는 종혁격(從革格)이 성립된다. 때문에 土金水 대운에 발달하고 木火 대운을 꺼린다.

② 양신성상격(兩神成象格)

　양신성상(兩神成象)을 양상(兩象) 또는 양기성상(兩氣成象)이라고도 한다. 이 격이 이루어지려면 상생관계에 해당하는 두 가지 오행으로만으로도 세력이 비슷해야 하며 반드시 日干에 속하는 오행으로 구성되어야 한다. 그러자면 인수와 비겁만으로 되어 세력이 비슷하거나 비겁과 식상으로 구성 세력이 비슷해야 이 격도 억부법이 아닌 종격용신이 적용이 있거나 식상 인수도 되어 세력이 비슷하다.

○양상의 예

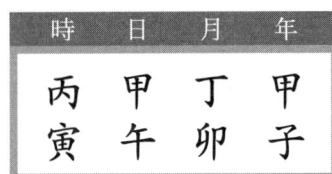

　甲日이 卯月에 生하니 별격으로는 양인격(羊刃格)이다. 사주 구성된 오행을 보건대 木火로만 되어 세력이 비슷하며 상생관계를 이루었다. 즉 日干 비겁편인 木과 식상편인 火로 구성되었다. 年支子水는 水生木으로 木에 흡수되어 이 격 이루는데 방해요건이 안된다. 이렇게 되면 나쁜 대운이 별로 없이 일생 발달한다.

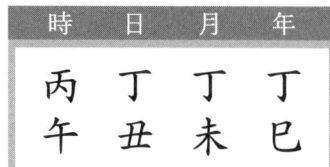

이 사주는 丁日의 火土 양상격이다. 日干 丁火가 未月에 득령하고 干에 三丁 丙이 있으니 火氣가 태왕이다. 종비(從比)인 염상격(炎上格)인데 火의 세력에 비해 土의 기(氣)가 모자라 보인다. 그렇긴 해도 年支巳中戊土, 時支 午中己土, 그리고 月日支 丑未土라 그다지 균형의 차이는 없다. 오직 水 대운만 불리하다.

③ 삼기성상(三氣成象)

삼기성상(三氣成象)을 그냥 삼상(三象) 또는 삼신성상(三神成象)이라 한다. 이 격이 성립되려면 木火土, 火土金, 土金水, 金水木, 水木火 식으로 세 가지 오행이 상생관계로 이루어지게 되면 반드시 日干五行이 포함되어야 하며 세력이 비슷해야 한다.

○삼상(三象)의 예

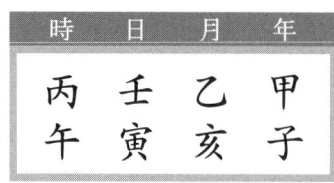

이 사주는 水木火로 구성된 삼상(三象)의 예다. 日干 壬水가 亥月에 득령하고, 年支 子水도 합세하니 신강이다. 한편 식상인 木은 月支 亥中甲木 年干에 투출하고 月干 乙木 日支 寅木이 놓여 木 세력 또한 강하다. 그렇다면 火의 세력은 어떠한가. 日支寅中丙火時干 투출이오 寅午로 반회화국(半會火局)하니 火 또한 왕하다. 이렇게 된 사주는 어느 대운이 만나도 두렵지 않다.

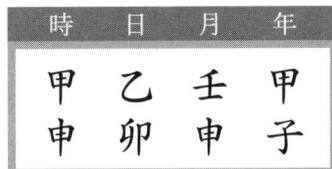

왼편 예시의 사주는 관살, 인수, 비겁 세가지 세력으로 구성되었다. 관살에 申金 득령하고 時支가 합세요, 인수에 申中壬水 月干 투출에 申子合水요, 日主에 乙木이 日支 卯木에 근하고 年時干 甲木이 합세하니 金水木 즉 관살, 인수 日主의 세력이 비등하여 삼상격(三象格)을 놓을 수 있다. 이 격이 좋은 것은 나쁜 대운이 없다. 재운이 오면 재생관(財生官)이오 식상운이 오면 日生 식상이라 재와 연결고리를 해 주는 동시 관살은 인수를 生하고, 인수는 日干을 생하고, 日干은 식상을 生하고, 식상은 재를 生하여 生이 끝없이 이어진다.

④ 천원일기(天元一氣)

여기에서 천원(天元)이란 天干을 칭함이다. 사주가 구성되다 보면 기이하게도 年月日時 四干이 같을 수가 있다.

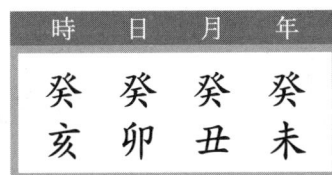

年月日時 四干이 동일하다 해서 길격 구성으로 본다. 이 격은 외격이 아닌 내격인 억부법(抑扶法)을 적용해야 한다.

이 예의 사주는 月支 丑土 관성이 용신일 것 같으나 그것보다도 급한 것은 언 땅을 녹여주는 火로 용신함이 옳을 것 같다. 이 사주에서 따뜻한 것은 年支 未土(未에는 丁火가 간절되어 있음)와 日支 卯木이다. 여자라면 대운이 寅卯辰巳午未 木火로 이어져 좋은 발복이 있겠다.

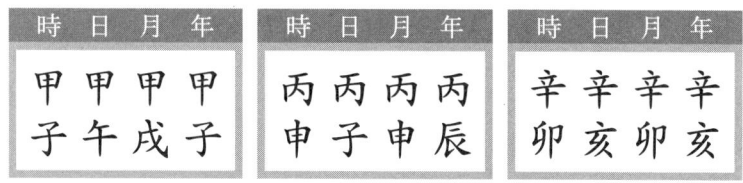

⑤ 지신일기격(地辰一氣格)

지신일기(地辰一氣)란 年月日時支가 모두 같은 글자로 된 것이다. 이러한 사주도 기이하게 구성되었다 해서 길격으로 본다.

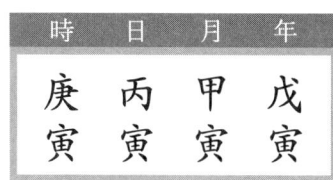

丙火가 寅月에 生하니 寅中 甲木이 月干에 투출 편인격이다. 인수 時干 庚金 재성으로 대왕한 인수를 억제할 것 같으나 그 庚金은 절지(絶地-十二 운성법으로 寅은 庚金의 절궁)에 놓여 역부족으로 用을 못한다. 그래서 하는 수 없이 종인(從印)하게 되지만 개운치 않다.

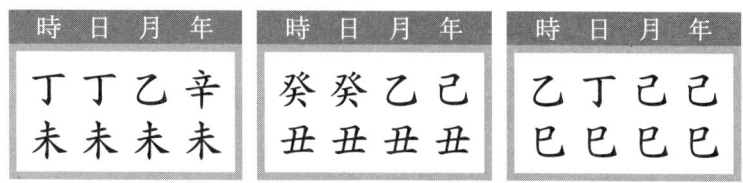

⑥ 천간순식격(天干順食格)

生年干으로 부터 음양이 동일하게 時干까지 生해 내려가는 사주를 천간순식격(天干順食格)이라 한다. 식(食)이란 뜻은 동일한 음양으로 生해 내려가는 것을 칭한다.

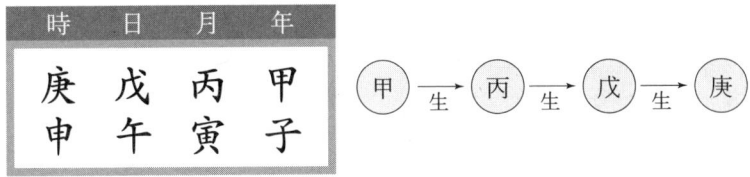

甲·丙·戊·庚은 모두 양이다. 甲木生 丙火하고 丙火는 日干 戊土를 生하고 戊土는 庚金을 生한다.

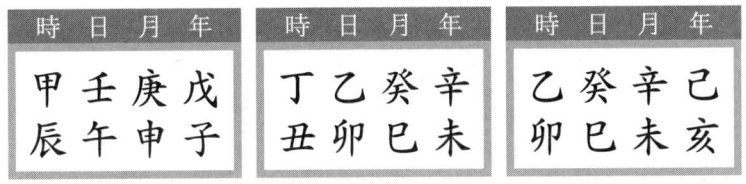

⑦ 사위순전격(四位純全格)

사위(四位)란 寅申巳亥 辰戌丑未 子午卯酉로서 年月日時支에 이 네 가지를 다 갖추면 귀히 되는바 단, 子午卯酉全에 한해서는 패가망신 한다 하였다.

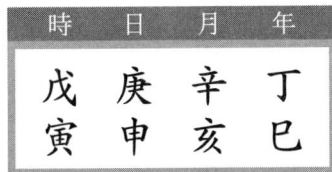

月干 庚金이 亥月에 生하니 식신격(食神格)이다. 日干 庚金이 실령하였으나 日支에 녹

근(綠根)하고 月時의 辛金과 戊土 인수가 생조(生助)하니 日主가 약하지 않은 것 같다. 뿐만 아니라 타 육친이 日干 庚金보다 강한 자가 없으므로 재관(財官)을 用할 수 있다.

위 사주는 고 박정희 대통령의 명조(命造)다.

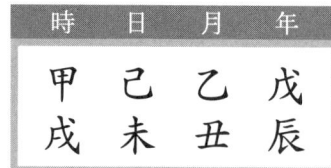

이 사주는 日干 己土가 丑月에 生하고 사주 전체가 土로 구성되어 土의 기세가 왕성, 土에 종(從)하게 되지만 실은 時干 甲木이 甲己로 化土함으로써 土를 극하지 아니하고 도리어 土에 가담함으로써 化土格이오 가색격(稼穡格)이 된다. 뿐만 아니라 지지에 辰戌 丑未全을 놓아 사위순전격(四位純全格)에도 해당 귀함을 얻게 된 전 김영삼 대통령의 사주다.

○四生具全　　○四庫具全　　○四敗具全

寅申巳亥全을 四生구비, 辰戌丑未全을 사고전(四庫全), 子午卯酉全을 사패전(四敗全)이라 한다. 단, 寅申巳亥全과 辰戌丑未全은 귀격이로되 子午卯酉全은 사패(四敗)라 하여 패가망신하게 되는 명(命)이다. 단, 여자는 위 격 가운데 어떤 것에 해당하여도 불리하다.

⑧ 사주동일격(四柱同一格)

사주동일이란 연월일시 干支가 동일한 것으로 역시 귀격에 해당하지만 오직 四甲戌과 四辛卯는 不利라 한다.

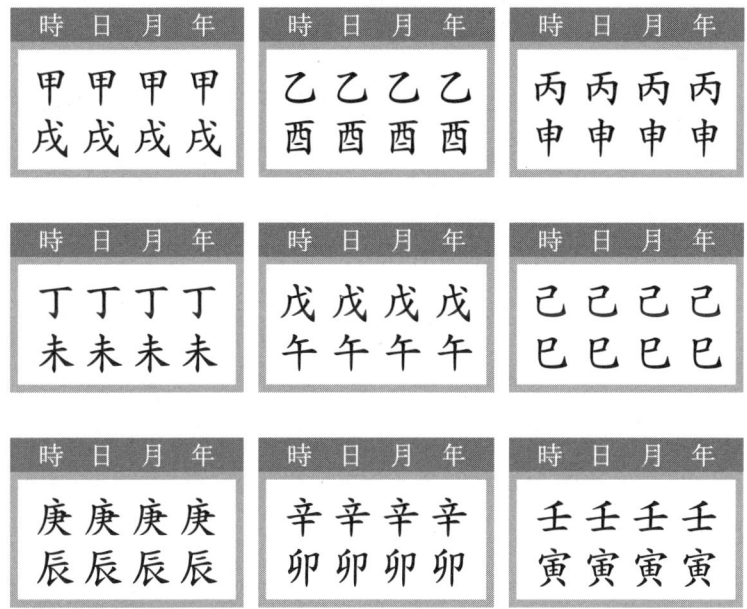

이상 이외는 사주동일(四柱同一)이 구성되지 않는다.

⑨ 순환상생(循環相生)

순환상생(循環相生)이란 사주의 오행이 빙빙 돌면서 生이 계속 이어지는 것을 말한다. 어디에서 시작하였거나 상관없이 오행이 계속 生하여 나가면 이는 기관(機關)이 멈추지 않고 돌아가는 것과 같다. 기관이 멈추지 않으면 녹슬지 않으나 기관이 멈춘 뒤 세월이 가면 녹슬어 못쓰게 된다.

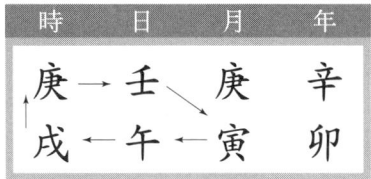

이 사주는 壬水가 寅月에 生하니 寅中甲木으로 식신격을 놓게 된다. 年月時干에 庚辛金의 인수가 있다 하나 신약이다. 그래서 時干 庚金 인수로 용신한다. 현재 건축자재인 알루미늄사업을 성공적으로 운영하고 있는 기업인데 대운도 좋게 들어왔거니와 사주가 유정하여 순환상생을 이루었다. 즉 日干 壬水는 月支 寅木을 生하고, 寅木은 日支 午火를 生하고, 午火는 時支 戌土를 生하고, 戌土는 時干 庚金을 生하고, 庚金은 日干 壬水를 生하고, 壬水는 다시 月支 寅木을 生하니 생이 끝없이 이어졌다.

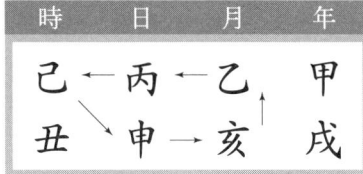 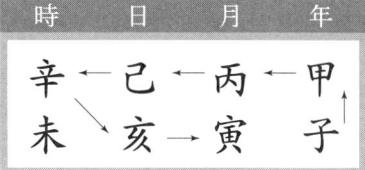

⑩ 양간부잡(兩干不雜)

양간부잡(兩干不雜)이란 사주 天干이 甲乙甲乙, 丙丁丙丁 등으로 구성됨을 칭하는데 사주가 이렇게 구성되기도 기이하여 쉽지 않으므로 이러한 구성의 사주를 길격으로 취급하게 된다. 아래 보기를 참고하라.

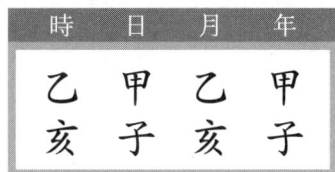

이 사주는 甲日에 사주 전체가 水木으로 되어 水木의 세력이 비슷하다. 그래서 수목양상격(水木兩象格)이 이루어지며 또는 곡직격(曲直格)이다. 길격 조건이 세 가지나 해당되어 대귀한 명(命)이다.

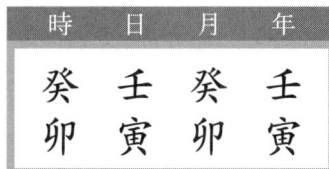

이 사주는 日干 壬水가 卯月에 生하니 상관격(像官格)이다. 사주가 상생관계인 水木 두 가지 오행으로만 되어 水木 양상격(兩象格)이오, 또 양간부잡격에도 해당하여 길귀(吉貴)란 사주다.

⑪ 오행구족격(五行具足格)

사주에 木火土金水 오행이 다 있으면 비록 상생으로 이어지지 않더라도 징검다리를 건너듯이 생은 이어져 길하다. 오행구족격(五行具足格)은 두 가지로 구성되는바 하나는 정오행(正五行)이오, 하나는 납음오행이다. 납음오행은 태월(胎月)까지 포함한다.

출생한 날 甲申月 己巳日에서 9월을 거슬러 올라가면 주인공이 입태(入胎)한 달의 干支를 알

수 있다. 이 예는 甲申月 己巳日이라 태월(胎月)은 辛丑月이다. 때문에 태월이 土(庚子 辛丑 壁上土) 생년태세 庚戌은 金(庚戌辛亥 釵釧金)이오, 生月甲申은 水(甲申 乙酉 泉中水) 生日己巳는 木(戊辰 己巳 大林木)이오, 생기 丙寅은 火(丙寅 丁卯 爐中火)에 해당한다. 사주 납음으로 오행이 다 구비된 가운데 보기처럼 胎月을 머리로 해서 年月日時가 상생으로 이어지기란 쉽지 않으므로 이러한 오행구족격은 크게 부귀할 것이다.

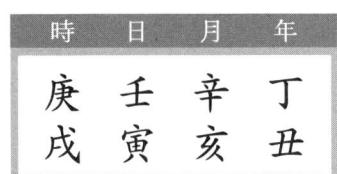

사주팔자(四柱八字)가 정오행으로 오행구비는 흔한 편이며 길격에 해당한다. 큰 부귀는 어려울지 모르지만 마치 기관(機關)이 돌아가는 톱니바퀴가 결함이 없어야 되는 것 같은 이치다. 이 사주는 木부터 점검해 보자. 日支 寅木이오, 年干 丁火와 日時支 寅戌 合火요, 年·時支 丑戌土요, 時干 庚金이오, 日干과 月支 壬亥水가 된다.

⑫ 십간구족격(十干具足格)

사주팔자가 구성된 가운데 암장(暗藏)을 포함 甲에서 癸까지 十干이 다 있으면 길귀격(吉貴格)으로 본다. 사실 사주 구성에 십간구족(十干具足)이 쉽지 않기 때문이다.

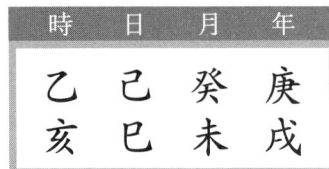

日干 己土가 未月에 生하니 未는 비견이 되어 격을 놓지 못하고 未中乙木 時干 투출로

편관격을 놓는다. 日主 태왕(年月日支 戌未巳로 土가 왕성함)에 乙木 정관이 亥水 재성 위에 앉아 이르되 명관과마(明官跨馬)라 귀격이다.

게다가 십간구족(十干具足)에는 해당 금상첨화(錦上添花)다. 어째서 이 사주가 십간구족인지 살펴보자.

時支 亥中甲木 時干 乙木, 日支 巳中丙火, 月支 未中丁火, 年支 戌中戊土, 月支 未中己土, 日支 巳中庚金, 年支 戌中辛金, 時支 亥中壬水, 月干 癸水의 예다.

⑬ 공격(拱格)

이 사주법에서의 녹(祿-즉 건록)과 귀(貴-正官과 天乙貴人)는 부귀를 작용함으로써 소중한 것이다.(건록과 정관성이 사주 내에 있다고 해서 반드시 좋은 것은 아님) 그 소중한 것이 年月日時支에는 없으나 十二支 순서로 따져 비어 있는 곳이 재고(財庫)나 정관이나 천을귀인이나 건록(建祿)에 해당하면 기이하게 여겨 이를 공격(拱格)이라 한다.

亥(子)丑　子(丑)寅　丑(寅)卯　寅(卯)辰　卯(辰)巳
辰(巳)午　巳(午)未　午(未)申　未(申)酉　申(酉)戌
酉(戌)亥　戌(亥)子　亥(子)丑

○ 공재격(拱財格)

공재격(拱財格)이란 日과 時支 사이에 재고(財庫)를 끼고 있는 것으로 단, 공재에 해당할지라도 사주 내에 재(財)가 없어야 한다.

甲子日　
丙寅時　} 甲日의 재고(財庫)인 丑을 끼고 있음.

甲寅日　
甲子時　} 甲日의 재고인 丑을 끼고 있음.

丙寅日　
戊子時　} 丙日의 재고인 丑을 끼고 있음.

己卯日　
己巳時　} 己日의 재고인 辰을 끼고 있음.

庚午日　
甲申時　} 庚日의 재고인 未를 끼고 있음.

庚申日　
壬午時　} 庚日의 재고인 未를 끼고 있음.

癸酉日　
癸亥時　} 癸水의 재고인 戌을 끼고 있음.

癸亥日　
辛酉時　} 癸日의 재고인 戌을 끼고 있음.

[참고] 사주에 재는 없고 재고가 있는 사람은 남이 모르는 재물을 간직하고 있으며 또는 절대 남에게 뺏기지 않는 재물이 있는 것으로 간주해 볼 수 있다. 혹 남자는 남이 모르는 내연의 처가 있는 것으로도 추리된다.

○ 공록격(拱祿格)

공록(拱祿)이란 日과 時支 사이에 사주에 없는 건록(建祿)을 끼고 있는 것으로 아래와 같은 것에 해당하는데 이 격에 해당할지라도 사주 내에 건록이 없어야 한다. 그리고 이 록을 用하려면 신왕에 建祿과 冲이 없어야 이 격으로서의 길한 작용을 한다.

공록격은 다음과 같은 경우에 해당한다.

丁巳日
丁未時 } 丁日의 건록 午를 끼고 있음.

戊辰日
戊午時 } 戊日의 건록 巳를 끼고 있음.

己未日
己巳時 } 己日의 건록 午를 끼고 있음.

癸亥日
癸丑時 } 癸日의 건록 子를 끼고 있음.

丙午日
壬辰時 } 丙日의 건록 巳를 끼고 있음.

○공귀격(拱貴格)

이 공귀격(拱貴格)이 이루어지려면 日과 時支 사이에 정관(正官) 또는 천을귀인(天乙貴人)을 끼되 정관성의 공귀격은 사주 내에 정관이 없어야 하고 천을귀인을 끼어 이루어진 공귀격은 타에 천을귀인이 없어야 기격(奇格)으로서의 길한 작용을 하게 된다. 공귀격은 다음과 같은 경우에 이루어진다.

甲申日
甲戌日 } 甲日의 정관 酉를 끼고 있음.

甲寅日
甲子時 } 甲日의 천을귀인 丑을 끼고 있음.

戊午日
庚申時 } 戊日의 천을귀인 未를 끼고 있음.

己丑日
丁卯時 } 己日의 정관인 寅을 끼고 있음.

丙戌日
戊子時 } 丙日의 천을귀인 亥를 끼고 있음.

⑭ 감리(坎離)

감리(坎離)란 水火를 뜻한다. 주역팔괘(周易八卦) 소속에 水는 감괘(坎卦) ☵이고, 火는 이괘(離卦) ☲가 된다. 사주가 다양하게 구성되다 보면 사주 대부분을 水火가 차지하는 경우가 있다. 이러한 구성을 감리(坎離)라 하여 수화기제(水火旣濟)냐 화수미제(火水未濟)냐로 길흉을 구분하는 수도 있다.

○화수미제

천간(天干)은 대부분이 丙丁 火로 되고 지지는 대부분을 亥子 水나 申子辰으로 되어 있으면, 이를 화수미제(火水未濟)라 한다.

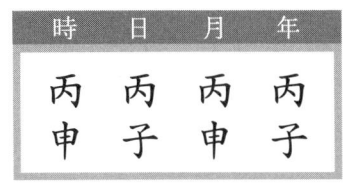

위는 네 개의 天干이 모두 丙火로 되어 있고 아래는 모두 申子合水로 水가 차지하고 있다. 天干 네 개의 丙火는 기격

(奇格)인 천원일기격(天元一氣格)에 해당 귀격에 해당하나 화수미제(火水未濟)에 水火相克이라 길함이 흉으로 변하였다. 왜 미제(未濟)인가 오행의 특성이 불은 위로 솟아오르고(炎上) 물은 아래로 흐르니(潤下) 물과 불이 등을 지고 화합을 못하므로 싸우는 상이 되어서다. 이 예의 사주는 木 대운을 만나야 水生木 木生火로 통관이 되어 발달할 것이다.

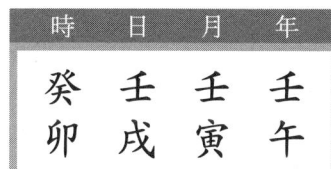

이 사주는 年月日時干이 모두 壬癸의 水로 되고 年月日時支는 모두 寅午戌 火로 되어 있다. 물은 특성이 아래로 흐르고(潤下) 불은 위로 솟아오르니 남녀 화합의 상이라 이를 수화기제라 한다. 때문에 감(坎)은 위에, 이(離)는 아래에 있음을 요한다.

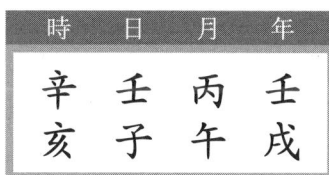

이 사주는 日干 壬水가 午月에 生하니 정재격이다. 壬水 실령하여 신약인 것 같으나 신강이다. 까닭은 壬水 子日에 착근(着根)하고 時支 亥水가 건록이오, 時干 辛金 인수가 生壬水하니 신강되어 年月支 年戌 반합화재국(半合火財局)을 취할 수 있다. 水의 세력에 비해 火의 세력이 모자란 것 같으나 丙火도 月支 午火에 득령에 착근하니 신왕재왕(身旺財旺)이오, 수화기제(水火旣濟)가 되었다.

⑮ 교록(交祿)

교록(交祿)이란 日干의 건록(建祿)을 교환한다는 뜻이다. 교록이 이루어지려면 日干祿은 時支에 있고 時干祿은 日支에 있어 서로 자신의 건록과 상대의 건록을 바꾸게 된다는 뜻이다.

丙子日 ⎫ 丙日의 녹(祿)은 時에, 時干 癸水의 건록은 日支
癸巳時 ⎭ 에 있어 교환.

庚寅日 ⎫ 日干 庚金의 건록은 時支에, 時干 甲木의 녹은
甲申時 ⎭ 日支에 있어 교환.

戊午日 ⎫ 日干 戊土의 건록은 時支에, 時干 丁火의 건록은
丁巳時 ⎭ 日支에 있어 교환.

이 것이 모두 교록이다.

[참고] 이 교록에 해당하는 사주의 주인공은 상업(商業) 유통업에 종사하면 성공할 가능성이 높다고 한다.

2. 별격(別格)

별격(別格)이란 정격(正格 – 또는 内格)을 놓고도 별도로 부수적인 격을 놓게 되는 경우를 뜻한다.

사주가 구성되는 형태는 다양하다. 예를 들어, 내격으로 인수격을 놓고도 별도로 괴강격(魁罡格)도 놓게 된다.

(1) 월지(月支)로 이루어지는 별격

① 건록격(建祿格)

월지의 건록 비견이다. 비견과 겁재는 정격을 놓지 않는다. 月支 건록은 비견에도 해당하므로 정격은 놓지 않으나 별격으로 건록격은 이루어진다.

녹(祿)이란 생명의 근본이 되는 먹을 것도 되고, 부모 조상으로부터 물려 받는 유산도 되며, 국가로부터 고정적으로 받는 봉급에도 해당되므로 日主 태왕이 아닌 경우는 건록은 매우 좋은 작용을 한다. 월지 건록은 다음과 같다.

甲日-寅月, 乙日-卯月, 丙日-巳月, 丁日-午月,
戊日-巳月, 己日-午月, 庚日-申月, 辛日-酉月,
壬日-亥月, 癸日-子月

② 양인격(羊刃格)

月支의 양인(羊刃)을 양인격 또는 월인격(月刃格)이라고도 한다. 양인은 겁재에 해당하므로 꺼리지만 신약(身弱)에는 日主를 도와주므로 길한 작용을 한다. 또는 사주 내에 칠살(七殺)이 있어 두려울 경우 양인은 칠살과 干合해서 살인상정(殺刃相停)이란 귀격을 놓는 수도 있다. 양인격은 다음과 같다.

甲日-卯月, 丙日-午月, 戊日-午月, 庚日-酉月,
壬日-子月

(2) 日支로 이루어지는 별격

① 전록격(專祿格)

전록격(專祿格)은 일록격(日祿格)이라고도 하는데 건강과 사업의 기반이 튼튼함을 뜻하며 풍부함도 작용한다. 전록격은 아래와 같다.

甲寅日   乙卯日   庚申日   辛酉日

② 일인격(日刃格)

일인격(日刃格)은 日支에 양인(羊刃)을 놓은 것인데 겁재에도 해당한다. 그러므로 신강에는 탈재(奪財)의 우려가 있지만 신약에는 힘을 도와주며 사주에 칠살이 왕해서 두려우면 양인인 겁재는 그 칠살과 干合을 이루어 日主를 괴롭히지 못하도록 하므로 이 경우의 양인은 희신이 된다. 日支에 양인을 놓을 수 있는 것은 아래와 같다. 단, 양일간(陽日干)만이 양인을 놓을 수 있다.

丙午日   戊午日   壬子日

[참고] 사주 내에 칠살이 왕하여 日主가 극 받음이 두려운 경우 日支의 양인은 칠살과 살인상정(殺刃相停)이란 방법을 적용 흉화위복(凶化爲福)의 작용을 할 수 있다.

(3) 시로 이루어지는 별격

① 귀록격(歸祿格)

귀록(歸祿)이란 時支에 건록을 놓은 사주다. 이 격은 정격(正格)을 놓아도 추가로 놓을 수 있다. 녹(祿)이란 나무에 비유하면 뿌리를 박고 자랄 수 있는 땅과 같아서 건강과 의식의 풍족을 의미한다. 사주구획(四柱區劃)으로 時는 말년이오, 자손이라 말년 운과 자손의 운덕이 있는 것으로도 추리된다.

甲日-寅時, 乙日-卯時, 丙日-巳時, 丁日-午時, 戊日-巳時, 己日-午時, 庚日-申時, 辛日-酉時, 壬日-亥時, 癸日-子時

② 전재격(專財格)

이 격도 정격(正格)을 위주하되 부가적으로 놓을 수 있는 별격이다.

즉 時干에 정재를 놓은 것으로 신왕이라야 이 격이 이루어진다. 이 격을 놓은 경우 재관운(財官運)을 기뻐하고 비겁운을 꺼린다.

甲日 己巳時, 乙日 戊寅時, 丙日 辛卯時, 丁日 庚戌時, 戊日 癸丑時, 己日 壬申時, 庚日 乙酉時, 辛日 甲午時, 壬日 丁未時, 癸日 丙辰時

③ 시마격(時馬格)

시마격(時馬格)은 신왕하여 재를 용(用)할 수 있는 경우 時支에 재를 놓은 것이다. 이 격도 정격을 놓고도 별격으로 놓을 수 있으므로 이 격에 해당하여도 정격을 우선해야 한다.

시(時)는 말년이므로 말년에 의식이 족한 것으로도 작용한다.

甲乙日－辰戌丑未時　　丙丁日－申酉時
戊己日－亥子時　　　　庚辛日－寅卯時
壬癸日－巳午時

(4) 일의 干支로만 이루어지는 별격

① 복덕수기(福德秀氣)

복덕수기란 별격의 길격으로서 정격을 위주하되 사주 구성이 나쁘지 않으면 아울러 길격 작용을 하게 된다. 즉 용신 여하를 막론하고 좋은 일에 더욱 좋고 나쁜일이 닥쳐도 그 액이 최소한으로 작용한다.

乙乙乙全　　巳酉丑全

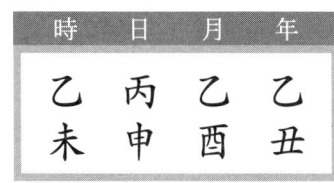

이 사주는 丙日이 酉月에 生하니 정재격(正財格)이다. 日主 태약하여 재다신약(財多身弱)이 되었다. 干에 三乙 인수가 있어 日干丙火를 生한다. 日主 태약에 용인(用印)인데 이 사주가 남자라면 중말년에 발달하고 여자라면 대운이 불리인데 그래도 三乙이 있어 액이 감소된다.

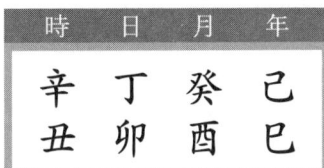

이 사주는 丁日이 酉月에 生하니 정격으로는 편재격이다. 재왕 신약인데 비겁이 없어 日支卯木 인수가 용신이다. 地支에 巳酉丑全을 놓아 총명하고 복록이 따른다.

② 삼기(三奇)

사주에 삼기가 있으면 총명하여 기재(奇財)가 뛰어나고 궁지에 빠져도 능력 있는 신분의 도움을 받아 구제된다.

甲戊庚全 — 천상삼기(天上三奇)
乙丙丁全 — 지하삼기(地下三奇)
壬癸辛全 — 인중삼기(人中三奇)

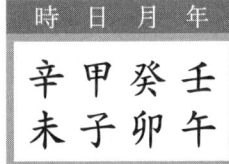 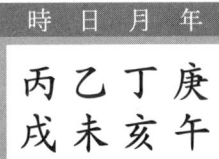 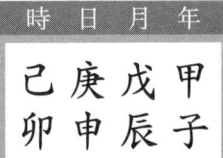

③ 육수(六秀)

육수란 六甲子日 가운데 가장 총명한 일주(日柱)를 칭한다. 육수일에 태어난 주인공은 인물이 수려하고 재주가 뛰어나나 너무 약아서 잔꾀에 능한 수가 있으므로 재승박덕(財勝薄德)이 될 우려가 있다. 사람을 깔보지 말고 덕성 기르기에 힘쓰면 뭇 사람들의 존경을 받을 것이다.

戊子日　己丑日　丙午日　丁未日　戊午日　己未日

④ 일덕격(日德格)

이 격도 정격(正格)을 우선한다.

덕(德)에는 2가지가 있는바, 하나는 주인공이 덕스러운 성품을 지닌 것으로 덕을 베풀기를 좋아하는 것이며, 또 하나는 인덕이 있어 어려운 일을 당할 때마다 귀인의 도움을 받게 된다는 뜻이다.

일덕격은 아래와 같다.

戊辰日　庚辰日　甲寅日　丙辰日　壬戌日

이 격도 정격(正格)을 위주할 것이며 부가적인 참고를 해 두는 게 올바른 추명 방법이라 하겠다.

⑤ 괴강격(魁罡格)

괴강(魁罡)이란 천강(天罡) 하괴(河魁)의 합칭이다. 그래서 辰戌을 괴강이라 하는바 왜 庚辰 庚戌 壬辰 壬戌 4日만을 괴강으로 정하였는가에 대해 연구해 볼 필요가 있다. 辰戌은 천강 하괴뿐 아니라 천라지망(天羅地網)이라 하여 十二支宮 가운데 辰을 천라 戌을 지망이라 한다. 辰戌宮은 하늘과 땅이 펼쳐 놓은 그물로서 옴싹달싹 못한다는 뜻이다. 본래 명칭의 순서는 천강·하괴이므로 강괴(罡魁)로 불러야 옳은데 반대로 괴강이라 칭하는 까닭은 강괴보다 괴강이 발음상 편리하기 때문인 것 같다.

　　戊辰·戊戌－天干戊土가 지지와 비화되었다.
　　庚辰·庚戌－地支가 天干을 生하니 상생의 배합이라 숙
　　　　　　　살지기가 강성하다.
　　丙辰·丙戌－干이 支를 生하니 화합의 상이다.
　　壬辰·壬戌－地支가 天干을 극하니 아래에서 위를 치고
　　　　　　　들어오는 형상이라 항시 긴장 상태가 사라
　　　　　　　지지 않으므로 전쟁 발발이 임박한 형태다.

이로 논할 때 庚辰 庚戌은 예리한 무기로서 숙살지기(肅殺之氣)요 壬辰 壬戌은 전시체제라. 가장 강성이 강한 辰戌 자로 괴강이라 지정한 것 같다.

괴강은 대귀, 대부, 폭패, 극빈 등을 작용하는바 괴강은 많을수록 귀하다 하나 여자는 많을수록 팔자가 세다.

(5) 재·살로 이루어지는 별격

① 세덕부살격(歲德扶殺格)

이 격도 정격(正格)이 분명하면 정격을 우선한다. 그러나 이 마땅치 않으면 별격을 위주해도 무방하다. 이 격을 놓은 이는 국가적인 혜택으로 귀히 된다.

이 격이 이루어지려면 신왕(身旺)함을 요하고 年干이나 年支에 칠살(七殺)을 놓고 타에는 칠살이 없어야 한다.

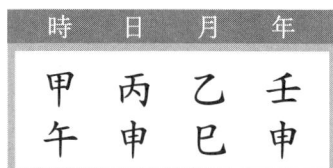

이 사주는 丙日이 巳月에 득령하고 時干 甲木 인수와 時支 午火 겁재의 생조(生助)도 있어 日主는 강성하다. 재관(財官)을 요하는데 年日支 두 申金財는 왕한 火에 억제되고 칠살인 壬水가 年干에 재를 깔고 앉았으니 壬水 칠살로 용신이 가능하다.

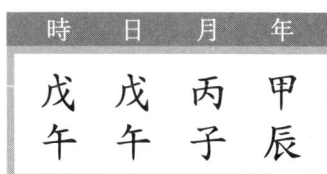

日干 戊土가 子月에 실령(失令)하여 신약 같으나 時干 戊土와 日時支 두 午火 인수의 생부(生扶)가 있어 신강으로 변했다. 때문에 年月支 子辰水局이 있어 용신하게 된다. 그런데 단순히 子辰合財로 용하기 보다 年干에 甲木 칠살이 합재(合財)의 生을 받고 있으므로 세덕부살격에 해당 부귀 겸비한 명(命)이다.

② 세덕부재격(歲德扶財格)

이 격도 정격과 아울러 정하되 정격 이외 별격으로 정할 수 있다.

이 격이 이루어지려면 우선 신왕됨을 요하고 年干의 재(財)가 재 위에 앉아 있어야 한다. 이 격을 놓은 주인공은 국가의 혜택으로 경영에 성공한다.

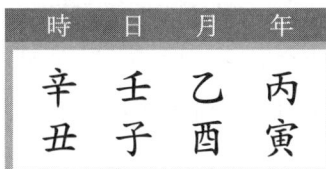

이 사주는 壬水가 酉月에 生하니 정격은 인수격이다. 時干 辛金, 日支 子에 착근하여 신강이 분명하다. 이 경우 재나 관성이 용신이다. 관성용신이 마땅치 않은데 丙火 재성이 年支 寅木 재성 위에 앉아 세덕부재격이 이루어진다.

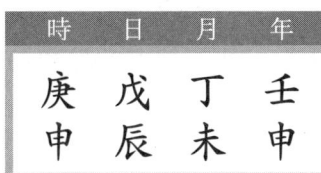

이 사주는 日干 戊土가 未月에 득령하고 月干 丁火가 日支 辰土에 착근하니 日主 태왕이다. 未는 겁재라 격이 아니지만 신왕이면 재나 관성을 용신하는 원칙에 의하여 재관을 살펴보니 申辰水局 재성이 용신이다. 겸하여 年干의 壬水가 편재 申金 위에 앉으니 별격으로 세덕부재격(歲德扶財格)이 이루어진다.

③ 월상편재격(月上偏財格)

이 격이 이루어지려면 신왕에 월간의 편재가 용신이 되어야 한다. 이 격을 놓은 주인공은 자수성가로 큰 돈을 번다.

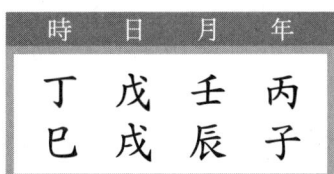

이 사주는 日干 戊土가 辰月에 득령하고 日時支 인수·비견이 생조하니 日主 태왕이다. 태왕한 土를 억제하는 관살도

없다. 辰月은 비견이라 정격(正格)은 놓지 못하지만 年月支가 子辰으로 반합수국(半合水局)해서 합재(合財)로 용신한다. 마침 月干에 壬水 편재가 투출 별격으로 월상편재격에도 해당한다.

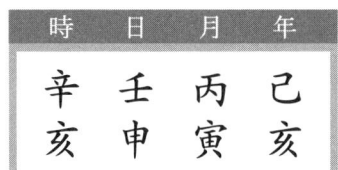

이 사주는 日干 壬水가 寅月에 실령(失令)하였으나 時干 辛金과 日支 申金 인수의 생이 있고, 또 年時支 두 亥水가 도와 신강되었다. 정격은 寅中丙火 月上투출로 편재격인데 별격으로도 月上偏財格에 해당 자수성가로 치부하겠다.

④ 시상편관격(時上偏官格)

이 격을 놓으려면 신왕하여 時의 干이나 支에 있는 칠살(七殺)로 용신할 수 있어야 한다. 이 격을 순수하게 놓으면 의사, 군인, 법관 등으로 출세한다.

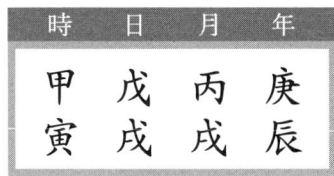

日干 戊土가 戌月에 득령하고 年月日이 모두 비견인 土로 되어 日主 태왕이다. 日主가 태왕이면 칠살로 억제하는게 가장 효과적이다. 時干 甲木 칠살이 용신이며, 이를 시상편관격(時上偏官格)이라 한다.

日干 辛金이 酉月에 득령하고 巳酉丑으로 금국전(金局全)을 놓아 신강이 분명하다. 당연히 재나 관살이 용신인데 年月干에 있

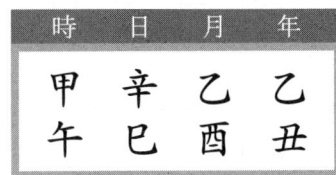

는 재는 살지(殺地-酉丑金殺)나 다름없고 時干 甲木재는 사지(死地)에 놓여 용신이 안된다. 時支 午火 칠살로 용신함이 가하니, 이를 일컬어 시상편관격이라 한다.

⑤ 시상일위귀격(時上一位貴格)

이 격은 시상편관격과 거의 같으나 다른 점이 있다. 시상편관격은 타에 관살이 있어도 이루어지지만 시상일위귀격은 오직 시에만 편관이 있어야 한다.

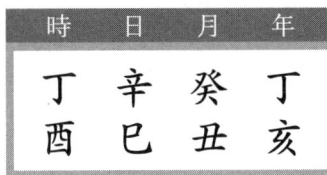

日干 辛金이 丑月에 生하니 인수격이다. 그러나 月·日時로 金局 전부를 놓아 신강이다. 時干에 편관칠살 丁火가 투출하였으나 年干 丁火와 日支 巳火가 있어 파격인 것 같다. 그러나 年干 丁火는 月干 癸水의 극 받아 꺼진 불이 되고, 日支 巳火는 巳酉丑 金局에 합세하니 두 불(火)은 유야무야(有也無也)하다.

3. 특수기격(特殊奇格)

사주(四柱)의 구성은 겨우 八字 뿐이지만 그 干支八字로 된 내면에는 참으로 헤아리기 힘든 조화력(造化力)이 숨겨져 있다. 그럼에도 불구하고 사주학의 원리를 다 터득했노라 장담하는 사람들이 적지 않으니 이해하기 힘든 일이다.

필자는 어느 날 강단에 사주학 강의를 하는 중에 우연히 예시로 쓴 사주가 신강인지 신약인지 모호함으로써 이에 따라 용신도 잡을 수 없었다. 그래서 "이렇게 풀기 어려운 사주는 내가 앞으로 100년을 더 살면서 연구해도 푼다고 장담을 못할 것 같습니다."한 말이 생각난다.

특수 기격은 이해는 가지만 무엇 때문에 사주학에서 다루었는지 모르겠다. 하지만 특수격의 작용은 타당한지 아닌지는 알고 있어야 특수격 적용 여부를 결정할 일이다. 귀격사주가 아닌데도 귀하게 된 까닭은 특수격에 해당해서인지 모르는 일이니 사주학을 연구하려는 분께서는 그 전부를 시험해 보는 것도 나쁘지 않을 것이다.

① 비천록마격(飛天祿馬格)

이 격은 사주 가운데 없는 재관(財官)을 허무 중에서 충출(冲出)하여 재관으로 용(用) 하려는데 의외가 있다.

○ 壬子日에 子가 많고 戊己丑午가 없는 것

壬子日에 子가 많으면 그 子는 午를 허충(虛冲-허무한 공간으로 **충출(冲出)**)하여 午中丁火로 재(財)를 삼고, 午中己土를 壬日의 정관을 삼는다. 戊己가 있으면 柱에 관성이 이미 있으므로 관성을 허충해 낼 필요가 없음이오, 丑이 있으면 먼저 子丑合해 버리고 午가 있으면 子午로 허충이 아닌 실충(實冲)이 되어서다.

○ 辛亥日에 亥가 많고 丙丁 寅巳가 없는 것

辛亥日에 亥가 많으면 巳를 허충(虛冲)하여 巳中丙火로 관성(官星)을 삼고 巳中戊土로 인수를 삼아 작용한다.

사주 내에 丙丁이 있으면 이미 관성이 있으니 冲出할 필요가 없고, 寅이 있으면 寅亥로 六合해 버리고 巳는 巳亥로 실충(實冲)이 되어서다.

○ 癸亥日에 亥가 많고 戊己寅巳가 없음

癸亥日에 亥가 많으면 허무 중에서 巳를 충출(冲出)하고 巳를 허충하여 巳中丙火로 재(財)를, 巳中戊土日로 癸日이 없는 관성을 얻는다.

戊己가 있으면 관성이 이미 있으니 허충이 필요 없고 寅은 먼저 寅亥로 합해서이고, 巳는 巳亥로 실충하기 때문이다.

○ 丁巳日에 巳가 많고 壬癸申亥가 없는 경우

丁巳日에 巳가 많으면 亥를 허충하여 亥中壬水로 관성을 삼고 亥中甲木으로 인수를 삼는다.

壬癸水가 있으면 관성이니 충출해 낼 필요가 없고 申은 巳申이 먼저 합하게 되고, 亥는 巳亥로 실충(實冲)하기 때문이다.

○ 丙午日에 午가 많고 壬癸子未가 없는 경우

丙午日에 午가 많으면 子를 허충하여 子中癸水로 丙日의 正官星을 삼는다.

丙午日에 壬癸가 있으면 관성이 사주 내에 있으니 허로 충출

(冲出)해 낼 필요가 없고, 子는 子午로 실충이오 未는 午未로 支合하기 때문이다.

○ 庚子日에 子가 많고 丙丁丑午가 없는 것

庚子日에 子가 많으면 午를 허충하여 午中丁火로 관성을 삼고 午中己土로 인수를 삼는다.

丙丁火가 있으면 관성이 실존(實存)이고, 丑은 子丑合이 되고, 午는 子午로 실충하기 때문이다.

② 육갑추건격(六甲趨乾格)

육갑(六甲)이란 甲子 甲戌 甲申 甲午 甲辰 甲寅日生이고, 건(乾)이란 戌亥의 건궁(乾宮)인바 亥를 뜻한다. 이 격(육갑추건격)이 이루어지려면 甲日亥時에 해당하거나 亥가 많아야 한다.

甲日이 亥가 많고 寅이 없는 경우 그 해는 寅을 허합(虛合)해서 사주 내에 없는 녹(祿)을 얻는데 묘리가 있다. 사주 내에 寅이 있으면 이 격은 이루어지지 않는다.

③ 육을서귀격(六乙鼠貴格)

○ 乙亥日과 乙未日 子時이고 庚辛申酉巳丑이 없는 것

육을(六乙)이란 乙丑 乙亥 乙酉 乙未 乙巳 乙卯日인데 이 가운데 乙亥日과 乙未日 子時만 해당한다.

• 乙亥日

丙子時 → 子中癸水가 戊土를 간직한 巳를 불러오면 그 巳는 자기가 좋아하는 申을 (巳申合)을 데려오게 되니 申에는 庚金이 간직

```
(癸)   (戊)
 └──┬──┘
    巳    申
    └─合─┘
```

되어 있어 乙日의 정관(正官)으로 작용한다.

• 乙未日

丙子時 (癸) ← 巳(戊) ← 申(庚) = 乙日의 정관성

乙丑日은 子丑合이오, 乙巳日은 巳中戊土가 이미 있기 때문이며, 乙卯日은 子卯로 형(刑)이오, 乙酉日은 관살에 해당 모두 허무공중에서 불러올 의의가 없기 때문이다.

④ 육임추간격(六壬趨艮格)

육임이란 壬日生이오, 간(艮)이란 丑寅宮의 寅을 지칭함이다. 이 격의 의의는 사주 내에 없는 건록을 허합(虛合)해서 작용하게 된다는 뜻이다.

○ 이 격이 이루어지려면 壬日生이 寅이 많고 亥가 없어야 한다.

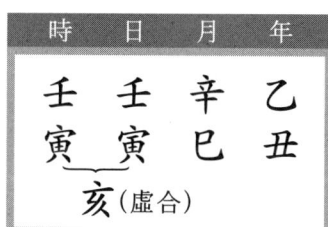

이 사주는 壬日이 巳月에 실령 신약이다. 年支丑과 月支 巳가 巳丑으로 인국(印局)을 이룬 가운데 月干 辛金 인수가 있어 月干 辛金으로 用하게 된다. 한편 이 사주는 특수격으로 육임추간격에 해당한다. 壬寅日 壬寅時라 寅이 많은데 寅이 亥를 허합해서 본명(本命)에 없는 壬日의 건록인 亥를 얻어냄으로써 기이하게 여긴다.

⑤ 육음조양격(六陰朝陽格)

○ 辛亥日과 辛酉日 子時이고 丙丁巳午와 丑卯가 없는 경우 辛亥日 子時의 경우 子中癸水가 戊土 관성(官星)을 그리워하여

```
戊   辛
子   亥
```

子(癸) ← 巳(戊)
           |
         (丙) → 辛日의 正官

```
戊 辛
子 酉
時 日
```

戊土를 간직하고 있는 巳를 허무공간에서 불러들이면 辛金(辛亥日)은 巳中丙火 관성을 얻는 셈이 된다. 辛酉日 子時도 辛亥日과 같은 의의다. 丙丁巳午는 辛日의 관성이 사주 내에 있어 허합해

들일 필요가 없고 丑은 子丑으로 먼저 支合하며 卯는 子卯刑이라 이 격을 놓지 못한다.

辛日 중 辛巳日은 巳中丙火요, 辛未日은 未中丁火요, 辛丑日은 子丑合, 辛卯日은 時支와 子卯刑이 되어서이다.

육음(六陰)이란 辛金을 가리킴이오, 陽이란 子를 가리킴이다.

⑥ 형합격(刑合格)

이 격은 사주에 없는 관성을 형출(刑出)하여 작용하는데 기이함이 있다.

○ 이 격을 놓으려면 癸酉 癸卯 癸巳日이고 사주 내에 戊己辰戌丑未土와 巳申이 없어야 한다.

```
癸巳日   癸卯日   癸酉日
甲寅時   甲寅時   甲寅時
```

寅刑巳 → 巳中(戊)土로 癸日의 관성(戊癸合)

癸酉 癸卯 癸巳日 甲寅時면 그 寅이 허무 중에서 巳를 형출(刑出 - **寅刑巳**)하여 巳中 戊土로 癸日의

관성을 삼는다. 癸丑日은 丑이 관성이오, 癸未日도 未가 관성이며, 癸巳日은 실형(實刑)이 되어 파격(破格)이다. 巳가 있으면 실형(實刑)이고 申이 있으면 寅申冲이오, 戊己辰戌丑未가 있으면 사주에 관살이 있으므로 굳이 형출(刑出)해 쓸 필요가 없기 때문이다.

⑦ 자요사격(子遙巳格)

○ 이 격을 놓으려면 오직 甲子日 甲子時에 庚辛申酉와 丑午가 없어야 한다.

甲子日 甲子時면 子中癸水가 巳中戊土와 戊癸合을 위해 戊土가 간직된 巳를 불러오면 巳에 함께 따라온 巳中丙火는 癸水가 戊土와 干合하는 것을 보고 자신도 짝이 되는 丙辛과 합해서 辛金을 데려오게 된다. 이리하여 辛金이 따라오면 이는 결과적으로 甲日의 정관(正官)이라 관성이 사주에 없어도 있는 것과 마찬가지가 된다.

```
甲子日
甲子時    (癸)      巳(戊) ← 巳(丙) ← 辛
            \      /
             戊癸合              丙辛合
```

庚辛申酉는 甲木의 官星으로서 사주 내에 실존(實存)이 되어 파격이고, 丑은 子丑으로 먼저 合해버리고 午는 子午冲이 되어서다.

⑧ 축요사격(丑遙巳格)

이 격이 이루어지려면 辛丑日이나 癸丑日에 丑이 많고 관살과 合沖이 없어야 한다.

○ 辛丑日이 丑이 많고 丙丁巳午子未가 없는 것

辛丑日이 丑이 많으면 丑中辛金이 자신의 짝인 丙을 불러오면 丙은 辛金의 짝일 뿐 아니라 자신의 짝도 된다.

丙丁巳午火는 관성이 명조(命造)에 이미 있으니 이 격을 놓을 수 없고, 子는 먼저 子丑合을 하게 되고, 未는 丑未 상충이 되어서다.

○ 癸丑日이 丑이 많고 戊己巳와 子未가 없는 경우

癸丑日이 丑이 많으면 丑中辛金이 巳中丙火와 丙辛으로 干合을 위해 丙火를 간직한 巳를 불러오게 된다. 그리하여 巳에 함께 간직되어 있는 戊土를 癸日의 관성으로 쓰인다.

戊己가 있으면 관성이 이미 주중(柱中)에 있음이니 이 격을 놓지 않고 巳는 癸水가 허합(虛合)하지 않아도 柱中에 이미 있는 관성이오, 子는 子丑合, 未는 丑未冲이 되어서다.

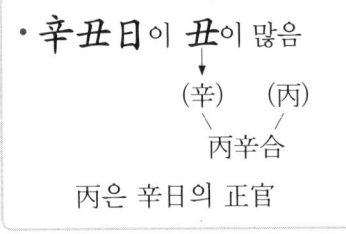

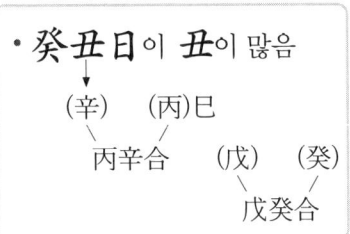

⑨ 합록격(合祿格)

사주 내에 관성(官星)이 없는 경우 時干이 干合한 자가 관성이 되거나 時支가 支合한 자가 관성이 되는 것

여기에서 녹(祿)이란 건록이 아닌 正官이다.

- 甲日이 丙寅 丙子時－丙辛合－辛은 甲日의 정관.
- 乙日이 乙酉時－乙庚合하여 庚은 乙日의 정관.
- 丙日이 戊子時－戊戌時－戊癸合하여 癸는 丙日의 정관.
- 丁日이 丁未時－丁壬合하여 壬은 丁日의 정관.
- 戊日이 庚申時－乙庚合하여 乙은 戊土의 정관.
- 己日이 己巳時－甲己合하여 甲은 己日의 정관.
- 庚日이 壬午時－丁壬合하여 丁은 庚日의 정관.
- 辛日이 辛卯時－丙辛合하여 丙은 辛日의 정관.
- 壬日이 甲辰時－甲己合하여 己는 壬日의 정관.
- 癸日이 癸亥時－戊癸合하여 戊는 癸日의 정관.

다음은 支合으로 이루어지는 합록격이다.

- 甲日－戊辰時－時支 辰과의 六合인 酉가 甲日의 정관.
- 乙日－癸巳時－時支 巳와 六合인 申이 乙日의 정관.
- 丙日－己丑時－時支 丑과 六合인 子가 丙日의 정관.
- 丁日－壬寅時－時支 寅과 六合인 亥는 丁日의 정관.
- 戊日－壬戌時－時支 戌과의 六合인 卯는 戊日의 정관.
- 己日－乙亥時－時支 亥와의 六合인 寅은 己日의 정관.
- 庚日－癸未時－時支 未와의 六合인 午는 庚日의 정관.
- 辛日－丙申時－이는 時干이 정관성이라 이 격은 성립되지 않음.
- 壬日－庚子時－時支 子와의 六合인 丑은 壬日의 정관.
- 癸日－乙卯時－時支 卯와의 六合인 戌은 癸日의 정관.

⑩ 구진득위격(句陳得位格)

이 격이 이루어지려면 우선 신왕(身旺)이 된 상태에서 재국전(財局全)을 놓거나 재방전(財方全)을 놓아야 한다.

또는 이 격을 이루려면 신왕에 관살국전(官殺局全)이나 관살로 전방(全方)을 이루어야 한다.

구분 日干	재국(財局)		관살(官殺)	
	재국전	재방전	관살국전	관살방전
戊己日	申子辰全	亥子丑全	亥卯未全	寅卯辰全

신왕이 못되면 차라리 종살(從殺)이 되거나 종재(從財)가 되어도 이 격(구진득위격)이 이루어진다. 이 격을 놓은 주인공은 부귀한다.

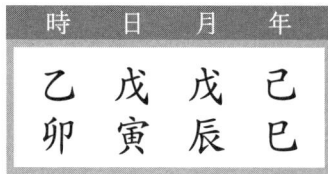

이 사주는 日干 戊土가 辰月에 득령하고 年月干 戊己土와 年月支 辰巳가 합세하니 신왕이다. 한편 寅卯辰으로 관살 전방을 놓아 용신이 될 수 있으므로 구진득위격이 분명하다.

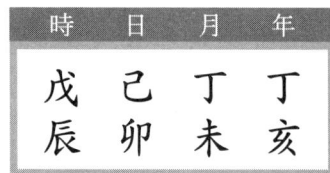

이 사주는 己日 未月에 득령하고 年月干 丁火 時干 戊土 時支 辰土 등으로 인해 日主 태왕하다. 한편 지지를 살피니 亥卯未로 살국전(殺局全)을 놓아 신왕관왕(身旺官旺)이다.

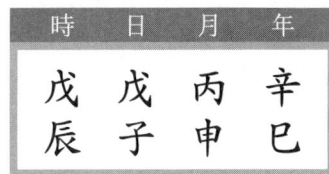

日干 戊土가 申月에 실령(失令)하였으나 月干 丙火 인수요, 時의 干支가 모두 戊土를 도우니 地支에 놓인 申子辰 합

재(合財)를 용신할 수 있어 부격 사주다.

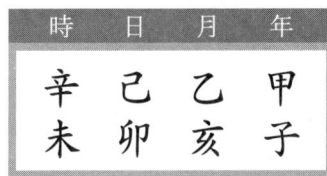

이 사주는 日干 己土가 亥月에 실령하니 日主 태약이다. 時支 未土 비견이 있다 하나 그 未土는 亥卯未木局에 가담

하여 日主를 돕지 못하니 종살(從殺)하게 된다.

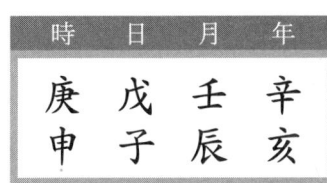

이 사주는 戊日이 辰月에 득령하였으나 辰月은 본시 木旺節이요, 申子辰으로 재국 전부를 놓아 재성 태왕에 日主 태

약하여 종재(從財)하니 부격을 이루었다.

⑪ 임기룡배격(壬騎龍背格)

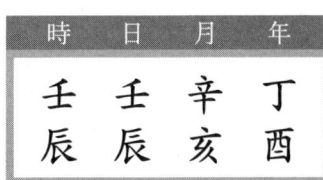

辰은 용(龍)에 해당한다. 壬辰일생이 사주에 辰이 많고 戌이 없으면 이 격이 이루어진다. 壬辰日이 또 辰이 많고 戌

이 없으면 그 辰은 戌을 허무 중에서 충출(冲出)하여 戌中丁火로

財를 삼고 戌中戊土로 관(官)을 삼고 戌中辛金으로 인수(印綬)를 삼아 한꺼번에 재·관·인수를 얻으니 그야말로 재물과 벼슬과 명예를 얻게 된다 함이다.

⑫ 현무당권격(玄武當權格)

이 격을 놓으려면 신왕된 가운데 관살전국(官殺全局)을 놓거나 신왕관왕(身旺官旺)되어야 한다.

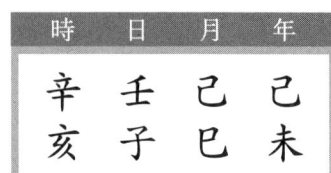

이 사주는 壬日巳月生이라 실령하여 신약같이 생각된다. 그러나 日支 子에 착근하고 時支 亥水에 녹근되었으며 時干 辛金 인수의 生이 있어 신강이다.

한편 관성도 月干 己土가 月支 巳火의 生을 받고 年의 干支가 己未이므로 신왕관왕(身旺官旺)이다.

⑬ 정란차격(井欄叉格)

庚申, 庚子, 庚辰日生이 地支에 申子辰을 다 놓은 것이다.

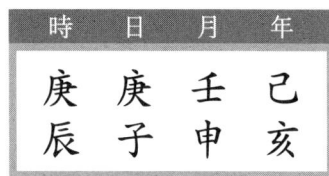

이 사주는 庚日申月에 득령하였다. 時柱 庚辰을 만나 신왕이 분명한데 사주 내에 재관(財官)이 눈에 띄지 않는다. 그러나 특수 귀격의 원칙상 재·관·인수가 다 있는 셈이다. 왜냐하면 申子辰全인데 申은 寅을 冲出하여 재(財)를 얻고, 子는 午를 冲하여 관성(官星)을 얻고, 辰은 戌을 冲하여 인수를 얻게 된다 해서 길격이라 한다.

⑭ 잡기재관인수격(雜氣財官印綬格)

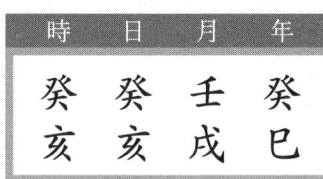

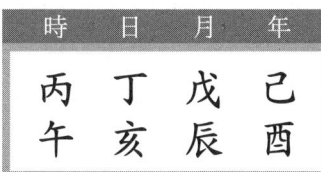

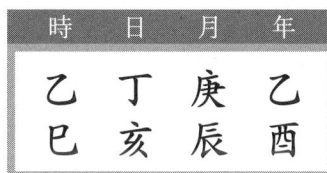

잡기란 辰戌丑未를 칭하는데 천지부정지기(天地不正之氣 - 하늘과 땅의 바르지 못한 기(氣)]로서 辰戌丑未는 사대뇌옥(四大牢獄)이오, 네 곳 수장(收藏)하는 곳, 즉 감옥과 같고 물건을 감추고 저장해두는 창고에도 비유할 수 있다.

이 격은 무조건 辰戌丑未 가운데 출생하면 이 격(잡기재관인수)에 해당한다. 예를 들어, 壬日 戌月이라면 戌中丁火로 재(財)를, 戌中戊土로 관성(官星), 戌中辛金으로 인수를 삼게 된다.

제15장 사주 구성형태의 특별 명칭

年, 月, 日, 時 사주를 정해 놓고 우선 본 사주가 내격(內格)인지 외격인지 구분한 뒤 정격(正格)이 무엇인지 알아야 한다.
격(格)이란 마치 건물의 형태 같아서 학교, 회사, 상가, 병원, 관공서, 주택으로 구분되는 것 같고 특수격과 별격은 같은 용도의 건물이라도 모양이 다르게 건축된 것과 같으며 특수격은 내부 구조를 다르게 꾸민 것에 비유될 수 있다.

1. 사주 구성의 특징

(1) 사주 전체로 나타나는 특징

① 순환상생(循環相生)

사주 팔자 干支 어디에서 시작되었거나 관계없이 生이 건너 뛰지 않고 뱅뱅 돌면서 계속 이어지는 것을 일컫는다.

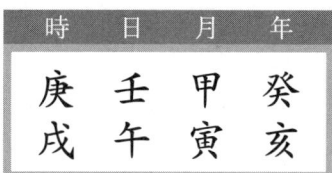

이 사주는 年支 亥水부터 시작하자 亥水가 月支 寅木을 生하고, 寅木은 日支 午火를 生하고, 午火는 時支 戌土를 生하고, 戌土는 時干 庚金을 生하고, 庚金은 日干 壬水를 生하고, 壬水는 月干 寅木을 生하고, 寅木은 다시 日支 午火를 생하니 生이 끊기지 않고 계속 이어졌다.

② 거류서배(去留舒配)

거류서배란 관살 혼잡된 경우 제거할 것은 제거하고 합할 것은 습하여 주인공에게 필요한 관살 하나만 남게 되어 길귀(吉貴)하다는 것이다.

○ 거관류살(去官留殺)

거관류살이란 관살혼잡(官殺混雜)이 되면 좋지 않은바 관살 가운데 그 하나는 克해서 제거되고 하나만 남게 되면 길격으로 보게 된다는 것이다.

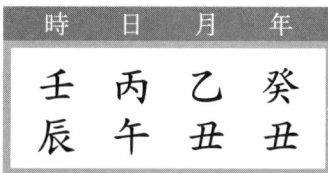

이 사주는 丙日 丑月에 生하니 정격으로는 상관격이다. 그런데 年·時干에 壬癸水가 투출해서 관살혼잡이 되었다 하지만 年干 癸水 관성은 丑土에 제거되고 時干 壬水 칠살만 남게 되니 이것이 바로 거관류살(去官留殺)의 예다.

○ 거살유관(去殺留官)

이 경우는 관살혼잡에 칠살은 제거되고 정관만 남게 되는 예다. 비록 관살혼잡이 되었더라도 정관이나 칠살 가운데 그 하나를 제거하면 하나만 남게 되므로 기이한 것을 들어 길귀격(吉貴格)으로 본다.

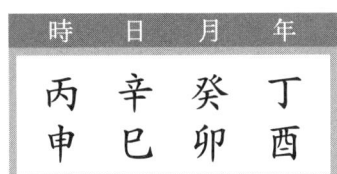

이 사주는 辛日이 卯月에 生하니 편재격이다. 비록 신약이지만 日支巳와 年支가 巳酉로 合金되니 태약은 면한 셈이다. 종살도 안되면서 관살혼잡이면 불리한데 年干 丁火 칠살을 月干 癸水가 제거함으로써 時干 丙火 정관만 남게 되어 길하다.

○ 합관유살(合官留殺)

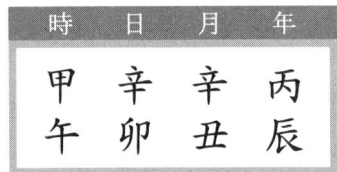

이 사주는 日干 辛金이 丑月에 生하여 정격으로는 편인격이다. 年干 丙火가 辛日의 정관인데 月干 辛金이 丙辛으로 干合化水 되어 본분을 丙火는 잃게 되고 時支 午中丁火 칠살만 남았다.

③ 살인상정(殺刃相停)

양인(羊刃)과 칠살은 日主를 괴롭히는 흉신이다. 그런데 사주 가운데 양인과 칠살이 모두 있어 둘다 태약하지 않으면 도리어 길작용을 하게 된다. 왜 그러한가 살펴보자.

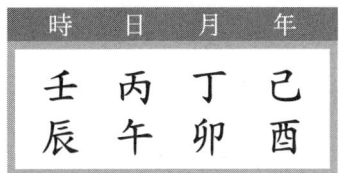

이 사주는 丙火가 卯月에 生하니 정격으로는 인수격이다. 그런데 丙火의 입장으로는 불안한 마음이 떠나지 않아 안절부절하고 있는 모습이다. 밑에 있는 양인은 나(日干)것을 빼앗고자 호시탐탐 노리는 모습이고, 옆 時干에 있는 칠살은 日主인 나(丙火)를 극하려 한다. 그런데 묘한 생각이 떠올랐다. 양인인 午中丁火는 누이동생으로서 時干 壬水와 丁壬으로 合 짝을 채워주면 양인과 칠살은 日主를 괴롭히지 않고 저희들끼리 사랑하느라 극할 마음이 없다. 한편 칠살은 남자에게는 매부(妹夫)격이고 여자는 형부(兄夫)가 되니 처남이나 처제를 괴롭히기는 고사하고 도리어 도와주려 하는 입장이 된다.

한편 양인은 훌륭한 무기이고 군사요, 칠살은 훌륭한 장수라, 훌륭한 장수가 훌륭한 군사와 무기를 얻어 전공(戰功)을 세우는 데도 비유하므로 이 격을 놓은 주인공은 군인, 의사, 법관 등으로 출세한다고 한다.

④ 탐재괴인(貪財壞印)

이 사주의 의는 재(財)를 탐하다가 명예를 손상하고 관직에서는 뇌물죄를 범하여 불명예스러운 삭탈관직을 당하게 된다는 뜻이다. 또 남자가 탐재괴인이 되면 여자 때문에 망신하게 된다는 뜻도 된다. 탐재괴인이 성립되려면 다음 두 가지가 있다.

첫째 : 신약하여 인수나 비겁을 용신해야 될 형태에 재가 왕하고 비겁이 없어 인수로 용신하게 되는데 재가 사주 내에 왕해져

있는 경우.(신약 용인의 경우 원명(原命)에 재가 왕하면 일생 재물탐을 하지 말고, 적은 액수의 돈일지라도 명분이 없는 재물은 받지 말아야 한다. 그리고 여자 조심해야 한다.)

둘째 : 신약해서 인수용신이 분명한 사주에 재운(財運)을 만나면 본시 사주 내에 재가 없더라도 재운이 오면 운한 내에는 탐재괴인이 이루어진다.

이 사주는 壬日이 丑月에 生하고 丑中辛金이 月干에 투출 정인격이다. 月干 辛金 인수가 용신인데 용신구실은 아니하고 月干 丙火와 합할 마음만 간절하다. 게다가 대운도 寅卯辰巳午未로 이어져 재(巳午未火운) 대운에 크게 고생을 겪는 예의 사주다.

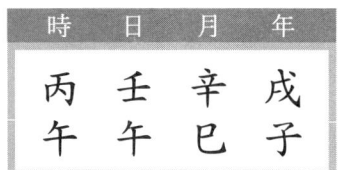

이 사주는 壬日 巳月生으로 편재격이다. 日主 태약이라도 月干 辛金 인수와 年支 子水 겁재가 있어 타에 종(從)은 못한다. 月·日時支 巳午火 재(財)가 왕하니 바로 원명(原命)의 탐재괴인(貪財壞印)이다. 원명 탐재괴인은 뇌물 먹지 말고 큰 돈 벌기 바라지 말 것이며 남자는 여자를 탐하지 않으면 액이 이르지 아니한다.

⑤ 길신태로(吉神太露)

여기에서의 길신이란 재성(財星)을 의미한다. 재는 누구나 다 좋아하는 것으로 남의 눈에 잘 띄지 않도록 지지나 암장에 있음을 요한다. 예를 들어, 날치기꾼이 많은 곳에 뭉칫돈을 손에 들고 다닌다면 어떻게 될까. 또는 젊고 예쁘고 섹시한 아내가 야한 옷차림에 짙은 화장을 하고 사람의 눈에 잘 띄는 곳으로 거닌다면 어찌 될까. 반드시 눈독 들이는 자가 있을 것이다.

비겁이 많은 중에 재성이 干에 투출하면 이를 길신태로라 한다.

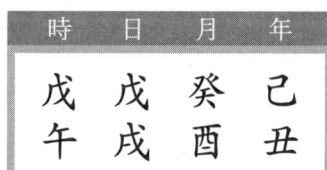

日干 戊土가 酉月에 生하니 상관격(傷官格)이다. 日主는 아래 戌土에 착근하고 戊午時요 年支 丑土까지 합세하니 日主 태왕이오, 비겁이 많으니 月干 癸水 재성으로 용신 못하고 月支 酉金 상관으로 용신하게 된다. 그렇긴 해도 癸水는 비겁에게도 재가 되어 이를 취하고자 호시탐탐 노리고 있는 형태라 이를 가리켜 길신태로라 한다.

⑥ 군비쟁재(群比爭財)

이를 군겁쟁재(群劫爭財)라 칭함이 옳다고 주장하는 이도 많으나 군비나 군겁이나 마찬가지이므로 이에 대한 옳고 그름은 논하지 않겠다.

이 사주는 壬水가 亥月에 득령하고 年月干 두 癸水와 年月支 두 亥水에 日支 子水로 구성 그야말로 물바다와 다름이 없다. 時

時	日	月	年
丙	壬	癸	癸
午	子	亥	亥

에 丙午火 재성이 있으나 비겁의 세력과 균형이 맞지 않는다. 즉 많은 비겁이 時의 재를 놓고 다투는 모습이라서 군비쟁재라 한다. 이 군비쟁재에 대해서 연구해 볼 필요가 있다. 왜냐하면 어느 정도를 쟁재라 할 수 있느냐는 점이다. 즉 재와 비겁의 비율이

비겁이 3 : 재가 1 = 군비쟁재다.
비겁이 4 : 재가 1 = 군비쟁재 아니고 종비(從比)다.
비겁이 3 : 재가 2 = 재 대운이 오면 발달한다.

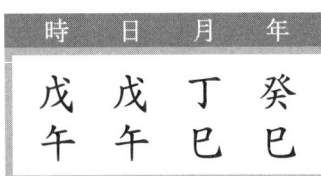

이 사주는 日干 戊土가 巳月에 生하니 우선 편인격을 놓는다. 戊土 지극히 왕성한 상태에 年干 癸水 재(財)가 투출해 있어 군비쟁재처럼 보이지만 마치 길거리에 100원짜리 동전 하나가 땅에 떨어진 것과 같다. 그 동전을 서로 주우려고 다투지 않는 것과 같다. 그러므로 쟁재(爭財)도 그만한 가치가 있어야 한다.

사주원국(四柱原局)에 재성이 없는 경우 비겁이 두세 개 있고 운에서 재를 만나면 운에서의 재를 잘 다투는 수가 있다.

⑦ 부성입묘(夫星入墓)

부성입묘란 관성(官星)이 묘(墓)에 든 것인데 여자는 부성입묘가 되는 반면에 남자는 관성입묘(官星入墓)가 된다.

여자의 사주가 부성입묘에 해당하면 남편의 무덤이 이미 마련해 둔 형상이라 그 묘를 冲하는 운에 남편과 사별할 우려가 있다. 아니면 그 남편이 무능하거나, 능력은 있는데도 하는 일이 잘 안되어 속수무책이거나 옥에 갇히거나 어떤 일로 옴싹달싹 못하게 된다.

그러나 사주에 부성입묘가 있고, 묘를 冲하는 자가 있으면 입묘(入墓)되어도 근심이 없다.

여자가 부성이면 남자는 관성이다. 남자가 관성입묘(官星入墓)면 직장운이 나쁘다. 부성입묘는 아래와 같다.

甲乙日에 辛丑이 있는 것
丙丁日에 壬辰이 있는 것
戊己日에 乙未가 있는 것
庚辛日에 丙戌이 있는 것
壬癸日에 戊戌이 있는 것

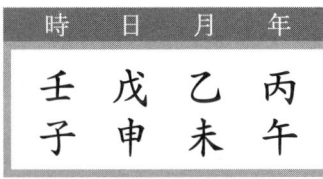

이 사주는 日干 戊土가 未月에 生하고 未中乙木이 月干에 투출 正官格이다. 얼핏 신약같이 여겨지나 年柱 丙午火가 도우니 신강되어 月干 乙木 정관을 用할 수 있다. 남자라면 乙木 관성이 未土에 입묘(入墓)되어 관직에 지장이 있겠다. 여자라면 남편인 乙木 관성이 묘고에 들어 丑 대운에 남편에 대한 우환이 있기 쉽다. 아니면 남편은 운이 없어 발달을 못하므로 결과적으로 남편 덕이 없는 명(命)이다.

⑧ 제살태과(制殺太過)

신왕(身旺)인 경우 정관(正官)이 없거나 있더라도 살지〔殺地-干의 정관이 식상(食傷) 위에 놓임〕에 앉으면 정관 대신 칠살을 용신하게 된다. 이 경우 식상이 왕하면 용신인 칠살은 식상의 극을 받아 용신 구실을 못한다.

○ 제살태과도

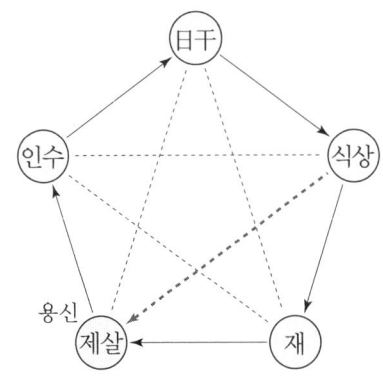

이런 경우 제살태과(制殺太過)라 한다. 제살태과 된 사주의 주인공은 나라 법을 어기고 죄인이 되는 수가 있다. 관살은 국가에 비유되기 때문이다.

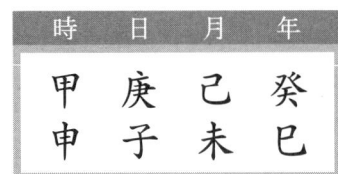

이 사주는 日干 庚金이 未月에 生하고 未中己土 인수가 月干에 투출하니 인수격이다. 時支 申에 녹근하니 관성을 용신할 수 있다. 年支 巳火가 火가 왕한 未月을 만나 살 역시 왕하니 살은 두렵지만 日時支 申子合水 상관의 제살이 심한 것 같다. 살도 적당히 견제해야지 지나치게 제어하면 도리어 재앙이 있게 된다는 뜻인데 사주추명에 있어 제살태과의 예를 들기는 가장 어렵다.

간단히 정리한다면 일주 왕하여 칠살을 용해야 될 경우 식상이 왕하면 이 격이 이루어지는데 인수 운을 만나면 식상용인(食傷用印)하여 발달하겠지만 식상운을 만나면 재앙이 이른다.

○ 진법무민(盡法無民)

사주에 관살이 있어 용하게 될 때 식상이 왕하여 제살태과 되어 있는 상태에서 또 식상대운을 만나면 관살은 흔적도 없이 극멸(克滅) 당하게 된다. 관살은 국가로 볼 때 나라가 망하면 그 나라에 사는 백성들은 남의 나라 식민지가 되어 자유도 권리도 없게 되어 노예나 마찬가지일 것이므로 식상태왕을 꺼리게 된다는 뜻이다.

⑨ 제살부족(制殺不足)

이는 제살태과의 반대다. 이 형태가 이루어지려면 신약에 관살이 태왕하면 인수로 살인상생(殺印相生)이 가장 좋으나 인수가 없으면 식상을 용하여 제살(制殺)해야 한다. 이 경우 식상이 있어 식상제살해야 되는데 식상이 미약해서 제구실(식상제살)을 못하게 되면 이런 경우를 일컬어 제살부족(制殺不足)이라 한다. 식상대운 길하고 재와 관살대운 불리하다.

時	日	月	年
壬	戊	甲	癸
子	辰	寅	酉

이 사주는 日干 戊土가 寅月에 生하고 月干에 甲木 투출로 편관격이다. 戊土가 비록 辰土

에 착근되었다 하나 재·살(財殺)이 왕하여 日主는 기진맥진이 되어 있는 상태다. 이 경우 종살(從殺) 못하는 것은 戊土 日支에 착근(着根)이오 年支 酉金 상관이 있는지라 타에 종(從)은 불가 하므로 하는 수없이 年支 酉金으로 상관제살(傷官制殺)하게 되는데 그 힘이 모자라 능히 제살이 안되므로 제살부족이다.

⑩ 살인상생과 관인상생

日干은 가장 두려운 것이 신약에 칠살이 왕한 것이다. 이 경우 日主 태약에 생부(生扶) 해주는 인수가 있다면 인수로 용하여 관살의 生을 받아서 日主를 생해 주도록 하는게 가장 이상적인 용신법이다. 신왕하여 관성을 용하려는데 식상이 왕하면 인수로 식상을 억제 관성을 보호해주는 용신법이 관인상생이고, 신약한 상태에 관살이 왕해서 인수로 통관시켜 주는 용신법이 살인상생이다.

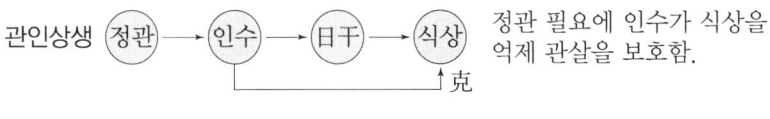

⑪ 등라계갑(藤蘿繫甲)

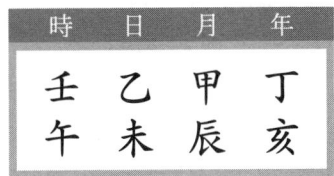

日干 乙木이 목왕절(木旺節)인 辰月에 생하였으나 辰土 재(財)가 사주 내에서 판을 치고 있어 신약이다. 재다신약에는 인수보다 비겁이 유리하다. 乙木은 陰木이라 乙木이 미약하면 풀이나 등넝쿨에 비유된다. 그리하여 甲木 겁재로 用하게 되는 바 甲木을 굵고 높이 자란 나무에 비유, 乙木日 재다신약에 甲木 겁재로 용신하는 것을 등라계갑이라 한다. 등넝쿨의 생리는 저 혼자서는 높이 솟아 오르지는 못하지만 옆에 큰 나무가 서 있으면 감고 높이 올라갈 수가 있기 때문이다. 주인공 가까운 주변에 능력 있는 인물이 있어 그 힘을 빌리게 된다는 뜻이다.

⑫ 목화통명(木火通明)

甲乙木日 日主 태왕에 丙火로 설기용(泄氣用)하게 되는 경우를 일컫는 말이다.
甲이나 乙日 태왕에 관살이 미약하면 火를 용신하여 木의 왕한 정기(精氣)를 순히 뽑아내는 것이 유리하다.

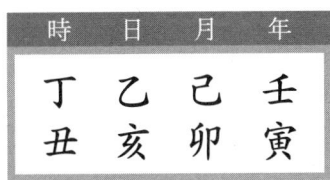

이 사주는 日干 乙木이 卯月에 득령한 가운데 年支 寅木이오, 月日支 亥卯로 반합(半合)하니 사주 거의가 木으로 되어 있다. 이 왕한 木을 억제하는 金이 없으므로 木의 세력에 종(從)

하는 곡직격(曲直格)이다. 비록 木의 세력을 억제 불가능해서 木에 종하긴 해도 굳이 水木을 요할 필요는 없다. 木의 강성한 세력이 무서워 종하는 것이므로 火로서 순히 설기(泄氣)시키는 것이 더 좋다. 丁火가 木의 설기 받기는 모자라니 운에서 火를 만나면 엉켰던 실타래가 풀리듯이 경영하는 일이 순조로울 것이다.

⑬ 추수통원(秋水通源)

金日(庚辛日) 태왕에 水로 잘 설기되는 것이다. 사주가 모두 상극이 없이 상생으로 이어지면 청격(淸格)이라 하여 청귀(淸貴)한 학자의 명(命)이다.

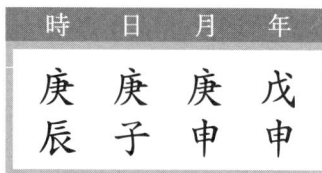

이 사주는 庚金이 月支에 녹근(祿根)하고 月干 庚金 時의 庚辰 인수와 비견으로 되어 있고 申子辰水局全을 놓았으니 금수양상격(金水兩象格)이다. 年干 戊土가 있어 탁격(濁格) 같으나 戊土는 土生金하여 庚金을 도우니 도리어 유연성이 있어 청격(淸格)이다.

⑭ 적수오건(滴水熬乾)

四柱 전체가 木火로만 되어 있으면 오랜 가뭄이 들어 대지(大地)가 불타는 듯 초목은 잎이 마르고 땅은 쩍쩍 갈라진다. 이런 경우 조후(調候) 한답시고 미약한 水로 용하고자 한다면 큰일이다. 비유하건대, 오랜 가뭄에 5mm정도 비가 내리고는 햇볕이

쨍쨍하다면 초목은 차라리 비를 맛보지 않은 것만도 못해 고사(枯死)하고 마는 것 같다.

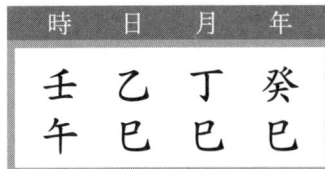

이 사주는 日干 乙木이 巳月에 生하고, 月干 丁火에 年月日支가 모두 화상관(火傷官)이다. 乙木은 가뭄에 오래 시달리고 있는 모습이다. 年時干 癸壬水가 있으나 왕성한 火에 도리어 쫄아들뿐 火를 억제하지 못한다. 또 맹렬히 타오르고 있는 불길을 양동이 물로 끄려 하는 것 같다. 이런 경우는 그저 火에 종(從)해야 한다.

⑮ 아우생아(兒又生兒)

식상생재격(食傷生財格)을 심리적(心理的)으로 지적한 것이라 하겠다. 비겁으로 인해 日主 태왕하고 관살이 없으며 재(財)는 있어도 비겁에 의해 심한 압박을 받고 있는 형태에 식상이 있으면 목적은 재(財)를 취하고 싶지만 재를 직접 극하지 않고 식상을 용하면 日干 비겁은 식상을 生하고 식상은 재를 生하여 재가 크게 손상되는 것을 막게 된다. 즉 日干의 아이(자식)는 식상이오, 식상의 아기는 재성이 된다. 이는 통관 용신에도 해당한다.

이 사주는 壬水가 子月에 득령하고 年月干에도 壬癸水 투출한 가운데 年支 酉金 인수까지 생조하니 신강하여 재·관(財官)을 취하게 된다. 그런데 관성은 없고 日時支에 寅午 합국재(合局財)가 있어 용신이 가능한데 재가 약간 모자란 감이 든다. 이런 경우 日支 寅木 식신으로 용하면 日干 비겁은 寅木 식신을 용하고, 寅木 식신은 午火 재(財)를 생하여 日에서 재성까지 상생으로 이어져 재에 집중되었다.

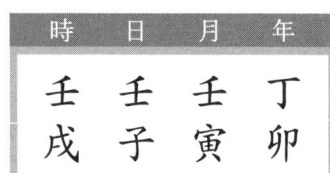

이 사주는 壬日이 寅月에 생하여 식신격이다. 그런데 壬水는 日支에 子水 양인(羊刃)을 깔고 干에 月日時 三壬이 年干에 투출한 丁火를 노리고 있으니 쟁재(爭財)가 된다. 月支 寅木 식신을 용하여 비겁의 生을 받아서 年干 丁火 재성을 생하도록 한다. 日支 子水 양인(羊刃)은 쟁재성(爭財星)이 강하지만 곁(月支)에 寅木 아이가 있어 탐생망극(貪生忘克)으로 寅木부터 生하니 寅木 식신은 年干의 丁火 재를 생하게 된다.

⑯ 병(病)과 약(藥)

사주 가운데는 대개 병통이 있기 마련이다. 병통이란 길격(吉格)을 구성하는데 방해하는 육친이다. 쉽게 말한다면, 태강에 억제가 마땅치 않는다면 그 태강한 자체가 병이고, 태약에 종(從)

해야만 명맥(命脈)이 유지되겠거늘 종할 수가 없으면 그 태약한 자체가 병이다. 또 木이 지나치게 왕하면 木이 병이고, 火가 지나치게 많으면 火가 병이며, 사주가 너무 난조하면 난조한 것이 병이고, 너무 한습(寒濕)하면 한습한 자체가 병이다.

재용신에는 비겁이 병이고, 관살용신에는 식상이 병이오, 식상용에는 인수가 병이오, 인수용신에는 재가 병이오, 비겁용신에는 관살이 병이다. 또는 용신은 간합(干合)해서 제 임무를 못하도록 방해하면 그 간합하는 자가 병이다.

甲木용신이 불가피할 경우 己土가 병이오, 乙木용신에 庚金이 병이오, 丙火용신에 辛金이 병이오, 丁火용신에 壬水가 병이오, 戊土 용신에 癸水가 병이오, 己土용신에 甲木이 병이오, 庚金용신에 乙木이 병이오, 辛金용신에 丙火가 병이오, 壬水용신에 丁火가 병이오, 癸水용신에 戊土가 병이다.

이를 기반(羈絆)이라 하는데 병(病)을 극하는 자가 약이다. 병약론(病藥論)에 이르기를 "사주에 병도 있고 약도 있으면 귀히 되고, 병도 없고 약도 없으면 평범한 사람이며, 병은 있으나 약이 없으면 빈천하다." 하였다.

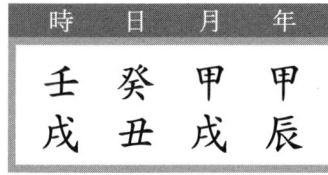

이 예는 사주에 土살이 많으니 土가 병이고, 土를 제거하는 甲木이 약이다. 이 경우 약(藥)인 水木 대운에 발달하고 火土 대운이 흉하다.

이 사주는 壬水가 丑月에 득령이지만 근본 土가 되어 신강에

도움이 못된다. 月支丑中辛金이 月干에 투출 인수용인격(印綬用印格)이다. 그런데 年干 丙火가 丙辛合하니 丙火가 병이지만 또 그병을 年支 子水가 제거하니 유병이유약(有病而有藥-병도 있고 약도 있는 것)이 되어 길하다.

⑰ 병중무약(病重無藥)

사주에 병은 있는데 치료할 약이 없다는 뜻이다.

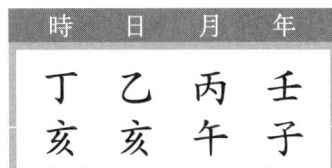

이 사주는 乙日이 午月에 生하여 식신격이다. 그런데 年의 壬子水, 日時支의 두 亥水가 있어 수다목부(水多木浮)가 된 셈이다. 土 재가 있으면 제수(制水)해야 되는데 사주 내에 토가 없어 제수(制水) 못하니 이런 경우를 병만 있고 약이 없다 함이다.

⑱ 유정무정(有情無情)

용신이 있는 위치와 유력(有力)한가 무력(無力)한가로 유정·무정을 논한다. 用神이 日主 가까운 곳에 있으면 유정이라 하고 日主 멀리 있으면 무정이라 한다. 용신이 가깝더라도 타와 합해 버리면 무정한 사주요, 용신이 멀리 있더라도 타와 합해서 가까운 곳으로 이끌어 오면 유정한 사주다.

참고 용신이 合을 만나면 이를 기반(羈絆)이라 한다. 용신이 合을 만나면 合에 탐이 나서 용신구실을 못하게 된다. 예를 들어, 끼니를 차려줄 어머니가 딴데 가서 노는데 팔려 끼니 챙겨줄 일을 깜박 잊고 있다면 제때에 끼니를 못먹는 것 같이 용신이 합되는 것은 좋지 않을 것이다.

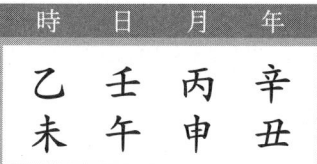

이 사주는 壬日이 申月에 生하니 편인격이다. 비록 인수 月에 生하였으나 신약이다. 月支 申金은 위(丙)와 옆(午)에서 압박당하므로 丑土의 생을 받고 있는 年干 辛金 인수를 용신하게 된다. 그런데 月干 丙火가 丙辛으로 干合하여 辛金이 기반(羈絆)되었음에도 불구하고 月干 丙火가 합래(合來)하였다 해서 유정한 사주라 할 수 있겠는가 하는 생각이다.

⑲ 체(體)와 용(用)

체(體)와 용(用)에 대해서는 이론이 구구하다. 그래서 필자 임의로 체와 용에 대한 이론을 정립해본다. 체란 사주 구성된 형태 신강·신약과 격과 육친이 배열된 형태가 체(體)이고, 이 체에 준해서 선정된 것이 용신이 아니겠는가 생각된다. 사람은 대개 선천적으로 타고난 신체조건과 남다른 소질이 있는바 소질과 시대의 배경에 적절한 편으로 선택(용신) 노력해야만 성공이 빠르듯이 체에 의해서 용신을 바르게 정해야 할 것이다.

⑳ 한신(閑神)

 사주 구성의 형태는 다양하다. 어떤 육친은 다른 육친을 괴롭히는 자도 있고 어떤 육친은 자신의 책임(용신)을 완수하기 위해 끊임없이 노력한다. 그러나 어떤 육친은 사주 내에서 할 일이 없어 빈둥빈둥 놀고 지내는 경우가 있는바 길흉 간에 이해관계가 없는 육친을 한신(閑神)이라 한다. 그런데 사주 내에서 아무 일도 하지 않던 한신이 대운을 만난 경우 대운간지와 合도 하고 생(生)도 하고 충(冲)도 하여 대운 干支가 용신에 영향력을 미치는 것을 한신이 생극하고 合冲하여 지대한 영향력을 행사하게 된다.

 예를 들어, 사주 내에 辛金이 한신이고 丙 대운이 든다면 한신 辛金이 대운 丙火를 합거(合去)해서 길흉 간에 대운의 영향력을 무력화 시키는 예가 적지 않으므로 한신이 대운과 어떤 짓을 하는지 살펴볼 필요가 있다. 대개 한신은 다음과 같다.

　재용(財用)에 관살(官殺)이 한신(閑神)이다.
　관살용(官殺用)에 인수(印綬)가 한신이다.
　인수용(印綬用)에 비겁(比劫)이 한신이다.
　식상용(食傷用)에 재(財)가 한신이다.
　비겁용(比劫用)에 식상이 한신이다.

㉑ 배록축마(背祿逐馬)

 여기에서의 녹(祿)이란 건록(建祿)이 아닌 관성(官星)이오, 마(馬)란 역마가 아닌 재성(財星)을 뜻한다. 日主 태왕에 식상도 왕한 가운데 재관(財官)이 약하면 배록축마가 된다.

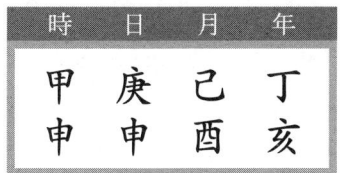

日干 庚金이 酉月에 득령하고 日時支 두 곳에 녹근(祿根)하니 日主 태왕이다. 재관(財官)을 요하는바 甲木 재는 申酉金 비겁에 극 받아 힘을 못쓰고 관성 丁火는 年支亥水 상관에 극을 받아 재와 관이 모두 손상되었다.

㉒ 기반(羈絆)

기반이란 길격구성에 필요한 육친 및 용신이 合(干合·支合)을 만나면 그 합을 만난 육친은 먼저 合에 마음이 끌려 제구실(生克작용)을 못하게 되므로 이 합을 이룬 용신을 기반이라 한다.

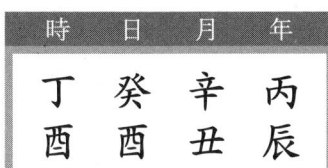

日干 癸水가 丑月에 生하고, 丑中 辛金이 月干에 투출 편인격이다. 日時支에도 酉金 인수가 있고 月日이 또 酉丑으로 금국(金局)을 이루어 인수 태왕이다. 年干 丙火 재성으로 인수용재(印綬用財)가 합당한데 丙火 재성은 用구실 할 마음이 없고 月干 辛金 인수와 丙辛으로 干合해 버리니 쓸모없이 되었다. 이 경우 丙火 재성이 기반되었다 한다.

㉓ 진실(塡實)

특수기격(特殊奇格)의 성립은 대개 사주 내에 없는 干이나 支를 허합(虛合)하거나 허(虛)로 충출(冲出)해서 관(官)이나 녹(祿)

을 불러다 쓰는데 의의가 있다. 그런데 사주 내에 없는 것을 허(虛)로 불러들이는데 기이(奇異)한 묘리가 있음으로써 자요사격(子遙巳格)이 이루어지는바 사주 내에 이미 관성이 있으면 특수격 요건에 합당할지라도 파격이 되어 내격 및 외격 등 다른 격을 놓아야 한다.

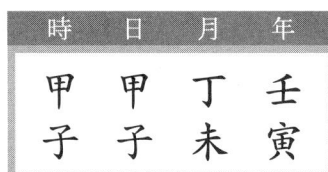

왼편 예의 사주는 특수격으로 자요사격(子遙巳格)이다. 이 격이 이루어지는 원리는 子中癸水가 戊土와 戊癸로 干合하기 위해 戊土가 간직된 허무공간에서 巳火를, 巳에 같이 따라온 巳中丙火는 戊土가 戊癸合을 이루는데 동요되어 자기도 짝(干合)인 辛金을 데려오게 된다. 이렇게 되면 日干甲木은 辛金 정관을 얻어 귀격으로 작용하는데 비록 甲子日 甲子時라 할지라도 사주 내에 庚辛申酉의 관살이 있으면 이 격을 놓지 못하므로 이를 진실(塡實)이라 한다.

㉔ 진가상관(眞假傷官)

식상이 월령(月令)에 있으면 진상관(眞傷官)이라 하고, 타에 있으면 가상관(假傷官)이라 한다. 진상관은 다음과 같다.

甲乙日에 巳午未月生

丙丁日에 辰戌丑未月生

戊己日에 申酉戌月生

庚辛日에 亥子丑月生

壬癸日에 寅卯辰月生

　진가상관론(眞假傷官論)에 이르기를, 진상관은 신약이므로 무조건 인수가 용신이라 하였지만 진상관을 놓고도 진상관으로 용신하게 되는 경우가 적지 않다. 사주가 구성된 형태를 살피고 용신을 정할 일이다. 가상관은 식상용식상격(食傷用食傷格)을 놓는데 日主가 팽창되었을 경우 설기용(洩氣用)을 하거나 비겁관에 재가 미약하면 식상생재(食傷生財)하게 되며, 관살의 극이 두려우면 식상제살(食傷制殺)하게 되는 것이다.

(2) 日柱만으로 구성되는 술어

① 지생천(地生天)

　日干이 日支에 십이운성 원칙으로 장생(長生)을 놓은 것으로 아래와 같다.

　　丙寅日 – 丙火는 寅이 장생궁이다.
　　戊寅日 – 戊土도 寅中丙火로 장생궁이다.
　　壬申日 – 壬水의 장생은 申宮이다.

② 천합지(天合地)

　日干이 日支에 암장된 정기(正氣)와 합을 만난 것이다.

壬午日 – 壬水는 午中丁火와 丁壬으로 干合化木 한다.
丁亥日 – 丁火는 亥中壬水와 丁壬으로 干合化木 한다.
戊子日 – 戊土는 子中癸水와 戊癸로 干合化火 한다.
辛巳日 – 辛金은 巳中丙火와 丙辛으로 干合化水 한다.

③ 살인상생(殺印相生)과 관인상생(官印相生)

살인상생(殺印相生) – 甲申 戊寅 壬戌 癸丑日
관인상생(官印相生) – 丁亥 庚午 辛巳日

살인상생에 甲申은 아래 申이 칠살이로되 申中壬水 인수가 있어 金生水 水生木이다.

戊寅은 寅中甲木이 칠살이오, 寅中丙火가 인수라 木生火 火生土가 된다.

壬戌은 戌中戊土가 칠살이오, 戌中辛金이 인수라 土生金 金生水다.

癸丑은 丑中己土가 칠살이오, 丑中辛金이 인수라 土生金 金生水다.

관인상생에 丁亥는 亥中壬水가 正官이오, 亥中甲木이 인수라 水生木 木生火다.

庚午는 午中丁火가 정관이오, 午中己土가 인수라 火生土 土生金이다.

辛巳는 巳中丙火가 정관이오, 巳中戊土가 인수라 火生土 土生金이다.

④ 절처봉생(絶處逢生)

십이운성법(十二運星法)으로 天干이 절궁(絶宮)에 앉았어도 生이 있다는 뜻이다.

甲申日 - 甲木은 申이 절궁이지만 申中壬水의 生이 있다.
庚寅日 - 庚金은 寅이 절궁이지만 寅中戊土의 生이 있다.

음양 간을 포함한 십이운성법으로

癸巳日은 巳가 水의 절궁(絶宮)이지만 巳中庚金의 生이 있다.
丁亥日은 亥가 火의 절궁이지만 亥中甲木의 生이 있다.

⑤ 천지덕합(天地德合)

天干지지가 모두 합을 이룬 것으로 길격사주에 해당한다.

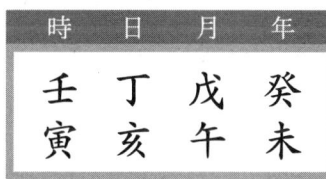

天干에 戊癸가 합이오, 丁壬이 합이다.
地支는 午未가 합이오, 寅亥가 합이다.

(3) 신취팔법(神聚八法)

사주의 구성 특징을 아래와 같이 8가지로 분류한다.

① 유상(類象)

사주 전체의 기(氣)가 日干과 동일한 오행으로 모이되 전방(全方)을 이룬 것(全方－寅卯辰全, 火에 巳午未全, 金에 申酉戌全, 水에 亥子丑全)

이 사주는 日干 甲木이 辰月에 득령하고 木 분야인 寅卯辰으로 전방(全方)을 이루었으며 타에도 木이 가담하니 오행의 기(氣)가 木으로 집결, 木에 종(從)하는 곡직격(曲直格)을 이루었다.(귀격 성립)

② 속상(屬象)

이 격은 日干과 동일한 오행으로 三合全局을 이르고 아울러 타에도 日干과 동일한 오행으로 되어 있는 것이다.

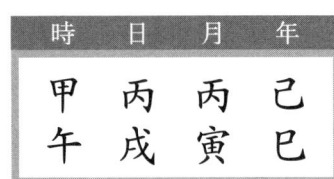

이 사주는 日干 丙火가 寅午戌로 화국전(火局全)을 이루고 기타도 모두 木火로 되어 극왕한 火의 세력에 종하게 되는 염상격(炎上格)이다.

③ 종상(從象)

日主 태약하여 존립이 어려운 경우 타의 세력에 항복·복종하게 되는 형태를 일컫는다.

日干 戊土가 酉月에 실령하고 타에 戊土를 도와주는 인수 비겁이 없어 심히 약해져 있다. 단, 年支 辰土 비견이 있으나 年干 甲木에 억제되어 戊土를 도와줄 힘이 없다. 사주에 식상과 재가 다 차지하였으나 식상의 기(氣)는 申子辰合水 재(財)에 모였다. 때문에 종재(從財)하게 된다.

④ 화상(化象)

화격(化格)인바 干合化한 오행에 종하는 것을 말한다.

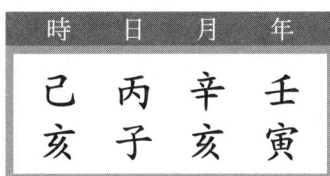

丙辛合化水에 水月(亥月)生이고 사주 내에 水가 많으며 土가 없으면 화격이 성립된다. 이 예의 사주는 時干에 土가 있어 파격(破格)같이 여겨지나 己土에는 왕양(旺洋)한 水에 씻겨 내려가는 격이라서 종화(從化)에 방해되지 않는다.

⑤ 조상(照象)

日干이 득령한 가운데 年이나 時에 일위(一位)의 인수를 만난 것이다.

甲乙日에 寅卯辰月 生하여 年이나 時에 亥子水가 있으면, 이를 수목상조(水木相照)라 한다.

丙丁日이 巳午未月에 生하고 年이나 時支에 寅이나 卯木 인수 하나가 있으면, 이를 목화상조(木火相照)라 한다.

戊己日이 辰戌丑未月에 生하고 年이나 時支에 丙이나 午火 인수 하나가 있으면, 이를 화토상조(火土相照)라 한다.

庚辛日이 申酉戌月 중에 生하고 年이나 時支에 土 인수 하나를 만나면, 이를 토금상조(土金相照)라 한다.

壬癸日이 亥子丑月에 生하고 年이나 時支에 申金이나 酉金 하나가 있으면, 이를 금수상조(金水相照)라 한다.

사주가 이상과 같은 것에 해당하면 길격이라 한다.

⑥ 반상(返象)

반상(返象)에 해당하는 것은 두 가지가 있다. 하나는 사주에 용신이 불가피한데도 용신할 수가 없는 경우를 말한다. 예를 들어, 신약해서 인수로 용할 수 밖에 없는 상태에서 그 인수가 근(根)이 없거나 왕한 재에 파극되어 쓸모가 없는 것이다.

또 하나는 미약한 용신이 대운에서 생부(生扶)를 받지 못하고 도리어 극을 받게 된 것을 말한다. 간단히 말해서, 용신이 있어도 용신할 수 없거나 용신이 있는데도 대운의 극을 받는 것이다.

⑦ 귀상(鬼象)

日主가 태약에 칠살이 왕하면 그 칠살은 관(官)이 아닌 귀(鬼)가 된다. 예를 들어, 甲乙木이 申酉戌月에 生하고 지지에는 申酉戌이 다 있거나 巳酉丑이 다 있거나 庚辛申酉金이 사주 대부분을 차지하면 태약한 木은 金에 항거불능으로 종살(從殺)하게 된다. 일단 종살을 하게 되면 재관운이 발달하고 식상운이 불리하다.

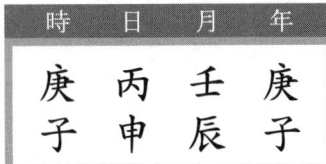

이 사주는 丙火가 辰月에 실령(失令)하고 申子辰 살국전(殺局全)에 年月時干까지도 金水로 되어 있으니 水殺을 대항치 못해 그냥 종살(從殺)하게 된다.

⑧ 복상(伏象)

日主가 근(根)이 없어 태약해져 있는 상태에 재월(財月)에 생하고 지지에 재국전(財局全)을 놓아 재가 심히 왕해져 있어 종재(從財)하게 되는 것을 말한다. 왜 복상(伏象)이라 하였는가. 日干이 극할 수 있는 육친에게 도리어 종하게 되어서이다.

제16장

통관과 조후

1. 통관(通關)

　나라에 전쟁이 일어나면 백성들은 도탄에 빠져 심한 고생을 겪는다. 전쟁은 싸우고 있는 양대 세력이 비슷하면 싸움은 치열해져서 언제 끝날지 모른다. 차라리 어느 한쪽 전력이 상대국보다 우월하게 강하거나, 아니면 심히 약해져 있으면 그 전쟁은 쉽게 끝난다. 그런데 싸움을 거는 자보다 더 어리석은 자가 없다. 이기면 여러 가지 전리품(戰利品)이 있겠지만 희생자는 있기 마련이다. 약소국가끼리의 싸움쯤은 강대국가로서는 관망하고 있는지 모르지만 만약에 미·소 같은 양대국가가 전쟁이 붙는다면 온 세계가 공포에 떤다. 이미 전쟁이 발발하였거나, 싸움이 일어날 징조가 있을 때 강대국인 제3의 나라가 중간에 끼어 여러 면으로 설득시키면 싸움은 일어나지 않을 것이며, 이미 싸움이 붙었더라도 휴전하게 된다.

사주도 마찬가지다. 사주팔자(四柱八字)가 상극관계에 있는 두 가지 오행의 세력이 비슷하면 이는 나라와 나라끼리 전쟁이 붙은 것으로 비유된다.

즉 다음과 같은 경우다.

- 木과 土 두 가지 오행이 사주 전부를 차지하여 세력이 비슷한 것.
- 土와 水 두 가지 오행이 사주 전부를 차지하여 세력이 비슷한 것.
- 水와 火 두 가지 오행이 사주 전부를 차지하여 세력이 비슷한 것.
- 火와 金 두 가지 오행이 사주 전부를 차지하여 세력이 비슷한 것.
- 金과 木 두 가지 오행이 사주 전부를 차지하여 세력이 비슷한 것.

이상을 육친관계로 나타낸다면 아래와 같다.

비겁과 재가 사주 대부분을 차지하되 세력이 비슷함.
식상과 관살이 사주 대부분을 차지하되 세력이 비슷함.
재성과 인수가 사주 대부분을 차지하되 세력이 비슷함.
관살과 비겁이 사주 대부분을 차지하되 세력이 비슷함.

인수와 식상이 사주 대부분을 차지하되 세력이 비슷함.

이상과 같은 것에 해당하면 오행끼리 싸우고 육친끼리 싸우는 형상이 되어 이에 해당하는 주인공은 잠시도 평화로운 때가 없다.

그런데 이 싸우고 있는 중간에 어떤 오행(육친)이 개입하면 소통이 되어 싸움이 끝나고 평화로워진다.

木 (火) 土　　木과 火 싸움에 火가 통관용신이다.
土 (金) 水　　土와 金 싸움에 金이 통관용신이다.
水 (木) 火　　水와 火 싸움에 木이 통관용신이다.
火 (土) 金　　火와 金 싸움에 土가 통관용신이다.
金 (水) 木　　金과 木 싸움에 水가 통관용신이다.

육친으로 나타낸다면 아래와 같다.

비겁과 재 싸움에 식상이 통관용신이다.
식상과 관살 싸움에 재가 통관용신이다.
재와 인수 싸움에 관살이 통관용신이다.
관살과 비겁 싸움에 인수가 통관용신이다.
인수와 식상 싸움에 비겁이 통관용신이다.

時	日	月	年
壬	甲	丁	戊
申	申	巳	申

이 사주는 火와 金의 싸움에 年干 戊土가 용신이다. 火는 月에 득령 丁火가 투출되어 왕하고 金은 年日時支 三申으로

되어 역시 왕하니 양대세력이 싸우고 있는 모습이다. 年干 戊土로 통관용신하게 되니 火生土 土生金하여 상극이 상생으로 이어진다.

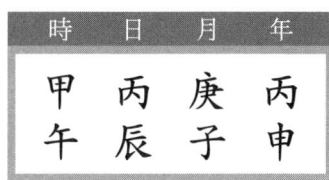

이 사주는 水火가 싸우고 있는 모습이다. 時干 甲木으로 통관용신함에 水生木 木生火로 상생관계가 되었다.

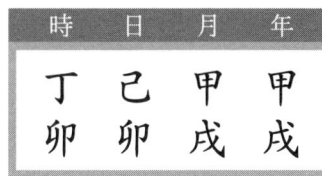

이 사주는 상극되는 木과 土가 사주 대부분을 차지, 세력이 비슷하니 치열하게 싸우는 모습이다. 時干 丁火로 통관용신하니 木生火 火生土 되어 상극이 상생관계로 변했다.

이 통관용신의 주인공은 외교관, 유통업, 변호사, 중개업으로 성공할 것이다.

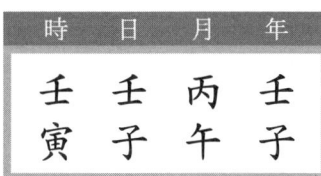

이 사주는 壬日이 午月에 생하여 실령하였으나 干에 3개의 壬水가 있고, 年日支 子水가 합세하여 水의 세력이 만만치 않다. 한편 火는 득령에 月干 丙火가 투출하여 세력을 펴고 있으므로 마치 水火가 전쟁을 일으키려는 형세다. 이런 상태에 時支 寅木이 있어 싸움을 말리게 되므로 寅木이 통관용신이다. 寅木으로 말하면 水生木으로 水와 상생관계가 되고, 火와는 木生火라 역시 친밀한 관계가 되어서이다.

2. 조후(調候)

사주가 구성된 형태는 다양하다. 오행이 다 갖추어져 중화(中和-세력균형을 이룸)된 것도 있고, 오행이 하나나 둘이 빠져 소통이 안된 것도 있고, 오행의 세력이 한군데로 집중한 것도 있으며, 사주 대부분을 木火가 차지한 것도 있고, 사주 대부분을 金水가 차지 냉한(冷寒)한 경우도 있다.

사물의 이치에 비유할 경우 기후가 너무 조열(燥熱)하면 만물이 메말라 좋지 않고, 기후가 너무 냉습(冷濕)하면 사물이 부패되거나 병들게 된다. 이는 당연한 이치다.

사주에도 조열한 것과 냉습한 것이 있다. 천간(天干) 甲乙丙丁戊와 地支 寅卯巳午未戌은 난조(暖燥)하고 天干 己庚辛壬癸와 地支 辰申酉亥子丑은 냉습(冷濕)한데 속한다.

그러므로 사주가 甲乙丙丁戊와 寅卯巳午未戌로 구성되어 있으면 난조(煖燥)해서 좋지 않고, 己庚辛壬癸와 辰申酉亥子丑으로만 되어 있으면 냉습해서 못쓴다.

사주가 너무 난조하면 金水로 적셔주고 식혀주어야 하니 金水가 용신이오, 사주가 너무 냉습하면 木火로 녹여주어야 하니 木火가 용신이다.

단, 사주 전체가 木으로만 된 곡직격(曲直格)과 火로만 된 염상격(炎上格), 그리고 金으로만 된 종혁격(從革格)과 水로만 된 윤하격(潤下格)에 한해서는 조후용신이 불가하다.

이 사주는 壬水가 꽁꽁 어는 丑月에 生하였다.

사주 대부분이 金水로 되어 심히 냉습(冷濕)하다. 丑未土가 없으면 윤하격(潤下格-水日의 從比)을 놓겠지만 동토(凍土)와 온토(溫土-未)가 있어 종(從)은 안되니 年干 未土로 조후용신하게 된다.

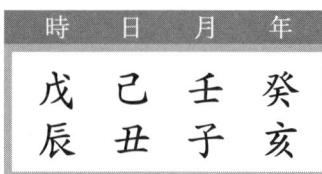

이 사주는 己土가 子月에 生하고 壬癸亥子水와 丑辰의 습토(濕土)로 되어 몹시 습냉(濕冷)하다. 정격(正格)으로는 신왕재왕(身旺財旺)인데 水의 세력에 비하여 日主가 약간 모자란 감이 있거니와 조후에도 해당 時干 戊土로 조후용신(調候用神)하게 된다.

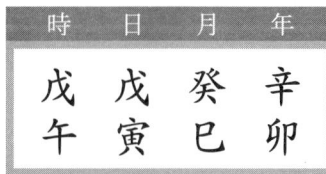

이 사주는 戊土가 巳月에 生하니 득령에 時柱 戊午가 있어 日主 왕성하다. 억부법(抑扶法)을 적용한다면 日支 寅木 살(殺)이 용신이다. 그런데 月日時支가 寅午 화국(火局)에 더운 巳月이라 살을 용하는 것보다 조후용신이 적합한 것 같다. 月干 癸水는 巳火 절지(絕地)에 놓여 방울물이나 다름없으니 年干 辛金으로 조후용신하게 된다.

이 사주는 日干 丙火가 여름의 한참인 午月에 生하고, 年月日時支가 모두 午火 양인으로 되어 활활 타오르는 불길이다. 月干 壬水로 조후용신하여 왕성한 불을 끌 것 같으나 방울물에 불과한 물이 되어 도리어 불길만 사나워진다. 年干 庚金도 용광로 안의 작은 쇠붙이 격이므로 용신이 불가하니 그냥 火에 종하는 염상격(炎上格)이다.

제4편 종합추명(綜合推命)

제17장 수한(壽限)

제18장 대운과 세운

제19장 실존인물의 사주평

1. 성격

사주학에서의 성격은 직업과 마찬가지로 추리하기가 쉽지 않다. 왜냐하면 성격은 음양관계, 육친관계, 그리고 육친의 편·정관계, 十二支 관계, 신강신약 등 어느 것 하나 성격에 영향이 미치지 않는 것이 없다. 뿐만 아니라 생장(生長)한 부모, 조상의 유전자 빈부(貧富)에 의한 영향력, 부모의 지식 수준, 생장지의 기후, 풍토, 자연환경 등에 의해 성격의 영향을 받기 때문이다.

(1) 음양관계

음양은 3가지가 있다. 즉 천간(天干) 甲丙戊庚壬은 양이고, 乙丁己辛癸는 음이다. 지지(地支) 子寅辰午申戌은 양이고, 丑卯巳未酉亥는 음이다.

또 甲乙丙丁戊와 寅卯辰巳午未는 양이고, 己庚辛壬癸와 申酉戌亥子丑은 음이다.

○ 陽日干

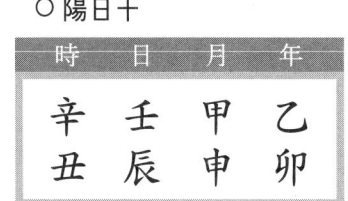

・生日干이 양이다.

○ 陰日干

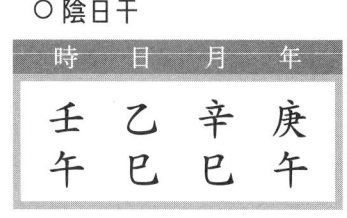

・生日干이 음이다.

○ 양팔통

時	日	月	年
甲	丙	戊	戊
午	辰	午	子

• 年月日時柱가 모두 양이다.

○ 음팔통

時	日	月	年
癸	丁	癸	辛
卯	未	巳	卯

• 年月日時柱가 모두 음이다.

時	日	月	年
丁	戊	甲	丙
巳	午	午	寅

• 사주가 모두 난조(暖燥)하다.

時	日	月	年
辛	癸	辛	辛
酉	亥	丑	亥

• 사주가 모두 냉한(冷寒)하다.

時	日	月	年
庚	丁	壬	辛
戌	巳	辰	亥

• 조습(燥濕)과 냉온(冷溫)이 구비되었다.

양(陽)은 동적(動的)이고, 음은 정적(靜的)이다.

양은 급하고 음은 느리며, 양은 강하고 거칠며, 음은 약하고 부드럽다.

양은 개방적(開放的)이고, 음은 폐쇄성(閉鎖性)이다.

양은 명랑하고, 음은 음울하다. 양은 노출되어 있고, 음은 암장되어 있다.

양의 성질은 공격형이고, 음의 성질은 수비형이다.

양의 성질은 화약에 불을 붙인 듯 그 형세가 맹렬하나 금세 사그라들지만, 음의 성질은 참는 것 같으면서도 집요하고 오래간다.

양은 방비가 허술하나, 음은 잠금새가 야무지다.

참고 이상은 음양의 대표적인 특성인지라 양은 남성에, 음은 여성에 비유 남자는 급하고 참을성이 적으나, 여자는 차분하고 참을성이 많은 것이지만 이와 정반대 현상이 야기되는 예도 허다하니 음양의 특성만으로 속단하지 말아야 한다.

성격적으로 이상적인 사주는 사주에 음과 양이 고루 섞여 있어야 한다.

日干의 음양에 대한 성격은 남녀 十干별 특성을 참고하라.

(2) 육친관계

육친에 의한 특성은 사주 내에 있는 육친을 다 참고하는게 아니라 어떤 육친이 사주 내에서 주도적 역할을 하거나 격(格)을 놓았을 경우 참작한다.

육친은 편(偏)과 정(正)의 구분이 있는바 정(正)은 합리성을 추구함으로써 성패가 느리지만 편(偏)은 편법을 적용함으로써 속성속패(速成速敗)한다는 의미가 있다. 때문에 편과 정 두 가지 가운데 무엇이 좋고 나쁘다는 속단은 못 내린다.

① 비겁의 성격

신강·신약에 따라 다르지만 비견은 우호적(友好的)인 경향이 있어 남을 의심하지 않으나, 겁재는 투쟁적이고 의심이 많으며 독하다. 비견은 경우에 따라 협력적이고 양보심이 있는 반면에 겁재는 의심이 많고 투쟁적인 경향이 있다. 겁재도 심히 미약하면 그 독성을 발휘 못한다.

② 식상의 성격

식신은 언변과 식성이 좋고 낙천적이라서 게으른 경향이 있고 인심이 후하다. 특히 자부심이 강하여 남의 어려운 것을 도와주고 의로운 일이면 앞장선다. 상관은 까다로운 경향이 있으며 오만하고 독하다. 성질이 나면 위아래 가리지 않고 저돌적으로 대든다. 대개 검사는 상관격에서 많이 나온다.

③ 재성의 성격

사주에 편재가 많거나 편재격을 놓으면 생활력이 강하고 부지런하며 남이 실패하는 일에도 집요하게 물고 늘어져 성공으로 이끄는 수가 있다. 투기, 모험을 좋아함으로써 때로는 일확천금도 하지만 대개 식소사번(食少事煩-생기는 것은 적어도 항시 바쁘다.) 정재는 경제문제에 비교적 느긋한 편, 아등바등 아니해도 의식주 근심이 없다. 모험을 좋아하지 않으니 실패도 적고 크게 성공하기도 어렵다.

④ 관살의 성격

편관격을 놓거나 편관이 사주를 지배하면 항시 피해의식이 있어 사람을 잘 믿지 아니하며 투쟁을 좋아한다. 무척 예민하고 까다로운 성격이라서 비위 맞춰주기가 어려우며 성질을 잘 부린다. 반면에 정관이 사주를 지배하거나 정관격을 놓은 이는 국법을 잘 지키고 중심이 바르며 합리성을 추구하고 보수적인 경향이 있고 게으르다.

⑤ 인수의 성격

편인격을 놓거나 편인이 사주를 지배하면 정상적인 사고보다 측면적인 사고방식이 있어 까다롭고 편벽되고 의심이 많고 독한 경향이 있다. 정인격을 놓거나 정인이 사주를 지배하면 혹 군자다운 면모가 있다 하나 자칫하면 고리타분한 사상에서 탈피를 못하고 뒤떨어진 모습이 느껴진다. 단, 인격자가 정인에서 많이 나온다.

(3) 十干별로 통계한 남녀 성격

① 甲日生(甲子, 甲戌, 甲申, 甲牛, 甲辰, 甲寅日生)

|甲日生 남자|는 부지런하고 성실하며, 남이야 어찌 생각하건 자신이 처한 환경을 그대로 받아들여 허욕없이 현실에 만족하며 충실히 살아간다. 때문에 투기나 모험적인 일에는 손대지 않고 무모한 짓을 하지 않는다. 특히 사업이나 금전거래에 있어도 조심성이 대단하다. 그러나 일단 자신이 있으면 누구보다 과감하게 용단을 내려 자금투자에 겁을 내지 않는 사업가로서의 수완도 있다. 甲日生이 한번 마음먹은 일이면 아무리 많은 시일이 걸려도 끝까지 참고 견디며 기어코 해내고 마는 끈질긴 면이 있다. 일단 어떤 일에 착수하거나 사람을 사귀게 되면 중간에 바꾸지 않고 그 일에 대단한 애착을 갖는다. 단, 낭만적인 면이 없고 테크닉이 부족하여 멋없는 사람이란 평을 들을 가능성이 있다.

甲日生 여자 는 활발하고 숫기가 좋아 외향적이며, 낙천적인 경향이 있다. 생활력이 강하고 독립심이 강해 결혼 후에도 남편한테만 의지하려고 하지 않는다. 십간일 가운데 가장 이해심이 많고 너그러운 사람이 甲日生 여성이라 해도 과언이 아니다. 또, 다른 여성에 비해 바가지를 적게 긁고, 남편의 외도에도 이해심이 많다. 그래서 여중장부(女中丈夫)나 여중군자(女中君子)라 불리는 여성은 아마도 甲日生이 많을 것으로 생각된다. 아무리 활달하고 숫기가 좋아도 남편과 아내라는 신분을 망각하거나, 도덕성이 상실되는 짓은 하지 않는다. 그리고 애정의 포로가 되는 일이 적고 혹 실연을 당해도 다른 여성처럼 큰 충격을 받지 않는다. 말귀를 잘 알아 듣고 사람을 알아보는 안목도 있으며, 사치와 허영이 없어 절약하며 검소하게 살아가는 여성이다.

② 乙日生(乙丑, 乙亥, 乙酉, 乙未, 乙巳, 乙卯日生)

乙日生 남자 는 甲日生과 비슷한 점이 많다. 다른 면이 있다면 甲日生보다 더 부지런하고, 조심성이 많으며 소극적이고 굽힐 때 굽힐 줄 안다는 점이다. 乙日生은 국가 사회상보다 자신의 처지, 자신의 가정에만 신경을 써 국가의 정치 사회현실에 무관심하고 오직 자신의 직분·사업·가정을 위해 충실할 뿐이다. 처세나 사업에 있어 모험이나 무리수를 띄우지 않고 안전위주로 살아가기 때문에 실패하는 확률은 적으나 기회를 잃기 쉽고, 횡재나 출세나 발전을 기대하기 어렵다. 때문에 성패의 굴곡이 적어 비교적 안정된 삶을 누리게 되는 사람이 乙日生이다.

장부다운 배짱이 적어 돈거래에 있어서도 상대방에게 받을 확신이 없으면 아무리 사람이 미덥고 친절해도 절대 빌려주는 일이 없다. 하지만 그가 믿는 사람(재력이 있다고)이면 한번 한 약속은 틀림없이 지키며, 그 자신도 갚을 능력이 없이는 무턱대고 빌려 쓰지 않는다. 이런 여러 가지 면으로 남한테 인색하고 쩨쩨하다는 평을 듣기 쉬우나 이에 구애받지 않고 평소의 자기 소신대로 충실히 살아가는 사람이다.

乙日生 여자 는 십간일(十干日) 여성 가운데 가장 이상적인 주부형이라 해도 과하지 않다. 그 어떤 성격의 남자라도 乙日生 여성을 아내로 맞이한다면 원만한 가정을 이룰 것이다. 성격이 온순하고 얌전하면서도 내숭을 떨지 않고, 명랑·활발하면서도 억세거나 거칠고 사납지 않다. 어쩌면 특징이 없는 성격 같아서 그저 평범한 여성으로 생각되겠으나 평범한 그 자체는 아무나 지닐 수 없는 게 특징이요, 여성에게 바람직한 성격이다. 여성이 너무 억세면 남편을 깔보고, 너무 수줍어하면 답답하다. 개성이 강하되 양보할 줄 알아야 하고 얌전하되 명랑·활발해야 한다.

乙日生 여성은 가정생활에 착실하면서도 사회적으로 원만한 대인관계를 유지하며, 부(富)해도 허세와 사치로 낭비하지 않고 가난해도 비굴하거나 짜증내지 않는다. 남을 어려워하고 얌전하면서도 할 말이 있으면 숨기지 않고 조리 있게 말하며 사물에 대한 지식도 해박하나 잘난 체를 아니한다. 남편이 비록 자기만 못해도 아내라는 신분을 지켜 아내의 도리를 다할 줄 아는 여성이 乙日生이다.

③ 丙日生(丙寅, 丙子, 丙戌, 丙申, 丙午, 丙辰日生)

丙日生 남자 는 약고 똑똑한 편이며 머리가 빨리 돌아간다. 너무 빨라서 자기 꾀에 자기가 넘어가는 수도 있으나 대개는 시대의 정세파악에 민감해서 남보다 앞서 간다. 성질이 급해 무슨 일이나 쉽게 결정하며, 하고 싶은 말이 있으면 상대방이 어떻게 생각하건 상관없이 내뱉는다. 그리고 좋고 나쁜 감정을 속에 품어두지 않고 표면에 나타내며 자신에게 별로 어려운 사람이 없는 것같이 볼일이 있으면 비록 고귀한 신분이라도 거침없이 찾아가 대면하는 용기가 있어 도움이 될 주변의 인물이 많이 있으면 적절히 활용하는 수단가이기도 하다. 겉보기에는 무척 까다롭고 날카로워 상대하기 어려운 것 같으나 실상은 수더분하고 음식도 가리지 않으며 이해심이 많다.

몸이 가볍고 부지런하여 자기에게 주어진 이익이나 좋은 기회는 그것이 크건 작건 간에 절대 놓치지 않는다. 이익을 탐내서라기보다 丙日生의 삶에 대한 철학이 그렇다. 간혹 어떤 이들은 갑자기 부해지거나 권세를 얻으면 교만해져서 거드름을 잘 피우고, 곤궁에 처하면 남을 감동시킬 만큼 인간미가 있어 보이는 제스처를 쓰는 예도 있다. 사람을 잘 다루고 사교에 능하여 생소한 사람과도 금세 친해져서 호감을 사게 된다. 이성교제는 좋아하는 여성이 있으면 상대방이 자기를 어떻게 생각하건 상관하지 않고 용감하게 이끌어 여성교제에도 능하다. 단 끈기가 부족하여 어떤 일에 장애가 생기면 쉽게 단념해서 중도에 그만두고 다른 방법을 선택한다. 때문에 끝마무리를 못하는 일이 허다하다.

|丙日生 여자|는 우선 풍기는 인상이 깍쟁이같이 보인다. 냉정하고 까다롭고 신경질이 많으며 사람을 깔보는 경향이 있다. 대개는 몸매가 세련되어 촌스러워 보이지 않아 대하기가 만만치가 않다. 丙日生 여성을 겉만 보고 논한다면 사납고, 독하고, 건방지고, 교만하여 안하무인처럼 보이나 실상은 겁이 많고 순진하고 상냥하며 이해심이 많아 웬만한 잘못은 탓하지 않으며 눈물을 잘 흘리는 여성적인 여성이다.

丙日生 여성의 연애관은 눈이 높아 남성을 깔보고, 부끄럼을 타지 않으며, 남성의 유혹에 넘어가기보다는 마음에 드는 남성이 있으면 자신이 솔직하게 애정표시를 해서 리드한다. 그리고 상대방 남성이 은근하게 추근거리는 것은 질색이며, 박력있게 이끌어 주기를 바란다. 소설적·서정적·로맨틱한 감상에 빠지지 않고, 현실성 있는 면을 추구함으로써 사회적·경제적인 기반이 없이 달콤한 애정표시만으로는 유혹할 수 없다. 결론적으로 丙日生 여성은 억세고, 까다롭고, 사납고, 신경질적이며 건방져 보이지만 실은 약하고, 상냥하고, 이해심이 많고, 성질을 발끈발끈 잘 내면서도 언제 그랬느냐는 듯이 금세 풀리는 슬기가 있고 또 애교도 만점이므로 일단 아내로 맞이하면 평생 싫증이 나지 않는 사랑스런 아내가 될 것이다.

④ 丁日生(丁卯, 丁丑, 丁亥, 丁酉, 丁未, 丁巳日生)

|丁日生 남자|는 丙日生처럼 성질이 급하고 입이 싸서 말을 참지 못하는 성미이지만 丙日生처럼 눈치가 빠르지 못하고 또 꽁

한 마음을 가지기 쉬워 한번 서운한 일을 당하면 쉽게 지우지 못하고 간직하는 집요성이 있고 또 복수심도 강하다. 생각이 단순하여 권모술수를 쓰지 못하고 감정 그대로 표현하기 때문에 객관적인 입장에서 보면 약지 못한 데에 동정심이 간다. 인정이 많고 의협심도 있어 자기와 상관없는 일까지 간섭하다가 손해를 보고, 또 웬만한 손해는 고려하지 않고 의협심을 발하며, 남을 동정하는 데 있어서는 누구보다 앞서게 된다. 가령 자기 배도 고프면서 남이 배고픔을 당하면 남부터 구해주는 인간미가 있으므로 그 심덕이야 갸륵하지만 당사자에게는 항시 손해되는 일을 많이 당하리라 생각된다.

丁日生에게 실례되는 말이지만 추켜세워주는 것을 매우 좋아한다. 丁日生의 환심을 사려면 이익을 주는 것보다 추켜세워 줘라. 그는 매우 즐거워할 것이며 당신을 위해 최선을 다할 것이다. 기분파로서 기분만 좋으면 청해서 안 들어주는 일이 별로 없다. 그만큼 순진하고 사람이 좋아 악의나 잔꾀가 없다.

丁日生은 일단 어떤 일을 하기 시작하면, 그 일이 남의 일이건 자기 일이건 몸을 아끼지 않고 최선을 다한다. 사람을 많이 쓰는 기업주라면 丁日生을 많이 쓰고 그에게 인간적인 대우를 해주면 일의 능률이 배로 올라갈 것이다.

그런데 통계를 내보면 폭력배, 건달 등이 丁日生 남에게 많은데 왠지 잘 모르지만 생각하건대, 자기 딴에는 강개심·의협심을 잘못 생각했기 때문인 것 같다. 즉 어떤 폭력 조직의 보스가 폭력의 의협적인 처사로 유도하여 이용했기 때문이다. 어쨌거나 丁日生은 솔직하고, 부지런하고, 의리와 인정이 있으며 남을 위해 희생을 아끼지 않는 미덕이 있고, 또 웬만한 일에는 이해심이 많아 너그럽다. 다만 한번 비위에 거슬리면 돌아서기 힘들며, 누구에게 당한 것을 알면 복수심이 집요하여 언제 어느 때라도 반드시 복수를 할 마음을 지우지 않는다. 때문에 丁日生인 줄 안다면 그를 속이려 하지 말고 진지하고 올바른 마음으로 따뜻한 애정을 베풀면 그는 누구보다도 그대를 위해 온갖 정력을 다 쏟는 벗이 될 것이다.

丁日生 여자 는 활발 명랑하며 외향적이고 인정이 많다. 좋고 싫은 감정을 안에 숨겨둘 줄 모르고 표면에 나타낸다. 미움과 사랑, 즉 애증(愛憎)이 극단적으로 누구를 한번 좋아하면 가식 없이 그를 따르고, 한번 미운 마음이 생기면 노골적으로 싫은 감정을 드러낸다. 마음이 독하지 못하고 인정에 약해서 누가 어려운 청을 해도 박절하게 거절을 못하는 약점(본인에게는 손해되는)이 있다. 때문에 처녀시절에 별로 좋아하지 않는 남성이라도 그가 집요하게 애정을 쏟으면 차마 냉정하게 거절하지 못하고 그에게 넘어가는 수도 많다. 생활력이 강하고 부지런하여 남편의 일을 잘 거들어주고 가정 살림이 넉넉지 못하면 그녀 스스로 직업전선에 나서는 여성이다. 활발하고 억척스런 면이 있고, 성질을 잘 부려 매우 억센 여성 같으나 겁이 많고 마음이 약해 남편이 든든하게 붙들지 않으면 마음의 안정을 잡지 못한다. 상대가 마음속으로 아무리 사랑해도 丁日生 여성이 그것을 모르면 불행이라고 느끼니 그녀가 실감할 수 있도록 표면적 행동으로 애정의 증거를 보여주어야 한다. 그리하면 丁日生 여성은 어린애처

럼 좋아하며 남편을 위해 최선을 다할 것이다.

⑤ 戊日生(戊辰, 戊寅, 戊子, 戊戌, 戊申, 戊午日生)

戊日生 남자 는 생활 철학이 뚜렷해서 매사에 자신을 가지고 살아간다. 요행이나 기적을 바라지 않고 노력하는 마음가짐으로 잠시도 쉬지 않고 노력하는 타입이므로 어떤 오락이나 취미 때문에 해야 할 일을 미루지 않는다. 때문에 친구나 동료들이 유흥업소로 이끌어도 잘 유혹되지 않는게 戊日生이다. 대인관계가 편벽되어 아무나 가까이 사귀지 않고, 자기 마음에 드는 사람한테만 친밀히 대해주고 잘해준다. 그러다가 한번 서운한 일을 당하면 비록 상대가 진심으로 사과할지라도 미운 마음을 거두지 아니한다. 이는 남의 잘못을 용서하고 이해하는데 인색한 만큼, 자신은 실수를 잘 범하지 않기 때문이다.

책임감이 강하여 일단 한 말은 분명히 실천하며 맡은 일에 충실하다. 가정에서는 아내와 자녀들에게 애정이 특별하고, 가족의 안위를 보호하려는 의식이 누구보다 강하다. 그래서 방종(放縱)에 빠지거나 돈을 헤프게 쓰는 일이 별로 없다. 남의 부귀에 샘내지 않고 자기 생활에 만족하므로 허욕에 눈이 어두워 아무 일에나 손대는 일이 없다. 그러나 자신이 있는 일에는 비록 모험성이 있더라도 뱃심 좋게 투자하는 사람이므로 사업에 성공을 거두는 사람이 戊日生한테서 많이 나온다.

戊日生 가운데 戊子·戊申日生은 마음이 좁고, 꽁생원 같은 면이 있으며 소극적이고 고지식하여 남과 잘 사귀지를 못하며, 투

기와 모험적인 일에는 절대 손대지 않는다.

그러나 그 외의 戊日生은 왠지 대개가 투기나 모험, 도박에 취미를 가진 이가 많이 있음을 보았다. 이런 면으로 보아 戊日生 남성은 위에서 기술한 바와는 동일하나 신약·신강에 따라 성격 차이가 많다. 즉 戊日 신약이면 마음이 좁고 배짱이 없어 소극적 내향적이지만, 신강이면 적극적이고 배짱이 세며 사업수완이 출중해서 투기나 모험적인 사업일지라도 능히 성공으로 이끌어 횡적 치부하는 사람이 많다. 또한 사람을 잘 다루고 통솔력이 있어 윗자리에서 지도자 역할을 하는 사람도 많다.

戊日生 여자 는 한마디로 여중장부(女中丈夫)라 할 수 있다. 비록 여자라는 신분을 타고 났어도 그 내면에는 남자 이상의 배짱을 지니고 있다. 때문에 남성 앞에서 기가 죽거나 수줍어하지 않고, 활발하며 여유 있고 침착하고 노련하여 든든한 신뢰감이 드는 여성이다. 개성이 강하여 이성의 유혹에 잘 넘어가지 않고, 분위기에 말려들지 않으며 희노애락의 감정을 표면에 나타내지 않는다. 그러므로 여성 중에 대하기가 가장 조심스럽고 유혹하기 힘든 여성이 戊日生 여성이다. 까다롭고, 냉정하고, 편벽되지만 마음에 들어 좋아하는 사람한테는 예외없이 애정을 쏟아 뒷일을 생각하지 않고 정신적·물질적 모든 면을 희생하는 열정도 있다.

생활력이 강하고, 활동을 좋아하여 결혼한 뒤에도 직장에 나가려 하거나 별도로 어떤 사업을 경영코자 할 것이다. 그만큼 배포가 있고, 사업수완에 대한 자신감도 있기 때문이다.

이성관계도 대담해서 좋아하는 남성이 있으면 우물쭈물하지 않고 과감히 행동한다. 억세고 부드러운 맛이 적고, 활발하여 수줍음을 타지 않으면서 연약하고 애교스러운 여성적인 매력은 없으나 침착하고, 세련되고, 든든하고, 믿음직하고, 은근하고, 열정적인 여성이라 남성들은 戊日生 여성의 이러한 특징 때문에 더 사로잡히는지도 모른다.

⑥ 己日生(己巳, 己卯, 己丑, 己亥, 己酉, 己未日生)

己日生 남자 는 약고 똑똑한 편이며 두뇌회전이 빠르다. 그러므로 머리싸움에 있어서는 남에게 뒤지지 않는다는 자부심을 가지고 있다. 己日生은 생김새만 보아도 대체로 깜찍하고 야무져서 허술하거나 만만해 보이지 않는다. 사람을 알아보는 안목이 있어 지식이 많거나 사회적인 명망이 있는 사람에게는 깍듯이 존경하고 겸손하지만 별로 대수롭지 않거나 됨됨이가 좋지 못한 사람은 깔보고 경멸하여 아예 상대하지 않는다. 그리고 상대방을 경칭(敬稱)하는데 매우 짜서 함부로 존칭어를 잘 쓰지 않는 오만성도 있다. 이기적인데다가 타산에 능하여 인간관계에 있어 손해보는 일은 절대 하지 않는다. 설사 己日生이 후한 인심을 쓰는 일이 있다면 그것은 우선적으로 돈은 나갈지라도 반드시 무언가 그만한 대가를 가져온다고 생각하기 때문이다. 몸을 아껴 건강관리에 철저하고 힘든 육체노동을 매우 싫어한다. 아침산책·등산·낚시·스포츠 등을 즐기고 조기회(早起會) 같은 모임에 참석하기를 좋아한다.

己日生은 의심이 많아 웬만한 일에는 속지 않으면서도 호기심이 많고 이상한 취미가 있어 색다른 학문·신선술 및 이상한 종교·이상한 사람한테 잘 넘어가는 수가 있다.

돈에 인색한 편이지만 자신의 건강·사치·명예를 위해서는 뱃심좋게 돈을 쓰며 신앙심이 있고 옛 위인·성현들을 그 누구보다도 존경한다. 가정생활에 있어서는 보수적인 것을 요구하고 가장으로서의 품위를 지키면서 자녀들에게 엄숙하다.

己日生 여자는 깜찍한 여자 깍쟁이라고 표현하면 알맞다. 남자 己日生은 사교적인 면이 있으나, 여자 己日生은 까다롭고 신경질적인 성격이 남에게도 쉽게 나타나 터놓고 접근하기가 어렵다. 묵직하고 말수가 적고 군자다운 남성을 좋아하므로 대개 그런 남편을 만나게 되지만 혹 남편이 자기만 못하면 남편을 꼼짝 못하게 지배한다.

약고, 타산에 밝고, 이기적인 것은 己日生 남성과 마찬가지이다. 己日生 남성은 사회적인 면에 치중하여 가정경제에 좀 소홀한 경향이 있으나, 여성은 절약성이 강하고 살림이 알뜰하며 남편과 자녀 이외는 남을 위하는 일에는 매우 인색하다.

일단 남편을 맞이한 뒤에는 그 남편이 잘났건 못났건 간에 딴 남성한테는 절대 유혹되지 않는다. 즉 남편이 있는 주부로서 바람피우는 일은 다른 여성에 비해 극히 드물다. 그리고 자녀들에 대한 애정도 지극하여 설사 남편이 없더라도 자식이 있으면 개가(改嫁)하지 않는다.

⑦ 庚日生(庚午, 庚辰, 庚寅, 庚子, 庚戌, 庚申日生)

　|庚日生 남자|는 개성이 강하고 부지런하며 외강내유(外剛內柔)하다. 활동력이 왕성하고 승부욕이 강해서 투기나 모험도 두려워하지 않는다. 庚日生은 강인성이 표면에도 나타나 남한테 업신여김을 당하지 않으며 남의 윗자리에 군림하려는 지배욕이 다른 사람에 비해 훨씬 강하다. 비교적 잔꾀가 적고 솔직하며 바른 말을 잘하므로 남의 눈치를 살펴 비위를 맞춰가며 요령껏 살아가는 사람과는 대조적이다.

　庚日生 남성은 겉은 비록 강직하나 내면은 약하고 뒤가 무르다. 자기 잘못을 누가 추궁하면 그대로 시인하고 괴변을 늘어 놓으며 변명하지 않는다. 아마 이런 점이 庚日生을 가까이 사귈수 있게 하는 매력인지 모른다. 천하를 호령하는 권력을 쥐고 가정에서는 아내한테 꼼짝 못했던 역사 속의 인물들이 많은 것처럼 庚日生도 밖에서는 남에게 지지 않을지언정 가정에서는 아내한테 꼼짝 못하는 사람이 많다. 아마 아내가 두려워서가 아니라 속마음이 약하기 때문이요, 공처가가 아닌 애처가로서 약한 아내한테 양보하는 것이리라. 그리고 특히 여자에게 가장 약한 사람이 庚日生인 이유도 있다.

　庚日生 남자는 대개 발달이 더디다. 어릴 때는 남에게 뒤지다가 차츰 장성하면서 남보다 앞선다. 성공이 좀 늦으나 한가지 목표를 세우면 어떤 역경이라도 이겨내고 기어코 성공한다. 또는 기발한 아이디어를 창출하여 남이 생각하지도 못했던 일을 용하게 성취시킨다.

庚日生에게 손해되는 점이 있다면 입바른 말을 잘해서 괜한 적을 만드는 수가 있고, 남의 충고를 잘 받아들이지 않아서 독선적·독재적이란 비난을 듣게 된다. 혁명과 개혁을 좋아하여 한번 결심이 서면 다소 무리를 범할지라도 이에 구애받지 않고 단행하는 용기와 추진력이 대단한 인물이다.

고 박정희 대통령(庚申日)과, 노태우 전 대통령(庚戌日), 고 정주영 전 현대그룹 명예회장(庚申日), 이종찬 전 국정원장(庚戌日) 등 쟁쟁한 인물들이 모두 庚日生이니 참작하기 바란다.

庚日生 여자 는 개성이 강해서 억센 듯하며 활발하고 솔직하고 똑똑한 편이다. 낭만과 풍류적 기질을 품고 있으면서도 자제력이 강하여 남성의 유혹에 빠지거나 어떤 분위기에 잘 말려들지 않는다. 특히 명분을 중요시하므로 설사 마음이 흔들려도 명분이 서지 않는 일은 하지 않으며 자기관리에 철저하다. 이상을 추구하기보다는 현실을 중요시하여 현실에 충실하고, 분수를 알아 현실에 맞지 않는 허황된 일을 안한다. 때문에 끼는 있어도 정조관념이 강해서 함부로 몸을 허락하지 않고 꿈과 이상은 커도 현실에 충실하고 만족하는 여성이다.

남편에게 고분고분 순종하는 면이 적고 입바른 말을 잘하며 질투가 강하여 남편의 외도를 허용하지 않는다. 때문에 남편을 공처가로 만드는 경우가 庚日生 여성에게서 가장 많이 볼 수 있다.

생활력이 강하고 살림이 알뜰하여 낡은 물건 하나라도 버리지 않고 아껴 쓰며 아내의 임무, 부모로서의 책임을 다하는 여성이다.

⑧ 辛日生(辛未, 辛巳, 辛卯, 辛丑, 辛亥, 辛酉日生)

辛日生 남자 는 우선 그에게서 풍기는 인상이 좋다. 행동거지가 단정하고, 말이 거칠지 않으며 얌전해서 초면에도 거부감이 생기지 않는다. 게다가 잘난 체도 안 하고, 거만을 떨지도 않으며, 조심성이 있고 예의가 바르므로 누구에게나 호감을 주기에 족하다. 단, 의지력이 약하고 소극적인 경향이 있고 귀가 얇아 남의 말에 잘 넘어가거나 유혹당하기 쉽다. 또는 일을 끝까지 밀고나가는 끈기가 부족하여 일을 처음 시작할 때는 온갖 정력을 기울이다가 중간에 장애가 생기면 금세 그 일에 회의(懷疑)가 생겨 쉽게 포기하고 다른 일을 찾는 결점이 있다.

화술은 별로 뛰어나지 못해도 비교적 사교적이고 좋아하는 사람이 많은데, 이는 辛日生 남성의 차분해 보이는 언행과 부담감이 생기지 않는 좋은 인상 때문이다.

보수적인 경향이 있으면서도 시대적 변화를 수용할 줄 알고, 예의가 바르며 남의 말을 잘 이해하는 능력이 뛰어나다. 누구를 한번 좋아하거나 신임하면 온갖 정성을 다해서 그를 아끼고 보살펴 주며 아까운 줄을 모르고 모든 것을 다 베푼다. 그러나 한번 마음이 돌아서면 그때는 가혹하리 만큼 냉정하여 미련을 두지 않는 성미다.

이성관은 연상의 여인이 辛日生을 좋아하고 주인공도 연상의 여인을 싫어하지 않는다. 辛日生은 몸매가 매끄러워 훤칠한 장부의 기개가 안 보이더라도 옷만 깔끔하게 입으면 옷맵시가 좋아 여성의 마음을 들뜨게 한다. 캬바레 같은 데서 바람기 있는 여인을 유혹할 수 있는 남성은 辛日生 남성에게 많이 있다 해도 과언이 아닐 만큼 세련미가 있다. 또한 辛日生 남성 중에서 머리나 옷매무시가 헝클어진 사람은 찾아보기 힘들 만큼 단정하다. 그래서 옛 속담에 깔끔히 멋을 부린 남자를 일컬어 '기생오라비 같다' 하는데, 아마 辛日生에게 이런 스타일이 많을 것이다.

辛日生 남성이 사람을 사귀는 동안에는 온갖 정성을 다 기울여 애정을 쏟는다. 辛日生이 한번 애정에 빠지면 그때는 남의 이목 따위에는 신경을 쓰지 않으며 그 누구의 힘으로도 그것을 말리지 못한다. 때문에 辛日生의 애인이나 아내는 각별한 사랑을 받으며 행복감을 느낄 것이다.

단, 보수적이고 질투가 강해서 여성에게 조금만 이상한 기미가 있어도 의심을 하게 되고 예사로운 남성과의 대화도 용납하지 않으며, 아내가 남성을 상대로 하는 사업 등을 경영하겠다 하면 허락하지 않는다. 혹은 쓸데없는 의처증도 있는 게 辛日生이라 하겠다.

辛日生 여자 는 눈치가 빠르고 상냥하며 친절하여 아량이 넓고 이해심이 많다. 그녀의 얼굴이 어떠하고 육체미가 어떻든 남성의 마음을 끄는 매력이 있는 게 辛日生 여성의 특징이다. 남성의 입장에서는 도무지 거부감이 생기지 않고 친근감이 생겨 자신도 모르게 이끌려 간다. 때문에 여성 중에서 남성의 유혹을 가장 많이 받는 사람이 辛日生 여성이므로 辛日生 여성은 자기 관리에 그만큼 어려움이 있다.

辛金은 주옥(珠玉)에 비유할 수 있다. 주옥은 귀한 노리개로써 누구나 갖길 원한다. 辛金의 이런 특성 때문인지도 몰라도 辛日生 여성은 나이차가 많은 남성까지도 좋아한다.

대개는 辛日生 여성 본인도 十干日生 가운데 바람기 있는 사람이 많고 비교적 야하게 보이는데다 애교까지 겸했으니 남성들의 마음을 끄는 것은 당연하다. 그리고 실제 통계적으로 보면 다방 및 유흥가에서 남성 서비스업에 종사하는 여성 중에 辛日生들이 많다.

그런데 辛日生 여성은 남성을 알아보는 지혜가 뛰어나고, 남성을 고르는 눈이 높다. 자기에게 반해서 온갖 친절과 정성을 다 기울이며 자기가 원하는 것이면 무엇이건 들어줄 수 있는 남성이나 또는 온갖 여성들이 반할 만큼 잘생긴 남성보다는, 그녀가 원하는 남성은 용모가 평범한 중 무뚝뚝하여 자상하지 못해도 무게 있고 믿음직하고 개성이 강하여 자기를 꼼짝 못하게 지배할 수 있는 인격자, 즉 남자다운 남자를 원할 것이다. 때문에 얼핏보아 끼가 있어 보이므로 미모의 남성, 제비족같이 맵시 있고 수단 좋은 남성에게 잘 넘어갈 것 같으나 그렇지 않다.

辛日生 여성은 샘이 많고 영악스러운 면도 있어 가정생활에 알뜰하고 남편 뒷바라지에 손색이 없다. 가구, 장식품, 조경(造景) 등으로 집을 아름답게 가꾸는 취미와 소질이 있어 집안의 분위기를 지루함이 없도록 하며 부부간에 권태기가 없을 만큼 여러 가지 면에서 남편을 즐겁게 해 줄 것이다.

⑨ 壬日生(壬申, 壬午, 壬辰, 壬寅, 壬子, 壬戌日生)

壬日生 남자 는 자부심·승부욕·출세욕이 강하고 변론(辯論)에 능한 사람이 많다. 壬日 신왕이면 심기(心機)가 깊고 궁리가 능하며 배포가 있으나, 신약이면 똑똑치 못하거나 겉모습에 비해 속이 차지 않은 사람이 많다. 때문에 매우 똑똑한 사람이 壬日生인가 하면 어수룩한 사람도 역시 壬日生에게 많이 볼 수 있다.

壬日生은 마음이 독하지 못하므로 인정에 끌려 손해를 보는 경우가 많고, 자질구레하고 약삭빠른 짓은 못하는 성미이다. 체면을 존중하여 차라리 금전상의 손해를 보는 한이 있더라도 체면이 깎이거나 명예에 손상되는 짓은 하지 않는다.

또 가정보다는 남의 이목, 사회적인 명분에 비중을 더 두어 가정에 소홀한 점도 없지 않으므로 아내한테는 불평을 사게 된다.

壬은 도도히 흐르는 강물에 비유된다. 물의 특성은 본래 완급(緩急)이 없고 모양도 없다. 지형이 급하면 급히 흐르고, 완만하면 서서히 흐르며, 장애물이 있으면 서두르지 않고 장애물을 돌아서 목적지를 향해 흘러간다. 그러나 만약 한꺼번에 물이 몰아닥치거나 폭우를 만나 물의 형세가 갑자기 불어나게 되면 범람하여 옆길로도 흐르고 제방을 무너뜨리고 바위를 굴러내리는 등 걷잡을 수 없을 정도로 횡포를 부린다. 이런 물의 특성을 본받은 게 壬日生이라 성격이 열정적이지 않아 때로는 급하고, 때로는 느리며, 때로는 온순하다. 그러다가 한번 성질이 나면 그 누구도 두려워하지 않고 그 누구도 말릴 수 없는 무서운 성질을 가지고 있다. 그러나 이런 성질이 일어날 때는 그가 몹시 분개했을 때이고 평상시는 이해력이 넓고 호탕해 대하기에 부담이 없다. 또는 쩨쩨하지 않고 돈 씀씀이가 헤프며 시원시원하고도 희생적이라 남을 위해서도 재물과 정력을 아끼지 않는 호쾌성이 있다.

│壬日生 여자│는 명랑 활발하고 부끄러움을 타지 않으며, 좀 억센 듯하면서도 고집 세지 않고 시원스럽다. 대개의 여성들은 남성들에 비해 돈 쓰는 데 겁을 내지만 壬日生 여성은 돈 쓰는데도 뱃심이 있어 헤픈 편이다. 그리고 아량이 넓어 남을 용서하고 이해하는 데도 인색하지 않다. 과감하고 용단력이 있어 이리저리 재는 성미가 아니며 남편에게만 의지하려 하지 않아 스스로 해결해 나가며 무슨 일에나 우물쭈물하지 않고 태도가 분명하다.

뭇여성들의 윗자리에 임하여 여성단체를 이끌어 나갈 만한 통솔력도 지니고 있어 남의 지배를 받는 것보다 지배하려는 마음이 강하다. 때문에 남성를 깔보는 경향이 있어 남편을 리드하려 하고 남편에게 쥐어 살지 않는다. 그러나 아내로서의 본분은 잃지 않으며 여성으로서 갖춰야 할 애교와 매력이 있다.

사람을 잘 다루고 사회활동이 활발하며 사업경영에도 수완이 좋아 크게 성공하는 여성들이 많다.

壬日生 여자가 비겁이 많이 日主가 태왕하면 시집가지 않고 독신생활을 하고 있는 예가 많다.

⑩ 癸日生(癸酉, 癸未, 癸巳, 癸卯, 癸丑, 癸亥日生)

│癸日生 남자│는 신경이 예민하고 두뇌가 영리하며, 말이 온유

하고 행동이 단정하다. 대개의 남성들은 자기 과시를 좋아하지만 癸日生은 도리어 자기를 낮추고 남을 높이는 겸양의 미덕이 있다. 특히 언어 행동에 조심성이 있어 남이 듣기 싫어하는 말은 좀처럼 하지 않고 우쭐대는 일이 별로 없어 매너가 그만이다.

대개의 癸日生은 자기 주장을 내세우기보다 남의 말을 경청하는 편이고, 모든 면에 상식이 풍부하여 팔방미인(八方美人)이란 말을 듣는 이가 많다. 그런데 사람에 따라서는 밉살스러울 만큼 타산에 밝아 너무 약아 보이고 이기적인 성향이 농후하다.

특히 癸日生은 몸을 아낀다. 때문에 자기 위주로 살아가는 사람도 없지 않으며 가정에서도 살림에 대해 무책임한 사람이 많다. 그러나 더러는 다정다감하여 아내와 자녀들에게 깊은 애정을 쏟는 사람도 있다.

癸日生 남성은 다른 日主에 비해 가장 조심성이 많고 소극적인 것은 분명하다(단, 日主 태강이면 그렇지 않다. 그래서 너무 재다가 좋은 기회를 놓치는 수가 있는 반면에 크게 낭패를 당하지도 않는다.)

의심도 많고 보수적이며 농담을 좋아하지 않는다. 남에게 의존하려는 마음이 있어 심지어 사회적인 처리 문제도 아내에게 맡기는 사람이 많다. 또는 질투가 강하고, 꽁한 마음이 있어 쉽게 노여워하므로 癸日生한테는 특별히 말조심을 해야 한다. 의처증이 있는 사람을 癸日生에게 가장 많이 볼 수 있다. 그러므로 癸日生 남성을 친구로 사귀는 사람일 경우 아무리 친밀해도 그(癸日)의 애인이나 아내로 인하여 괜한 의심을 사지 않도록 조심해야 한다.

癸日生 여자는 여성 중의 여성이다. 癸水는 십간(十干) 가운데 가장 음성(陰性)이 강하기 때문이다. 말하는 것을 보면 내성적이 아닌 것 같으나 겉으로 표현하는 말과는 달리 그녀의 속마음은 다른 경우가 많다.

　특히 이성문제에 있어 癸日生 여성의 속마음을 알아내기가 가장 어렵다. 어떤 남성을 마음속으로 좋아해도 좋아하는 표시를 내지 않으며 도리어 싫은 것같이 행동하는 게 癸日生 여성이다.

　말이 거칠지 않고 행동이 단정하며 남의 의사를 존중하고 남이 듣기 싫어하는 말을 함부로 하지 않는다. 전형적인 여인의 상을 지닌 게 癸日生이므로 아내감, 며느리감으로 싫어할 사람은 별로 없을 것이다. 혹 말괄량이처럼 까불기 좋아하고, 쾌활하고 농담을 잘하고 애교를 부리며 사람을 따르는 여성들이 癸日生 여성에게도 있는데 이는 겉으로 나타내는 제스처에 불과할 뿐 내면에는 수줍음이 잔뜩 들어 있어 막상 이성문제에 관계된 일이면 수줍어 어쩔 줄 몰라 한다.

　癸日生 여성은 특히 연애에 순정적(純情的)이고 남편에게 순종을 잘한다. 누구를 일단 사랑하게 되면 오직 그 한 사람일 뿐 딴마음을 두지 않으며, 모든 것을 다 바쳐 희생도 불사하지만 한번 배신을 당하면 여름에도 서리를 내리게 할 수 있을 만큼 증오(憎惡)가 대단해서 그녀는 타락해버리고 만다. 영혼까지 사랑했던 만큼 충격도 크기 때문이니 남성들은 일시적 향락을 위한 연애만큼은 癸日生 여성과는 삼가야 하고, 일단 癸日生과 사귀게 된 이상에는 배신하지 말고 끝까지 사랑해야 한다.

　평소 많은 꿈을 그리며 살아가는 게 癸日生 여성이요, 실제로

자면서도 꿈을 많이 꾼다. 사춘기를 맞이한 때부터는 어떤 남성이 무심히 던진 말 한마디도 그에게 관심이 있으면 놓치지 않고 곰곰이 파고 들어 생각하는 습성이 있으며 칭찬이나 꾸중을 들어도 그 일을 되새겨 보느라고 잠을 못 이루는 여성이다.

애인, 아내, 며느리감으로서 가장 이상적인 상대가 癸日生 여성임을 다시 말해두고 싶다.

2. 육친론(六親論)

육친(六親)이란 부모, 형제, 처자(여자는 남편과 자식)의 가장 가까운 혈연관계를 뜻한다.

조상을 육친에 포함한 것은 조상의 피를 받고 태어난 것과 가문의 전통 유업(遺業)에 대한 직접적인 영향을 받기 때문이고, 남자의 경우 아내와 여자의 경우 남편을 육친에 포함된 것은 부부일신(夫婦一身)이란 지극히 친밀한 의(義)가 있기 때문이라 하겠다.

◉ 사주(四柱)와 육친

生年, 生月, 生日, 生時를 근, 묘, 화, 실 4가지로 분류한다.

　　근(根-뿌리)　生年支-조부, 조상, 가문(家門) 전통
　　묘(苗-싹)　　生月支-부모
　　화(花-꽃)　　生日支-자기 혹은 형제, 또는 아내

실(實-열매) 生時支-자녀

[참고] 사주학에서는 남자의 경우 日支를 처(妻)로 본다 하였다. 이는 어느 정도 수긍이 가지만 여자는 남편을 어느 궁으로 보아야 하는 지가 의문이다. 옛적 남존여비(男尊女卑)의 사상이 깊었던 시대에 정립된 사주학이라서 여성의 입장에 대해서는 언급하지 않은 것인지 모르겠다. 일반적으로는 남·녀 구분없이 日支를 배우자궁으로 본다.

(1) 선조 부모 형제

■ 아래 내용은 어디까지나 단식 추리에 불과하니 참작 정도로 생각하라.

- 연월지(年月支)가 형충(刑冲)이면 부친이 옛 조상들이 살던 곳에서 멀리 떠나와 사는 것으로 추리된다. 혼은 부친이 그 조상의 덕이 없어 자수성가 해야 된다.
- 月支와 日支가 형충이면 자신이 생장지를 떠나 살게 되거나 부모곁을 떠나 부모와 별거한다. 月支는 부모궁이오, 日支는 자신이기 때문이다.
- 역마나 지살이 日支와 六合되면 자신은 외지(外地-부모의 집이 아닌 객지)에서 출생한 것으로도 추리된다.
- 육친법으로 年이나 月柱(月干, 月支) 干支가 재(財)면 부잣집이오, 관성이면 벼슬하는 가문의 소생이라고 간주된다.
  그러나 年의 干支나 月의 干支가 상관(傷官)에 해당하면 조부모 시절부터 살림이 가난했던 것으로 본다.

- 日干이 年干을 극하거나 日支가 年支를 극하면 이는 신하로서 임금을 내치는 형상으로 국법을 어기고 죄를 짓거나 자신의 액이 있다.
- 사주 내에 식상이 많으면 조모님이 두 분 되는 수가 있다.
- 인수가 많으면 어머니벌 되는 사람(서모, 계모, 이모, 숙모)이 많다.
- 인수가 백호대살(白虎大殺-戊辰, 丁丑, 丙戌, 乙未, 甲辰, 癸丑, 壬戌)에 해당하거나 형(刑)이 있으면 모친이 크게 다치거나 수술해 보거나 산액(産厄)이 있다.
- 정재(正財)가 日이나 月支와 六合되면 남의 아버지 섬기는 수가 있다.
- 月支가 도화(申子辰生 酉, 巳酉丑生 午, 寅午戌生 卯, 亥卯未生 子)나 망신살(亡神殺-申子辰生 亥, 巳酉丑生 申, 寅午戌生 巳, 亥卯未生 寅)에 해당하면 모친이 후처의 신분이다.
- 정인(正印)이 재와 암합(暗合)을 이루면 모친이 다른 데로 시집간다. 암합이 되려면 甲日이 戌, 丙日이 申, 戊日이 亥, 庚日이 寅, 壬日이 巳가 있으면 해당한다.
- 정인이 쇠, 병, 사 절지에 놓이면 모친이 질병으로 고생한다.(甲乙日이 辰巳午申, 丙丁日이 未申酉亥, 戊己日이 戌亥子寅, 庚辛日이 戌亥子寅, 壬癸日이 丑寅卯巳)
- 관살(官殺)이 없고 재(財)만 왕하면 모친의 우환이 있거나 이별한다.
- 사주에 재(財)가 많으면 두 아버지를 섬기거나, 부친의 이복형제가 있는 상이다.

- 편재가 백호대살에 해당하면 부친이 사고를 당한다.
- 편재가 형(刑)을 만나고, 지살이나 역마에 해당하면 부친이 외지에서 교통사고를 당하는 수가 있으니 주의해야 한다.
- 甲辰日과 乙未日生은 부친에게 질병·사고의 액이 있다.
- 인수만 왕하고 편재가 미약하면 부선망(父先亡)한다. 반대로 편재는 미약한데 인수가 미약하면 모선망 한다.
- 月支가 포태법으로 양(養-申子辰生 未, 巳酉丑生 辰, 寅午戌生 丑, 亥卯未生 戌)에 해당하면 남의 젖 먹고 자라거나 남의 양자가 되거나, 친부모 아닌 남의 부모에게 자란다.
- 月支와 日支가 子卯관계면 부모 종신 못한다.
- 천간에 놓인 재(財)가 양인·겁재 위에 해당하면 부친이 외지에서 사고를 당한다.
- 비겁이 많은 중에 天干에 뜬 재성이 절지(絶地(甲申, 庚寅))에 앉으면 유복자 신세다.
- 재(財)가 태왕한 상태에 인수가 天干에 투출이면 모친과 이별하거나 모친과 아내가 불화하다.
- 비겁이 많거나 天合化한 오행이 비겁에 해당하면 이복형제가 있다.
- 비겁이 백호대살이면 동기간에게 액이 있다.
- 甲乙日 酉戌時, 丙丁日 巳未時, 戊己日 寅卯時, 庚辛日 申亥時, 壬癸日 酉戌時는 양모, 계모, 이모가 있다.

(2) 처첩궁

단, 여자의 남편궁은 여명(女命)에서 참고하라.

- 시지(時支)는 말년 운에 해당한다. 時支가 양인(羊刃)에 해당하고 공망되면 말년 신세가 고독하다.
- 日支가 편재(偏財)면 속도위반으로 부부가 되거나 혼인식을 올리지 않고 동거생활 하거나 두 번 혼인하게 된다.
- 日支가 비겁이고 타에도 비겁이 많으며, 재가 干에 투출하면 생이 사별할 가능성이 있다.
- 사주에 비겁이 많고, 십이살 법으로 육해살이나 망신살에 해당하면 아내가 다른 남자와 눈이 맞아 야간도주한다.

육해 · 망신
- 申子辰年生 亥가 망신 卯가 육해
- 巳酉丑年生 申이 망신 子가 육해
- 寅午戌年生 巳가 망신 酉가 육해
- 亥卯未年生 寅이 망신 午가 육해

- 정 · 편재가 혼잡하면 여러 여자와 인연이 있다. 옛날 같으면 처첩을 거느리는 명(命)이다. 이 경우 정재가 편재보다 왕하면 아내가 억세어 공공연하게 첩을 못 얻고, 몰래 사귀는 정도이며 반대로 정재보다 편재가 왕하면 첩이 아내를 잘 보고 설친다.
- 戊己日에 壬戌이 있는 형태에 재다신약(財多身弱)이면 아내가 난산으로 고통을 겪는다.

- 재(財)는 왕한데 인수가 미약하면 아내가 모친을 학대한다. 재는 아내에 해당하고, 인수는 모친이라 재가 인수를 극하기 때문이다.
- 재(財)도 왕하고 인수도 왕하면 모친과 아내의 갈등이 심해 시끄럽다.
- 역마나 지살(地殺)이 재(財)와 六合이 되면 여행 중 아내감을 만나게 되거나 국제결혼하는 수가 있다.
- 壬癸水日生이 亥子丑月에 生하면 여색을 좋아함으로써 색난 (色難 - 여자 때문에 난처한 일)을 당한다.
- 재다신약(財多身弱)이 된 주인공은 아내 말만 듣는다. 또는 공처가라 하겠다.
- 日主가 태왕한 명(命)에 時가 편재면 그 아내를 학대한다.
- 시지(時支)가 도화(桃花)에 해당하면 기생한테 홀려 바람을 피우거나 이곳저곳에 내연의 처가 있다.

   도화(桃花)   申子辰年生 酉, 巳酉丑年生 午
              寅午戌年生 卯, 亥卯未年生 子

- 도화가 육친법으로 정관에 해당하면 아내로 인해 관직을 얻고, 칠살(七殺)이면 남의 여자과 바람 피우다 봉변한다.
- 日支나 月支가 도화면 간음(奸淫)하는 일이 많다.
- 도화가 형(刑)을 만나면 성병에 걸리기 쉽다.
- 백호재(白虎財)면 아내가 부상을 당하거나 산액이 있다.
- 甲辰日이나 乙未日生이고 사주에 비겁이 태왕하면 처액이 있다.

- 재자약살(財滋弱殺)이면 아내 때문에 관직에 오른다.(처덕 있음)

(3) 자손

- 남자는 편관(偏官)이 아들이고, 정관(正官)이 딸이다.
- 신왕에 관살도 왕하면 자식이 많다.
- 시(時)는 자녀궁이다. 日干과 時干이 생합(生合)을 이루면 자녀와의 정이 두텁고, 日干과 時干이 충(冲)이나 극 되면 자녀와 불화하며 자식 덕도 없다.
- 시지도 마찬가지다. 日·時支가 생합하면 자녀와의 정이 두텁고, 日時支가 상극되면 자녀와의 정이 없다.
- 재관(財官)이 혼잡하면 알게 모르게 이곳저곳에 자식이 있는 것으로도 추리된다.
- 관살(官殺)이 아래에 근(根)하여 干에 투출하면 귀자를 둔다.
- 관살이 많고 신왕하면 자식이 많다.
- 칠살(七殺) 태왕하고 식상이 없으면 불효자를 둔다.
- 乙日申時, 丙日亥時면 자식이 발달한다.
- 辛丑日, 辛卯時는 배 다른 자식을 두는 수가 있다.
- 시지(時支)가 포태법으로 양(養), 생(生), 왕(旺), 관(冠), 대(帶) 목욕이면 자녀가 많다.
- 시(時)가 사(死), 묘(墓), 절(絶), 공망(空亡), 형살(刑殺)이면 일찍 둔 자식은 기르기 어렵다.
- 干은 관살, 支는 상관이 되거나 官殺이 지지, 상관이 干에 있

으면 장애의 자녀를 두거나, 자식이 매우 늦거나 심한 경우 자식이 없다.
- 壬日生으로 식상과 관살이 같은 기둥에 있거나, 관살은 약한데 식상이 왕하면 언어장애자를 둔다.
- 甲乙日生으로 月이나 時柱가 丙戌이면 자식에게 액이 있을 우려가 있다.
- 乙日生이 丙戌時나 月柱가 丙戌이면 자녀의 액이 있기 쉽다.
- 관살(官殺)이 극을 받고 있는 데다 형(刑)이 되면 장애인 자녀를 둔다.
- 시(時)가 신살법(神殺法)으로 급각살 혹은 단교살(斷橋殺)에 해당하면 자녀 어릴 적에 소아마비 예방접종이 필요하다.
- 아래에 해당하면 자녀가 다리장애인이 될 우려가 있다.

　　申子辰年生　戌日 및 戌時
　　巳酉丑年生　未日 및 未時
　　寅午戌年生　辰日 및 辰時
　　亥卯未年生　丑日 및 戌時

- 日과 時가 너무 난조(煖燥)해도 소아마비를 주의하라.
- 日과 시(時)가 형(刑), 충(冲), 해(害)되면 자녀 음독이 있다.
- 庚日生이 지지에 水局을 이루면 그 자식에게 시력장애가 우려된다.
- 관살혼잡한 중에 그 관살이 역마나 지살이면 타국 여성 아내의 몸에서 자식을 둔다.
- 인수가 태왕하면 딸이 고독하다.

3. 부귀빈천

(1) 부격(富格)

부격이란 재물이 풍족하게 되는 명(命)을 말한다.

- **신왕재왕**(身旺財旺) : 사주에 재(財)가 왕해도 신약이면 그림의 떡이다. 신약에 재왕인 경우 비겁운이 오면 재물이 생긴다.
- 신왕에 여러 개의 재(財)가 있는 것보다 합국재(合局財)라야 이상적이다. 합국재란 아래와 같다.

  甲乙日 : 辰戌丑未 가운데 2개
  丙丁日 : 巳酉丑全 또는 巳酉, 巳丑, 酉丑이 있는 것
  戊己日 : 申子辰全 또는 申子, 申辰, 子辰이 있는 것
  庚辛日 : 亥卯未全 또는 亥卯, 亥未, 卯未가 있는 것
  壬癸日 : 寅午戌全 또는 寅午, 寅戌, 午戌이 있는 것

- 신왕에 재가 장생(長生)에 해당하면 토지가 많다.

  甲乙木財 戌, 丙丁火財 巳, 戊己土財 申
  庚辛金財 亥, 壬癸水財 寅

- 신왕에 재고가 있어 왕하면 큰 부자가 된다.
- **식상생재격**(食傷生財格) : 신왕에 재가 모자란 경우 식상이 왕한 것.
- 신왕에 재고(財庫)가 있고 그 재고가 왕하면 큰 부자격이다.

甲乙日-未, 丙丁日-丑, 戊己日-辰
庚辛日-未, 壬癸日-戌

- 신왕된 상태에 月干에 놓인 편재가 月支에 근하면 투기 사업으로 돈을 번다.
- 종재격(從財格)과 화토격(化土格)을 순수하게 놓으면 큰 부자다.
- 구진득위격(句陣得位格)과 현무당권격(玄武當權格)에 해당하여도 큰 부자의 명(命)이다.

(2) 귀격

귀격(貴格)은 부격과 그 의의가 같지 않다. 대개 귀히 되면 재물도 궁하지 않게 마련이지만 귀하고도 청빈(淸貧)한 관리(官吏)도 적지 않다.

귀(貴)는 무엇보다도 관성(官星)의 동태를 잘 파악해야 한다. 그러나 굳이 관성의 왕쇠(旺衰)로만 귀천(貴賤)을 논해서는 안된다. 식신은 관성을 극하는 육친이지만 식신격을 놓고도 귀히 될 수 있고, 재격을 놓고도 부(富)가 아닌 귀를 얻게 되는 예가 얼마든지 있다.

신왕관왕(身旺官旺) : 신약하지 않은 상태에 관성(官星)도 미약하지 않으면 귀히 된다.

재자약살격(財滋弱殺格) : 日主 왕성하면 관살을 요하는 경우 식상이 왕해져 있으면 관성은 식상에 억제되어 불리하다. 이 경

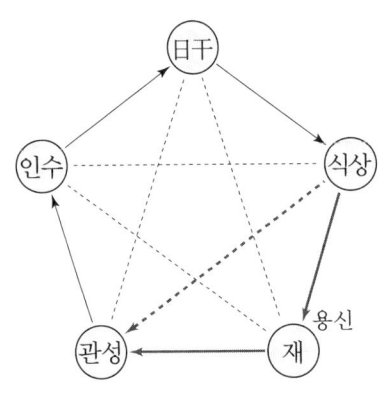

우 재(財)가 관성 가까운 곳에 있으면 재성을 용(用)해서 식상의 기를 받아 관성을 생해주도록 한다. 이렇게 되면 재성이 미약한 관살을 生해줌으로써 출세하는 명(命)이라 한다. 이 경우 정관성이면 외무 행정직이고 칠살이면 군인, 경찰, 법관 등으로 출세한다.

　삼기(三奇) : 사주 내에 乙丙丁 삼기(三氣)가 모두 있고 다른 결점이 없으면 큰 인물인 경우 재상(宰相)의 지위요, 보통사람은 관직운이 좋다.

　명관과마(明官跨馬) : 신왕에 정관이 재 위에 있으면 명관과마라 하는데 명관과마 된 주인공은 관운이 좋아 승승장구한다.

　천을귀인(天乙貴人) : 신왕관왕(身旺官旺)에 정관이 천을귀인이면 출세한다.

　인수격(印綬格)을 놓고 관성이 약하지 않으면 명예와 지위 두 가지를 모두 누리게 된다.

　관인상생(官印相生)과 살인상생(殺印相生) : 日主가 약간 미약한 경우 정관이 왕하고 그 사이에 인수가 있어 인수로 용신하게 되면 관인상생이고, 편관이 日主보다 왕하여 인수로 용신하게 되면 살인상생이다. 관인상생은 지위와 명예가 같이 이르고, 살인상생은 무관, 법관 등으로 명성을 얻는다.

　재관격(財官格) : 신왕에 재와 관성도 왕하면 이 격을 놓는데 재운과 관운이 모두 길하다. 재관격은 재정직으로 성공하는 수도 있다.

종살격(從殺格) : 日主 태약에 관살(官殺)이 사주 판도를 지배하면 관살에 대항할 생각을 말고 왕한 관살에 항복해야 한다. 이를 종살이라 하는바 식상대운만 만나지 않으면 법관, 무관으로 출세한다.

종화격(從化格) : 화격이 순수하게(가화 쟁합이 없이) 이루어지면 행정직, 외무직으로 성공한다.

모든 종격(從格) : 종비(從比 - 가색, 곡직, 염상, 종혁, 윤하격)이 진(眞)이고 가종(假從)이 아니면 귀히 된다.

양상(兩象)과 삼상격(三象格) 도 귀히 되는 명(命)이다.

특수격(特殊格) : 비천록마(飛天祿馬), 자요사격(子遙巳格), 축요사격(丑遙巳格) 등 모든 특수격에 해당하여도 귀히 된다.

기타 : 천원일기(天元一氣), 지신일기(地辰一氣), 사주동일(四柱同一), 사위순전(四位純全) 등 모든 기격(奇格)이고 사주 구성이 순수하면 귀히 된다.

(3) 빈천격

세상인심이란 예나 지금이나 다르지 않다. 아무리 만권 서적을 통달해서 아는 것이 많고, 아무리 도덕군자의 인품을 지녔다 해도 가난하면 천한 대접을 받는다. 도덕군자라 해서 재물이 왜 싫으랴 자신은 춥고 굶주림을 참는다 해서 연로한 부모님이 계시고 처자는 기한(飢寒)을 견디기 어려워하는 것을 보고 어찌 재물에 대해 마음이 움직이지 않으랴. 자신은 고고한 선비로서 존경받는 것을 위안이 될지 모르지만 돈벌이 못하는 남편을 둔 아내와 굶주림을 해결 못해주는 그 아비가 과연 존경스러울까, 있는 것도 남아 돌아가는 판인 데도 누가 공으로 준다던가, 돈에 눈이 어두워 뇌물도 먹는데 가난한 처지에 있는 사람들은 자신만이 동떨어진 소외감을 떨구기가 쉽지 않을 것이다. 도대체 타고난 사주가 어째서 그런지 대략이나마 알아보자.

군비쟁재(群比爭財) : 사주에 비겁이 많은 가운데 재가 하나만 있거나 둘 이상이 있더라도 모두 비겁에 의해 파극된 경우 빈천하다.

용신(用神)이 없는 것, 또는 용신이 모호한 것, 또는 용신과 日干사이를 타의 육친이 합해서 용신 구실을 못하도록 하거나 용신이 대운에서 극 받는 경우.

통관용신(通關用神)이 불가피한 형태에 통관용신이 없는 것.

木과 土 싸움에 火가 없는 것.
土와 水 싸움에 金이 없는 것.
水와 火 싸움에 木이 없는 것.
火와 金 싸움에 土가 없는 것.
金과 木 싸움에 水가 없는 것.

조후용신(調候用神)이 불가피한데 조후를 못 해주는 사주.

비겁용신에 재관대운, 식상용신에 인수대운, 재용신에 비겁대운, 관살용신에 식상대운, 인수용신에 재대운 등은 장애가 따르고 발전이 없어 고생한다.

　신왕용재(身旺用財)가 불가피한 상태에 그 재가 干合하거나 지합(支合)해서 비겁으로 변한 것.

　신왕용재(身旺用財)의 상태에 재가 공망이 된 것.

　신왕용재에 식상이 없는 것 등은 모두 빈천하다.

　신왕하여 식신(食神)으로 설기용신(泄氣用神)하게 된 경우 편인(偏印)에 왕하면 효신탈식(梟神奪食)이 되어 빈궁하다.

(4) 흉격(凶格)

- 관살용신(官殺用神)하게 되는 사주에 그 관살이 공망이면 직업이 없다. 사주 내에 도화(桃花)가 있고 겁살(劫殺)도 있으면 주색으로 망한다.
- 양인(羊刃)이 있어 삼형살(三刑殺)도 되면 살상범죄를 저지른다. 아니면 주인공이 남한테 살상의 액을 당하는 수가 있다.
- 양인과 백호(白虎)가 같은 자리에 있거나 칠살(七殺)과 백호가 같은 자리에 있으면 폭력을 쓰다가 큰 죄를 짓고 집안이 망한다.
- 칠살이 망신살이나 겁살에 해당하면 도둑의 직업이 되는 수가 있다.
- 사주가 길격을 이루었더라도 대운에서 용신을 극하면 그 운이 지배하는 기간 내에는 재앙이 연달아 이른다.
- 대개 月이나 時干에 칠살(七殺)이 있어 日干을 압박하는데도

식상재살 못하면 천격이다.
- 식상제살격(食傷制殺格)에 편인대운을 만나면 몹시 빈궁하거나 단명한다.
- 사주에 子卯의 형(刑)이 있으면 그 가문은 덕이 없고 예의를 모른다.
- 사주 길격을 놓지 못한 가운데 형살(刑殺)이 있으면 형액(刑厄)을 겪는다.
- 지살(地殺)이나 역마가 日支를 형극(刑克)하거든 교통사고를 주의하라.
- 칠살(七殺)이 지살이나 역마를 冲克하여도 교통사고의 우려가 있다.
- 丙申日이 日主 태약하여 종살(從殺)이 안되고, 인수가 미약하면 장애인 신세가 될 가능성이 있다.
- 甲乙日 亥子丑月生이고 타에도 金水가 많으면 익사(溺死)의 액이 우려되니 여름철 물놀이를 주의하라.

(5) 질병 · 불구

- 寅卯辰月 亥子日, 巳午未月 卯未日, 申酉戌月 寅戌日, 亥子丑月 辰丑日生은 신경통으로 고생하는데 이상에 해당하고 칠살이 왕하면 다리를 전다.
- 戊日에 삼형살(三刑殺)이 다 있거나 戊午日에 辰酉가 다 있으면 다리 장애가 있다.
- 다음과 같이 해당하여도 다리 장애가 우려된다.

正月-寅, 二月-卯, 三月-申, 四月-丑, 五月-戌
六月-酉, 七月-辰, 八月-巳, 九月-午, 十月-未
十一月-亥, 十二月-子

- 사주에 귀문관살(鬼門關殺)이 있으면 정신질환을 알아보거나 신(神)들린다.
- 木火日 태약하면 신경쇠약증에 걸리거나 눈이 어둡다.
- 丙申, 丙子, 丙辰, 丙戌日生이 辛金 하나가 있거나 壬水 하나가 있는 상태에 재(財)와 살(殺)이 왕하면 다리 장애의 우려가 있다.
- 戊己日 亥月生에 재국(財局)이나 살국(殺局)을 이루어도 다리 장애다.
- 壬癸日 金水로 태왕한 형태에 丁巳가 있으면 시력이 나쁘다.
- 다음에 해당하거든 유행성 질환에 걸리지 않도록 주의하라.

　　庚寅 庚午 庚戌日이 寅卯巳午未月生
　　辛卯 辛巳 辛未日이 寅卯巳午未月生

- 甲寅, 甲午, 甲戌日과 乙巳, 乙未日이 寅巳午未月生이면 해수, 천식으로 고생한다.
- 甲乙日에 관살(官殺)이 태왕하면 근육통, 관절염으로 고생한다.
- 戊己日에 재와 식상이 왕하면 비위가 약하다.
- 庚辛日에 관살이 많으면 해수, 숨찬 병, 피부병의 가능성이 있다.

- 壬癸日에 재와 살이 많으면 치질, 이질, 콧병으로 고생한다.
- 사주에 木火가 왕하면 당뇨와 변비로 고생한다.
- 木火日 태약이면 간질, 풍질의 우려가 있다.
- 도화(挑花)가 형(刑)을 만나면 치질, 성병, 방광염이 있겠다.
- 戊己日 신약에 日支가 刑을 만나면 위(胃)수술 하기가 쉽다.
- 사주에 金水가 많고 木火가 미약하면 소변이 자주 마렵다.
- 丙丁日 태왕에 水가 없으면 입이 마르고 소화불량이다.
- 다음은 十干별 오장육부(五臟六腑)다.

甲 담(膽), 乙 간(肝), 丙 소장(小腸), 丁 심(心)

戊 위(胃), 己 비(脾), 庚 대장(大腸), 辛 폐(肺)

壬 방광(膀胱), 癸 신(腎), 간·담 木, 심·소장 火

위·비 土, 폐·대장 金, 방광·신 水

4. 직업

(1) 격과 직업

사주학에서 가장 알기 어려운 게 직업이다. 옛적에는 직업을 크게 분류하여 사농공상(士農工商)이라 하였다. 그러나 문화 문명이 최고도로 발달한 오늘날에 있어서는 헤아릴 수 없이 많다. 때문에 직업을 논하기는 어려워도 집합(集合)하고 축소해서 그

대략을 논할 수 밖에 없다.

　직업에 대해서 사주학 원리상 그래도 합리성에 가까운 것을 취한다면 사주의 격(格)이다. 격에는 합칭 오격(五格)이 있는데, 이 오격을 편(偏)과 정(正)으로 분류하면 십격(十格)이 된다. 이 십격과 직업에 가까운 의미를 취하여 그 대략을 논하겠다.

　정관격(正官格) : 신왕관왕(身旺官旺)에 그 관성(官星)이 정관이면 대개 행정직, 사무직으로서 국가나 대기업으로부터 자격증을 취득하였거나 입사 시험에 정식으로 합격한 신분이다.

　정관이 역마에 해당하고, 천을귀인이 임하면 외교관으로 출세한다.

　편관격(偏官格) : 편관은 비공식적 관직으로 시험이나 근로 연한(年限)에 관계없이 특채(特採), 임명직(任命職) 선거에 의한 당선직 등으로 본다. 또는 편관은 칠살이오, 칠살은 생살권을 의미하므로 신왕한 경우 칠살이 용신되면 의사, 법관, 군인, 경찰 등으로 본다. 단, 사주가 탁하고 편관이 양인(羊刃)이나 겁살에 해당하면 도살업(屠殺業)이다.

　정재격(正財格) : 이 격을 놓은 주인공은 부모, 조상으로부터 물려 받은 유산을 잘 지켜 나가는 것으로 보고, 또 모험하지 않고 안정성 있게 사업을 경영하는 것으로 본다. 또는 정재가 정관(正官)과 같이 같은 기둥(同柱)에 있고 기타의 흠이 없으면 재정직이다. 신왕한 경우 정재도 왕하면 평생 재물이 궁하지 않다.

　편재격(偏財格) : 사주에 편재격이 이루어지면 물려 받는 재물은 없으나 자수성가로 본다. 日干이 약하지 않은 중에 편재가 왕하면 투기업으로 성공하여 일확천금하는 수가 있다. 편재는 횡재 폭패(暴敗) 등을 유도한다.

식신격(食神格) : 신왕에 식신도 왕하고 재(財)도 왕하면 일취월장으로 큰 재물을 모이게 된다. 식신생재격은 음식점을 경영 성공한다. 식신은 칠살을 제압하는 육친이므로 적을 물리치고 범죄자를 검거하는 군인, 경찰로도 본다. 또 칠살은 질병에도 해당하므로 의사(한의사 포함)로서 명성을 얻는다.

상관격(傷官格) : 정관을 국가로도 본다. 상관은 국가인 정관을 극하므로 상관이 너무 왕하면 걸핏 국법을 어기는 행동을 함으로써 옥살이를 하는 수가 있다. 상관은 범죄인을 변명, 죄를 가볍도록 하는 신분이라 변호사로도 본다.

정인격(正印格) : 정인은 학자의 기상이라 군자의 풍모이며 교육자, 저술가, 명예직 등으로 본다.

편인격(偏印格) : 편인격을 놓은 이는 법무사, 계리사, 회계사, 이발사, 미용사 등 편업에 종사하는 경우가 많다. 학원을 경영하는 수도 있다.

(2) 직업각론

① 사무직(事務職)

국가 행정을 맡게 되거나 국가에서 별정직에 근무하는 직업을 국가공무원이라 하고, 지방자치단체의 행정을 맡아 근무하는 사람을 지방공무원이라 한다. 원칙적으로 구분한다면 공무원과 회사원은 구분해야 되겠지만 회사원도 공무원과 마찬가지로 입사

시험에 합격해야 회사행정을 맡아봄으로써 거의 비슷한 직업이라 하겠다. 대개 직업을 묻기를 사업이 좋으냐, 봉급생활이 유리한가로 직업을 이분법(二分法)으로 크게 나눈다. 이 경우 대략 재(財)가 좋으면 경영이 유리하고 관(官)이 좋으면 봉급생활로 보는 게 좋겠다. 또는 신강·신약을 막론하고 내격(內格)에 해당하며 子午卯酉로 정관격을 놓으면 공무원, 회사원, 사무직이오, 편관격을 놓으면 별정직으로 보겠으나 꼭 그러한 것은 아니다. 공무원에도 행정직, 외직, 교육공무원, 경찰직, 법관 모두 자격증 소지자라야 가능한 것이다.

② 외직(外職)

외직이란 외교관을 포함하여 파견근무자를 말한다.

- 귀격을 놓고 관성이 역마와 같이 있으면 외교관이다.
- 관성이 역마와 육합(六合)을 이루면 외직이다.
- 재에 역마가 있고 용(用)이 관성이면 외교관의 사주다.
- 재나 관이나 인수를 역마가 생합(生合)해도 외직으로 성공한다.
- 윤하격(潤下格)을 놓거나 丙丁日 관살에 종하는 명도 외직이다.
- 寅申巳亥가 다 있으면 외직이 유리하다.

③ 행정(行政)·재정직(財政職)

여기에서 재정직이란 행정, 재정, 세무직을 포함한다.

- 신왕하여 정관, 식신, 정재, 정인격 등을 놓으면 행정직인데 용신이 대운의 극을 받지 아니하면 높은 지위에 있다.
- 신왕한 가운데 용신이 파극되지 않으면 국가 공무원이오, 큰 회사의 사무직이다.
- 오행구족격(五行具足格), 십간구족격(十干具足格), 순환상생격(循環相生格)을 놓은 이는 국가 공무원이 유리하다.
- 신왕(身旺)하여 재나 관(官)을 用하게 되는 경우 재와 관성이 六合을 이루면 재정이나 금융계에 진출 성공한다.
- 丁巳月에 丑日生이면 금융기관의 간부급인데 금은방을 경영해도 길하다.
- 庚日生이 丑月이나 丑時生에 해당하면 은행인이다.
- 신왕재왕(身旺財旺)에 재고(財庫)나 관고(官庫)가 있어도 재정직, 금융직이다.
- 丙丁日, 신왕재왕도 행정, 세무, 은행직이오, 사업가로도 유리하다.
- 甲乙月丙丁日生이 사주 내에 丑이 있어도 금융, 재무 경리직이다.

④ 군인, 경찰, 법관

이하는 모두 생살권이 있는 직업이다.

- 살인상정격(殺刃相停格)을 놓으면 생살권이 있는 직업인데 군인이나 법관(法官)의 사주다.

❈ 살인상정(殺刃相停)과 시상일위귀(時上一位貴) ❈

- 사주에 칠살이 있고 양인(羊刃)이 있으며 둘다 약하지 않으면 살인상정격이 이루어진다. 예를 들어, 壬日이 戊土 칠살과 子水 양인이 있을 경우 양인인 子中癸水로 칠살인 戊土와 戊癸合해서 부부관계로 짝지어 줌으로써 살과 양인은 주인공을 해치지 않고 큰 전공을 세울 수 있다는 점에서 귀격을 놓는다.
- 시상일위귀(時上一位貴)란 신왕에 관살을 용하게 되는 경우 오직 時干이나 時支에 칠살(七殺) 하나만 있으면 이 격이 이루어진다.
- 신왕하고 日支가 형살(刑殺) 만나고 관성이 공망되지 않으면 군인, 경찰, 법관의 명이다.
〔乙日이나 庚日이 진화(眞化－乙庚合化金에 申酉月生이고 사주에 金이 많으며 火가 없는 경우)〕
- 甲乙壬癸日이 戌이나 亥時生이면 법관이 많이 나온다.
- 丙日과 庚日生이 신왕관왕이면 경찰직으로 출세할 수 있다.
- 특수격으로 비천록마격을 놓은 이에게 법관 출신이 많다.
- 丁日과 己日의 재관격도 법관이 나온다.
- 日支에 칠살을 놓고 기타 결함이 없으면 검사가 나온다.

⑤ 문학, 교육자의 명(命)

- 교육자, 문학인, 저술가 등은 대개 아래와 같은 사주에서 많이 나온다.
- 인수용인격(印綬用印格) : 인수격을 놓고 인수로 용신하게 되

면 학자의 명이다.
- 사주에 인수 셋이 있고 재는 없거나 미약하며 인수가 冲克되거나 공망되지 않으면 박사 수여를 받게 된다.
- 日主 태왕하여 식상으로 설기(泄氣)를 잘하면 교육자, 박사의 신분이다. 또는 언변가도 많이 나온다.
- 윤하격(潤下格－壬癸日水에 從)과 육을서귀격(六乙鼠貴格－앞의 특수격에서 참고)을 이루면 문학으로 성공한다.
- 인수격을 순수하게 놓으면 교직자 진출이 가장 유리하다.
- 진가상관격(眞傷官, 假傷官格)도 교직이 유리하다.
- 지지에 인수국(印綬局)을 이루거나 인수 투출도 교육계 종사다.
- 다음은 모두 교육자가 유리한 명(命)이다.

    甲乙日－寅卯辰巳午未月, 壬癸日－亥子丑月生
    丁亥 丁未 丁卯日에 辛金투출, 戊己日 寅月生
    甲申日 申酉月生 등이다.

⑥ 의약계
- 용신이 편인, 상관, 양인이면 의약계를 선택하라.
- 丙日 신왕하여 辰土로 설기용신이면 약업에 종사한다.
- 卯酉戌 가운데 둘(卯酉, 酉戌, 卯戌)이 있어도 의약계 진출이 유망하다.
- 십이살법으로 연살(年殺)이 철쇄관을 겸하면 의사업이다.
- 辛未, 辛丑, 辛亥日生이 亥子丑月生이라도 의약계 인물이다.
- 辛亥, 辛巳, 辛卯日이 辰戌月이나 辰戌時도 의약계 종사한다.

- 寅申巳亥日生이 丑月이거나 丑時生이고 삼형살(三刑殺)이 있으면 의약계다.

  ○삼형살

  子-卯, 丑戌未, 寅巳申, 辰-辰, 午-午, 酉-酉, 亥-亥

- 壬辰日生이 亥子丑月生도 의약계 종사 가능하다.

  ⑦ 공업인(工業人)

- 인수가 월덕귀인에 해당하면 화학, 과학, 엔지니어 종사.
- 편인격, 상관격이 높은 자 중에서 기술자가 많이 나온다.
- 甲戌, 丙戌, 庚戌, 戊戌, 壬辰日生은 공업 종사가 유리하다.
- 壬癸日生이 戊土가 용신이면 기술자가 유리하다.
- 丙辰, 丙戌, 庚辰, 庚戌, 丁丑, 丁未日에 인수가 있으면 타자 직이다.
- 庚辛日이 木火月이면 전기공업으로 성공한다.

(3) 사업(事業) 기타

직업은 노사(勞使)로 크게 분류된다. 국가 기관이나 사업가에게 고용되어 봉급생활을 하는 사람은 노(勞)가 되고, 국가의 행정사법, 교육 사법계 등의 기관과 사업주 등은 사(使)가 된다. 특히 영리를 목적으로 필요한 인원을 채용 급료를 주면서 사업을 경영하는 주체가 다름 아닌 사업가의 신분이다.

사업의 형태는 헤아릴 수 없이 다양하다. 때문에 무엇이 유리하고 무엇이 불리한가는 일일이 끄집어 설명할 수 없다. 간단히 말해 고용주(경영인)가 좋으냐, 피고용인이 좋으냐 하는 점인데 쉬운 말로 직장생활이 유리하냐, 사업경영이 유리하냐의 문제가 쉽지 않다.

사업을 해도 좋은 경우 어떤 사업이 유리한 가에 대해서 대략 논한다.

① 상업(商業)

상업이란 물건을 팔고 사는 매매업이다. 무역업과 유통업도 상업분야에 속한다.

- 신왕에 격(格)이 혼탁하고 역마재에 해당하면 상업이 길하다.
- 역마재(驛馬財)는 상업, 무역업뿐 아니라 숙박업도 길하다.
- 사주에 역마재가 되더라도 재가 미약하면 작은 규모의 장사꾼이다.
- 신약에 재도 미약하거나, 편재가 양인에 해당하거나, 양인도 있고 편재도 있으면 정육점 경영이 유리하다.
- 甲乙日 태왕에 관살이 미약하면 금, 은, 철물, 철재가구, 철근 등을 취급하면 돈을 번다.
- 丙丁日이 관살과 인수가 모두 공망이면 어떤 농사나 해산물 판매가 길하다.
- 戊己日 신약하지 않은 상태에 亥水가 있고, 그 亥水가 역마에 해당하면 해상무역을 하거나 어업에 종사하면 돈을 번다.

- 甲乙日 신강이면 토지거래 등의 중개업이나 영농을 하는 게 좋고, 신약이면 목재상, 가구점, 조경업 등을 하면 돈을 번다.
- 丙丁日 신왕에 관성이 미약하면 철공업, 철재상, 금속품을 취급하라.
- 丙丁日 신왕재왕(身旺財旺)이면 금융업으로 큰 돈을 번다.
- 庚辛日 신강이면 목재, 의류 원단, 지물상, 서점, 인쇄업이 유리하다.
- 庚辛日 신약이면 토지거래, 중개업, 농업을 경영하거나 금속 붙이를 취급하면 길하다.
- 壬申, 壬子, 壬辰日 신약에 재가 많은 경우 인수나 비겁 대운이 이르거든 숙박업이나 음식업을 경영하면 돈을 번다.

② 농업, 목축
- 甲乙, 丙丁日에 격이 탁한 가운데 식상이나 재가 있으면 농업이 유리하다. 또는 토지거래를 하거나 광산업에 종사해도 좋다.
- 재가 백호대살(戊辰, 丁丑, 丙戌, 乙未, 甲辰, 癸丑, 壬戌)이면 목축업이 길하다. 己亥, 己卯, 己未日에 귀격을 못 놓아도 목축업이 길하다.
- 甲乙日이 未戌이 있으면 양과 개, 丙丁日에 酉가 있으면 닭, 戊己日에 亥가 있으면 돼지, 庚辛日에 丑未가 있으면 소와 양, 壬癸日에 午가 있으면 말을 기르는 게 유리하다.

③ 요식업

- 申子辰生 丙丁日이 酉(도화)가 있으면 요정 및 요식업을 경영하면 유리하다.
- 壬申, 壬子, 壬辰日生의 여자도 요식업이 유리하다.
- 庚申, 庚子, 庚辰日生과 辛亥, 己亥日生은 生水, 음료수, 술을 취급하면 성공한다.
- 庚日 신왕에 식상생재격(食傷生財格)을 놓으면 음식점 경영이 길하다. 뿐만 아니라 어느 日干을 막론하고 식상생재격을 이루면 먹을 것 장사를 하면 돈을 번다.
- 日主가 태약하지 않은 상태에 도화재(桃花財)가 왕하면 유흥업 경영이 대길하다.
- 사주에 화개(華盖)가 둘이고, 재(財)는 도화재에 해당하면 유흥업을 경영 성공한다.
- 윤하격(潤下格)을 놓아도 술장사로 돈을 번다.
- 庚辛日 신왕에 식상도 왕하면 주류업으로 성공한다.

④ 예능

- 火土日(丙丁戊己日) 辰戌丑未月生은 성악(聲樂)이 유리하다.
- 곡직격(曲直格)에 해당하는 사람은 글씨나 그림으로 두각을 나타낸다.
- 戊土日에 寅午戌이 모두 있어도 글씨, 그림으로 유명해진다.
- 丙戌, 丙辰生이 재(財)나 인수가 있으면 연예인 진출에 희망이 있다.
- 丙辰, 丙戌과 丁丑, 丁酉日生이 인수가 왕하면 연예계에 이

름이 있다.
- 庚辛日 巳午未月生 여자는 그림을 잘 그린다.
- 庚辛日生이 재관(財官)이 왕하거나, 재나 관국을 놓아도 서화가의 명이다.
- 木火日에 식상이 왕하거든 소질이 있을 경우 가수로 이름이 뜬다.
- 寅日 丑時이고 사주 내에 金이 많으면 글씨와 그림으로 이름을 얻는다.
- 상관격(傷官格-甲日午月, 乙日巳月, 丙日丑未月, 丁日辰戌月, 戊日酉月, 己日申月, 庚日子月, 辛日亥月, 壬日卯月, 癸日寅月)을 놓고 인수가 왕하면 연예계 진출할 가능성이 높다.
- 인수가 干合해서 재로 변하거나 支合해서 재로 변하면 여러 방면(특히 예능)에 소질이 뛰어나다.
- 재(財)가 子午卯酉에 해당하고 용신이 되면 예술로 부자 된다.
- 인수가 왕하고 식상도 왕한 여자는 문학, 예술, 성우, 작가 등으로 성공 이름이 있다.

⑤ 신앙인

신앙인이란 승도(僧道), 목사, 신부, 기타 신앙을 직업으로 하는 사람을 칭한다.
- 戊寅, 戊午, 戊戌日과 甲寅, 甲午, 甲戌日과 己未, 己丑, 己巳日이 타에서 巳午戌亥를 만나면 승도가 될 수 있다.

- 재관(財官)이 모두 심히 미약하거나, 공망이 되면 승도의 명(命)이다. 이 경우 중이 되지 않으면 거지나 다를바 없다. 그래서 중이 되면 의식은 해결되기 때문이다.
- 十干日 가운데 己土日이 승도가 많은데 구성이 좋으면 고승(高僧)의 명성을 얻게 된다.
- 아래에 해당하는 경우 모두 종교인의 운명이므로 중, 목사, 신부 등 여러 방면의 종교인이 될 수도 있고 철학자, 역학자, 수도인이 될 수도 있는(가능한) 명(命)이다.
- 甲乙日에 亥子, 寅卯月生, 丙丁日에 寅卯辰月生
  戊己日에 巳午辰戌丑未月生, 庚辛日에 申酉戌亥子丑月生
  壬癸日에 申酉戌亥子丑月生
- 또는 무격사주, 용신이 없는 사주도 승도명이다.

⑥ 역술가

- 신왕(身旺)에 관살이 없거나 있더라도 몹시 태약하거나 공망이 되면 직업이 없어 역술로 종사하게 된다.
- 관살 혼잡에 식상이 없는 경우, 식상이 있더라도 심히 미약해서 제살 못하는 사주의 주인공은 역술가가 되기 쉽다.
- 사주에 辰戌丑未가 많고 그 辰戌丑未가 용신이 못 되는 것.
- 인수가 너무 많으면서도 인수에 종(從)이 안되는 사주.
- 귀격을 놓지 못하고 도리어 형살(刑殺)이 있는 것.
- 재와 관이 모두 공망된 것.
- 아래는 모두 역술가의 명(命)이다.

丙子日이 日主가 태약한 사주
甲乙日에 寅巳午未月生
甲戌日에 亥月이나 亥時에 생한 경우
丙辰日 신왕(身旺)에 관살(官殺)이 없는 명(命)
丁巳, 丁酉日이 재(財)와 인수가 함께 있는 것
戊子, 戊申日生이 사주 내에 金水가 왕한 것
己土日 태왕에 재관(財官)이 미약한 것
壬子, 癸亥日이 月이나 時에 丑寅이 있는 것
壬辰日 여자가 巳午未月에 출생한 경우다.

5. 여자의 사주

(1) 총론

신왕, 신약이며 냉한(冷寒)하고 난조(暖燥)한 것 등은 용신법이 남자와 다를바 없다. 신왕에 정관(正官)이 있으면 정관이 용신이고, 정관이 없으면 편관(偏官)이 용신이다.

- 여자의 사주에 관살(官殺)이 없고 지지재(地支財)만 있을 경우, 그 지지에 관살이 암장된 것으로 남편을 삼는다.
- 여명(女命)에 꺼리는 것은 日支에 비겁(比劫) 및 식상을 놓은 것이다.

> [참고] 일지비겁이란 甲寅, 乙卯, 丙午, 丁巳, 戊辰, 戊戌, 己丑, 己未, 庚申, 辛酉, 壬子, 癸亥日이오, 日支 식상이란 甲午, 乙巳, 丙辰, 丙戌, 丁丑, 丁未, 戊申, 己酉, 庚子, 辛亥, 壬寅, 癸卯日이다.

- 여자는 정관, 편관이 남편이고 식신·상관이 자식이다. 그런데 관성이 왕하면 식상이 미약하더라도 자녀를 두게 되는 것은 자식이란 남편에 의해서 두게 되는 까닭이다.
- 사주 가운데 비겁이 많은 것을 자매강강(姉妹强剛)이라 하는바 자매강강이 된 여자는 혼자서 쓸쓸히 방을 지키고 있는 형상이다. 이렇게 되면 남편이 외도(外道)에 빠져 자신을 돌아보지 않게 된다.
- 재(財)와 관성이 사절지(死絕地)에 놓이면 자식이 없어 양자를 데려다 키운다. 그러나 재와 관과 식신이 있어 하나도 손상되지 않으면 일신이 영화롭고 가정살림은 나날이 늘게 된다.
- 관성이 충극 당하거나 식신이 파극 당한 경우 관성과 식상을 생조(生助)해주지 않으면 남편과 자식 모두 잃게 된다.
- 여자는 日主가 정도에 지나치게 왕성하면 재난이 이른다. 때문에 신약한 것이 차라리 나아 복을 누리게 된다. 그런데 日主가 왕하더라도 격이 맑으며(순수한 것) 타에 형충(刑冲)되지 않으면 가정 경제를 일으킨다. 반대로 日主가 약하더라도 혼탁하면 자식이 많지 않고 집안 경제는 점점 줄어든다.
- 여자로서 크게 꺼리는 것은 관살혼잡이다. 그렇더라도 그 하나를 제거(制去)하거나 합거(合去)해서 하나만 남게 되면 도

리어 길하다.

- 가장 바람직한 것은 정관이건 편관이건 하나만 남는 것인데, 그 하나가 충파(沖破)되면 좋지 않다.
- 여자 사주 내에 관성이 있는데도 대운에서 관살운을 만나면 생이사별이 우려된다. 그러나 신왕하고 사주 내에 재가 있으며 대운에서 재를 만나면 남편과 자녀가 발달한다.
- 비록 정관이 좋더라도 하나 이상이 되면 영화롭지 못하고, 재는 좋은 것이지만 너무 많으면 도리어 가난하다.
- 여자 사주가 지나치게 냉습해서 조후용신 못하면 (木火 대운 만나지 못하면) 천하고 자식 덕도 없다. 이와 반대로 사주가 매우 더운 상태에 대운에서 축여주지 못해도 역시 천하고 자식 두기 어렵다.
- 정인(正印)으로 용신하는데 편인운을 만나면 봄에 낙엽이 지는 형상이오, 편인으로는 용신하는데 정인운을 만나면 초목이 봄을 만난 것 같다.
- 사주에 상관이 많으면 남편에게 좋지 않다. 그렇더라도 관성이 없으면 지조가 깨끗하다.
- 사주에 식상이 있고 재가 없는 경우 인수운을 만나면 다치는 일이 생긴다.
- 편인이 왕한 상태에 식신이 위에 앉아 있으면 좋지 않으니 마치 꽃잎이 말라 떨어지는 것(자식 두기 어려움) 같고 임신하여 낙태를 잘 하는 것은 日主 태약에 식상이 태왕한 때문이다.
- 여자는 日主 태왕에 대운에서 또 도와주면 일찍 남편을 잃게

되고, 칠살이 거듭 있거나 合이 많으면 종이나 노비나 창녀의 신분이다.

• 대개 여자는 신왕됨을 기뻐하지 않으며 충파되거나 合이 많은 것을 꺼린다.

|참고| 여자의 사주는 예와 현실이 다르게 평해야 한다. 옛날에는 여자는 신약함을 요하고 신강함을 꺼렸다. 팔자가 세다 함은 다름 아닌 신강하다는 뜻이다. 여자가 신강하면 부자(夫子)를 극하고 호주격이 된다는 까닭이다. 그러나 현실에서는 여성의 사회참여가 많으므로 사주가 세고 보면 남자 이상으로 활동하게 된다. 또는 신강이면 남에게 깔보이지 않을 만큼 경제적 조건도 갖추게 된다. 때문에 오늘날에는 여자 日主 태강을 우려할 것 없다.

• 年月干이 재, 관, 인수에 해당하면 좋은 가정에서 태어나 자란다.
• 편재와 정재 모두 있으면 시어머니가 두 분일 수도 있다. 여자는 재성을 시어머니로 보기 때문이다.
• 여자는 인수가 많으면 시어머니의 구박이 심하거나 고부간에 불화하다.
• 재(財), 관(官), 인(印)이 日支와 六合을 이루면 친정부모 모시게 된다.

(2) 각론

① 남편궁

여자는 관성이 남편이다. 그러므로 관성이 하나만 있고, 그 관성이 재 위에 올라 앉으면 시집간 뒤 남편이 발달한다.

- 식상이 왕한 상태에 관성이 있고 대운에서 재(財)를 만나면 남편이 영귀한다.
- 재자약살(財滋弱殺)의 사주는 시집 가서 남편이 발달한다. 재자약살이란 미약한 칠살을 재(財)가 잘 生해주고 있는 것이다.
- 여자는 관성이 약하더라도 관살대운은 마땅치 않고 재운이 길하다.
- 관살혼잡이면 두 남성과 인연을 맺는 형상이다. 또는 재취수가 있다.
- 日干이 암장된 관(官)과 암합(暗合)을 이루면 남편 이외의 남성과 인연을 맺게 된다.
- 日主는 왕한데 관살이 태약하면 남편이 그립다.(남편이 잘 돌아보지 않음)
- 사주에 미약하나마 관살이 하나도 없으면 남성을 모르며 산다.
- 식상이 미약한 상태에 관살이 많으면 화류계에 종사한다.
- 비겁(比劫)이 많으면 이별수 있거나 남편의 외도가 심하다. 혹은 자신이 유부남과 정을 통한다.
- 재가 많고 칠살이 왕하면 돈 벌어 바치고 구박 당한다.

- 戊子日이나 壬癸日生은 늙은 남편 만나는 수가 있다.
- 戊己丙丁月 巳午未月과 庚辛日 亥子丑月生은 공방수가 있다.
- 辰日戌時나 戌日辰時는 고독하다.
- 신왕관왕(身旺官旺)은 귀히 되는 남편을 만난다.
- 관성이 지지에 녹근(祿根)하거나 재(財) 위에 있으면 귀부인의 신분이다.
- 신왕한 여성은 기(氣)가 세고 종살격(從殺格)에 해당하는 여자는 남편에게 고분고분하다.
- 관성이 미약한 중에 時가 상관(傷官)이면 천한 직업을 갖게 된다.
- 관성과 식상이 모두 충파(冲破)되면 바람나서 자식을 버리고 나간다.
- 辰戌丑未가 다 있으면 중의 아내가 되어야 일부종사한다.
- 子午卯酉가 다 있으면 남의 남자와 눈맞아 도망친다.
- 寅申巳亥가 다 있으면 사회활동 하느라 집안 살림을 돌보지 아니한다.
- 관성과 식상이 모두 공망이면 남편·자식이 단명한다.
- 자요사격(子遙巳格), 축요사격(丑遙巳格), 형합격(刑合格), 육을서귀(六乙鼠貴), 육음조양(六陰朝陽), 비천록마격(飛天祿馬格)을 놓으면 남자는 귀격에 해당하나 여자는 화류계 창녀가 아니면 간부(姦夫)를 둔다.
- 윤하격(潤下格)과 곡직격(曲直格)이 높은 여자는 독수공방하게 된다.

- 가색격(稼穡格), 종혁격(從革格)에 해당하는 명(命)은 생이사별이 있을까 두렵다.

○ 어느 운에 남편과 이별하나?

관살이 약한 경우 식상대운이고 관살이 왕한 상태에서는 관살운이다. 부성입묘(夫星入墓)가 있는 사주는 그 묘를 冲하는 운이다.

○ 부성입묘(夫星入墓)

甲乙日 - 辛丑, 丙丁日 - 壬辰, 戊己日 - 乙未
庚辛日 - 丙戌, 壬癸日 - 戊戌

② 자녀(子女)

- 여자는 식상이 자식이다. 식신은 딸이 되고, 상관은 아들이다.
- 식상이 왕하고 인수가 미약하면 자식을 많이 두거나 발달한다.
- 재와 관성이 왕하면 자식이 관직에 오른다.
- 식상이 녹근(祿根)하면 자식이 귀히 된다.
- 식신·상관이 다 있고 日主 왕하며, 식상도 타에 충극되지 않으면 아들, 딸을 많이 둔다. 혹은 식상이 혼잡하면 남의 자식 기르는 수가 있다.
- 식신·상관이 인수와 동주(同柱)에 있거나, 식상이 있고 인수가 태왕하면 자녀의 질병이 있다.
- 식상이 지나치게 왕한 가운데 신약이면 도리어 자식 두기 어렵다.

- 시지(時支)가 절궁(絕宮)이면 자식의 실패가 있다.
- 日主는 미약한데 식상이 많으면 난산을 겪게 되는데 심한 경우 낙태한다.
- 식상이 충파(冲破)되면 수술 출산의 가능성이 있다. 또는 유종(乳腫)을 앓거나 젖이 모자란다.
- 식상과 관살이 같이 있고, 日과 식상이 干合·六合이 되면 처녀몸으로 임신하게 된다. 과부도 절개 못 지키고 임신하게 된다.
- 식상이 중중한 상태에 관살이 미약할 경우, 자식만 두면 남편과 이별한다.
- 사주에 관살도 혼잡되고 식상도 혼잡되면 성(姓)이 다른 자식을 둔다.
- 亥가 셋이면 남자 쌍둥이오, 巳가 셋이면 여자 쌍둥이다.
- 사주에 인국(印局)을 놓으면 자식을 두지 못하거나, 낳더라도 실패가 빈번하다.
- 寅日 申時, 申日 寅時에 해당하거나 日時가 卯酉丑이면 무자(無子)하기 쉽다.
- 음일(陰日)에 巳酉丑時는 딸만 연달아 낳는다.
- 인수가 혼잡하면 딸이 재가(再嫁)한다.
- 인수가 허약하고 재(財)가 왕하면 딸이 과부된다.
- 식상이 공망인 가운데다 형충(刑冲)되거나 급각살이면 자녀가 소아마비에 걸릴 우려가 있다.

제17장
    ## 수한(壽限)

    ## 총론

    　사람의 명(命)은 하늘에 매었으니 수요(壽夭)에 대해서는 논하지 않는 것이 바람직한 일이다. 경험해 보건대, 사주가 좋다 해서 오래 사는 것도 아니고, 사주가 나쁘다 해서 반드시 명이 짧은 것만은 아니었다. 그렇긴 해도 건강은 장수(長壽)의 기본이므로 아무래도 건강한 사람과 병약자 중에 누가 오래 살 수 있고, 누가 단명한 가를 통계 낸다면 비교적 건강한 사람이 오래 산다는 것은 당연한 이치라 하겠다. 과학과 더불어 의학도 첨단(尖端)의 수준에 이르렀다. 암을 수술하고 장기(臟器)를 이식하여 생명을 건짐으로써 옛날 같으면 살아날 수가 없는 상태에서 현재 의학으로 살려 내는 일이 허다하다. 때문에 현재를 두고 고령화시대(高齡化時代)라 하여 얼마 전만 해도 70이 평균수명이라 일컫던 것이 현재는 80세를 육박하고, 앞으로 10년쯤 더 가서는 90세, 그리고 100세 시대까지 바라보는 추세였다. 옛적 중국의 시인(詩人)인 두보(杜甫)는 그의 시(詩)에 인간칠십고래희(人間七十古來稀)라 해서 70년 살기가 어렵다 하였지만 현실에서 100세 이상의 수(壽)를 누리는 사람도 그 숫자가 늘어가고 있는 실정이다.

장수(長壽)와 단명(短命)의 수치는 어떻게 정하는가. 평균 수명 이상으로 생존하면 장수요, 평균 수명 이하의 수명은 단명이라 하겠다.

앞서 인간의 수명은 하늘에 매었다 하였지만 각 사주학마다 수명을 논하였다. 때문에 본 사주학에서도 수명에 대해 언급하였으므로 이를 간단히 기술하거니와 비록 단명한 사주를 타고 났다 하더라도 크게 우려할 바는 아니다. 반드시 사주에 명시(明示)한 대로 수요(壽夭)가 정해지는 것도 아니기 때문이다. 만약 단명한 사주에 해당하거든 선(善)한 덕(德)을 쌓으라. 옛날 어느 젊은이가 30을 넘지 못할 상(相)을 타고 났어도 물에 떠내려가는 개미떼를 살려준 덕으로 명이 30년 더 길어졌다는 이야기가 있다.

- 말년 대운이 좋으면 늦도록 편안한 삶을 누리고 아울러 명도 오래 산다. 반대로 말년 대운이 나쁘면 늦게 고생하고 그 한(限) 내에서 세상을 뜬다.

- 사주에 오행을 다 갖추고 중화(中和-세력균형을 이룸)되면 용신이 어떠하거나를 막론하고 건강하고 복을 누리며 장수한다. 오행이 구비되지 않았더라도 두 가지 세 가지만 있어도 세력이 비슷하며 상생관계(兩象·三象格)를 이루면 늦도록 발달하고 아울러 수를 누린다.
- 내격(內格)은 억강부약(抑强扶弱)이다. 대운에서 강한 자를 억제하고 약한 육친을 도와주면 장수하고, 억강부약을 못하면 그 운한 내에서 세상을 뜬다.
- 미약한 용신이 운의 생부(生扶)를 받으면 건강이 좋아져서 무사하지만 운에서 극을 받으면 극 받는 동안 무사히 넘기기가 어렵다.
- 길격 사주란 오행이 잘 소통됨이다. 日主가 태강이면 그 태강한 日主를 관살로 억제하거나 식상으로 설기시켜야 한다. 이러한 육친이 대운에서 힘을 얻으면 만사 대길하고 극을 받으면 흉하다.

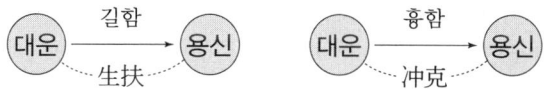

- 사주에 오행이 구비되어 세력균형을 이루면, 머릿속과 오장육부가 다 이상이 없는 것이므로 일생 건강한 몸으로 장수한다. 오행이 구비 중화를 이루면 기혈(氣血)의 소통이 잘 되기 때문이다.
- 비겁으로 인해 日主 태강인 경우 관살이 없고 식상이 있으면 식상으로 설기용(泄氣用)해야 된다. 이런 경우 대운에서 인

수만 만나지 않으면 복이 따르고 아울러 건강 장수한다.
- 사주에는 대개 병(病)이 있기 마련인데 운에서 병을 생조하면 중병으로 고생한다. 심한 경우 병운(病運)에서 세상을 뜬다.
- 한신(閑神)이 기신(忌神)을 합거(合去)하면 중병에 걸렸더라도 낫게 되고, 한신이 용신과 합해서 용신을 극하면 대흉하다.
- 용신이 있어도 미약해져 있거나 그나마 타와 干合 또는 支合해서 아예 용신구실을 못하면 단명하다.
- 사주에 상극되는 두 가지 세력이 판을 치고 있어도 이 싸움을 말리는 통관용신이 없으면 단명하다.
- 용신은 미약한데 기신(忌神)이 왕하면 단명 박복하다.
- 사주에 병통이 있는데도 그 병을 제거할 약신(藥神)이 없으면 단명하다.
- 조후(調候)가 불가피한 사주에 사주 내에서나 운에서도 조후를 못해주면 단명하다.
- 미약한 용신이 대운의 생부(生扶)를 못받아도 빈천 단명하다.
- 干은 干끼리, 支는 支끼리 상극된 사주도 단명하다.
- 日主가 태강인데도 종비(從比)가 안되고, 그렇다고 억부용신도 마땅치 않으면 박복 단명하다.
- 미약하나마 재(財)가 있어 종인(從印)이 안되는 경우 인수대운을 만나면 그 운한 넘기기가 어렵다.
- 군비쟁재(群比爭財), 탐재괴인(貪財壞印), 파료상관(破了傷

官), 제살태과(制殺太過), 제살부족(制殺不足) 등에 해당하고 용신이 대운의 생부(生扶)가 없으면 빈천 단명하다.
- 사주가 난조하여 金水로 축여주는 조후용에 木火 대운을 만나면 그 운한에서 사망한다. 반대로 사주가 냉습해서 木火로 데워주는 조후용신 상태에 金水 대운 만나면 그 운한을 넘기기가 어렵다.
- 대운이 불리한 경우 용신이 세운(歲運)에서 사(死) 절(絶)되면 사망한다.
- 중병환자와 노인은 자고(自庫)를 冲하는 해에 사망할 우려가 있다.
자고란 甲乙日-未(丑) 丙丁日-戌(辰) 戊己日-戌(辰) 庚辛日-丑(未) 壬癸日-辰(戌)이다.
- 日主 태왕에 인수 비겁운, 日主 태약에 재관운도 두렵다.
- 어떤 형태의 용신을 막론하고 용신이 극을 받거나 용신이 사(死), 절(絶), 묘(墓)되면 그 시기를 넘기기가 어렵다.

제 18 장
대운과 세운

1. 대운(大運)

 이 항목에서 대운(大運)이란 큰 운이란 뜻이 아니고, 月柱에서 양남음녀(陽男陰女)는 육십갑자 순서를 순행(順行)하고, 음남양녀(陰男陽女)는 月柱에서 육십갑자 순을 거꾸로(逆行) 기록하는 것을 말한다. 干支가 길흉간에 10년씩 작용하는바 10년 운을 여기에서는 대운이라 한다. 다음의 예시(例示)로 이해하라.

 月柱가 庚申이라면

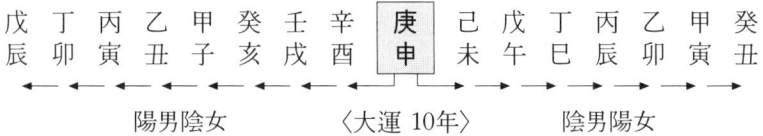

양남음녀란 甲, 丙, 戊, 庚, 壬생 남자와 乙, 丁, 己, 辛, 癸생 여자.
음남양녀란 乙, 丁, 己, 辛, 癸생 남자와 甲, 丙, 戊, 庚, 壬생 여자.

대운 길흉을 설명하기 위해 대운간지가 어떻게 기록되는지 이해부터 해야 된다.
※ 제2편 5장에 사주정하는 법 대운간지와 대운수 계산법을 수록한 바 있다.

예시1 서기 1950년 음 8월 23일 申時 남자의 예

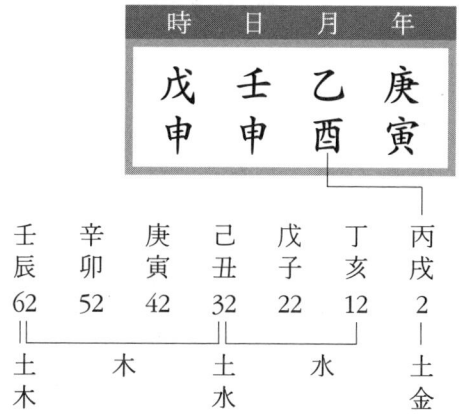

- 양남음녀 미래절
- 음남양녀 과거절

사주 : 서기 1950년은 태세가 庚寅이며 음력 8월은 乙酉월이오, 時는 申時라 戊申時에 해당 사주는 위 보기와 같이 정해진다.

대운간지 : 庚寅生은 양남(陽男)이므로 乙酉 다음부터 육십갑자 순을 차례로 기록하면 丙戌, 丁亥, 戊子, 己丑, 庚寅, 辛卯, 壬

제4편 종합추명(綜合推命) *537*

辰, 癸巳로 기록하는바 이것이 바로 대운간지다.

다음은 대운수(大運數)인바 이 숫자는 대운이 몇 살부터 교체되는가를 알기 위함이다.

이 사주의 예는 생일이 8월 23일이라 양남이므로 생일(23)부터 미래의 첫 절기 한로가 8월 28일이므로 5일 차다. 이 날수 5일에서 3으로 나누면 1하고 2가 남는다.

1사 2입(一捨二入)의 원칙에 의하여 1+1이라 대운간지의 숫자는 2로 시작 12세, 22세, 32세, 42세, 52세, 62세 식으로 기록하게 된다. 예를 들어, 丙戌대운은 2세부터 11세까지, 丁亥대운은 12세부터 21세까지, 戊子대운은 22세부터 31세까지 운이 지배된다.

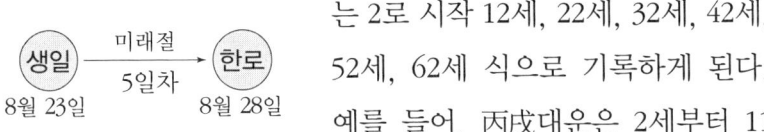

예시2 서기 1951년 음 10월 8일 戌시 남자

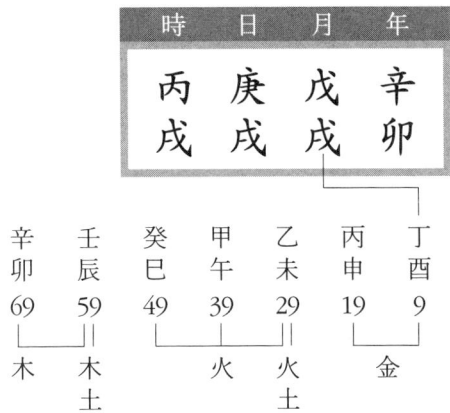

이 예는 辛卯년 남자이므로 음남(陰男)이다. 비록 10월생이지만 입동이 10월 초10일이라 10월 절이 못되어 9월 월건이 戌월

로 결정된다.

日柱는 10월 8일이 庚戌日이오, 시는 乙庚日 丙子부터 따져나가는 원칙에 의하여 丙戌時가 된다.

대운간지(大運干支)는 음남이므로 月柱 戊戌에서 육십갑자 순을 거꾸로 기록하면 보기처럼 丁酉, 丙申, 乙未, 甲午, 癸巳, 壬辰, 辛卯로 기록된다.

대운수(大運數)는 음남이라 생일에서 과거절, 즉 지나온 첫 번째 절기 한로가 9월 9일이라 생일인 10월 8일부터 날수는 28일이다. 28÷3=9-1이니 나머지 1은 떨구고 이 예의 대운수는 9가 된다. 그러므로 1세부터 8세까지는 戊戌운, 9세부터 18세까지는 丁酉대운, 19세부터 28세까지는 丙申대운, 29세부터 38세까지는 乙未대운이라 한다.

예시3 서기 1998년 음 윤 5월 5일 申시 여자의 예

時	日	月	年
丙申	丙午	戊午	戊寅
壬子	癸丑	甲寅	乙卯	丙辰	丁巳
57	47	37	27	17	7

서기 1998년은 태세가 戊寅이며 양녀(陽女)다. 생일인 5월 5일은 망종 지나 소서 전이므로 5월 절이며 戊午月이다. 생일 윤 5월 5일이 丙午일이며 시는 丙申시로 결정된다. 이 예는 음녀이므로 月柱 戊午에서 육십갑자 순서를 거슬러 기록하면 대운간지는 丁巳 丙辰 乙卯 식으로 된다.

양녀이므로 생일인 5월 5일 이전, 즉 첫 번째 닿는 절기가 망

종이며 본달 5월 12일에 들어 이 사주 과거절의 일차는 22일이 므로 21÷3=7-1하여 대운수는 7로 결정된다. 즉 7세부터 16세 까지는 丁巳대운, 17세에서 26세까지는 丙辰대운, 27세부터 36세까지는 乙卯대운, 37세부터 46세까지는 甲寅대운이라 한다.

예시4 서기 2011년 음 7월 8일 卯시 여자의 예

時	日	月	年
丁	甲	乙	辛
卯	午	未	卯

辛丑	庚子	己亥	戊戌	丁酉	丙申
51	41	31	21	11	1

서기 2011년은 태세가 辛未년이다. 날짜로는 7월 초8일이지만 7월 절인 입추 이전 출생이므로 6월 절 소속인 乙未月이다. 일진은 甲午日이며 甲午日 卯時는 丁卯가 된다. 대운 간지는 음녀이므로 月柱 乙未 다음인 丙申부터 순으로 기록하면 丁酉, 戊戌, 己亥, 庚子 식으로 된다. 대운수는 음녀이므로 미래절이라 생일인 8일에서 첫 번째 닿는 절기가 입추요 2일 차가 되니 보기와 같이 대운간지 밑에 1, 11, 21, 31, 41 등으로 기록한다.

(1) 대운에 해당하는 오행

亥	子	丑	寅	卯	辰	巳	午	未	甲	酉	戌
水	水	土	木	木	土	火	火	土	金	金	土

- 대운(大運)의 天干은 甲과 乙은 木운이오, 丙과 丁은 火운이오,

戊와 己는 土운이오, 庚과 辛은 金운이오, 壬과 癸는 水운이다.

(2) 대운 간지에 해당하는 오행

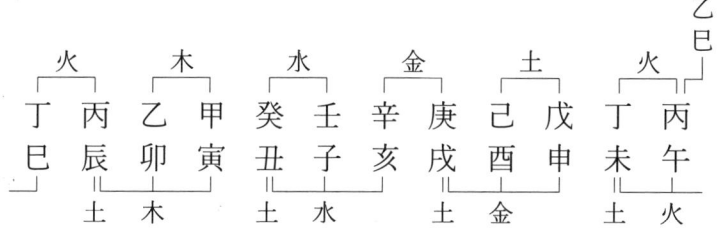

이상은 陽男陰女 順局의 보기이다.

다음은 陰男陽女 逆局의 보기이다.

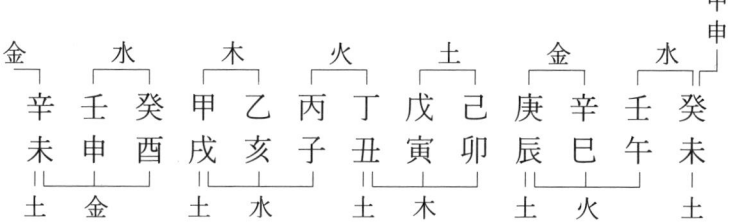

단, 辰戌丑未운은 근본 土이지만 月令오행을 겸하도록 한다.

干生支 : 甲午 乙巳 丙辰 丁丑 戊申 己酉 등의 예
支生干 : 甲子 乙亥 丙寅 丁卯 戊午 己巳 등의 예
干克支 : 甲戌 乙丑 丙申 丁酉 戊子 己亥 등의 예
支克干 : 甲申 乙酉 丙子 丁亥 戊寅 己卯 등의 예

- 대운에 干生支는 지지의 기(氣)가 강해진다.
    支生干은 天干의 기(氣)가 강해진다.
    干克支는 지지의 기(氣)가 약해진다.
    支克干은 天干의 기(氣)가 약해진다.

혹 어떤 분은 대운 干支에 있어 天干을 5년, 지지를 5년, 合해서 干支를 10년으로 보는 경우가 있는데 필자의 생각으로는 干支 合해서 하나의 干支에 10년 운으로 하고 단, 干과 支의 생극관계에 의하여 기(氣)의 왕약을 참작하는 게 적절하다고 생각된다.

신왕관왕(身旺官旺)에 日主보다 관성이 약간 미약할 경우 재관대운을 만나면 발달하고 식상대운은 불리하다. 인수 비겁운도 좋지 않다.

신약하고 관살이 왕한 경우는 인수용신이 유리한데 인수대운을 만나면 귀인의 도움으로 난관에서 구제된다. 그러나 살중용인(殺重用印)에 재관운을 만나면 관재, 질병, 패망 등의 액을 당한다.

살중용인의 경우 식상운을 만나면 식상제살(食傷制殺)이 되어 길할 것 같으나 그 식상은 재(財)를 생해서 용신인 인수를 괴롭힘으로써 좋지 않다. 비겁운은 용신인수를 극하는 재를 힘못쓰도록 해서 인수를 보호함으로써 인수운 다음으로 길하다.

용신은 무조건 대운의 生 받음이 길하다고 주장하는 사람이 있으나 사주 구성된 형태를 잘 파악해서 길흉을 추단할 일이다. 왜냐하면 살중용인(殺重用印)과 식상설기(食傷泄氣)의 경우만은 用이 生받는 대운을 크게 꺼린다.

(3) 살중용인도

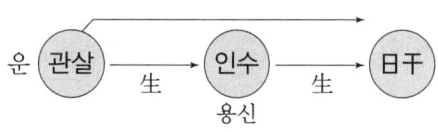

관살이 태왕하여 인수로 용할 경우 관살운이 오면 용신인수는 生을 받으나 일방 비겁(日)을 극하게 되어 불리하다.

(4) 식상설기도

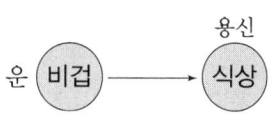

비겁운은 용신 식상을 生하나 비겁왕으로 팽창된 日干이 또 비겁운을 만나면 설기구가 막혀 대흉하다.

 신약해서 인수를 용신하는 경우 재운을 만나면 탐재괴인(貪財壞印)이라 한다. 탐재괴인이 되면 뇌물 먹고 관직에서 파면되거나 명예를 손상하거나 여색을 탐하다가 망신하거나 기타의 재난이 이른다. 탐재괴인이 되는 운한 내에 질병으로 크게 고생한다.
 日主가 약하지 않은 상태에 관성이 미약한 경우 식상이 왕하면 이를 상관견관(傷官見官)이라 해서 매우 불길한 것으로 본다. 이에 식상대운을 만나면 제살태과(制殺太過)라 해서 국법을 어기고 죄를 짓는다.
 신왕용재(身旺用財)에 식상재운을 만나면 재물이 발하고 비겁인수대운은 손재하며 관살운은 무해무익하다.
 비겁이 많아 日主 태왕이면 재운보다 관살운이 더 좋다. 그렇지 아니하고 신왕 한데다 비겁운을 만나면 경영이 부진하여 손재가 크다.

사주에 비겁이 지나칠 정도로 많고 미약한 재가 있으면 이 재물은 다툴 가치가 없는 재물이어서 군비쟁재가 되지 않는다. 그러나 재운이 오면 운(運)에서 생긴 재물을 서로 취하려 다투게 되므로 운에서의 군비쟁재가 이루어진다.

신왕하여 재를 용하려는데 비겁이 많고 재가 모자란 경우 식상이 있으면 재를 용신하는 것보다 식상을 用하여 재를 生하도록 한다. 이 경우는 식상운과 재운이 길하고 인수 비겁운은 불리하다.

신약에 식상이 왕하고 인수가 있으면 인수가 용신이다. 인수 비겁운이 길하고 식상 재운은 불리하다.

비겁으로 인해 日主 태왕되어 있는 가운데 관살이 없거나 있더라도 식상의 억눌림을 받고 있으면 식상으로 설기용신 해야 된다. 재 관살 식상운은 나쁘지 않아 인수운을 만나면 용신인 식상이 극 받으므로 불길하다.

식상, 재, 관살 등 어느 육친이 왕 하던 간에 日主보다 태왕하고 인수가 없으면 비겁(比劫)이 용신이다. 이를 관살용겁, 재용겁, 식상용겁 등이라 하는데 이 경우 인수와 비겁운은 발달하고 식상, 재, 관살운은 불리하다.

인수가 너무 많고 재가 없으면 인수의 生을 감당하기가 어렵다. 이런 경우 비겁을 용하여 비겁과 나누어 生을 받도록 해야 한다. 이 경우 인수 관살운이 크게 불리하고 식상운도 나쁘면 재운은 무해무익하다.

- 甲乙木日이 水가 많으면 土운에 발달하고 金水운은 불리하다.

- 丙丁火日에 木이 너무 많으면 水木운이 불길하고 土金 운에 발달한다.
- 戊己日에 火가 너무 많으면 木火운이 불리하고 金水운 에 발달한다.
- 庚辛日에 土가 너무 많으면 火土운이 불리하고 水木운 이 길하다.
- 壬癸日에 金이 너무 많으면 土金운이 불리하고 木火운 에 발달한다.

甲丙戊庚壬 양간(陽干)에 한해서 정격(正格)용신이 마땅치 않은 경우 月이나 日支에 양인(羊刃)이 있으면 별격으로 양인격을 놓게 된다. 이 경우 양인으로 인해 신왕하고 칠살이 있으면 살인상정(殺刃相停)이란 기격(奇格)을 놓는다. 사주 내에 칠살이 없고 운에서 칠살을 만나면 양인은 운의 칠살과 살인상정을 이루어 무장은 전공을 세우고 군인, 경찰, 법관이 된 기회라 하겠다. 그러나 양인운을 만나면 재산을 날리는데 남자는 아내의 우환이 있다.

- 甲乙日 종비(從比)는 곡직격(曲直格)이라 하는데 水木火운이 길하고 金운이 흉하다.
- 丙丁日 종비(從比)는 염상격(炎上格)이라 하는데 木火土운이 길하고 水운이 흉하다.
- 戊己日 종비는 가색격(稼穡格)이라 하는데 火土운이 길하고 木운이 불리하다.
- 庚辛日 종비는 종혁격(從革格)이라 하는데 土金운이 길하로 火운이 불리하다.

- 壬癸日 종비는 윤하격(潤下格)이라 하는데 金水운이 길하고 土운이 불리하다.

 여자는 관살이 용신 및 희신에 해당할지라도 관살운 만나는 것은 매우 꺼린다. 이는 남편이 있으면서도 또다른 남자와 인연을 맺게 되는 형상이므로 부부 사이에 큰 풍파가 생겨 갈라설 가능성이 있기 때문이다.
 또는 식상대운도 좋지 않다. 식상운은 남편인 관성을 극해서 그 남편에게 좋지 않은 일이 생기기 때문이다.
 사주에 병(病)이 있을 경우 대운에서 그 병을 생부(生扶)해주면 크게 흉하다. 평소 지니고 있던 지병(持病)이 악화될 수 있고, 실지로 중병에 걸려 생명이 위태로울 수 있다. 노인이나 중환자는 사망한다.
 사주에 병이 있을 경우 약운을 만나면 그 기간 내에는 크게 발달하는데 약운이 지나면 다시 좋지 않은 일이 생긴다.
 종화격(從化格)에는 그 화신(化神)을 생부(生扶)하는 운이 길하고 화신을 극하는 운에 실패한다.
 화격(化格)에 화신을 극하는 자와 쟁합(爭合)이 없어 진화(眞化)가 이루어졌더라도 운에서 화신을 극하거나, 쟁합을 이루면 가화(假化)로 변하므로써 그 기간 내에는 좋지 않은 일들이 생긴다.
 화격(化格)을 이루고자 하는데 화신(化神)을 극하는 자가 있거나 쟁합(爭合)이 있어 가화(假化)가 된 경우 화신을 극하는 자를 운에서 제거하거나 쟁합하는 자와 운이 干合하면 가화가 진화(眞化)로 되니 그 운한 내에는 크게 발달한다.

2. 세운(歲運)

　세운이란 태세(太歲)를 칭한다. 1년에 한 干支씩 교체됨으로써 예를 들면, 서기 2011년은 辛卯가 태세요, 2012년은 壬辰年인바 이 壬辰을 태세라 한다.

　세운(歲運)도 대운(大運)처럼 용신을 생극하는 것으로 추리하는 경우가 많은데, 필자는 용신보다도 태세 干支와 日干의 干支를 대비 干合 干沖관계, 日支와 태세와의 공망, 천을귀인과 형충파해와 십이운성 관계를 중요시한다.

　태세의 天干이 용신과 干合해서 기신으로 변하면 불리하고 원명(原命)의 기신(忌神)을 태세가 干合해서 생극작용을 둔화시키면 유리하다.

　세지(歲支)가 日支를 형충(刑沖)하면 일신상의 변동이 있는 것으로 추리한다. 주택을 옮기거나 근무처를 옮기거나 직장을 옮기는 수가 있다. 대운이 나쁜 경우는 육체적으로 충격받는 수가 있으므로 주의해야 된다.

　日支와 세지가 상극될 경우 태세가 日支를 충극하면 좋지 않은 일이 생긴다. 관재(官災)가 있거나 몸을 다치거나 국가정책으로 불이익을 당한다. 아니면 직장 상사의 미움을 받아 좌천되거나 심한 경우 해고당한다.

　태세와 日支가 상충될 경우 현재까지 있던 자리를 떠나게 될 징조다. 미혼 남녀는 당년에 혼인하여 여자는 친정을 떠나고, 남자는 생장하던 집에서 따로 살림을 차리는 것에도 생각해 볼 수 있다.

태세의 天干이나 地支가 칠살(七殺)에 해당하면 몸을 다치거나 정신적 충격을 크게 받게 된다.

日干이 태세의 天干을 극하거나 日支가 세지(歲支)를 극하면 이신벌군지상(以臣伐君之象－신하로서 임금을 치는 형상 역적길 또는 하극상의 형태)이라 아랫사람이 윗사람에게 대들거나 능멸하다가 큰 화를 당한다. 이 경우 月干과 세간(歲干)이 干合을 이루거나, 月支와 세지(歲支)가 三合, 六合을 이루면 이상의 형태는 해소되므로 무사하게 된다.

乙未, 丁丑, 戊辰, 辛未, 壬戌日生이 태세와 형충(刑冲)이 되면 당년 내에 큰 손해를 당하여 있는 재산 다 날릴 우려가 있다. 그러므로 이 운에 해당하는 주인공은 투기성 있는 사업이거나 도박 등에 손대지 말아야 한다.

세지(歲支)가 재고를 冲하면 있는 돈 없는 돈 다 날리는 수가 있다.

세지가 재고를 충극함은 다음과 같다.

　　甲乙日－辰戌丑未 辰 재고에 丑年과 寅卯年
　　丙丁日－丑을 未年이 冲, 寅卯年이 克
　　戊己日－辰을 戌年이 冲, 寅卯年이 克
　　庚辛日－未, 丑年이 冲, 寅卯年이 克
　　壬癸日－戌, 辰年이 冲, 寅卯年이 克

신약에 재관(財官)이 왕한 경우 세운에서 재나 관살을 만나면 크게 고생한다.

비겁으로 인해 日主 태왕한 사람이 비겁세운을 만나면 재운이 막혀 고생하거나 아내의 우환이 있다.

재가 왕한 사람이 세운에 인수를 만나면 문서관계로 손재하거나 법정시비가 발생할 수 있으니 문서에 서명 날인 하게 될 경우 신중해야 한다.

군비쟁재(群比爭財)가 이루어진 경우 세운이 재에 해당해도 나쁘고 비겁이 되어도 좋지 않다. 재운을 만나면 태세의 재를 놓고 비겁이 쟁재하느라 시끄럽고 비겁운을 만나면 그나마 자기 차지가 될 재물도 얻지 못한다.

식상용신(食傷用神)에는 식상생재, 식상제살, 식상설기 등이 있는데 식상이 약간 미약해져 있는 가운데 세운에서 편인을 만나면 효신탈식(梟神奪食) 또는 도식운(倒食運)이 되어 한 해 동안 경제적인 난관에 봉착하게 된다.

식상이 용신인 경우 대운이 나쁜 형태에 세운에서 편인을 만나면 수명을 보전하기 어렵다. 왜냐하면 식신은 수복(壽福)을 맡은 희신이 되어서이다.

식상생재격은 식상, 재운이 좋고 인수운이 불리하며 기타는 사주 구성에 따라 좋을 수도 있고 나쁠 수도 있다.

식상제살격(食傷制殺格)은 비겁과 식상운이 좋고 인수운이 나쁘며 재와 관살운은 길흉 간에 영향력이 적다.

식상설기(食傷泄氣)에는 오직 식상 재운이 길하고, 인수 비겁 관살운은 불리하다.

신왕관왕(身旺官旺)에 대운이 나쁘지 않으면 재나 관에 해당되는 세운에 국가고시에 합격하거나, 관직이 오르거나 좋은 곳에 취직된다.

관성으로 용신하는 경우 대운이 나쁜데다 세운에서 상관을 만나면 파직, 실직, 좌천, 감봉 등의 액이 있다.

신약용겁(身弱用劫)의 경우 인수 비겁운이 대길하고 재·관살운은 불리하며 식상운은 길흉 간에 영향력이 적다.

신약한 사주에 인수 비겁운을 만나면 윗사람과 친구, 동료의 도움으로 어려운 경지에서 구제된다.

관살태왕으로 신약해서 인수로 용신한 경우 인수 비겁운이 길하고 재·관살운은 불리하며 식상은 길흉 간에 영향력이 적다.

신왕용재(身旺用財)에는 식상재운이 대길하고 비겁 인수운이 불리하다.

신왕용관(身旺用官)에는 재·관살운에 발달하고, 비겁 식상운은 불리하며 인수운은 약간 불리하다.

역마와 지살(地殺)이 있는 사람은 그 역마나 지살을 충(冲)하는 해에 해외에 여행할 일이 생긴다.

(1) 역마·지살

申子辰년생 寅이 역마 申이 지살
巳酉丑년생 亥가 역마 巳가 지살
寅午戌년생 申이 역마 寅이 지살
亥卯未년생 巳가 역마 亥가 지살

뿐 아니라 寅申巳亥가 모두 역마의 작용이라 한다.

복음(伏吟)과 반음(反吟)이 되는 해를 조심하라. 복음이란 生年支와 태세의 支가 같은 해이고, 반음은 복음을 충(冲)하는 해다.

(2) 복음 · 반음표

구분 \ 생년	子	丑	寅	卯	辰	巳	午	未	申	酉	戌	亥
복음(伏吟)	子년	丑년	寅년	卯년	辰년	巳년	午년	未년	申년	酉년	戌년	亥년
반음(反吟)	午년	未년	申년	酉년	戌년	亥년	子년	丑년	寅년	卯년	辰년	巳년

복음년이나 반음년에는 좋은 일이 생기면 거듭 생기고, 나쁜 일도 거듭 생긴다. 그러나 좋은 일보다 나쁜 일이 두렵다. 왜냐하면 좋은 일은 차라리 생기지 않을지라도 나쁜 일은 단 한차례도 생기지 않아야 하기 때문이다.

복음년과 반음년에는 일의 진전이 없어 제자리 걸음이다.

甲子日이 甲子年, 乙丑日이 乙丑年, 丙寅日이 丙寅年 식으로 生日干支와 태세간지가 동일한 해도 복음이라 한다. 작용은 생년 복음과 같다.

신강·신약을 막론하고 태세의 干이 정인(正印)이고, 태세가 기신(忌神)이 아니면 반가운 문서를 손에 쥐어보게 된다. 즉 집을 사서 집문서를 갖게 되거나 토지문서를 쥐어본다. 또는 국가에서 발급해주는 자격증 문서를 갖게 된다. 죄인은 국가에서 사면장(赦免狀)이 내리는 수도 있다.

상관이 용신이 아닌 경우 일반적으로 상관년을 만나면 죄를 짓고 구금당해 보거나 송사가 발생, 고생하게 된다.

여자는 日支를 형(刑)하는 해와 상관년에 몸을 크게 다치거나 수술 받는 경우가 있다.

여자는 관성으로 용신한 경우라도 대운·세운을 막론하고 관살운을 꺼린다. 미혼 여성이라면 남편감이 생겨 결혼하게 되는 수가 있으나 이미 결혼해서 남편 또는 아내가 있는 입장에서는 남편 운, 아내 운이 중복되므로 부부궁이 불리하다. 왜냐하면 여자의 사주에 인수가 왕하고 식상이 미약한 경우 세운에서 인수를 만나면 임신부는 낙태의 우려가 있다. 임신이 아니면 자녀의 우환이 있다.

(3) 대운·세운 용신 길흉 일람표

용신	형태	운 대운 대길	대운 유리	세운 무해무익	세운 대흉	세운 불리
비겁 (比劫)	재용겁(財用劫) 인수용겁(印綬用劫) 상관용겁(傷官用劫) 관살용겁(官殺用劫) 종겁(從劫)	비겁 비겁 비겁 비겁 식상	인수 인수 비겁	재성 식상 재성 인수	관살 인수 관살 관살 관살	식상 관살 식상 재성 재성
인수 (印綬)	신약용인(身弱用印) 살중용인(殺重用印) 식상용인(食傷用印) 재용인(財用印) 종인(從印)	인수 인수 인수 비겁 비겁	비겁 비겁 비겁 인수 인수	식상 식상 관살 관살 관살	재성 재성 재성 비겁 재성	관살 식상 식상 재성 식상
식상 (食傷)	식상설기(食傷洩氣) 식상생재(食傷生財) 식상제살(食傷制殺) 종아(從兒)	식상 식상 식상 식상	재성 재성 재성 재성	관살 관살 비겁 관살	인수 인수 인수 인수	비겁 비겁 관살 비겁
재성 (財星)	신왕용재(身旺用財) 인수용재(印綬用財) 재자약살(財滋弱殺) 종재(從財)	재성 재성 재성 식상	식상 식상 관살 재성	관살 관살 인수 관살	비겁 비겁 비겁 비겁	인수 인수 식상 인수
관살 (官殺)	신왕용관(身旺用官) 태왕용살(太旺用殺) 재용관(財用官) 종살(從殺)	재성 재성 관성 재성	관살 관살 인수 관살	 인수 인수	식상 식상 식상 식상	인수 비겁 비겁 비겁

제19장
실존인물의 사주평

　실존인물이란 현재 생존해 있는 인물을 포함, 이미 고인(故人)이 되었으나 실지 과거에 생존해 있던 인물을 지칭함이다.
　그런데 실존인물 중에는 필자가 직접 주인공을 만나 사주(四柱)를 기록해 둔 명조(命造)와 간접적으로 남한테 들은바 대로 기록해 둔 명조 두 가지가 있다. 한 예를 들어, 이태조(李太祖)의 사주, 안중근(安重根)의사, 장면 총리, 박정희 전 대통령 등 국가원수와 저명인사의 사주는 모두 남에게 전해 들은 바다. 그분들 사주(四柱)의 진가(眞假)는 확실치 않다는 점을 미리 말해 둔다.
　수록하는 순서는 시대별이 아니고 필자가 기록해둔 대로 생각나는 대로 그분들 사주를 간단히 추리해 본다.

1. 현대인의 사주

時	日	月	年
庚	壬	庚	辛
戌	午	寅	卯

癸	甲	乙	丙	丁	戊	己
未	申	酉	戌	亥	子	丑
62	52	42	32	22	12	2

왼편 사주는 辛卯年 음력 正月 초6일 戌時 건명(乾命)이다. 음남이므로 대운간지(大運干支)는 月柱 庚寅에서 六十甲子 순서를 거슬러(逆) 기록하면 보기와 같다. 대운수(大運數)는 과거절이라 맨 처음 닿는 과거절은 전년 12월 29일(입춘)이 되는바 입춘에서 생일인 正月 초6일은 6일차라 이 6일을 3으로 나누면 (6÷3=2) 2가 답이 되니, 이를 22운이라 한다.

• 신강 · 신약 : 壬水 寅月에 실령(失令)이오, 비록 年 · 月 · 時 干에 三庚辛의 인수가 있다 하나 신약이다. 어떤 이는 글에 "독수(獨水)가 삼봉경신(三逢庚辛)이면 체전지상(體全之象)이라" 이 사주가 바로 이 글귀에 해당하므로 신강이 옳다 하였으나 필자는 신강 · 신약의 원칙에 의해 신약으로 결정하였다.

• 격(格) : 寅月의 寅中 甲木으로 내격인 식신격(食神格)이다.

• 용신(用神) : 신약이므로 인수나 비겁이 용신인데 비겁은 없으니 당연히 時干 庚金 인수로 용해야 되니 상관용인(傷官用印)이다.

그런데 이 사주를 세밀히 분석해 보면, 상관보다 재(財)가 더 왕하여 寅午戌 합국재(合局財)로 재격(財格)이다. 얼핏 보면 신약용인(身弱用印)에 재왕(財旺)하니 탐재괴인(貪財壞印)이 아니냐고 반문할 수가 있으나 탐재괴인은 아니다. 時支 戌土 관성이 재와 인수 사이를 통관(通關)해주고 있기 때문이다. 재왕용인(財旺用印)에는 인수와 비겁운이 길하고 재 대운이 불리하나 다행히 대운이 비겁-인수로 이어졌다. 時干 庚金 인수가 용신인바 기이하게도 42세에 회사를 그만두고 알루미늄 가공업을 경영하여 승승장구 발전하였다. 또 묘한 것은 주인공의 전직 회장의 日干이 庚金이었다는 점도 참고할 필요가 있다. 새로 사업을 시작 2년 뒤 IMF가 왔는데 이 사주의 주인공은 은행 돈 10월도 대출 받지 않고 쪼들림없이 자력으로 발전해오고 있는 실정이다. 현재도 소기업인으로서는 상당한 발전을 하고 있는 실정이다.

이 사주가 좋은 것은 또 한가지가 있다. 日干 壬水는 月支 寅木 식신을 생하고, 寅木은 日支 午火 재를 생하고, 午火는 時支 戌土 관성을 생하고, 戌土는 時干 庚金 인수를 생하고, 庚金은 日干 壬水를 생하고, 壬水는 다시 月支 寅木 식신을 생하니 생하고 생함이 끝이 없다. 또 신약에 寅午戌 합재(合財)를 놓았는데 대운이 신강되어 합재를 모두 소유하게 (신왕재왕) 되었다는 점이다.

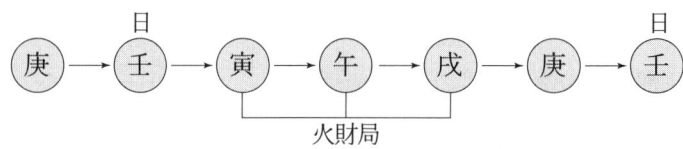

火財局

(1) 戊辰년(1928) 음 12월 4일 戌시 건명

이 사주는 김영삼(金泳三) 전 대통령의 명조(命造)다.

- 신강·식약 : 己土日이 丑月에 득령하고 태세 戊辰土에 日干

時	日	月	年
甲	己	乙	戊
戌	未	丑	辰

壬申	辛未	庚午	己巳	戊辰	丁卯	丙寅
67	57	47	37	27	17	7

己土가 日支에 착근이오 時支 戌土라 日主 태왕이다.

• 격(格) : 외격(外格)의 화격(化格)이다.

• 격의 성립 : 甲己合化土(甲己가 合化해서 土가 됨)에 土月(丑月)에 생하고 土가 많으며 木이 없으면 화토격(化土格)이 성립된다. 그런데 이 사주는 月干에 화신토(化神土)를 克하는 乙木이 月干에 투출 파격같이 생각된다. 그러나 月干 乙木은 月支 丑中辛金에 억제되어 화격 성립에 크게 방해되지 않는다. 비록 귀격인 화격에는 해당하나 이것만 가지고는 대귀명(大貴命)이라 하기 어려우나 (月干乙木이 병통) 年月日時支에 辰戌丑未全(四庫全)이라 이 격도 귀명(貴命)이다. 때문에 대통령에 당선 최고 귀한 자리에 올랐다.

(2) 丁未년(1967) 음 5월 초4일 未시 건명

• 신강 신약 : 月干 丙火가 午月에 득령하고, 干에 乙丙丁 木火 삼기(三奇)에 年·月·日·時支가 모두 午未로 되어 日主 태왕이다.

• 격(格) : 日主 태강이므로 외격(外格)의 火에 종하는 염상격

(炎上格)이다.

- 대운간지 : 이 사주는 음남(陰男)이므로 月柱 丙午의 역행(逆行)은 乙巳 甲辰 등으로 보기처럼 기록한다.
- 대운수 : 생일 5월 4일에서 과거절 첫 번째 절기는 망종 4월 29일이라 4일차다. 4÷3=1…1하여 1이 남으니 1.1로 결정된다.
- 용신 : 火에 종하는 염상격이므로 水를 매우 꺼린다.
- 어떤 일이 생겼나? 이 사주의 주인공은 서기 1980년(庚申年) 음 11월(戊子月) 13일(丙寅日) 申時에 초등학교 담임선생에게 납치 살해된 고 李○○의 명조(命造)다. 주인공은 소아마비로 다리 장애인이었고 머리가 뛰어나 학교성적은 우등생이었다. 소아마비가 된 것은 月日支 두 양인(羊刃)이 형살(刑殺－午刑午)이오. 비록 종화(從火)는 하지만 火가 지극히 왕하다 함은 만물이 말라 삐뚤어진 형상이다. 甲辰대운 子月 丙寅日 申時 납치는 申子辰 수국(水局)에 丙寅日 寅申冲으로 水가 충발(冲發)한 때문이다.

간단히 설명해서 본 사주는 火에 종하는 염상격(炎上格)이라 水운을 크게 꺼리게 되는바 대운, 세운 申과 月支 子水가 삼합수국(三合水局)해서 용신인 火를 극함으로써 火가 노발대발한 때문이라 하겠다.

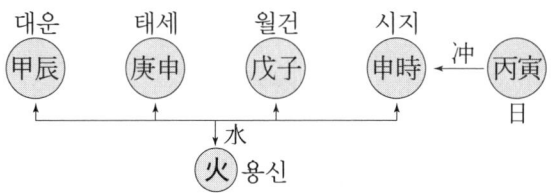

(3) 丁丑年(1937) 음 4月 24日 酉時 여자

時	日	月	年
乙	庚	乙	丁
酉	申	巳	丑

辛亥	庚戌	己酉	戊申	丁未	丙午
51	41	31	21	11	1

• 사주구성 : 왼편 사주는 곤명(坤命)이라 대운간지는 月柱 乙巳 다음 干支 丙午부터 六十甲子 순서로 기록하게 된다. 대운수는 미래절을 기준하므로 (陽男陰女未來節) 생일인 24일에서 미래의 첫 절기가 망종 28일이라 날수는 4일 차요, 3으로 제(除)하는 원칙에 의하여 1.1운으로 결정, 보기와 같이 1, 11, 21, 31, 41, 51로 대운수가 결정된다.

• 격(格) : 月支巳中丙火로 편관격이다.

• 신강·신약과 용신 : 日干 庚金이 巳月에 生하여 실령(失令) 되었으나 巳는 庚金의 장생궁(長生宮)이라 약한 중에도 은연히 강한 기(氣)를 함유하고 있다. 타에 인수나 비겁이 없다면 庚日 巳月生은 분명 신약이다. 이 사주는 日干 庚金이 밑에 녹근(祿根)하고 年月時가 巳酉丑 금국전(金局全)을 놓아 태강되었다. 때문에 내격의 억부용신법(抑扶用神法)을 적용 年干의 丁火 관성(官星)이 용신이다. 年月日時支에 모두 庚辛金 비겁(比劫)을 간직하고 있어 성(姓)이 다른(아버지가 다른) 동기간이 있음을 암시해 주고, 또 비겁이 이 사주의 기신(忌神)이라 아버지가 다른 남동생한테 심한 구박을 받으며 살아오느라고 심한 갈등을 겪으며 살았다. 일찍 남처럼 출가하면 그만이겠는데 자신의 처지야

어찌했던 간에 배우자감 고르는데 까다로왔으며 곧고 억세어 남성이 리드해 나가기가 어려웠으니 혼담은 여러 차례 오고 갔으나 출가를 못하고 홀어머니와 같이 40이 훨씬 넘도록 독신녀 신세를 면치 못했다.

주인공은 庚戌대운 辛酉年 丁酉月 어느 날 간암(肝癌)으로 사망하였는데 그 까닭을 추리해 보자. 왜 戊申 己酉대운이 아니고 庚戌대운 酉月에 사망하였는가 하는 점인데, 필자의 생각으로는 戊申대운에 이미 암이 발생, 그럭저럭 넘겨오다가 庚戌대운 辛酉年 酉月에 이 사주의 병통인 金 태왕으로 세상을 하직하게 된 것으로 본다. 왜 간암인가는 간목(肝木)이 왕금(旺金)에 극 받아 그만 사망하고 말았다고 생각된다.

|참고| 사람이 몹시 슬퍼하거나, 몹시 기쁘거나, 심한 스트레스를 받으면 오장육부 중에 간(肝)이 상한다. 이 사주의 주인공은 그 씨 다른 동생에게 항시 시집가지 않는다고 트집을 잡혀 심한 울증에 걸려 간암으로 발병된 원인이라 하겠다.

(4) 甲寅年(1914) 음 5월 초9일 戌시 건명

時	日	月	年
甲	己	己	甲
戌	未	巳	寅

丁丑	丙子	乙亥	甲戌	癸酉	壬申	辛未	庚午
71	61	51	41	31	21	11	1

이 사주는 지난날 동국대학교 불교대학 학장을 지냈고, 큰 스님으로 널리 알려진 일붕 서경보(一鵬 徐京保) 스님의 명조(命造)다. 세계 여러

나라 대학교에서 수여된 박사 학위가 헤아릴 수 없이 많았으며 일붕스님이 염원해 오던 법왕청(法王廳)을 창설, 초대 법왕에 취임 불명(佛名)이 널리 알려진 스님이시다.

　필자는 지난날 스님과 자주 만날 일이 있었다. 때문에 스님의 사주에 대해서는 직접 들은바 있어 위의 예시가 분명한 것으로 믿는다. 언제이던가 역학코너에 비치된 사주학 분야의 서적을 펼쳐 본 일이 있었던바 서경보 스님의 사주가 예시되었는데 필자가 직접 들은 바와 상당한 차이가 있었다는 점을 말해 둔다.

• 신강 · 신약 : 태강이다.

　生日인 4월 초9일에서 미래절 첫 번째가 망종 13일이므로 대운수는 1.1이다.

• 격(格) : 화격(化格)이다.

• 화격의 성립 : 내격(內格)의 억부법(抑扶法)이 아닌 외격(外格)인 종화(從化)다. 즉 甲己化土에 土月(巳中戊土)生이며 사주 내에 土가 많고(己巳, 己未, 戊土) 土를 克하는 木이 없어야 하는데 年支 寅木이 있어 가화(假化)다. 그런데 묘한 것은 日時干이 甲己로 合化土하고 年月干도 甲己로 合化土 되었다는 점이다. 己土는 중궁(中宮) 신(信)에 속하므로 신앙인(信仰人)이오 己未 육수(六秀)라 스님으로 크게 성공 이름이 널리 알려지게 되었다. 年月支 寅巳刑이오 日時支 戌未破(파)라 이 사주의 주인공이 스님이 아니었다면 명성은 그만두고라도 심한 역경 속에 고생하였으리라.

(5) 癸巳년(1953) 음 4월 15일 巳시 곤명

時	日	月	年
丁	戊	丁	癸
巳	寅	巳	巳

乙丑	甲子	癸亥	壬戌	辛酉	庚申	己未	戊午
73	63	53	43	33	23	13	3

• 신강 · 신약 : 日干戊土가 巳月에 生하고 巳中戊土를 지니고 있고 年月時支 인수에 巳中戊土에다 月時干 두 丁火 인수까지 있어 日主 태강이다.

• 격(格) : 내격의 巳中丙火 인수로 편인격이며 억부용신을 적용한다.

• 용신 : 日支 寅木 편관이 용신이다.

• 어떤 운명인가 : 30대 초반에 남편이 병사(病死)하였다. 왜냐하면 용신이 日支 寅木이라 대운간지 庚申辛酉 운을 만나고 庚申대운은 출가 전후가 되어 그렁저렁 넘어갔으나 辛酉대운에 용신 寅木이 극을 받았기 때문이오, 日支 寅木은 다름 아닌 남편에 해당되기 때문이다.

[참고] 이 사주의 주인공이 지난날 사당역에서 쇠고기를 주 음식으로 음식점을 경영하다가 큰 손해를 보고 그만두게 되었다. 왜냐하면 쇠고기는 丑이오, 丑은 土라, 土가 기신(忌神)임에도 불구하고 쇠고기를 주로 하였다는 점이다. 만약 쇠고기가 아니고 돼지고기를 주 음식으로 하였다면 성공하였으리라. 돼지는 亥요 재(財)이면서도 용신인 寅木을 生해주기 때문이다.

현재는 癸亥 대운이라 운이 트이기 시작, 지난날 손실하였던 재물을 다시 찾아 경제적 안정을 기하게 될 여인의 예다.

(6) 辛卯년(1951) 음 3월 14일 午시 곤명

時	日	月	年
庚	己	壬	辛
午	丑	辰	卯

己	戊	丁	丙	乙	甲	癸
亥	戌	酉	申	未	午	巳
65	55	45	35	25	15	5

• 신강·신약 : 日干 己土가 辰月에 득령하고 日支 丑土에 착근(着根)하였으며 時支 午火 인수까지 생조(生助)하니 日主 己土는 태왕(太旺)에 가깝다. 재관(財官)이 용신인데 月干 壬水재는 길신태로(吉神太露)가 되었고, 年支 卯木 관성(官星)은 年干 辛金의 克을 받아 용신이 마땅치 않다 時干 庚金으로 설기용신(泄氣用神)하자니 밑에 午火를 깔고 앉아 역시 용신하기가 어렵다. 그래서 하는 수 없이 年支 卯木 관성으로 用하게 되는바 辰月木이라서 용신 못하게 되지는 않을 것이다.

• 격(格) : 내격(內格)의 억부용신이지만 辰月己土는 비겁이 되어 격을 놓지 못한다. 단, 己丑日도 육수일(六秀日)에 해당, 매우 총명하나 재승박덕(才勝薄德)이다.

• 운명 : 모친이 무속인(巫俗人)이오 기녀(妓女)라 한다. 주인공은 현재(62세)까지 시집 가지 아니한 독신녀이며 빈궁하기가 비할 데 없다. 매양 도박잡기를 좋아하여 경마, 카지노, 화투 놀음으로 세월하니 주인공에게 비축한 돈은 단 몇만 원도 없고 도리어 적지 않은 부채만 지고 있는 것 같다. 卯木 관성이 용신이므로 水木대운을 만났다면 어느 정도 발달하였을 터인데 火土金으로 이어져 운마저 신강을 돕고, 또는 용신 木을 극하니 일생 길운을 만나지 못해서 빈천을 면치 못하는 것 같다.

(7) 戊戌(1958) 음 10월 21일 亥시 곤명

時	日	月	年
辛	壬	癸	戊
亥	子	亥	戌

丙	丁	戊	己	庚	辛	壬
辰	巳	午	未	申	酉	戌
68	58	48	38	28	18	8

• 신강·신약 : 日干 壬水가 亥月에 득령하고 月時支에 亥子水요 月干 癸水, 時干辛金인 수로 물(壬水)의 기세가 대단하다. 그래서 水에 종(從)하는 윤하격(潤下格)을 놓을 것 같으나 年干 戊土 관성이 年支에 착근, 힘을 쓰고 있으니 윤하격은 어림도 없고 年干 戊土 관성으로 용신하게 된다. 金水가 왕한 사주라 戊土는 조후용신도 된다.

• 격(格) : 月支 亥水는 비겁이라 격은 놓지 못한다.

• 운명론 : 주인공은 이혼한 남편에게 두 자녀를 두고 재가(再嫁)하여 두 번째 만난 남편과 현재까지 살고 있다.

주인공의 두 번째 만난 남편과 단란주점을 경영하였는데 이 남편은 젊은 여자 종업원과 가까이 하기가 일쑤였다. 때문에 주인공은 과부 아닌 과부가 되어 남편을 뺏기다시피 하면서 살아왔는데 경영이 부진하여 가게문을 닫게 되었다. 주인공은 오래 전부터 역학을 공부한바 있으므로 단란주점 영업을 그만두자 군포시 산본 중심상가에서 사주카페를 경영하여 꽤나 재미를 보았다. 현재는 영업장소를 안양시로 옮겨 돈을 잘 벌고 있는 것으로 안다.

• 사주와 운명관계 : 글에 자매강강(姉妹强剛)이면 진방지부(嗔房之婦)라 하였다. 주인공은 비겁이 많아 이에 해당하며, 남편을 라이벌에게 뺏기고 공방살이 하였음은 年干戊土 남편이 멀리 떨

어져 있는 壬水보다 옆의 癸水와 먼저 戊癸合하느라고 壬水 곁으로 다가설 여가가 없다.

戊土관성이 용신이라 초년 辛酉 庚申 金운은 신강을 더해주는 동시에 戊土의 기(氣)가 새어 불리하므로 고생하였고, 己未대운은 길하나 이 운에서 현재 부부가 되어 살고 있는 남편을 만났으며, 戊午대운은 용신 戊土가 힘을 얻어 용신구실을 제대로 하고 아울러 조후(調候)도 되어 마치 추운 겨울을 넘기고 따뜻한 봄을 맞이하여 만화방창(萬和方暢)한 것에 비유된다.

(8) 丙子(1936)년 음 5월 초하루 亥시 곤명

時	日	月	年
辛	壬	甲	丙
亥	申	午	子

丁亥	戊子	己丑	庚寅	辛卯	壬辰	癸巳
64	54	44	34	24	14	4

원편 사주는 불문학 박사이며 이화여대 불문학 교수를 지낸 양혜숙 교수의 명조(命造)다.

• 신강·신약 : 日干 壬水가 午月에 실령 신약같이 여겨지나 그렇지 않다. 요는 日支 申中壬水에 장생(長生)되고, 時支 亥에 녹근하였으며 時干 辛金 인수가 生하니 신강되어 능히 재관(財官)을 용신할 수 있다. 관성은 月支 午中己土가 있으나 암장되어 마땅치 않고 午中丁火재로 용신하게 되는데 午中丁火재와 丁壬合이 되어 마음이 간간 재에 이끌리게 된다.

• 격과 용신 : 午中丁火로 정재격이며 정재가 용신이다.

대학교수가 된 것은 사주가 순환상생을 이루어 청격(淸格)에 해당하고 時干에 辛金 인수가 있기 때문이다.

　時干 辛金부터 시작해 보자. 時干 辛金은 日干 壬水를 生하고, 壬水는 月干 甲木을 生하고, 甲木은 月支 午火를 生하고, 午火는 午中己土와 日支 申中戊土를 生하고, 戊己土는 日支 金과 時干 辛金을 生하고, 金은 時支 亥水와 日干 壬水를 生하니, 生하고 생함이 끝이 없다.

　이 교수님의 생애 중 단 아쉬웠던 것은 사기꾼의 꼬임에 넘어가 경영에 손을 대었다가 큰 실패를 보았던 점이다. 교직 외에 혼탁한 사회의 실상을 모르는 교육자를 꾀어 손해를 보도록 한 자는 과연 행복할 수 있을지.

(9) 壬寅(1962)년 음 4월 초5일 辰時 건명

時	日	月	年
壬	丙	乙	壬
辰	午	巳	寅
壬	辛	庚	己	戊	丁	丙
子	亥	戌	酉	申	未	午
69	59	49	39	29	19	9

• 신강·신약 : 日干 丙火가 巳月에 득령하고 日支에 午火 양인(羊刃)에 착근 태강이다.

• 격(格) : 巳月은 비견이므로 정격(正格)은 놓지 못하고 별격(別格)으로 건록격(建祿格)과 일인격(日刃格)을 놓게 되고, 또는 시상편관격(時上偏官格) 또는 살인상정격(殺刃相停格)을 놓게 된다. 어쨌거나 時干 壬水 칠살(七殺)이 용신이며 대운이 용신 살(殺)이 왕하는 金水로 이어져 크게 성공 발달할 것이다.

丙午日 육수(六秀)까지 겸하였으니 사법고시에 합격 법관이 되고도 남을 사주인데 의사로 그친게 아쉽다. 속담에 과여불급(過如不及)이라 길격이 너무 많이 겹쳐 사주 격에 미치지 못한 것 같다. 하기야 의사 직업은 아무나 하겠는가.

⑩ 乙卯(1915)년 음 정월 28일 卯시 건명

時	日	月	年
乙	癸	戊	乙
卯	卯	寅	卯

辛未	壬申	癸酉	甲戌	乙亥	丙子	丁丑
62	52	42	32	22	12	2

• 신강 신약과 격과 용신 : 日干 癸水가 寅月에 生하니 우선은 상관격(傷官格)이다. 癸水가 寅月에 실령(失令)하여 사주 내에 인수와 비겁이 하나도 없으니 日主는 극약이다. 한편 사주 대부분을 상관 木이 차지, 상관천하를 이루었으므로 내격 용신이 아닌 상관 木에 종(從)하는 종아격이 분명하다. 종아에 한 점의 金이 없어 순수한 종아격을 이루었으니 능히 부귀를 누리게 되는 명(命)이다. 이 사주의 주인공은 지난날(지금은 별세하였지만) 한의사 대부(代父)로 유명하였던 맹화섭(孟華燮)씨의 사주다 종아격 및 식상용신하게 되는 사람에게 의사가 많이 나오는 것은 질병인 관귀(官鬼)를 제거하는 자 식상이기 때문이다.

⑾ 庚午(1930) 음 5월 29일 午시 곤명

時	日	月	年
甲午	丙午	壬午	庚午

乙亥	丙子	丁丑	戊寅	己卯	庚辰	辛巳
66	56	46	36	26	16	6

이 사주의 주인공은 지난날 동아 문화원에서 기문학(奇門學)에 대한 강의를 들은 일이 있는데 필자를 찾아와 교육 받기를 원했으므로 약 3개월 정도 명리학에 대한 교육을 한 일이 있다. 이 분의 사주가 위와 같이 年月日時支가 午火로 되어 여인으로서 세다는 표현만으로 부족한 표현이다. 즉 겁재가 넷이오 양인이 넷, 그리고 지신일기격(地辰一氣格)이라는 기격(奇格)을 놓아 남자라면 절세(絶世)의 무장(武將)으로서 전공(戰功)을 세울 것이지만 여성의 신분인지라 기강(氣强)함이 정도에 지나쳐 아무래도 부부궁에 흠이 있지 않을가 의심하였는데 과연 30대 초반에 남편을 사별(死別)하고 혼자서 자녀 남매는 키우지만 경제적인 애로는 없다 하였다. 처녀시절 한학자(漢學者)의 가정에 태어나 한학도 상당한 수준이었다.

사주의 주인공이 근심하기를 丙子대운을 만나면 子水가 왕신(旺神)하여 午火를 冲하므로 "쇠신(衰神)이 왕신(旺神)을 충하면 재앙이 이른다" 하였으니 "丙子대운을 무사히 넘기지 못할 것이 아니겠느냐"면서 근심하였다.

필자는 이분의 질문에 다음과 같이 답해주었다. "아닙니다. 절대 무사할 것입니다. 왜냐하면 윤여사님의 사주는 사장호신격

(四將護身格)에 해당합니다. 무예가 출중한 네 장수가 동서남북 성문(城門)을 지키고 있으니 어찌 적이 침입하여 성주(城主)를 해할 수 있겠습니까. 여사님은 丙子대운을 무사히 넘길 것입니다" 하고 역설하였다. 2, 3년 전에 전화온 일이 있으며 지금 그 분의 연세 80을 넘겼으나 부음(訃音)은 듣지 못했다.

⑿ 癸巳년(1953) 음 12월 초8일 午時 건명

時	日	月	年
戊	戊	乙	癸
午	辰	丑	巳

戊午	己未	庚申	辛酉	壬戌	癸亥	甲子
62	52	42	32	22	12	2

• 신강·신약 : 日干 戊土가 丑月에 득령하고 사주 대부분이 火土로 되어 日主는 지극히 왕하다.

• 격(格) : 丑月에 겁재(劫財)라 정격은 놓지 못한다. 戊土 지극히 왕하므로 외격(外格)에 해당 土에 종(從)하는 가색격(稼穡格)이다. 月干에 乙木이 있어 土에 종(從)하는데 방해가 될 것 같지만 月干 乙木은 年日支 巳丑合金에 제거되어 병(病)이 되지 않는다. 대운이 木운으로 되었다면 발달이 어려웠을 터이지만 水金운으로 이어져 발복이 무궁하다. 고 박정희 대통령 시절에 중앙정보부 입사시험에 합격 안기부, 국정원까지 계속 근무하면서 진급시험에 합격 서기관까지 진급된 것은 알고 있지만, 그 뒤 이사관이 되었는지 아닌지는 요즈음 만난 일이 없어 알지 못한다.

⒀ 戊午(1925) 음 12월 6일 丑시 건명

時	日	月	年
癸	戊	己	乙
丑	申	丑	丑

癸	甲	乙	丙	丁	戊
未	申	酉	戌	亥	子
54	44	34	24	14	4

• 신강 · 신약 : 日干 戊土가 丑月에 득령하고 年 · 月 · 時 三丑 日干을 도우니 태강되어 태강이 이 사주의 병통이다.

• 격과 용신 : 戊日 丑月은 겁재(劫財)에 해당 무격사주다. 年干 乙木 관성을 용신해야 되겠는데 年月支 두 丑中辛金에 잘린 나무가 되어 용신 못한다. 하는 수없이 日支 申金 식신에 설기용신하게 된다. 時干 癸水 재는 길신태로(吉神太露)에 군비쟁재(郡比爭財)의 모습인데 몹시 빈궁하게 살아왔다. 지체장애에 약간의 정신장애까지 있었지만 크게 우려할 정도는 아니었다. 54세 癸未대운에 해당하는 戊午年 음 酉月 16일(추석 다음날) 자기집 뒷산에서 목매어 자살하였다.

연구 日主태강에 재관(財官)이 없으니 빈궁한 것은 분명하다. 이 사주는 비겁 土가 병통인지라 癸未土대운에 戊午년 土가 생왕되고, 癸未日 土가 왕하는 날짜요, 未시 또한 토병(土病)을 가중시키고 뒷산(山) 또한 土에 속하는지라 토기(土忌)가 심히 왕해서 감정을 억제, 불능 자결하게 된 것이다.

⒁ 辛丑년(1961) 음 12월 15일 건명

時	日	月	年
丙	戊	辛	辛
辰	午	丑	丑

甲	乙	丙	丁	戊	己	庚
午	未	申	酉	戌	亥	子
65	55	45	35	25	15	5

이 사주의 주인공은 부유한 중산층의 자식인데도 불구하고 22세 壬戌년 10월 2일(음 8월 16일 戊午) 辰時에 약을 먹고 자살하였다.

연구 戊日丑月에 득령이오 年月時 三土에 日支 午火까지 도우니 戊土 팽창되어 있다. 마치 음식을 지나치게 먹고 사(瀉)가 잘 안되는 모습인데 다행히 年月支 丑中辛金이 年月干 두 辛金이 투출 설기 용신이 분명하며 火土金 삼상격(三象格)이란 귀격을 이루었다. 그런데 왜 자살하였을까. 이 사주는 土가 병통이다. 金이 용신인데 戊戌 대운 중 壬戌年 戊午日 辰時에 土가 거듭하여 설기구가 막힌 형상이라 어떤 문제가 좀처럼 풀려나가지 않아 자신의 감정을 억제 못한 채 약을 먹고 자살한 것이다.

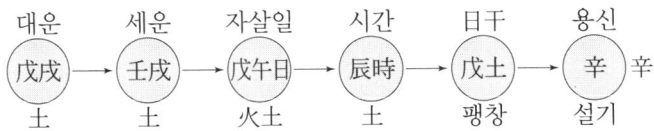

⒂ 丁酉(1957)년 음 2월 3일 丑時 건명

이 사주는 지난날 SBS의 "그것이 알고 싶다"라는 방송프로 중에서 사주(四柱)는 과연 신빙성이 있는지의 여부를 알기 위해 걸

時	日	月	年
丁	乙	壬	丁
丑	亥	寅	酉

丙申	丁酉	戊戌	己亥	庚子	辛丑
59	49	39	29	19	9

인(乞人)을 데려다가 이발 목욕 시키고 새로 지은 신사복을 입혀 철학관에 데리고 가서 사주를 보도록 한 일이 있었다. 그래서 필자는 여러 독자들과 함께 이 명조(命造)가 어째서 걸인(乞人)의 신세였는가 하는 점을 추리해 보기로 한다.

日干 乙木이 寅月에 득령(得令)하여 신강이다. 격(格)은 月支가 겁재(劫財)이므로 정격(正格)은 성립되지 않으니 무격(無格)이다. 신강이므로 재(財)나 관성(官星)이 용신이다. 時支 丑土 재와 年支 酉金 칠살이 있어 둘 중에 어느 것이 용신인가 문제인데 年支 酉金은 年干 丁火와 月支 寅中丙火에 압박 받고 또는 멀리 떨어져 있으므로 가까이 있는 時支 丑土 재로 용신하게 된다. 그런데 필자의 추리로서는 걸인(乞人)의 사주로는 판단되지 않는다. 丑土 재는 日支 亥中甲木 겁재와 겁재 득령으로 丑土 재를 압박하고는 있으나 군비쟁재에는 이르지 아니하기 때문이다. 이 사주의 좋은 점도 있다. 年支 酉金부터 시작하여, 酉金은 月干 壬水를 生하고, 壬水는 日干 乙木을 生하고, 乙木은 時干 丁火를 生하고, 時干 丁火는 時支 丑土를 生하니 年干 丁火로부터 時支 丑土까지 생해왔기 때문에 원류(源流)에 해당, 걸인이 아니라 조상의 유업도 없애지 않았을까 하는 생각이다. 그런데

時	日	月	年
戊	乙	壬	丁
寅	亥	寅	酉

이 사주의 시(時)가 잘못되어 만약 丑時가 아닌 寅時라면 비겁태왕에 戊土財 투출이니 길신태로에 군비쟁재(郡比爭財)가 되어 걸식(乞食)하는 신세가 되었을지 모른다.

⒃ 戊午년(1978) 음 6월 12일 午시 건명

時	日	月	年
丁卯	己卯	己未	戊午

乙丑	甲子	癸亥	壬戌	辛酉	庚申
58	48	38	28	18	8

• 신강·신약과 격과 용신 : 日干 己土가 未月에 득령에 태세 戊午가 합세하니 신강이다. 日主태강에는 정관보다 칠살(七殺)을 더 요하는바 卯未合木 살국(殺局)을 이루어 특수귀격의 구진득위격(句陳得位格)에 해당한다. 사법고시에 합격 연수생 중에 있는 예비검사의 사주다.

⒄ 己未년(1979) 음 4월 초4일 子시 곤명

時	日	月	年
戊子	丙寅	戊辰	己未

甲戌	癸酉	壬申	辛未	庚午	己巳
52	42	32	22	12	2

丙火 辰月에 生하고 年의 己未가 가세하니 상관격이다. 신약에 상관태강이므로 月支 寅木 인수를 용신 상관용인격(傷官用印格)이다. 用이

미약한게 흠이지만 子辰合水로 寅木을 生하고, 寅木인수는 日干 丙火를 生한다.

또 巳午未 火 대운에는 日이 강성해지고, 寅木용신에 壬申 癸酉金 대운이 크게 불리할 것 같다. 하지만 대운 壬申, 癸酉는 金生水 支生干하고, 干의 水는 용신인 日支 寅木을 生하며, 寅木은 日干 丙火를 生하게 된다.

이 명조(命造)가 사시(司試)에 합격한 것은 범죄에 해당하는 살(殺)을 식상이 극해 식상제살의 의미가 있기 때문이다.

참고 추명(推命)에 있어 사주가 구성된 형태를 우선한 다음 용(用)과 대운은 다음으로 살펴 논해야 한다.

⒅ 乙卯년(1975) 음 9월 23일 申시 건명

時	日	月	年
丙申	丙午	丙戌	乙卯

庚辰	辛巳	壬午	癸未	甲申	乙酉
56	46	36	26	16	6

日干 丙火가 戌月에 生하니 식신격이오 일단 실령이다. 그러나 年의 乙卯 인수와 午戌로 火국을 이루어 日干을 도우니 신강으로 변했다. 日主 丙午는 육수(六秀)라 총명함이 비할데 없는데다 양인(羊刃) 午火를 깔고 있어 의사의 명(命)이다.

⑴⑼ 戊午년(1978) 음 5월 초4일 申시 곤명

時	日	月	年
戊申	壬寅	戊午	戊午

壬子	癸丑	甲寅	乙卯	丙辰	丁巳
51	41	31	21	11	1

日干 壬水가 午月에 실령 신약이다. 격은 月支 午中丁火로 정재격(正財格)이다. 재다신약(財多身弱)인데 비겁용신이 가하지만 비겁이 없다. 하는 수 없이 時支 申金 인수로 용하게 되니 재관인(財官印) 상생이다.

사주가 온갖 전쟁터와 같다. 세 개의 칠살이 年·月·時干에서 예리한 무기에 비유되고 年月支 午午가 자형(自刑)이오, 日時가 寅申으로 冲하니 그야말로 무시무시한 모양이다. 때문에 여의사가 되어 집도(執刀)하는 운명이라 하겠다.

⑵⓪ 甲辰년(1964) 음 9월 26일 辰시 건명

時	日	月	年
丙辰	癸丑	甲戌	甲辰

辛巳	庚辰	己卯	戊寅	丁丑	丙子	乙亥
62	52	42	32	22	12	2

日干 癸水가 戌月에 실령(失令)하고 단 하나의 인수와 비겁이 없으니 日主 태약이다. 그러므로 어디엔가 종(從)하게 되는바 식상, 관살 양자 중 하나에 종하게 된다. 즉 木이나 土에 종해야 된다. 土는 木의

극이 있고, 木은 金이 없어 용신이 가하다. 30이후 寅卯辰 木 대운으로 이어져 용신 木이 기(氣)를 얻어 발달이 예상된다. A시의 부장검사 사주인데 검사가 된 까닭은 辰戌 괴강에 백호대살(白虎大殺)이오 살을 제거하는 자 상관이며, 생살권을 주장하기 때문이다.

⑵¹⁾ 戊申(1968) 음 正月 초3일 丑시 건명

時	日	月	年
己	辛	癸	丁
丑	丑	丑	未

丁未	戊申	己酉	庚戌	辛亥	壬子
59	49	39	29	19	9

日干 辛金이 丑月에 生하니 편인격이다. 年月日時支가 모두 丑未土라 토다금매(土多金埋) 되었다. 木이 있다면 木으로 제토(制土)함이 가하나 木이 없다. 그래서 정격용신이 아닌 종격용신을 적용 종인(從印)하게 된다. 종인에 비겁운 대길이라 대운이 비겁(申酉金)으로 이어져 발달이 의심 없다. 현재 한국전력에 근무하고 있는 회사원의 사주다.

⑵²⁾ 己未년(1979) 음 4월 8일 子시 건명

日干 丙火가 辰月 실령에 土 상관(傷官)이 태왕하니 日主 태약이다. 日支 寅木 인수가 용신이라 왈 상관용인(傷官用印)이다. 이 사주가 묘한 것은 時支 子와 日支 寅木 사이에 丙日의 재고

時	日	月	年
戊	丙	戊	己
子	寅	辰	未

壬戌	癸亥	甲子	乙丑	丙寅	丁卯
58	48	38	28	18	8

(財庫)인 丑을 끼고, 日支 寅과 月支 辰土 사이에 인수 卯木을 끼고 또는 月支 辰과 年干 未土 사이에 丙火의 建祿과 양인(羊刃)을 끼고 있어 여러 가지 의미가 함축되어 있다. 본래 상관이란 귀(鬼)가 되는 칠살(七殺-범죄자)을 극하는 의(義)가 있으므로 사시(司試)에 합격 검사 발령 대기 중에 있는 실존인의 사주다.

㉓ 丁卯(1927)년 음 10월 28일 丑시 건명

時	日	月	年
丁	庚	辛	丁
丑	申	亥	卯

甲辰	乙巳	丙午	丁未	戊申	己酉	庚戌
64	54	44	34	24	14	4

왼편 사주는 고 정주영 현대그룹 회장의 사주다. 필자가 직접 만나 사주를 받은게 아니라 누군가에 의해 받아 기록한 것으로서 이 명조(命造)의 진부(眞否)는 확실치 않다는 점을 말해 둔다.

日干 庚金이 실령이지만 日支 申金에 녹근(祿根)하고 月干 辛金 時支 丑土 인수가 있어 능히 재관(財官)을 용(用)할 수 있다. 年月支 亥卯 반합목국(半合木局)이라 신왕재왕(身旺財旺)이다. 또한 이 사주가 기묘(奇妙)한 것은 時干 丁火는 時支 丑土 인수를 생하고, 丑土는 日支 申金 녹(祿)을 생하고, 辛金은 月支 亥水 식

신을 生하고, 亥水는 年支 卯木 재를 生하고, 卯木은 年干 丁火
(국가를 상징)를 生하니 時干에서 年干까지 生이 이어져 기이하
고 기이하다.

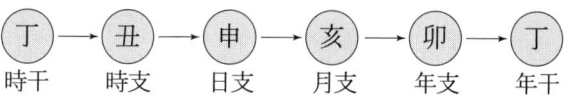

⑷ 戊子(1948)년 음 8월 5일 辰시 곤명

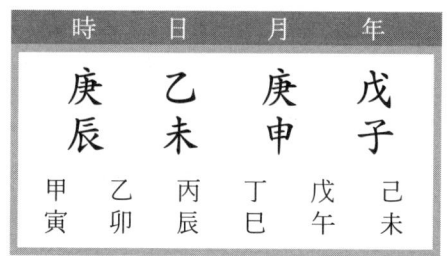

日干 乙木이 申月에 生하고 申中庚金이 月干에 투출 정관격(正官格)이다. 사주 내에 비겁(比劫)은 없고 年支 子水의 인수가 있으나 年干 戊土의 지배를 받아 (또는 子中癸水와 年干 戊土가 戊癸로 암합(暗合) 하느라고 日干 乙木을 도와줄 겨를이 없다) 乙木을 生해주지 못한다. 그래서 庚金에 종(從)할 수밖에 없다. 그래서 종살(從殺)하게 되는바 명암부집(明暗夫集 – 알게 모르게 여러 남자와 인연을 맺음)이 되어 다방 종업원으로 일하면서 많은 남자와 정분을 맺어왔던 여자의 사주다.

⑸ 壬寅년(1962) 음 10월 26일 진시 건명

다음 편 사주는 사주와 운이 합해서 수다목부(水多木浮)되어 10살, 즉 壬子대운 辛亥年 丙申月 어느 날 남한강 양평에서 물놀

時	日	月	年
戊辰	甲子	辛亥	壬寅
	壬子		

이하다 익사한 사실이 있는바 글귀 그대로 甲木이 철렁거리는 물이 떠내려가는 형상이 실지로 발생한 예이다.

⑯ 丙申년(1956) 음 7월 9일 申시 건명

時	日	月	年
庚申	癸丑	丙申	丙申
壬寅	辛丑	庚子	己亥	戊戌	丁酉
				18	8

왼편 사주는 주인공이 폐결핵 환자였는데 戊戌 대운 26세 辛酉年 酉月 밤에 읍에 나갔다가 집으로 돌아오는 중 급병이 발작, 주인공의 집 300m쯤 떨어진 서쪽방향에 넘어져 사망하게 된 실존인의 명조(命造)다.

연구 이 사주는 金이 병(病)이오, 금병(金病)은 폐질환이다. 차라리 사주 내에 金이 하나라도 없다면 병이 되지 않는다. 만약 약한 金이 왕한 火의 극을 받아도 폐질환이지만, 필요없이 많은 것은 병(病)이 된다. 차라리 金 인수에 종할 수 있다면 길격을 놓게 되지만 미약하나마 年月干에 두 丙火가 있어 종금(從金)도 못해 제부족(制不足)이오, 세운(歲運)과 월운(月運)까지 겹쳐 사망하게 된 것이라 하겠다.

• 年月時支 三申, 時干庚金, 丑中辛金, 辛酉年金, 酉月·西方金

⑵ 己未(1979)년 음 윤6월 22일 건명

時	日	月	年
甲寅	癸丑	壬申	己未
己巳 22	庚午 12	辛未 2	

원편 예는 주인공의 부모가 자식을 잃고 너무나도 큰 충격을 받아 그 까닭을 알고자 필자를 찾아왔기에 참고가 될까 해서 기록해 둔 사주다.

가정경제도 넉넉하여 그리울 것 없이 살아온 주인공이 왜 자결(自決)하는 극한적 수단을 취했을까. 본인이 아니고는 아무도 모르는 비밀이지만 사주로나마 가능한 데까지 추리해 보았다. 주인공은 癸日申月로 정인격(正印格)을 놓고 신약해서 申金 인수로 용신하게 된다. 일찍 巳午未火 대운이 재(財)에 해당하는데 인수용신에 재운은 탐재괴인(貪財壞印)이다. 탐재괴인의 작용은 공직인의 경우 뇌물죄로 파직 당하고 아니면 여자 때문에 망신 당하는 것이므로 이 사주의 주인공은 자결한 원인이 여자 때문인 것 같다. 癸丑日의 성격상 신경이 지나치도록 예민하여 오바센스하는 경우가 많고 내성적이라서 젖먹던 용기를 내어 가까스로 좋아하는 여자에게 프러포즈하였다가 거절 당하거나 반응이 없으면 충격이 매우 커서 절망에 이르는 수가 있다. 게다가 日柱가 백호대살(白虎大殺)이오 신살(神殺), 혹시나 하고 상황을 살펴보니 未년생 寅시는 자에살(自縊殺)이었다.

⑳ 癸亥년(1983) 음 12월 1일 진시 건명

時	日	月	年
壬	丙	甲	癸
辰	申	子	亥

戊午	己未	庚申	辛酉	壬戌	癸亥
51	41	31	21	11	1

왼편 예의 주인공은 나이가 10여 세 되도록 발육부진이라 그 원인을 질문해왔다.

日干 丙火가 子月에 실령한데다 천지사방(天地四方)이 살(殺-水를 칭함)이다. 얼핏보면 종살(從殺)같지만 月干 甲木 인수가 있어 종살은 안되고 甲木으로 살인상생(殺印相生)하게 된다. 그러나 甲木 하나만으로는 통관시키지 못함은 수다목부(水多木浮) 되어서다. 일찍 木火운이 없다는 게 아쉽다. 그래도 희망이 있어 보이는 것은 이 사주가 순환상생(循環相生)을 이룬 것이다. 즉 年干 癸水는 月干 甲木을 생하고, 甲木은 日干 丙火를 생하고, 丙火는 時支 辰土를 생하고, 辰土는 日支 申金을 생하고, 申金은 月支 子水를 생하고, 子水는 다시 月干 甲木을 생한다. 때문에 초년은 비록 발육부진이 있으나 40세 이후는 제거병(制去病)하여 근심이 없으리라 믿는다.

㉙ 戊戌(1958)년 음 9월 18일 戌時 곤명

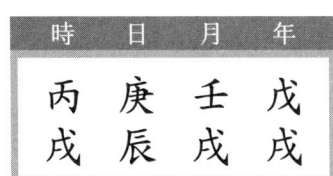

여자는 화개(華盖)가 많음을 꺼린다. 화개란 辰戌丑未를 말한다. 십이지 가운데 화개가 많으면 중이 되는 수가 많다

하였는데 이 사주의 주인공은 남편이 조그마한 사찰(寺刹)을 운영하는 주지스님이다. 만약 일반인에게 출가하였더라면 결혼에 성공 못하고 여러 차례 혼인하거나 아니면 독신으로 고독한 세월을 보내게 되리라.

(30) 甲辰년(1964) 음 9월 26일 辰시 곤명

時	日	月	年
丙	癸	甲	甲
辰	丑	戌	辰

戊辰	己巳	庚午	辛未	壬申	癸酉
58	48	38	28	18	8

日干 癸日이 戌月에 실령하고 年月日時支가 모두 辰戌丑 화개로 되어 여명(女命)에 꺼리게 되는데 차라리 土殺에 종(從)할 수 있다면 좋겠는데 年月干 甲木이 있어 종살(從殺)도 안된다. 때문에 하는 수 없이 年干 甲木 상관으로 제살용(制殺用)해야 한다. 月干 甲木을 두고 왜 年干 甲木을 用하느냐의 의문인데 年干 甲木은 年支 辰土에 근(根)할 수 있기 때문이다.

대운이 水木으로 이어졌다면 그나마 약간 발달하였겠지만 金운에서 火운으로 이어져 用이 무력하게 되니 빈궁을 면치 못하고 현재 월세살이를 하고 있는 여자의 사주다.

(31) 癸未년(1943) 음 9월 13일 亥시 건명

日干 壬水가 戌月에 生하니 실령(失令)되어 신약이다. 때문에

時	日	月	年
辛	壬	壬	癸
亥	寅	戌	未

乙	丙	丁	戊	己	庚	辛
卯	辰	巳	午	未	申	酉
61	51	41	31	21	11	1

時干 辛金 인수로 용신하게 된다. 대운이 용신을 받쳐 주지 못한 것이 아쉬우나 사주 원국(原局)이 귀한지라 근심할 필요는 없다. 干에 壬癸辛 삼기(三奇)가 있고 순환상생을 이루어 금상첨화(錦上添花)다. 그래서 일찍 독일에서 공박(工博)학위를 수여받아 국내에서는 중요기관에 근무하다가 정년퇴임한 귀명(貴命)이다.

2. 근대 역사 인물의 명조(命造)

이하 기록하는 인물은 근대역사에 획(劃)을 그은 인물들인바 사주 기록이 정확한 것인지, 착오가 있는지에 대해서는 고증(考證)이 어려워 그분들의 실제 생년월일과 부합되는지 아닌지에 대해서는 장담 못하니 이 점 이해하기 바란다.

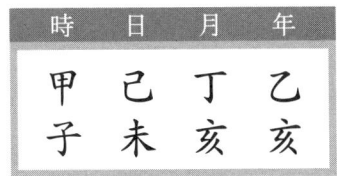

왼편 기록은 이씨 조선을 건국한 이태조(李太祖)의 사주라 한다. 본래 제왕(帝王)이나 수령(首領), 그리고 대귀한 명조(命造)를 보면 특별한 것이 없다. 그렇긴 해도 대귀 대부한 사주는 혼탁하거나 빈천명(貧賤命)에도 해당되지 않는다. 日干 己土

가 亥月에 生하고, 亥中甲木이 時干에 투출 정관격(正官格)이오, 時干 甲木 정관이 時支 子水 재(財) 위에 놓여 명관과마(明官跨馬)라는 귀명(貴命)에 해당한다. 신약이 결점인데 중년부터 巳午未 인수운으로 들어와 귀가 발했다.

(1) 壬子년(1912) 음 2월 28일 午시 건명

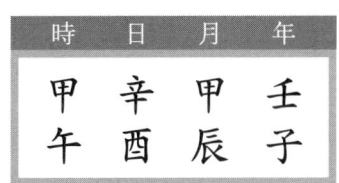

日干 辛金이 辰月에 실령하였으나 또는 인수월이오, 日支 酉金에 녹근한 가운데 타에 金보다 왕한 육친이 없으므로 능히 재관(財官)을 용신할 수 있다. 이 사주의 특징은 별격(別格)으로서 시상일위귀(時上一位貴)라는 귀격을 놓게 된다. 신약이 결점인데 중년 초부터 申酉戌 신강운으로 이어져 부귀를 누리게 된 것이라 하겠다.

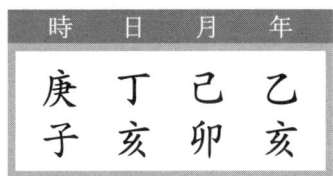

윗편 사주는 광복 후 초대의 장이며 초대 대통령을 지낸 고 이승만 박사의 명조(命造)다. 丁火가 卯月에 生하니 편인격이오, 별격으로는 일귀격(日貴格－亥中壬水)는 丁日의 정관(正官)이고, 또 丁火의 천을귀인(天乙貴人)이다. 신약이라 인수용인(印綬用印－인수격에 인수용인)인데 대통령까지 된 대귀의 원인이 어디에 있는지는 필자의 재능으로서는 지적할 수 없다.

이 예는 지난날 야당 대통령 후보로서 온 국민의 기대와 인기가 높았던 분인데 이 분의 사주가 귀함은 여러 가지가 있다. 첫째, 月干 辛金 관성이 未土 재 위에 앉아 명관과마(明官跨馬)를 이룬 것이오, 둘째는 천관지축(天關地軸－戌亥가 천관이고, 未申이 지축이다)에 月支未는 또 甲日의 천을귀인이다.

(2) 丙申년(1896) 음 12월 20일 辰시 건명

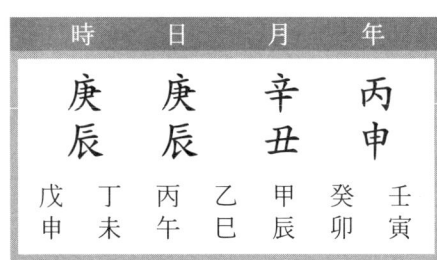

이 사주는 지난날 공화당 시절 국회의장이었던 이기붕씨의 명조(命造)다. 주인공은 당시 대통령이었던 고 이승만 박사의 총애를 받아 국회의장을 지냈고 부통령 후보까지 되었는데 1960년 3월 15일 부정선거를 규탄하는 4.19 학생혁명이 일어나자, 이승만 대통령은 하야(下野)하게 되고 이기붕 후보는 부정선거에 연루되어 그 책임이 매우 무거웠으므로 아들 이강석에게 일가족 총살당하고 이강석 자신도 스스로 머리에 총을 쏘아 자살하게 된 참극이 일어났던 사건은 다시는 상기하고 싶지 않은 역사의 비극이었다.

그러면 주인공의 사주와 이기붕씨의 불행과 운명적으로 관계가 있는지 간단히 분석해 보는 것도 사주학 연구에 도움이 될 것이다.

日干 庚金이 丑月에 生하니 일단은 인수격으로 본다. 그러나 사주 전체가 土金, 즉 인수 비겁으로 되어 기(氣)가 金으로 집결 종비(從比)인 종혁격(從革格)에 해당한다. 年干 丙火가 종금(從金)하는데 방해가 될 것 같으나 그 丙火 살(殺)은 月干 辛金과 合水될 뿐 아니라 年支 申中壬水의 극을 받아 유야무야한 존재가 된다.

종혁격의 종금(從金)은 火가 기신(忌神)이다. 30대 말부터 火운이 들었으나 부귀를 누리며 그럭저럭 잘 지내다가 丁未대운에 이르러 불행을 당한 것은 타고난 사주 때문이라기보다 겸손을 모르고 권세욕, 출세욕에 눈이 어두워 부정선거에 가담하게 되었으니 하늘이 어찌 무심하랴.

한편 아들에게 총맞아 죽은 것은 편관 丙火가 아들이고, 총탄은 火에 속한 때문이라 하겠지만, 이 거대한 사건의 발발은 국가적 흥패에 관계되는 일이라 어찌 한두 사람의 사주가 좋고 나쁜 것으로 인해 국운이 좌우 되랴.

(3) 丁巳(1917)년 음 9월 30일 寅時 건명

時	日	月	年
戊	庚	辛	丁
寅	申	亥	巳

甲辰	乙巳	丙午	丁未	戊申	己酉	庚戌
62	52	42	32	22	12	2

왼편 예는 고 박정희 대통령의 사주다. 金은 혁명의 근원(根源)이오 도구라 대개 혁명가는 金日干에서 많이 나온다. 격(格)은 식신격(食神格)이지만 별격은 전록격(專祿格)이오, 寅申巳亥 전비(全備)면

대귀명(大貴命)이라 하였다. 단, 같은 寅申巳亥가 구비되었다 할지라도 庚申日의 寅申巳亥 구비가 가장 귀한 것이다.

(4) 己亥년(1899) 음 7월 23일 巳시 건명

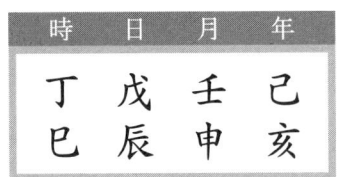

이 예는 지난날 내각책임제(內閣責任制)의 국무총리였던 고 장면(張勉) 박사의 사주다.

격(格)은 내격(內格)에 해당하며 申中 壬水 月干에 투출로 편재격이다. 日干 戊土는 申月에 실령(失令)하였으나 日支 辰土에 착근(着根)하고 時의 丁巳火 인수가 생조(生助)해주니 신강이다. 신강이면 재나 관성을 용신하는게 우선 원칙이다. 관(官)은 年支 亥中甲木과 日支 辰中乙木이 있으나 申辰 합국재(合局財)가 있는 한 암장된 관성으로 용신할 필요가 없다. 그래서 申辰 합재(合財)가 용신이다.

신왕재왕(身旺財旺)이오 재생관(財生官)이라 재관(財官)을 다 누리게 되는 부귀명(富貴命)이다.

(5) 己未년(1919) 음 4월 18일 午시 건명

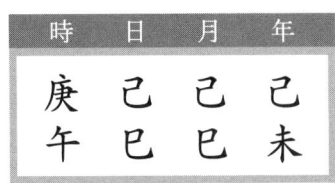

日干 己土가 巳月에 生하고 타에도 火土가 사주 전부를 차지 日主는 지극히 왕하다. 時干에 庚金 상관이 있으나 종격

을 놓는데 방해되지 않는다. 庚金은 도리어 왕한 화기(火氣)를 설기하는데 유익하지만 이 사주에의 庚金은 희기(喜忌)에 아무런 작용을 못한다. 초년 대운이 寅卯辰木운이라서 크게 불리할 것 같으나 그 木은 月·日·時支 火에 의해서 탐생망극(貪生忘克)이 되어 (木生火 火生土) 크게 꺼리지 않는다.

 있어도 좋고 없어도 무방하다.

일생 기복(起伏)이 별로 없이 순탄하게 살아온 고 최규하 전 대통령의 명조(命造)다.

(6) 辛未년(1931) 음 12월 6일 午시 건명

時	日	月	年
戊	癸	辛	辛
午	酉	丑	未
甲午	乙未	丙申	丁酉	戊戌	己亥	庚子

日干 癸水가 丑月에 득령하였으나 근본 土가 되어 신강도 신약도 아니다. 年月支 丑未土 칠살이 극신(克身)하는데 月支 丑土는 酉丑으로 인수국(印綬局)을 이루어 日主는 약하지 않다. 능히 재관(財官)을 감당할 수 있는데 時干 戊土 관성이 시지 午火 재의 生을 받으니 명관과마(明官跨馬) 되어 귀(貴)하다. 지난날 대통령이었던 전두환(全斗煥) 전 대통령의 사주다.

사주학연의 四柱學演義

초판 인쇄 2015년 4월 10일
초판 발행 2015년 4월 15일

저　　자 ｜ 한중수
디자인 ｜ 이명숙 · 양철민
발행자 ｜ 김동구
발행처 ｜ 명문당(1923. 10. 1 창립)
주　　소 ｜ 서울시 종로구 윤보선길 61(안국동)
　　　　　우체국 010579-01-000682
전　　화 ｜ 02)733-3039, 734-4798(영), 733-4748(편)
팩　　스 ｜ 02)734-9209
Homepage ｜ www.myungmundang.net
E-mail ｜ mmdbook1@hanmail.net
등　　록 ｜ 1977. 11. 19. 제1~148호

ISBN 979-11-85704-26-5 (13140)
30,000원

＊낙장 및 파본은 교환해 드립니다.
＊불허복제